**Promoção de Vendas
e Comunicação de Preços**

Promoção de Vendas e Comunicação de Preços

Pedro Quelhas Brito
Professor da Faculdade de Economia da Universidade do Porto
Coordenador de vários programas para executivos na EGP-UPBS

PROMOÇÃO DE VENDAS E COMUNICAÇÃO DE PREÇOS
AUTOR
Pedro Quelhas Brito
EDITOR
EDIÇÕES ALMEDINA, S.A.
Rua Fernandes Tomás, nºs 76, 78 e 79
3000-167 Coimbra
Tel.: 239 851 904 · Fax: 239 851 901
www.almedina.net · editora@almedina.net
DESIGN DE CAPA
FBA.
PRÉ-IMPRESSÃO
Jorge Sêco
IMPRESSÃO E ACABAMENTO
Pentaedro, Lda.
Abril, 2012
DEPÓSITO LEGAL
342945/12

Toda a reprodução desta obra, por fotocópia ou outro qualquer processo, sem prévia autorização escrita do Editor, é ilícita e passível de procedimento judicial contra o infrator.

 GRUPOALMEDINA

BIBLIOTECA NACIONAL DE PORTUGAL – CATALOGAÇÃO NA PUBLICAÇÃO
BRITO, Pedro Quelhas

Promoção de Vendas e Comunicação de Preços
ISBN 978-972-40-4837-6

CDU 658

PREÂMBULO

Existe algo mais excitante do que as promoções? Os consumidores adoram-nas! Essa palavra mágica tem um enorme poder de atração e, em igualdade de condições, uma marca ou um artigo em promoção é sempre o escolhido. Quanto aos gestores, a sua implementação passou a ser algo inevitável. Diria mesmo que estão condenados a executá-las. Já agora convinha também que fosse interessante para eles, pois não basta aumentar as vendas; se fosse rentável, seria melhor. Sim, eu sei que é difícil. O desafio deste livro é demonstrar que as promoções de vendas são a estratégia mais inteligente para, sem "mexer" no preço, tornar a nossa proposta mais atrativa e interessante. O preço é e deve ser sagrado, logo, devemos evitar mudá-lo (isto é, evitar a tentação de diminuir). De facto, cada vez menos um decréscimo no preço é compensado por um acréscimo da procura/vendas. Nessa perspetiva, o tema da comunicação do preço é crucial porque, se não dominarmos o preço (na sua dinâmica), perdemos dinheiro pela certa.

Uma marca sem existência virtual terá cada vez mais problemas em se afirmar. Por isso, dedicamos um extenso capítulo à Internet e à forma como as promoções de vendas podem ser otimizadas nesse contexto *online* em interação com o contexto *offline*. Tal realidade levou-nos a conceptualizar um novo paradigma de promoção de vendas. A gestão de *micro-sites* e *landing pages*, *e-mail* marketing, média sociais e redes sociais alterou profundamente a noção tradicional de promoção de vendas.

Mesmo as nove técnicas de promoção de vendas, originalmente caraterizadas na 1.ª edição (1997) e 2.ª edição (2000), foram reconfigurando-se com o passar dos anos. Algumas estão substancialmente mais elaboradas (por exemplo, programas de fidelização e cupões), mas a maior parte não registou uma evolução significativa.

A aplicação prática das promoções comerciais (B2B), as promoções de vendas no contexto das farmácias e dos pequenos retalhistas e a especificidade do funcionamento das promoções de vendas nos serviços são áreas cada vez mais relevantes no mundo dos negócios e por isso exigem conhecimento técnico para produzirem resultados.

Se não medirmos o efeito dos investimentos não aprendemos com os erros e, principalmente, não melhoramos. Para além dos métodos usados nos produtos de grande consumo, a avaliação da eficácia das ações promocionais implica a utilização de novas métricas. Nomeadamente as associadas ao mundo *online*.

*Aos amigos que melhoraram o produto e as ideias: Ana Azevedo, Ana Filipa Correia, Cármen Rebelo, Filipe Araújo, José Frade, José Guedes, João Paulo Sena Carneiro, Paula Almeida, Raquel Menezes, Rui Ribeiro e Vasco Vasconcelos.
À paciência infinita da família: o meu bem-hajam.*

Capítulo 1
Para que servem as promoções de vendas?

1.1 – QUEM É QUE NÃO QUER PROMOÇÕES?

A palavra promoção tem um enorme poder. É, sem dúvida, uma coisa boa, algo atrativo, entusiasmante e até fisiologicamente excitante. Os resultados das pesquisas Mind Lab demonstram como o ritmo cardíaco e outras funções cerebrais disparam quando um cliente encontra uma promoção de vendas considerada irresistível[1].

O tema das promoções também tem suscitado o interesse da imprensa (ver Figura 1.1), que frequentemente dá destaque aos vários métodos e abordagens usados, à guerra entre insígnias e cadeias, aos cartões de fidelização, à adesão/entusiasmo dos consumidores, à diversidade de sectores que as aplicam – banca, imobiliário, automóvel, combustíveis... –, à relativa saturação da sua incidência em determinados ambientes, mas também à sua inevitabilidade, em particular com o sucesso das designadas compras em grupo em *sites* especializados.

Os consumidores adoram-nas. As marcas estão condenadas a fazê-las!

As causas da crescente evidência social, económica e empresarial desta ferramenta do mix-de-comunicação são pertinentes e numerosas[2]:

Figura 1.1 – Ecos na imprensa sobre o fenómeno das promoções de vendas

Figura 1.1 (cont.) – Ecos na imprensa sobre o fenómeno das promoções de vendas

- Os **gestores** aceitam a evidência das promoções de vendas como um instrumento cada vez mais efetivo e indispensável. Os quadros das empresas estão mais bem preparados e qualificados para as usar.
- A publicidade é cada vez menos eficiente em relação ao seu custo, face à dimensão efetiva da audiência e, em particular, devido à fragmentação dessa audiência por vários meios. Mas tal não significa que a publicidade venha a ser um meio preterido ou tendencialmente substituível. De facto, o que realmente funciona é a articulação e a complementaridade das várias ferramentas do mix-de-comunicação. Em primeiro lugar, o impacte de uma ação promocional é consideravelmente multiplicado quando anunciado via publicidade – imprensa, áudio, audiovisual, *outdoors* e cartazes nos carrinhos dos hipermercados – ou via marketing direto. Em segundo lugar, as próprias agências de publicidade adaptaram-se e aconselham os seus clientes na conceção e no planeamento de ações promocionais.
- O número de **marcas em competição** no mercado aumentou consideravelmente. Muitas delas já estão próximas das últimas fases do ciclo de vida, existindo uma certa paridade entre elas, o que obriga os gestores de marca ou de produto a investir mais nas promoções de vendas como forma de comunicação alternativa válida. Para as gasolineiras, cujo produto principal é uma mercadoria, isto é, um bem indiferenciável, a oferta de brindes imediatos, a participação em sorteios e o desenvolvimento de cartões de fidelização constitui, de certa maneira, uma forma de diferenciação.
- As promoções de vendas são um fenómeno social que ultrapassa o controlo das marcas. Só em Portugal, graças aos média e redes sociais existem pelo menos sete *sites*/blogues com ofertas de cupões e informação das oportunidades que vão surgindo[2].
- Os **consumidores** são mais sensíveis ao preço e reagem bem às promoções de vendas.
- O **poder da distribuição** e a concorrência entre as grandes empresas do retalho favorecem o recurso às promoções de vendas, não só como uma via para estimular a procura mas, por vezes, também como forma de os fabricantes terem acesso a essa procura. As lojas das várias cadeias de hipermercados assumem-se como marcas promocionáveis.
- A cada vez maior presença de uma comunicação alicerçada na Internet favorece a criatividade na realização de ações promocionais que estimulam a participação, partilha de conteúdos e interação no contexto da comunidade *online*. Para mantermos uma página ativa e interessante no

Facebook convém premiarmos os novos fãs e quem a recomenda. Nessa estratégia, uma ação promocional é instrumental para obter resultados. Uma simples sms ajuda a informar sobre um evento de promoção de vendas, mas também se pode fazer um registo por essa via.

É quase impossível precisar historicamente quando é que o recurso às promoções de vendas começou. Na Caixa 1.1 é destacado um dos pioneiros em Portugal há mais de 130 anos. Mas provavelmente esta ferramenta é tão antiga quanto a ocorrência da troca de bens na economia. Em termos de anúncios na imprensa de e com ações promocionais, a introdução das farinhas lácteas pela Nestlé nos anos 30 é um exemplo clássico da oferta de amostras gratuitas a pedido e enviadas pelo correio. Era o famosíssimo concurso "Bebé Nestlé", que se estendeu até aos anos 50. Na década de 60 era já frequente a inserção de anúncios com vários tipos de promoção de vendas. A Figura 1.3 mostra alguns anúncios, uns publicados na revista *Século Ilustrado* de 5 de março de 1960 e outro dos anos 30 (este último com a possibilidade de envio de uma amostra gratuita).

Caixa 1.1   **A. Ramos Pinto – Um pioneiro bem sucedido**

Adriano Ramos Pinto foi um empresário visionário, vanguardista e destemido no domínio da gestão da comunicação da sua marca. A sua Casa de Vinhos do Porto foi fundada em 1880, com a produção agrícola nas quintas do Douro e o comércio de exportação em Gaia. O ambiente competitivo da época favorecia o engenho e a criatividade. A ideia era simples: quem compra os nossos vinhos merece ficar com uma recordação da marca

Figura 1.2 – Exemplos de brindes da A. Ramos Pinto

PROMOÇÃO DE VENDAS E COMUNICAÇÃO DE PREÇOS

A. Ramos Pinto. Essa gratificação devia incidir não apenas no Homem da casa mas agradar também à Dona do lar. No conjunto de brindes oferecidos aos clientes contam-se uma diversidade peças, todas elas com a inscrição da marca: caixas de pó de arroz, *kit* de manicura, máquina e navalha de barbear, isqueiros, pulseiras com brilhantes, *kit* de costura, canivete, porta cigarrilhas, livros (*Os Lusíadas* e *Dom Quixote*), etc... Provavelmente muitos destes brindes implicavam compras em quantidade ou eram destinados aos intermediários.

Figura 1.3 – Exemplos de anúncios de e com promoção de vendas dos anos 30 e anos 60

1.2 – CONCEITO E LÓGICA DAS PROMOÇÕES DE VENDAS

1.2.1 – SOBRE O CONCEITO DE PROMOÇÕES DE VENDAS

Para qualquer conceito, geralmente, dispõe-se de mais do que uma definição. Por isso, é difícil escolher a melhor, uma vez que refletem, em menor ou maior extensão, o conteúdo e a natureza do conceito segundo o "filtro" e a sensibilidade de quem viveu, trabalhou ou estudou esse domínio. Quanto às promoções de vendas, a definição de Blattberg e Neslin (1990) consegue traduzir da forma mais abrangente as principais dimensões do conceito e representa uma síntese equilibrada de vários contributos:

> "As promoções de vendas são acontecimentos de marketing focalizados na ação, cujo propósito é produzir um impacte direto no comportamento dos clientes das firmas."

Segundo os próprios autores, esta definição permite destacar quatro aspectos das promoções de vendas (ver Esquema 1.1):

1. As promoções de vendas estão orientadas para **induzir ação no consumidor**. Isto significa que a generalidade das promoções de vendas é participativa por natureza, ou seja, requer e gera uma resposta e um envolvimento. Desde pegar e observar a embalagem de um expositor num topo de gôndola, a juntar e guardar provas de compra, até preencher cupões e enviar pelo correio, completar um questionário como condição de elegibilidade para um concurso ou ainda registar-se numa *landing page* ou *site*, tudo isto implica o dispêndio de tempo e o consumo de energia por parte do consumidor incentivado pela promoção de vendas. Embora a sua duração seja geralmente limitada no

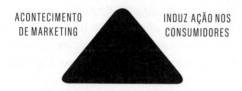

NATUREZA DA PROMOÇÃO DE VENDAS
Todo o consumidor "esperto" prefere aquilo que lhe dá **mais-valia**.

Esquema 1.1 – Natureza das promoções de vendas

tempo, tal não significa, necessariamente, que o seu efeito seja temporário. A direção e a magnitude dos efeitos podem estender-se no longo prazo.

2. As promoções de vendas representam um **acontecimento de marketing**. O termo "marketing" resulta do facto de estas envolverem uma relação entre o fabricante (e/ou via retalhista) e o cliente. O termo "acontecimento" deriva de os fabricantes e os retalhistas geralmente efetuarem mais do que uma ação de marketing em conjugação e de forma integrada com aquela promoção de vendas. É normal um concurso ser anunciado na imprensa e na televisão. Gera-se uma certa excitação em torno desse evento. No passado já foram emitidos diariamente curtos programas de entretenimento de cariz implicitamente publicitário cujo objetivo era sortear em direto um prémio. Hoje em dia, em determinados sectores, é vulgar as marcas associarem-se a festivais de música.

3. As promoções de vendas visam e são concebidas para ter um impacte direto no **comportamento do consumidor**. A compra é a resposta óbvia que as empresas esperam. Como iremos analisar neste capítulo, existem técnicas promocionais que também têm um efeito na psicologia do consumidor. Para além da compra, os consumidores também ficam mais interessados na marca.

4. As promoções de vendas são concebidas, não apenas para influenciar a decisão dos consumidores, mas também para facilitar e assegurar o **apoio dos retalhistas**. As promoções comerciais são ações dirigidas aos intermediários com a finalidade de garantir, de forma mais conveniente, apropriada e efetiva que os concorrentes, o acesso aos consumidores.

Pelo que foi abordado atrás, compreende-se facilmente que a gestão das promoções de vendas resulta algo complexa. As razões a seguir expostas explicam as causas com mais detalhe:

- O termo **promoções de vendas** inclui um certo número de técnicas/ferramentas alternativas. Cada técnica promocional é usada segundo propósitos concretos para produzir determinados efeitos desejados. No entanto, o mesmo objetivo pode ser atingido por mais do que uma técnica de promoção de vendas. Da mesma maneira, vários efeitos podem resultar de uma mesma técnica de promoção de vendas. Ou seja, os vales de desconto podem não só atrair clientes não leais a uma marca, como igualmente subsidiar e recompensar os compradores leais[3].
- A acrescentar à diversidade de técnicas, a sua conceção e o seu planeamento condicionam à partida os resultados, nomeadamente, o momento da introdução, a duração da promoção, a frequência da marca em atividades promocionais e a inclusão ou não de mensagem (e, neste caso, o seu conteúdo, a sua estrutura e o seu suporte). A relação entre a natu-

reza da ação promocional e o ciclo de vida da categoria a que pertence o produto e o posicionamento da marca e a sua quota de mercado vão igualmente condicionar os resultados. Por exemplo, a consistência entre o prémio promocional e a imagem de qualidade da marca pode servir e contribuir como comunicação para reforçar uma atitude positiva[4].

- Em teoria, deve escolher-se o instrumento e conceber a forma no sentido de proporcionar o maior impacte junto do mercado-alvo, isto é, o grupo de consumidores que oferece um maior potencial de compra. Porém, uma multiplicidade de variáveis vai afectar o impacte e, por vezes, até o sentido esperado[5]. É conhecida a interação existente entre não só as eventuais técnicas de promoções de vendas que possam incidir simultaneamente sobre uma dada marca, mas também entre essas ações e a publicidade, por exemplo. De igual modo, eventuais e imprevistas ações dos concorrentes recorrendo aos mesmos tipos de instrumentos de promoções de vendas contrariam o efeito inicial. O próprio ambiente no retalhista – animação, serviços, concursos e publicidade da loja, etc. – pode deturpar os resultados inicialmente desejados.

O Esquema 1.2 representa as promoções de vendas (os vários instrumentos) e as interações complexas entre as decisões dos gestores – retalhistas e fabricantes – e o comportamento/resposta dos consumidores que eles envolvem.

Esquema 1.2 – Tipos de promoção de vendas, variáveis de decisão e efeitos

Em rigor, a animadora no ponto de venda e o topo de gôndola não podem ser considerados estritamente como "promoções de vendas". A primeira seria melhor enquadrada como força de vendas enquanto a segunda como atividade de merchandising. Neste livro adotou-se o ponto de vista dos gestores, quer da distribuição, quer dos fornecedores, que consideram estas duas ações como um investimento de carácter promocional.

Caixa 1.2 **Pré-conceitos e estereótipos (errados) sobre as promoções de vendas**

Tradicionalmente, e segundo os críticos das promoções de vendas, a criação de valores comerciais está exclusivamente reservada à publicidade. A publicidade é comunicação, estratégia, longo prazo, a única via realmente criativa e com possibilidade de expressão internacional. Enquanto as promoções de vendas destroem os valores comerciais, elas são fundamentalmente incentivo e não comunicação, sendo usadas por necessidades táticas, com repercussões a curto prazo, de carácter local/regional, e cuja eficiência é apenas função do montante despendido. A lealdade às marcas tem diminuído em consequência do uso excessivo de promoções baseadas no preço fazendo com que os consumidores sejam cada vez mais sensíveis ao preço e troquem facilmente de marca em função do incentivo. A preocupação das marcas em conquistar quota de mercado e a pressão dos intermediários leva-as a focarem-se no investimento com efeitos mais imediatos. A consequência é a desvalorização da marca nas vertentes do reconhecimento pelo consumidor e financeira (menor margem). Este pré-conceito pejorativo para as potencialidades e a sofisticação das promoções de vendas dominou até aos anos 90 muita bibliografia e manuais editados na área do marketing[6]. Esta posição resulta do âmbito algo restrito que se associava ao termo. De facto, as promoções de vendas eram essencialmente promoções de carácter monetário, isto é, envolvendo o preço sob a forma de reduções, vales, cupões. Apesar desta visão esteriotipada, nos anos 90 a sensibilidade e o conhecimento dos gestores contrariava a ideologia dominante dos manuais de marketing[7]. Na realidade, as promoções de vendas podem completar todas as fases do processo cognitivo desde a atenção/reconhecimento e fornecimento de informação até ao contributo para a criação de uma atitude positiva relativamente à marca com reflexos que se estendem no longo prazo[8]. Ao oferecer algo com valor para o cliente, a promoção de vendas comunica-lhe o "valor" da marca. As promoções de vendas envolvem o público, suscitam o diálogo, encorajam a audiência a responder de forma que esta não se limite a absorver passivamente a informação. Existem técnicas de promoção de vendas (não monetárias) que reforçam a ligação do consumidor à marca desencadeando uma atitude favorável e conduzindo à repetição da compra.

1.2.2 – SOBRE A LÓGICA DAS PROMOÇÕES DE VENDAS

As seis situações caracterizadas no Esquema 1.3 têm em comum o facto de incidirem sobre o mesmo produto/marca, o facto de o preço normal ser o mesmo (2€) e o valor monetário equivalente a ser transferido para o cliente ser também igual (0,50€). Na óptica do cliente, o benefício é obtido, quer seja via abatimento direto no preço (situações 1, 2 e 4), quer através de um valor extraordinário oferecido no ato da transação (oferta parcial do próprio produto nas situações 3 e 6 ou oferta de outro produto associado à embalagem da dita marca). Para a firma, e em termos meramente contabilísticos, o montante que deixa de facturar em termos líquidos é igual nas situações 1, 2 e 4. No que se refere ao custo adicional, as situações 3 e 6 são análogas.

PREÇO NORMAL = 2,00€
P.V. = Preço de Venda (na etiqueta)

Esquema 1.3 – Comparação entre as várias opções de transferência de mais-valia para o cliente

No entanto, conceptualmente, as seis situações são diferentes no impacte e significado para o consumidor, bem como na capacidade de gerar reações nos concorrentes. Concretamente, a situação 1 não é uma promoção de vendas. Trata-se simplesmente da prática de uma política de preços. A etiqueta muda apresentando-se com um valor 0,50€ menor. O mercado interpreta como uma medida algo agressiva para ganhar mercado. É muitíssimo provável que uma reação dos concorrentes ocorra no mesmo sentido. A guerra de preços apenas começou. O consumidor aprecia, mas não tem muita pressa em aproveitar. A situação 2 é contabilisticamente igual ao desconto. Mas essa sim é uma promoção de vendas. A redução de preço é comunicada na embalagem e o preço na etiqueta mantém-se inalterado. O consumidor sabe que essa ação de marketing apenas funciona durante um período limitado. A mensagem é clara e relevante, porque evoca poupança. A resposta da concorrência não é tão forte e imediata como no caso do desconto. A situação 4 também se reflete no abatimento do preço. O valor percentual do vale é atrativo e quase que compensa o facto de ser diferido no tempo. Imponderáveis ou factores acidentais podem levar à perda ou simples esquecimento, impedindo que o benefício seja aproveitado apesar de se ter direito a recebê-lo. Visto que na prática são necessárias duas compras sequenciais para se descontar o vale e obter aquela vantagem, o raciocínio da divisão do valor de desconto em duas partas (25% nas duas embalagens) torna o benefício por unidade inferior à percentagem publicitada. Em suma, o ganho efetivo por embalagem é metade do valor publicitado É de admitir que tal esforço cognitivo nem sempre acontece!

Na situação 3, a oferta de uma embalagem extra equivale a um benefício de 25%. Porém, o *banded pack* "obriga" a um esforço financeiro superior. Para ter acesso a uma embalagem gratuita tem de comprar mais três. O efeito de "stockagem" do cliente traduz-se, se a taxa de consumo não variar, num período inter-compra mais alargado. Durante esse tempo o consumidor dificilmente responde aos aliciamentos das outras marcas concorrentes. Tem geralmente outros custos logísticos e requer uma negociação prévia com a distribuição. O custo de produção é inferior ao preço de venda, logo, em termos líquidos a oferta da embalagem representa um encargo inferior em termos monetários ao que resultaria do abatimento equivalente em termos percentuais no preço. Ou seja, a redução de preço implica sempre receber menos 25% enquanto que a oferta da embalagem significa uma quebra nos ganhos de, no máximo, 15%.

Na situação 6, é sempre favorável para quem compra obter mais de algo bom pelo mesmo preço. O ganho líquido para o cliente é de 0,50€. O seu custo efetivo de produção (produto produzido pela firma) foi de 0,20€; claro que temos de adicionar custos operacionais e de logística extras. A aprovação da distribuição é condição necessária para se colocar no seu linear.

Quanto à situação 5, o brinde escolhido é atrativo para o mercado-alvo e gera uma preferência pela marca. Pode haver um efeito de impulsividade, logo, as vendas aumentam. O seu custo real foi de 0,30€, facto que, à semelhança da situação 3 e 6, representa uma perda financeira inferior em comparação com os abatimentos no preço. Tem, ainda, outros custos operacionais. No entanto, é necessário o acordo com a distribuição.

Em suma, uma promoção de vendas é no mínimo uma opção mais sofisticada que a simples mudança do algarismo na etiqueta. É na sua essência um exercício de comunicação. Como tal, o consumidor interpreta uma mensagem que não tem de ser explícita mas que pode ser interpretada das seguintes formas: "hoje esta marca está mais atrativa para ser comprada" ou então "temos mais para oferecer pelo mesmo dinheiro". Estes são apenas cinco instrumentos das várias possibilidades a que os gestores podem recorrer no âmbito das promoções de vendas. Como vimos, cada uma tem implicações financeiras, de gestão com o canal de distribuição e de reação potencial dos concorrentes distintas. Cada uma tem a sua especificidade técnica. Mas, acima de tudo, o cliente apercebe-se de que a transferência de mais-valia não está ligada, indexada ou dependente do preço. E isso, se for bem gerido, contribui para a rendibilidade da marca.

A marca de *lingerie* Triumph lançou uma campanha de troca do sutiã velho por um novo com a oferta de 5€. Nos *posters* colocados nas montras das lojas usados para anunciar esta promoção de vendas encontramos três jovens e uma mensagem: "Chega de elásticos frouxos. Damos 5€ pelo seu soutien.". De acordo com a marca, 80% das mulheres não usa a *lingerie* correta para o seu corpo. Basta comprar um sutiã novo com um preço superior a 25€.

Figura 1.4 – Campanha de troca da Triumph e da Tiffosi

A cadeia de lojas de moda Tiffosi poderia muito simplesmente abater 15€ no preço das calças de ganga no momento da transação. Mas preferiu usar uma promoção de vendas. Esta estratégia de comunicação já tinha produzido bons resultados no ano anterior. Segundo a marca, na campanha de 2010, graças a este programa de troca, foram doadas a instituições de todo o país um total de 25 mil peças (ver Figura 1.4). Contabilisticamente, um desconto nas etiquetas seria semelhante a esta redução de preço. Mas o facto de os clientes terem o trabalho de levar algo em troca ou pelo menos pensarem nesse esforço conduz a um envolvimento com a marca só possível com uma promoção de vendas imaginativa.

1.3 – O MARKETING, A FUNÇÃO COMERCIAL E AS PROMOÇÕES DE VENDAS

1.3.1 – COMUNICAÇÃO INTEGRADA DE MARKETING

O conceito de Comunicação Integrada de Marketing (CIM) é muito antigo. Os gestores mais astutos aplicavam-na porque era intuitivo, lógico e, principalmente, eficiente gerir as muitas ferramentas do mix-de-comunicação dessa forma – integradamente. Ou seja, não se trata de uma invenção dos teóricos do marketing mas de uma conceptualização que passou a ser ensinada nas faculdades de forma mais organizada e sistematizada[9]. Felizmente para os clientes das agências de comunicação, já há algumas décadas que era aplicada. Eis a definição de CIM[10, 11]:

"Processo que envolve a gestão e a organização de todos os agentes na análise, planeamento, implementação e controlo de todos os contactos da comunicação de marketing ao nível dos média, mensagens e instrumentos de comunicação dirigidos à audiência-alvo de forma a gerar o máximo resultado e coerência na comunicação, cumprindo os objetivos estabelecidos para aquela marca."

A constatação da racionalidade de se gerir no quadro de CIM merece ser aqui realçada[9]:
 1. Sinergias: umas ações de comunicação potenciam os efeitos de outras.
 2. Coerência e consistência na estratégia criativa ao nível da construção das mensagens. Evita-se enviesamentos nas interpretações.
 3. Eficiência operacional e eficácia na utilização dos vários média/meios.

4. Abrangência da audiência, aumentando a probabilidade de alcançar o mercado-alvo em diferentes contextos. Ou seja, maior precisão.
5. Melhor controlo e definição do trabalho da agência. Poupança de recursos.

Esquema 1.4 – Integração das promoções de vendas no mix-de-comunicação e no marketing-mix

O Esquema 1.4 mostra a diversidade de ferramentas susceptível de ser usada em conjunto com as promoções de vendas. Por exemplo, os concursos implicam quase sempre uma atividade mediática – publicidade na imprensa, rádio, eventualmente na televisão, *outdoors, muppies*, folhetos no ponto de venda, *landing page*, redes sociais e até em sacos de plástico (que, para além de anunciar uma ação promocional, podem assumir um papel instrumental, como, por exemplo, o próprio saco servir para vale de troca para uma amostra gratuita – ver Figura 1.5).

A iniciativa da promoção de vendas lançada pela Martini sob o tema "Kisser casting" é ilustrativa desta integração entre diferentes ferramentas no mix-de--comunicação em que, para além de envolver o próprio canal Horeca, em particular bares e discotecas, houve alguma publicidade – *outdoors*, por exemplo. Mas a presença imaginativa nas redes sociais e média é que gerou um impacte mediático fortíssimo. Tratou-se de uma adaptação de uma campanha internacional da referida marca desenvolvida em 16 países. A ideia era selecionar um candidato com mais de 25 anos para a árdua tarefa de beijar uma linda modelo. E ainda por cima ganhava 150.000€ de prémio! O protagonista da campanha foi o ator Rui Unas (ver Figura 1.6). Dos 35 finalistas foram selecionados dois portugueses. Como o registo era feito na página do Facebook da marca, o

Figura 1.5 – Saco de plástico como veículo publicitário e instrumental de uma promoção de vendas

Figura 1.6 – Martini kisser casting Portugal

número de fãs passou de 33 mil para 55 mil na sequência desta ação[12]. Mas o mais relevante foi o enorme *buzz* que gerou: até janeiro de 2012 os vídeos do canal Youtube diretamente relacionados com o evento (publicações oficiais e dos participantes) já tinham mais de 92 mil visualizações no total e no motor de busca Google a palavra-chave "Martini kisser casting Portugal" gerou 3.160 resultados. Esta campanha também foi objeto de referências e reportagens em vários órgãos de comunicação social. O impacte em termos de relações públicas foi extraordinário para a notoriedade da marca.

As promoções de vendas como ferramenta do mix-de-comunicação também implicam a participação de outras três variáveis do marketing-mix. A colocação de um brinde *in/on pack* e o acréscimo de produto grátis tem implicações nas operações de produção e na logística, visto que exigem alterações ao nível da embalagem e paletização. Mas também exige um acordo/conhecimento/negociação prévio com a distribuição (ou pelo menos com alguma). Tudo afeta a gestão do preço, nem que seja pela necessidade de se monitorizar as práticas dos concorrentes e a marcação do preço de venda ao público pelos retalhistas.

1.3.2 – PORQUÊ FAZER PROMOÇÕES DE VENDAS?

Antes de responder diretamente a esta questão vale a pena analisar algumas situações que fornecem pistas interessantes e úteis para a compreensão da razão de ser das promoções de vendas.

Exemplo 1
CIF é uma marca de produtos de higiene e limpeza de sanitários. Em julho de 1996 estava em promoção em alguns hipermercados. A promoção de vendas consistia na oferta de uma pequena embalagem de sabonete líquido Dove, colada na embalagem da marca principal CIF. O que terá motivado esta promoção de vendas?

1.ª Interpretação:
O conteúdo da mensagem expressa na publicidade emitida desde o lançamento do CIF em 1991 tem sido baseado em duas ideias: a suavidade contrastada com a agressividade – basta recordar o filme publicitário exibindo uma patinadora riscando o gelo com os seus patins –, e, mais recentemente, a ênfase dada à eficiência da sua ação de limpeza. Quanto ao sabonete cremoso Dove, limpa, cuida, hidrata e protege a pele, distinguindo-se dos outros pela

suavidade que provém da sua composição única. Ora, ao associar estas duas marcas consegue-se comunicar, e reforçar, um posicionamento que apresenta aspetos muito similares. Ambos respeitam os "materiais" que tocam, porque são suaves. É como se estivessem a passar uma mensagem deste género: "Nós preocupamo-nos não só com a beleza e a limpeza da sua casa de banho, mas também com a beleza e a saúde das suas mãos e do seu corpo"; em suma, "Nós gostamos de si". Só resta saber isto: esta mensagem expressa via promoções de vendas foi captada e compreendida completamente pela dona de casa? Caso a resposta seja positiva, o brinde Dove funcionou.

2.ª Interpretação:
Apesar de a Dove não ser uma marca nova no mercado, os gestores consideraram oportuno aproveitar a associação com a marca CIF para melhorar a penetração da Dove em segmentos ainda pouco explorados. A pequena embalagem de sabonete líquido é uma amostra gratuita veiculada por outra embalagem de uma marca diferente, embora do mesmo fabricante.

3.ª Interpretação:
A Glassex (por exemplo), pelo menos na perspetiva do seu gestor, não é necessariamente menos suave ou mais agressiva do que o CIF. Uma ação promocional da Glassex realizada na mesma data faria sem dúvida "estragos" nos concorrentes. Os gestores do CIF limitaram-se a reagir, anulando, assim, pelo menos eventuais quebras de vendas.

4.ª Interpretação:
CIF e Dove são fabricados pela mesma empresa. Suponhamos que o gestor do CIF foi informado da existência de um excesso de sabonete líquido Dove em *stock* nos armazéns da fábrica. Imediatamente decidiu tirar partido desta situação e resolver dois problemas de uma só vez. Inversamente, em vez do Dove, existia um excesso em *stock* de CIF devido a uma ação promocional de uma marca concorrente efetuada no mês anterior. A oferta do Dove surgiu como uma solução interessante para escoar o CIF.

5.ª Interpretação:
Na última reunião com um chefe de secção de um hipermercado, o gestor do CIF foi informado de que a rotação de vendas da sua marca era inferior à expectativa inicial, e, por conseguinte, o linear teria de ser reduzido para dar espaço a referências mais interessantes para a loja... a não ser que se verificasse um impulso no desempenho da marca. E assim apareceu a referida promoção

de vendas, não só em lojas daquela cadeia mas também noutras cadeias, pois, caso contrário, outros chefes de secção não tardariam a indagar as causas de tal discriminação!

Exemplo 2
Não basta uma marca ser consumida, não basta ser sentida, é necessário ser vivida. E, quanto maior a excitação, de preferência coletiva, maior a ligação emocional à marca, o que se reflete nas vendas. O futebol é muitas vezes usado como veículo de aproximação entre adeptos e consumidores da marca porque se presta a este tipo de paixões. Além disso, a Sagres tem estado tradicionalmente associada ao futebol na qualidade de patrocinadora da seleção nacional. A campanha da Sagres Penalty Cup foi divulgada na TV, imprensa, Internet (Facebook, *landing page* e no canal Youtube), *e-mail* (*newsletter* semanal para mais de 50 mil pessoas) e pontos de venda (embalagem, posters e folhetos). Este concurso consistia na inscrição de equipas constituída por três elementos na *landing page* respetiva. Existiam dois tipos de concorrentes: os jogadores (o capitão e mais dois elementos) e os adeptos dessa equipa. O registo incluía o fornecimento de dados pessoais (nome, apelido, *e-mail*, data de nascimento, sexo, morada, código postal, localidade, distrito, telemóvel, *username* e *password*) e ainda a indicação da equipa a apoiar. Esse apoio expressava-se pelo envio via sms, ou inscrição no *site*, dos códigos que constam nas caricas das garrafas da gama Sagres. Os códigos das cervejas Preta e Sagres Zero podiam ser inseridos duas vezes. Nessa medida, o estímulo ao seu consumo/compra era duplo em relação ao resto da gama.

As equipas que conseguiram acumular mais códigos inseridos foram chamadas para a marcar um penálti na jornada escolhida, num dos seis estádios da Liga Zon-Sagres. Ao todo foram cinco estádios antes de chegar à final. Por exemplo, na primeira fase estiveram envolvidas 68 equipas e na segunda fase 32. Os guarda-redes Neno, Costinha, Palatsi e Pedro Roma tornaram a vida difícil aos concorrentes, que durante o intervalo tentavam a sua sorte. A equipa vencedora em cada etapa ficou automaticamente apurada para uma semifinal, a ser disputada na semana da penúltima jornada da Liga Zon--Sagres. Os apurados na semifinal puderam disputar o prémio Penalty Cup de 15.000€. Para além deste grande prémio acessível apenas aos melhores marcadores, também havia outros dois grupos de prémios: os imediatos e os sorteados. Nos primeiros, os concorrentes eram informados, em resposta à sms com os códigos, se tinham ganho bolas de futebol, bilhetes dos jogos da Liga Zon-Sagres ou camisolas dessa liga. Na segunda modalidade, e agora em função de um sorteio, os prémios eram alternativamente: 5 anuidades Zon

Figura 1.7 – Sagres Penalty Cup

Fibra pacotes de 100 MB, 50 cartões pré-pagos da Sport TV, 8 televisores Samsung LCD 3D, 10 cartões pré-pagos dos Canais Premium da Zon. Como os resultados dos vencedores estavam afixados no Facebook, uma das consequências deste evento promocional foi o crescimento do número de fãs. Os mais de 10 milhões de *page views*, as cerca de 301 mil visitas, as 2.032 novas equipas criadas, os 8.658.387 códigos inseridos e os 5.586 contactos pela linha de apoio ao cliente revelam bem o sucesso desta campanha.

Exemplo 3
Consideremos a marca hipotética Fariclu. Trata-se de uma marca com mais de meio século de presença no mercado. A categoria a que pertence – farinhas de utilização culinária – já se encontra em fase de maturidade, inclusivamente a

ameaçar uma quebra das vendas totais com pequenas flutuações de tendência decrescente. O gestor decidiu relançar a marca. Recorreu a firmas especializadas na área do *design* e da comunicação para modificar a embalagem e conceber uma campanha promocional. A nova embalagem deveria representar um compromisso entre o enfoque nos valores tradicionais difíceis de encontrar nos nossos dias (tais como a genuinidade, a pureza, o produto natural fruto do esforço e do engenho do lavrador e do moleiro), mas também destacar a conveniência e a facilidade de uso e de conservação proporcionadas por uma embalagem concebida para respeitar e enaltecer um produto distinto.

Numa primeira fase, realizou-se um concurso anunciado em revistas femininas e em revistas de culinária que consistia em partilhar no Facebook uma receita culinária (tanto quanto possível original), que evidenciasse as qualidades da farinha Fariclu. As duas receitas mais originais seriam escolhidas por um júri, mas também seriam consideradas as duas mais votadas pelas amigas das participantes que se tornassem fãs. Os prémios seriam um curso de cozinha com um mediático chefe de cozinha e um conjunto de peças de porcelana de uma marca de prestígio. Passado um trimestre iniciou-se outra ação promocional na qual os clientes, para receberem um livro de receitas, teriam se registar na *landing page* prazerfariclu.com e indicar quatro provas de compra (através de um código no interior da embalagem), responder a um questionário e liquidar previamente um montante indicado para as despesas de correio. Quem se fizesse fã da página no Facebook não tinha de incorrer nessas despesas. Finalmente, terminada esta ação – que durou três meses –, os pontos de venda contariam com a presença de duas promotoras durante duas semanas. Uma junto ao topo de gôndola da marca Fariclu e a outra numa bancada no exterior. A primeira informava quais as condições para obter um avental com a designação da marca bordada no tecido ou três medidas com o logótipo da marca (concretamente, mostrar à animadora da banca situada à saída o recibo da compra de três embalagens de farinha Fariclu). A coerência destes brindes com a mensagem pretendida foi previamente testada. A presença nas redes sociais obriga a uma grande dinâmica de produção de conteúdos e de participação das fãs. Para otimizar esse investimento foi criada uma aplicação para os *smartphones* com ideias de receitas simples e práticas. Este tipo de tecnologias auxilia as consumidoras com um ritmo e estilo de vida acelerado. Todas as semanas era lançado um pequeno vídeo a ilustrar a preparação de uma refeição.

Uma campanha deste género implicou a negociação das contrapartidas com as cadeias de distribuição pela listagem (com novos códigos) da referência relançada associada aos novos investimentos no ponto de venda.

Publicidade, brindes, ações no ponto de venda e consultoria significaram custos. No entanto, as vendas cresceram, bem como a quota de mercado. O declínio foi contrariado, pois outras marcas também beneficiaram. Estudos subsequentes revelaram que o reconhecimento e a notoriedade da marca Fariclu aumentaram consideravelmente. Os gestores têm prosseguido com ações promocionais e têm realizado marketing direto, pois, com a informação obtida através dos questionários, e com o *feedback* dos *posts* nas redes sociais, agora conhecem melhor o perfil dos seus clientes. Passado um ano, o bom desempenho da marca mantém-se... com mais fãs, visualizações no canal Youtube e o *download* da *app*.

Exemplo 4
Os portugueses são um povo muito conservador. Nos anos 90, para desespero da Colunex, a taxa de substituição dos colchões em Portugal era das mais baixas da Europa. Tal resistência à mudança dos consumidores deriva de vários fatores:
- O colchão era visto como uma peça do mobiliário que foi adquirida juntamente com a cama. Ora, ninguém, ou quase ninguém, vai trocar de cama todos os anos, e provavelmente poucos trocariam o seu colchão uma vez por década. Ele bem podia ser eterno. Não há fungos ou molas deformadas que nos convençam.
- Mesmo que os consumidores se dispusessem a substituí-lo com mais frequência, existiria sempre o dilema de considerarem o colchão velho bom demais para deitar ao lixo. Por outro lado, dada a sua volumetria, não teriam condições de o armazenar ou sequer manter no apartamento.
- Por que é que teríamos de nos livrar de um bem que ainda consegue com bom desempenho cumprir as funções para que foi criado? Seria "pecado" abandonar o colchão que nos tem dado noites tão boas! O valor do colchão é exclusivamente utilitário, não serve para decoração, serve apenas para a nossa comodidade.
- Por último, convém não esquecer que, por mais baratos que sejam os colchões, existem sempre aplicações mais interessantes para o nosso dinheiro.

Face a este cenário de condicionalismos de natureza sociocultural e económica, aparentemente pouco resta ao mercado de reposição. Argumentos invocados nas mensagens publicitárias que fazem apelo ao bem-estar, à saúde, às vantagens para a coluna vertebral e até à possibilidade da inclusão na rubrica das despesas com a saúde do IRS servem de pouco sem uma promoção de

vendas criativa. A possibilidade de poder comprar a crédito só resolveu uma das resistências. A campanha da troca de colchões da Colunex (abril de 1996) conseguiu contrariar as resistências atrás referidas com bons resultados. As razões foram as seguintes:
- Deu um argumento inquestionável para trocar de colchão.
- Valorizou o velho colchão entre 75€ a 125€ (em escudos na altura), consoante as condições de compra (recurso à modalidade de crédito ou não).
- Responsabilizou-se e encarregou-se de oferecer todos os colchões a instituições de beneficência social.

Em resumo, com esta promoção de vendas o cliente não só adquiriu um colchão melhor do que aquele que possuía, como o seu dilema do destino a dar ao colchão velho ficou resolvido, sem remorsos e ainda por cima com a paz de espírito de ter feito uma ação de caridade (sem qualquer esforço).

Estes quatro exemplos permitem ilustrar três aspetos relevantes:
1. As promoções de vendas podem ser utilizadas para concretizar vários objetivos.
2. Esses objetivos são, não apenas tácticos ou defensivos, mas também proativos e estratégicos. Isto é, podem assumir um efeito que não se esgota no curto prazo mas que se prolonga no tempo, com resultados estruturantes no mercado através do impacte positivo na atitude dos consumidores, traduzido na continuidade do seu comportamento de compra no futuro.
3. As promoções de vendas funcionam de forma mais efetiva quando inseridas num acontecimento de marketing, suportado em conjugação com outros instrumentos do mix-de-comunicação.

1.3.3 – ENTÃO, AFINAL, PORQUÊ FAZER PROMOÇÕES DE VENDAS?

No final do dia, o que todos queremos é vender mais. Se possível, manter os novos clientes recém-adquiridos graças ao efeito da promoção e não perder os antigos clientes. E já agora que os resultados do acréscimo de vendas, ao serem sustentáveis, pelo menos não afetem a rendibilidade.

Em síntese, faz-se promoções de vendas para cumprir:
1. objetivos proativos ou estratégicos, isto é, focaliza-se nos efeitos mais ou menos duradouros sobre o mercado, no comportamento do consumidor e na imagem da marca;

2. objetivos de natureza tática determinados por motivações internas à empresa e/ou os objetivos **táticos motivados por pressões externas à empresa.**

Os segundos verificam-se quando no nível das operações de produção e de aprovisionamento se aproveita o baixo preço de certas matérias-primas e para, em consequência, aumentar a existência de produtos acabados para um volume superior à procura. Ou então, como sucede nos produtos perecíveis, o termo da validade se aproxima e se assiste ao acumular de produto, por erro de previsão ou pela ocorrência de fatores inesperados. A sazonalidade também condiciona este tipo de objetivos. Nestas circunstâncias, algumas técnicas de promoções de vendas surgem como solução "salvadora". A situação mais frequente verifica-se quando são as forças competitivas a pressionar as decisões. Trata-se de uma postura de defesa e de reação a um movimento do concorrente. A ocorrência de um excesso de *stock* surge, não como uma causa das promoções de vendas mas, sim, como consequência de ações dos concorrentes que geram um acumular do produto final em armazém. Neste caso, uma ação promocional representa uma solução para um problema desencadeado pelos concorrentes. Ou, então, é a distribuição que convida a investimentos em promoções de venda para "animar" a marca no ponto de venda. O segundo objetivo caracteriza-se pela quase ausência de considerações de mercado, ou seja, executa-se uma dada ação, sem avaliar as consequências e ignorando frequentemente a reação dos consumidores e do mercado em geral.

As promoções de vendas, para além dos benefícios, apresentam igualmente alguns riscos. Algumas das suas limitações resultam da sua inadequada utilização, precisamente porque se trata de um processo complexo de gerir. Os problemas mais comuns são[13]:

- Aumento da sensibilidade ao preço, pois ensina os consumidores a comprar só as marcas que estiverem em promoções de vendas.
- Demasiada orientação no curto prazo na gestão das marcas.
- Decréscimo da lealdade à marca, e prejuízo na imagem de qualidade da mesma, visto que pode deslocar o interesse da marca para as promoções de vendas.

A principal ameaça das promoções de vendas são as próprias promoções de vendas. Um estudo[14] sobre os efeitos das reduções de preço e descontos no comportamento pós-compra, realizado em quatro países envolvendo 25 produtos, revelou que essas técnicas de promoções de vendas não contribuíram para o crescimento das vendas após o período promocional, nem favoreceram a repetição e continuidade da compra das marcas promovidas. Estas conclusões mostram como uma visão de curto prazo e/ou demasiado tática tem consequências negativas para o desempenho futuro da marca. Quando os consumidores interpretam uma nova característica do produto ou da promoção de vendas – um brinde, por exemplo – como desprovida de valor, essa marca é rejeitada[15]. Uma decisão deste tipo é mais provável num contexto de incerteza quanto ao valor dos atributos da marca perante uma relativa indefinição do padrão de preferências desse consumidor. Quantas vezes os consumidores interpretam e raciocinam nestes termos: "se esta marca tem necessidade de fazer este desconto ou quer oferecer esta bugiganga é porque não vale grande coisa". Atenção: não há promoções de vendas que salvem uma marca moribunda ou para consumidores que têm uma atitude pouco positiva! Uma ação promocional mal concebida e planeada, para além de ser um desperdício de recursos, pode ser prejudicial.

A definição do objetivo[16] (ou ausência dele) é feita com base na análise de um conjunto de condições:
- Estrutura de mercado – posição no mercado (quota) e número de empresas, posicionamento e comportamento (estratégia) dos concorrentes.
- Ciclo de vida da categoria – por exemplo, no lançamento de uma marca terá de se fomentar a experimentação da mesma, e nada melhor que oferecer amostras, pois melhora o reconhecimento da marca e elimina o sentimento de risco.
- Mercado-alvo.
- Ambição da empresa/gestor e recursos financeiros disponíveis.
- Tipo de comportamento a incentivar no consumidor.

Vale a pena analisar com mais detalhe esta última dimensão da definição dos objetivos das promoções de vendas. O comportamento que as promoções de vendas induzem nos consumidores é decomposto em vários mecanismos básicos: antecipação do momento de compra, substituição da marca, repetição na compra da marca e aumento do volume de compra por cada visita à loja[2]. Todos estes mecanismos básicos, isoladamente ou combinados, convergem para cumprir os objetivos do gestor da marca quando executa uma ação promocional. Na realidade, para o gestor da marca até pode ser indiferente qual o mecanismo que opera. Se for uma marca pertencente a uma categoria em fase de crescimento, provavelmente nem se verifica a substituição entre marcas, ou seja, em volume de faturação os concorrentes até podem ser beneficiados com as promoções de venda da nossa marca. A criação de uma identidade de marca forte é compatível com uma comunicação integrada que envolva as promoções de vendas. Tudo o que envolve o desenvolvimento de uma marca é sempre um investimento de longo prazo que requer persistência e muito profissionalismo[17].

Afinal, até agora temos preterido o alvo das promoções de vendas: os consumidores. Por que é que eles compram (mais) as marcas em promoções de vendas? Ou por que é que (pelo menos alguns) nem sempre compram as marcas com certas promoções de vendas? Ou, ainda, por que é que os consumidores deixam de comprar quando as promoções de vendas terminam?

De facto, tal como se constatou atrás, embora os consumidores nem sempre sejam a razão de ser das promoções de vendas, são eles que determinam os resultados, em suma, o sucesso da ação promocional. Na perspetiva dos gestores, as promoções de vendas encorajam e influenciam a decisão de compra exatamente onde os consumidores podem escolher os produtos/marcas. Ou seja, no ponto de venda[18]. As promoções de vendas conseguem influenciar a escolha do consumidor, porque tornam a marca mais atrativa ou porque aumentam a probabilidade de contacto visual com ela. Por outras palavras, as promoções de vendas conferem à marca uma vantagem competitiva temporária no ponto de venda.

Na óptica do consumidor, as promoções de vendas funcionam de três formas, isto é, produzem três tipos de reações/comportamentos:

- As promoções de vendas são algo externo ao produto/marca que proporciona um "valor" adicional. Por isso, todo o consumidor "esperto" prefere aquilo que lhe dá mais-valia. Consoante o seu grau de fidelidade a uma dada marca, assim pode ser aliciado e trocar, pelo menos excepcionalmente naquela vez, ou resistir a uma ação promocional de outra marca diferente daquela que habitualmente compra. No caso dos produtos destinados ao segmento infantil e adolescente, a lealdade à marca é mínima. A estes fabricantes restam duas vias: apresentarem uma linha de produtos suficientemente extensa para que pelo menos algumas marcas estejam em promoções de vendas ou então efetuar promoções de vendas quase permanentemente.
- As promoções de venda têm um papel fundamental na expansão das vendas dos produtos susceptíveis de compra por impulso. Trata-se de bens de compra não planeada cujo desejo se consubstancia apenas quando esses produtos são vistos no ponto de venda. Assim, um simples destaque no linear – aumento do espaço de venda ou presença em topos de gôndola – é suficiente para despertar o "apetite" e fazer disparar as vendas. Em última análise, é o indivíduo consumidor que psicologicamente estabelece o(s) objeto(s) que satisfaz(em) determinados desejos. Assim, um livro, um pacote de batatas fritas ou um

produto cosmético podem produzir esse efeito. Para contrariar esses "impulsos" é aconselhável definir previamente quais são as necessidades e registá-las num papel quando se deslocar ao supermercado. Outra estratégia consiste em nunca fazer compras com fome, isto é, antes das refeições. Desta forma as compras não planeadas serão mais reduzidas.

- A ligação, interpretação e resposta dos consumidores às promoções de vendas é um pouco mais complexa do que se poderia supor. De facto, está intimamente relacionada com o posicionamento da marca promovida. Se dividirmos as várias técnicas promocionais em monetárias (redução de preço, vales de desconto e cupões) e não monetárias (brindes e concursos, por exemplo), o impacte das primeiras é superior nos produtos de grande consumo menos diferenciados, considerados utilitários. Mas nos bens diferenciados, mais sofisticados e considerados "com melhor qualidade", com uma dimensão mais hedónica, pode ser desastroso. O Esquema 1.5 mostra os seis principais benefícios associados às promoções de vendas. Tudo tem que ver com a forma como o consumidor processa (cognitivamente e atitudinalmente) a promoção de vendas na sua relação com a marca[19]:

Esquema 1.5 – Benefícios das promoções de vendas

- A poupança monetária, a sensação de termos feito um bom negócio, a convicção de termos pago menos do que antes e do que poderíamos pagar depois, representa uma benefício claro das promoções de vendas (em particular das monetárias).
- Quando conseguimos comprar algo antes inacessível, porque era demasiado caro, mas agora "damo-nos ao luxo" de usufruir aquela marca e daquele serviço por um preço aceitável, isto provoca em nós uma satisfação de alcançar algo de melhor qualidade, que noutras circunstâncias não seria possível.
- A mulher moderna tem cada vez menos tempo para as atividades de rotina. As promoções de vendas assinalam boas oportunidades de compras, logo, aumentam a eficiência no ponto de venda. Na medida em que nos lembram que eventualmente precisamos (ou desejamos) ou compramos em maior quantidade, facilitam-nos a vida evitando voltar mais vezes e otimizando a deslocação ao ponto de venda.
- Quem é que não gosta de receber presentes? A auto-gratificação – quando compramos coisas para nos premiar a nós próprios (revelando uma certa dose de autoestima) – faz-nos sentir bem. Mas as promoções de vendas ainda fazem mais por nós. Fazem-nos sentir consumidores espertos. Na verdade, conseguimos aproveitar uma oportunidade única. No final, até podemos gabar-nos do feito nas redes sociais. Além disso, um consumidor responsável (moralmente falando) não compra mais caro quando pode optar por soluções mais favoráveis e igualmente boas. As promoções de vendas oferecem o enquadramento perfeito...
- Se não fossem algumas ações promocionais (tipo amostras gratuitas), dificilmente descobriríamos e testaríamos novos produtos, que no final até gostamos e passamos a consumir. Os folhetos e *sites* com promoções permitem explorar novas ideias e diversificar as nossas compras com vantagem para nós.
- Participar em determinadas promoções de venda é, por si só, uma experiência excitante. Se for coletiva e partilhada (*online*) com outros (amigos), o envolvimento numa ação promocional até se torna divertido.

E como é que o consumidor português reage às promoções de vendas? Um estudo[20] desenvolvido em três hipermercados do Grande Porto oferece-nos algumas pistas interessantes, embora condicionadas pelo facto de ser uma amostra baseada nos consumidores inquiridos no ponto de venda da segunda maior cidade portuguesa, e, portanto, não imediatamente transponível para

o todo nacional ou para a população. Em termos gerais, as conclusões desse estudo destacam os seguintes aspectos:
- A perceção do consumidor da existência da promoção constitui o fator determinante na previsão da compra. Quanto mais visível, interessante e original for a promoção, maior será o impacte do estímulo. Aqui, por exemplo, o *merchandising* joga um papel na dinamização do ponto de venda.
- Os consumidores menos fiéis, isto é, aqueles que trocam de marca com mais frequência, surgem como um dos segmentos mais sensíveis à influência das promoções.
- O poder explicativo da compra em promoção das variáveis demográficas (idade e sexo) resulta pouco relevante.
- Em geral, os consumidores não faziam uma avaliação negativa pelo facto de uma marca estar em promoção de vendas. Ou seja, o consumidor não infere que se trata de um produto de pior qualidade, visto que muitas outras marcas alternativas também estão, ou costumam estar, em promoção de vendas com igual regularidade.
- Das técnicas promocionais analisadas, as reduções de preço e a oferta de produto grátis eram as preferidas pelos inquiridos. Ou seja, os consumidores mostram privilegiar as promoções que "minimizem o seu esforço cognitivo e temporal". As promoções de venda com ofertas imediatas e vantagens concretas eram consideradas mais benéficas.
- De acordo com o referido estudo, a generalidade dos consumidores associava a palavra "promoção" a redução de preços.

1.4 – TIPOLOGIA DAS TÉCNICAS DE PROMOÇÃO DE VENDAS

As promoções de vendas agrupam as **promoções comerciais**, as **promoções ao consumidor** e as **promoções do retalhista**.

Como já foi referido, este livro aborda essencialmente as segundas, embora as primeiras sejam diretamente discutidas no Capítulo 6. As últimas são de iniciativa do retalhista e podem envolver a loja – sorteios – ou apenas determinadas marcas tidas como construtoras de tráfego. As marcas próprias são instrumentais no seu programa de promoções e muitas insígnias têm cartões de cliente no sentido de capitalizar a relação cliente-marca. Nas promoções dos retalhistas são também geralmente os fornecedores direta ou indiretamente a financiar.

Estas promoções de vendas dirigidas à distribuição (promoção comercial) enquadram-se nas estratégias tipo *push*, cuja finalidade é incentivar o retalhista ou intermediário a executar atividades para favorecer a marca criando e expandindo a procura. Existem várias formas de *rappel*, a referenciação e os destaques de linear são alguns exemplos. As estratégias tipo *pull* são desenvolvidas diretamente do fabricante para o consumidor, tal como as promoções ao consumidor[21].

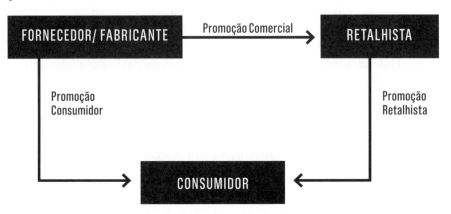

Esquema 1.6 – Representação da interação consumidor–retalhista–fabricante

Toda a dinâmica do investimento das promoções de vendas no nosso país, no nível de produtos de grande consumo, foi impulsionada pelo aparecimento e pela expansão da designada distribuição moderna. Nesse sentido convém compreender a lógica de funcionamento dos fabricantes/fornecedores e dos retalhistas, bem como a relação entre ambos.

1.4.1 – AS PROMOÇÕES DE VENDAS E A RELAÇÃO INDÚSTRIA — DISTRIBUIÇÃO

Os fabricantes oferecem não apenas produtos mas essencialmente marcas. E as marcas fazem os clientes – pela sua diferença, significado, reconhecimento, valor e permanência[22]. Os fabricantes inovam, criam e expandem o mercado e, quando pioneiros, conseguem impor normas, possuindo uma maior liberdade em matéria de preços. Os retalhistas criam conveniência, proporcionam serviços e contribuem para a transferência de parte do valor – via redução de preços – do fabricante/fornecedor para o consumidor[21]. Os primeiros dependem do espaço de venda e os segundos precisam das marcas. Tal como vem representado no Esquema 1.7, a origem da rendibilidade para

1 · PARA QUE SERVEM AS PROMOÇÕES DE VENDAS?

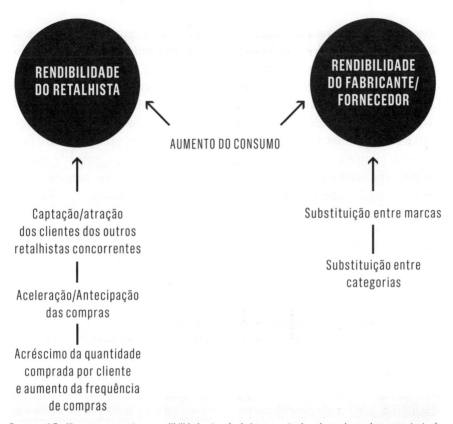

Esquema 1.7 – Vias para aumentar a rendibilidade através do incremento do volume de vendas no contexto do retalhista e do fabricante[2, 24]

o retalhista e para o industrial fornecedor desse retalhista converge apenas no aumento do consumo (quantidade consumida por unidade de tempo). O fabricante está interessado no aumento de quota de mercado das suas marcas, seja substituindo as marcas concorrentes, seja de outros modos. Para o retalhista, estas substituições no interior do seu espaço de venda podem não se traduzir necessariamente numa vantagem.

Como – através de que instrumentos – é que o retalhista consegue incrementar o volume de vendas e, em consequência, a rendibilidade do seu espaço de venda?

A solução está em desenvolver uma estratégia de marketing adequada e eficiente. Ora, esta resposta, embora óbvia, é vaga. Das políticas de marketing mix, a planificação do sortido (variedade, profundidade e qualidade), gestão de *stocks* e serviços, localização, número de lojas, *layout* e métodos de venda, uma vez concretizadas pelos retalhistas, apresentam-se relativamente estáveis

39

no tempo[23]. A dinâmica susceptível de produzir uma expansão do volume de negócios do retalhista é alcançada através da atividade promocional desenvolvida na loja e pela política de preços e margens. É através das promoções de vendas que os objetivos de ambos os agentes económicos (retalhistas e fabricantes) são, pelo menos parcialmente, compatibilizados e conciliados.

O preço é uma das variáveis para as quais os consumidores são, em geral, mais sensíveis; nesse sentido, os retalhistas manipulam os preços, com a finalidade de cumprir os seus objetivos, como, por exemplo, aumentar o tráfego na loja. Ora, nem todas as referências apresentam a mesma capacidade de atrair os consumidores. A qualidade de construtores de tráfego que algumas marcas evidenciam resulta da sua notoriedade – elevada quota de memória e quota de coração[25] – e/ou da sua liderança. Para estas marcas, designadas por apelativas ou chamariz, as margens do distribuidor são frequentemente nulas ou negativas, pois considera-se que os consumidores conhecem de memória, comparam e vigiam regularmente os preços entre as várias lojas por onde circulam[26], e substituem o local de compras por aquele que oferece maiores vantagens em descontos e outras promoções de vendas.

A competição entre retalhistas na atração dos consumidores implica, no quadro das estratégias de marketing, planear ações promocionais que passam, entre outras, pela criação ou pelo aproveitamento de acontecimentos. A designação «acontecimento» concentra um conjunto unificado de ações de marketing, tais como: descontos publicitados num folheto e distribuídos ao domicílio, sorteio/concurso, reforço das promoções de vendas particularmente em algumas referências, adaptação parcial do *layout* da loja, ações de *merchandising*; tudo realizado em torno de um tema sugerido por uma data festiva do calendário, como, por exemplo, o Dia do Pai, ou o da Mãe ou o da Criança, o Carnaval, os Santos Populares, ou épocas festivas – Páscoa e Natal –, ou então épocas especiais – campanha escolar e férias de verão. A juntar a estas campanhas surge qualquer pretexto com algum sentido de humor (ver Figura 1.8).

A "guerra" entre lojas produz uma pressão sobre os preços e as promoções de vendas especialmente das marcas chamariz. Atendendo a que, por vezes, essas marcas são topo de gama com preços *premium*, as constantes manipulações dos preços alteram o diferencial de preços entre marcas com posicionamentos distintos, podendo afetar a imagem da marca (avaliação desse posicionamento) sem que o volume total de vendas, em muitos casos, cresça significativamente. Se, por um lado, estes dois agentes económicos – fabricante e retalhista – são interdependentes, por outro lado, os seus objetivos, pelo menos em alguns aspetos, colidem. As relações nem sempre são

1 · PARA QUE SERVEM AS PROMOÇÕES DE VENDAS?

Figura 1.8 – Quando não se pode evitar a crise temos de ser divertidos

pacíficas, existindo uma certa conflituosidade de interesses. O resultado tem sido um aumento do poder do retalhista, mais concretamente da grande distribuição. Mas esta transferência de poder talvez seja mais um reequilibrar de posições, no qual o controlo de certas funções de marketing-mix tem gradualmente sido deslocado[21] dos fabricantes/fornecedores para a distribuição.

1.5 – NOVO PARADIGMA DAS PROMOÇÕES DE VENDAS

A vertiginosa evolução das tecnologias digitais introduziu novas soluções, hábitos, preferências e, acima de tudo, oportunidades. Mas o mais fundamental é a mudança de paradigma sobre a lógica implícita ao funcionamento das promoções de vendas a que tradicionalmente estávamos habituados. Ou seja, essa lógica era uma espécie de "toma lá... mas primeiro dá cá". Agora a ligação transacional é mais subtil, difusa e às vezes aparentemente invertida. Dedicamos um extenso capítulo a este fenómeno (Capítulo 7) da digitalização das nossas vidas e à gestão das ferramentas digitais com aplicação na conceção

e implementação das promoções de vendas. Para já, vale a pena percebermos como é que o consumidor desta nova era de imersão *online* pensa, sente e se comporta. De facto, os clientes dispõem de três importante armas[27]:
– acesso instântaneo à informação sobre produtos e serviços;
– escolha imensa;
– comparação em tempo real dos preços.

Se acrescentarmos a isso a mobilidade, o nosso potencial cliente pode no exato momento em que está considerar a compra, verificar onde comprar e no local comparar os preços com os outros concorrentes. A *app* da Amazon Flow permite, através do reconhecimento da imagem, aceder à informação no seu *site* e eventualmente fazer uma encomenda. Uma vez efetuada a leitura dos códigos QR, aplicados nas etiquetas da roupa da Ralph Lauren, os clientes podem aceder a uma imensa oferta de coleções e habilitarem-se a ganhar bilhetes do US Open Tennis Tournament!

O mundo virtual proporciona experiências gratificantes. Basta lembrar os visionamentos dos vídeos, os jogos, a realidade aumentada, a música e, principalmente, a componente social. Nessa dimensão social não temos apenas a partilha de sentimentos e conteúdos mas também o aproveitamento de oportunidades que só podem ser conseguidas em grupo. Veja-se o sucesso das compras em grupo com desconto – sendo o groupon.com um dos *sites* pioneiros.

Mas o que todas estas gratificações têm em comum é a sua intangibilidade, isto é, não são materiais. Uma das vantagens dessa modalidade é a sua relativamente fácil personalização. Temos, assim, prémios/brindes que podem assumir a forma de experiências, proporcionam prazer, divertem e até podem ser partilhados com os amigos, mas que não se possuem. Mais ainda, podemos até oferecer primeiro esse incentivo e só depois é que a compra se verifica... com algum desfasamento. Entretanto, até nos pode apetecer contar a novidade aos amigos, estimulando igualmente a sua participação. Não é 100% certo que a compra ocorra, mas a experiência com a "promoção de vendas" já ocorreu antes. A consequência pode não ser sempre, pelo menos no imediato, a transação. Mas desenvolve-se uma relação cognitiva e afetivamente significativa com a marca.

A marca de produtos de higiene Johnson&Johnson não imaginava a indignação causada nas utilizadoras, absolutamente fiéis à marca, quando decidiram descontinuar a produção dos tampões O.B. ultra. A resposta foi uma desculpa sob a forma de um vídeo musical personalizável – com o nome da consumidora – no qual a letra era um pedido de perdão pela demora em recolocar no mercado o referido produto. O romantismo do *script* era acompanhado com o nome da pessoa em pelo menos cinco momentos (ver Figura 1.9).

1 · PARA QUE SERVEM AS PROMOÇÕES DE VENDAS?

Figura 1.9 – O vídeo "*O.B. apology*" diverte as clientes

No final era proposta a oferta de um cupão (apenas para os EUA e o Canadá). Onde é que está a promoção de vendas neste caso? O que mais que se assemelha ao conceito de promoção de vendas exposto neste capítulo era a oferta de um cupão a título de compensação pelo facto de a marca deixar de estar presente no mercado. O curioso é que nem toda a gente percebeu o motivo ou até desconhecia a causa do "pedido de desculpa". O que aconteceu foi um poderoso efeito viral (mais de 1.7 milhões de resultados no Google gerados pela palavra-chave "O.B. apology"), com muitas mulheres a experimentarem e difundirem o tal vídeo musical engraçado. Se uma percentagem, mesmo que ínfima, de consumidoras resolveu comprar graças a esta exposição mediática, então já valeu a pena esta iniciativa. É claro que, se excluirmos as canadianas e americanas (visto que essas poderiam fazer o carregamento e impressão do cupão descontável na próxima compra), esta iniciativa contribui para aproximar afetivamente as clientes com a marca. A aprovação deste vídeo musical personalizado não foi unânime, mas a polémica também ajudou a difundir. No final do dia, esta ação promocional heterodoxa de vendas cumpriu alguns dos benefícios referidos no Esquema 1.5 e ainda contribuiu para aumentar as vendas da Johnson&Johnson.

Na entrada da loja de moda Abercrombie&Fitch na 5.ª Avenida em Nova Iorque estava um modelo masculino, musculoso e sorridente, disponível para posar com as clientes. A revelação e entrega da foto era imediata e ninguém

Figura 1.10 – Modelo e cliente na Abercrombie&Fitch

forçava a visita ao interior da loja para fazer compras. Mas o facto era que a generalidade das pessoas acabavam por entrar e, inevitavelmente, sair carregando sacos (tratava-se da época de saldos). Esta gratificação (prévia) pode ser considerada uma promoção de vendas... mas ao inverso: primeiro é oferecido o brinde e depois vem a compra. A foto é guardada, podendo fazer bem ao ego das meninas e ciúmes aos namorados. Mas o importante é que a marca está lá e a recordação dessa divertida experiência também.

NOTAS FINAIS

[1] A Mind Lab em Portugal é representada pela QSP – Consultoria e Estudos de Marketing e Estratégia, Lda.
[2] Blattberg, R. e Neslin, S. (1990). *Sales Promotion, Concepts, Methods, and Strategies*, Prentice-Hall; Mulin, R. e Cummins, J. (2008). *Sales Promotion*. 4.ª ed., Kogan Page. Como exemplos de *sites* que divulgam oportunidades de promoções de vendas e alguns dispensam cupões temos os seguintes: paramim.com; as melhoresofertas.net; 1001blogsforum.com; montra.me/lowcost; sempreapoupar.com; cenasdeborla. blogspot.com e tralhasgratis.org.
[3] Rossiter, R. J. e Percy, L. (1987). *Advertising and Promotion Management*, McGraw-Hill.
[4] Petersen, C. e Toop, A. (1994). *Sales Promotion in Postmodern Marketing*, Gower.
[5] Lilien, G. L., Kotler, P. e Moorthy, K. S. (1992). *Marketing Models*, Prentice-Hall.
[6] Ehrenberg, A.S.C., Scriven, J. e Barnard, N. (1997). "Advertising and price". *Journal of Advertising Research*, 37 (3); Mela, C. F., Gupta, S. e Lehman, D.R (1997). "The long-term impact of promotion and advertising on consumer brand choice". *Journal of Marketing Research*, 34 (2). Kotler, P. (1991). *Marketing Management: Analysis, Planning, Implementation and Control*, Prentice-Hall.
[7] Brito, P. Quelhas (1996). *As Promoções de Vendas e a Competição entre Marcas*, Dissertação de Mestrado em Economia, Faculdade de Economia da Universidade do Porto.
[8] Petersen, C. e Toop, A. (1994). *Sales Promotion in Postmodern Marketing*, Gower; Belch, G. E. e Belch, M. A. (2007). *Advertising and Promotion: An integrated marketing and communication perspective*. 7.ª ed.. McGraw-Hill.
[9] Lindon, I. e Morley, K. (1995). *Integrated Marketing Communications*. Oxford: Butterworth-Heinemann.
[10] Pickton, D. e Broderick, A. (2005). *Integrated Marketing Communications*. 2.ª ed.. FT-Prentice Hall.
[11] Existem outras obras que desenvolvem o tema: Lendrevie, J., Baynast, A., Emprin, C., Dionísio, P. e Rodrigues, J. V. (2008). *Publicitor: comunicação 360º online-offline*. Publicações D. Quixote. Shimp T.A. (2003). *Advertising, promotion and supplemental aspects of integrated marketing communications*. 6.ª ed.. Thomson Learning.
[12] http://www.meiosepublicidade.pt/2011/10/18/"uma-adaptacao-literal-de-uma-campanha-global-pode-ser-desastrosa"/
[13] Quelch, J. A., Neslin, S. A. e Olson, L. B. (1987). "Opportunities and Risks of Durable Goods Promotion". *Sloan Management Review*, 28 (2).
[14] Ehrenberg, A. S. C., Hammond, K. e Goodhart, G. J. (1994). "The after-effects of price-related consumer promotions". *Journal of Advertising Research*, 34 (4).
[15] Simonson, I., Carmon, Z., e O'Curry, S. (1994). "Experimental Evidence on the Negative Effect of Product Features and Sales Promotions on Brand Choice". *Marketing Science*, 13 (1) (Winter).

[16] Flanagan, J. (1994). "Setting Sales Promotion Objectives", *in The Dartnell Sales Promotion Handbook*, ed. T. B. Block e W.A.Robinson. 8.ª ed.. The Dartnell co., pp. 20.
[17] Corte-Real Beirão, A. F. (2004). *O impacte das promoções de vendas no valor da marca*, Coleção Marketing n.º 6, IPAM.
[18] Wilmshurst, J. (1993). *Below-the-line Promotion*. Butterworth-Heinemann Ltd..
[19] Chandon, P., Wansink, B. e Laurent, G. (2000). "A benefit congruency framework of sales promotion effectiveness". *Journal of Marketing*, 64 (October), pp. 65-81.
[20] Moura, A. P. (2000). *O comportamento do consumidor face às promoções de vendas: uma aplicação para os bens de grande*. AJE-Soc.Editorial.
[21] McGoldrick, P. J. (2002). *Retail Marketing*, 2.ª ed.. McGraw-Hill.
[22] Kapferer, J. N. (1992). *Strategic Brand Management, new approaches to creating and evaluating brand equity*. New York: The Free Press.
[23] Cliquet, G., Fady, A., e Basset G. (2006). *Management de la distribution*, 2.ª ed.. Dunod.
[24] Kumar, V. e Pereira, A. (1995). "Explaining the Variation in short-term Sales Response to Retail Price Promotions". *Journal of the Academy of Marketing Science*, 23 (3).
[25] Proporção de consumidores que se recordam e que manifestam apreço pela marca, respectivamente, e a classificam em primeiro lugar quando comparadas com as concorrentes (Kotler,1991).
[26] A validade deste pressuposto ou preconceito é posto em causa por vários gestores.
[27] *Finantial Times* (25/01/2012): "Retailers experiment on ways to win loyalty", by J. Twentyman.

Capítulo 2
Gestão da comunicação do preço

A decisão do preço, mesmo quando é tecnicamente bem definida, já por si é exigente. Numa primeira fase, explicita-se a estrutura e a política de preços, implicando para tal a participação direta e indireta de várias áreas de conhecimento. Nestas incluem-se a economia (a contabilidade mas também a macroeconomia/conjuntura), o marketing, a engenharia de produção, o direito e, particularmente, a área comercial. A componente que geralmente compromete o aparente sucesso desta primeira fase reside na comunicação do preço.

Neste capítulo demonstraremos que a forma mais inteligente de se conseguir ser eficiente na elaboração da ferramenta do marketing-mix "preço" é trabalhar estrategicamente em conjugação com a outra ferramenta do mix que é a comunicação. Para evitar uma "guerra de preços", a solução consiste em utilizar com sabedoria os vários instrumentos da promoção de vendas, em particular os mais interligados com o preço. E como veremos mais à frente neste capítulo, uma "guerra de preços" é uma situação indesejável, visto que todos perdem, inclusivamente o consumidor. Na verdade, todas as pessoas têm alguma sensibilidade para entender o significado do preço (ver Caixa 2.1).

O complicado não é decidir o preço, mas, sim, comunicá-lo.

Caixa 2.1   **Os macacos e o valor no contexto de uma justa transação**

Dois grupos de macacos foram treinados a usar uns cupões como moeda de pagamento sempre que lhes era oferecido algo. Os dois grupos estavam em gaiolas adjacentes e podiam observar os seus comportamentos reciprocamente.
Um dos grupos recebeu um cacho de uvas, mas não lhe foi solicitado o cupão. No entanto, o outro grupo teria de pagar um cupão para poder receber uma pequena abóbora (considerada pelos macacos como menos valiosa). A reação deste último grupo foi imediata: os macacos atiraram o cupão ao chão mostrando o seu desagrado e rejeitaram a abóbora.
Esta experiência demonstra que o sentimento de justiça e o reconhecimento de valor não são inatos exclusivamente nos humanos[1].

Se assumirmos o primado de uma lógica de rendibilidade e sustentabilidade financeira do negócio, a única via realmente efetiva para se crescer nos lucros é aumentar o preço. Por exemplo, se aumentarmos 1% no volume de vendas (em quantidade e para preços constantes) o máximo que pode gerar é um acréscimo de 3,3% no lucro[2]. Mas se aumentarmos o preço 1% (sem alterar a quantidade vendida) induzimos um acréscimo no lucro de 11,1%.

É muito fácil vender barato. É muito fácil diminuir o preço. Nessas condições há sempre procura, arranja-se sempre (mais) quem compre (mais)... mas fazemos péssimos negócios, porque temos prejuízos e comprometemos a viabilidade da empresa e, acima de tudo, o futuro da marca. O difícil é vender caro. O difícil é ganhar dinheiro. É por isso que precisamos do marketing. Temos de atrair mercado, influenciar o desejo e exceder as expectativas, contribuindo para que a experiência com a nossa marca seja considerada superior à que o nosso cliente teria com outras que concorrem connosco. Trata-se de gerir a preferência e persuadir. Infelizmente, não há nenhuma técnica específica e exclusiva para concretizar esse objetivo.

É facílimo vender... O difícil é ganhar dinheiro.

O poder do efeito das ferramentas do marketing-mix resulta da coerência e articulação entre as diferentes decisões. A elaboração e conceção do produto/serviço, a escolha do local de venda, o preço, a formação/abordagem da força de vendas, o logótipo e toda a comunicação têm de ser harmoniosamente orquestrados para produzir o máximo efeito no consumidor/profissional. Não pode haver ambiguidades, o que implica, de forma simples e consistente, "comunicar" o posicionamento da marca. Ou seja, na psicologia do cliente, se uma destas ferramentas estiver temporalmente desajustada, destrói o efeito das outras medidas, conduzindo, a prazo, ao descrédito. Por exemplo, se o preço de uma marca *premium* se aproximar do preço praticado por uma marca considerada mais básica, o posicionamento da primeira altera-se inevitavelmente. Em termos práticos, o segmento de mercado-alvo original questiona, pelo menos, a sua "qualidade".

Conscientes de que na gestão de um negócio todas as componentes estão interligadas e são interdependentes, a decisão sobre o preço, para ser eficiente, depende de outras decisões – por exemplo, ao nível do produto – e tem consequências nas outras decisões.

O preço é apenas um algarismo. Não há nada mais simples. Basta defini-lo uma vez e depois quase instantaneamente – pelo menos na Internet – podemos alterá-lo. O interessante, e muitas vezes dramático, nesses algarismos a que chamamos preço é que provocam reações quer nos consumidores/clientes quer nos concorrentes, mas também eventualmente nos fornecedores e nas autoridades... O seu efeito pretendido nem sempre é conseguido. Se, por um lado, como no senso comum, as promoções de vendas estão muito associadas às variações de preço, por outro, o seu sucesso depende também da maneira como o preço é definido e comunicado. A presente obra aborda a temática da comunicação do preço e será desenvolvida em duas vertentes:

– natureza e efeito intrínseco do preço;
– psicologia do preço e promoções de vendas relacionadas com o preço.

Certo é que não se deve comunicar o preço sem que antes se tenha trabalho bem a comunicação do valor dessa marca. Caso contrário, a única razão de compra que estaríamos a induzir no consumidor/profissional seria o facto de ser mais barato.

Na perspetiva do consumidor/profissional o preço reflete o valor da marca. Logo, se reduzirmos o preço será que o seu valor mantém-se intacto?... E por quanto tempo? Como poderemos constatar neste livro, a "arte" e técnica de saber conceber e aplicar as promoções de vendas permite minimizar o efeito da redução de preços na reavaliação da marca pelo consumidor ou substituir a variação do preço por outra estratégia idêntica ou até mais eficaz.

2.1 – NATUREZA E EFEITO INTRÍNSECO DO PREÇO

O preço final, isto é, o preço que é pago pelo cliente/utilizador final do bem raramente coincide com o preço definido pelo produtor ou dono da marca, pois é raro o fabricante ou o dono da marca terem o controlo sobre o preço que o cliente final vai pagar.

O retalhista e o revendedor, ao acrescentarem (ou não) a sua margem, ao efetuarem ações promocionais no ponto de venda, ao ajustarem o preço em função da concorrência e da procura, alteram constantemente o montante que consta na etiqueta. Em *Business-to-Business* (B2B) o nosso cliente é um profissional que negoceia as condições de venda. Em consequência, o preço realmente pago pode variar de cliente para cliente e de encomenda para encomenda. Para negociar as condições mais favoráveis, o vendedor tem de perceber muito bem o processo de decisão de compra. Da mesma forma, o diretor comercial, ao estabelecer o esquema de remuneração da sua equipa, pode orientar até que ponto vale a pena vender mais sacrificando o preço faturado. Basta para isso compensar mais o esforço do vendedor em função da margem e não tanto do volume de vendas. Se a comissão do vendedor estiver indexada à quantidade vendida ele/a fará tudo para aumentar a encomenda. Isso passa por fazer concessões no preço, ou seja, oferecer descontos. Se a comissão for uma percentagem da margem bruta, quanto menor o preço maior terá de ser, proporcionalmente, a quantidade vendida para compensar o efeito da diminuição de preço. Neste caso, o vendedor terá de saber negociar melhor, apostando em argumentos de venda mais associados aos atributos diferenciadores da marca.

> Raramente o preço pago pelo cliente final é aquele que o dono da marca gostaria que fosse.

Pese embora esta complexidade de fatores que intervêm entre o preço estabelecido (tabelado) e o preço final (realmente praticado), é importante o gestor definir, sem ambiguidades e de forma profissional, a estrutura de preços e a política de preços, assunto que iremos abordar nos subcapítulos seguintes.

2.1.1 – COMEÇAR PELO PRINCÍPIO: COMUNICAR O VALOR

O preço é tão economicamente importante para quem compra como para quem vende. O comprador não está interessado numa solução por ser a mais barata, mas sim por ser aquela que é, simultaneamente, competitiva e que lhe resolve melhor os problemas. Ele/a quer obter o máximo valor pelo que paga.

O que é que um comprador – isto é, alguém que está eventualmente em processo de se tornar cliente – tem em consideração quando analisa um produto/serviço de um potencial fornecedor?

Em particular, em B2B, os fatores que têm influência no processo de decisão do comprador[3,4] são os que se podem ver no Esquema 2.1:

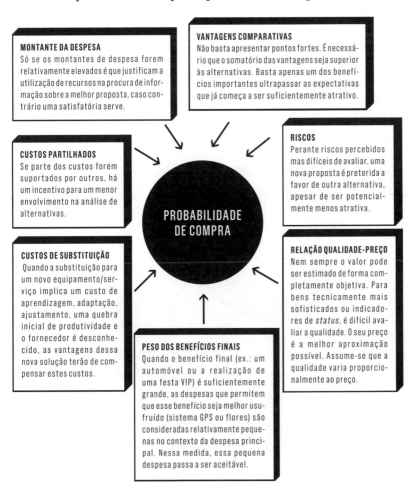

Esquema 2.1 – Fatores que influenciam a probabilidade de compra (B2B)

Assumimos, erradamente, que o cliente sabe sempre o valor daquilo que compra[3]. Na generalidade dos casos, se não formos nós a informá-lo, não faz a mínima ideia. Tal estimativa do valor económico de um bem implicaria a utilização de recursos cada vez mais escassos para o comprador: tempo e esforço. A situação agrava-se se o nosso interlocutor não for *expert* e/ou não for o utilizador desse serviço/equipamento. Como tal, evita dar-se a esse incómodo.

No caso de se tratar de um consumidor final, o processo é mais simples: dois fatores acabam por influenciar a resposta[3,5] no que diz respeito à disponibilidade para pagar um determinado preço (ver Esquema 2.2). O empenho é tanto maior quanto menor a frequência de compra, maior o envolvimento/pertinência pessoal da compra e maior o montante da despesa. A vontade de pagar aquele montante indicado resulta em primeiro lugar da sua comparação com o valor percebido. Essa disponibilidade em pagar é função da antecipação sobre a maneira mais ou menos objetiva/rigorosa/séria/justa como o preço foi definido. Mas também pela inferência dos custos de produção. Por exemplo, um produto de uma marca menos conhecida e fabricado na China facilmente se infere que, tendo custos inferiores, terá de ser mais barato.

Esquema 2.2 – Determinantes da disponibilidade para pagar um dado preço

O nosso ponto de partida é trabalhar e garantir que o produto/serviço associado àquela marca contenha os atributos técnicos que lhe conferem a máxima vantagem competitiva no segmento de mercado a que se destina. Sem este pressuposto fundamental, as outras três ferramentas do marketing--mix são ineficientes. Só quando a escolha do canal, a comunicação e o preço se conjugam harmoniosamente com um produto/serviço distinto e relevante para o mercado-alvo é que as sinergias que, reciprocamente, potenciam cada ferramenta do marketing-mix funcionam. Frequentemente, o produto/serviço dispõe de uma mais-valia significativa mas os gestores não conseguem comunicá-lo devidamente. Em consequência, o comprador acredita que o preço é excessivo, face aos benefícios percebidos, e por isso rejeita-o. Pode, ainda, aceitar o preço por não reconhecer o valor do produto e, por conseguinte, o preço é inferior ao que poderia ser, tendo em conta a sua "qualidade". Nessa medida, a primeira estratégia a desenvolver passa por comunicar o valor da nossa marca. Em particular, interessa comunicar o que distingue a nossa marca ou proposta das outras concorrentes. No essencial, são os elementos/atributos/benefícios diferenciadores que interessa realçar. No Esquema 2.3 apresentamos uma lista de potenciais benefícios que representam, de forma genérica, o valor da marca que desejamos que seja percebido pelo cliente. O valor da marca pode apresentar duas componentes: a utilitária e a hedónica. A distinção é clara, mas existem alguns benefícios que podem ser partilhados por ambos. A dimensão económica ou utilitária abrange os benefícios que se expressam nos resultados, e trata-se de algo pragmático, pois vale pelo retorno no investimento. A dimensão hedónica deriva de uma avaliação subjetiva, e expressa-se mais no prazer pessoal e no significado individual suscetível de veicular algo pessoal ou socialmente relevante.

rentável, produtividade, fácil de instalar, fácil de aprender e operar, funcionalidade, *performance*, poupança, menor consumo, rapidez, assistência técnica, acessibilidade, longevidade, fidedigno, competente, confiança, segurança, conveniência, informativo, inovação, empatia, respeita o ambiente, saudável, cosmopolita, boa aparência, ambiência, conforto, exclusividade, personalização, estética, *status*, divertido, único, ...

Esquema 2.3 – Potenciais benefícios hedónicos e utilitários de um produto

Está fora do âmbito deste livro explorar como se transmite, em todas as suas vertentes, o valor da marca. Aprofundaremos apenas a vertente relacionada com a gestão do preço e os instrumentos de promoção de vendas. É importante que fique claro que, se falhar esse esforço de influenciar a compreensão do valor/benefício, tudo o resto será um desperdício de tempo e energia. Por melhor que seja o produto, se não soubermos adequadamente comunicar – o valor e o preço – falhamos.

2.1.2 – DECISÃO DO PREÇO

Tal como observamos no subcapítulo anterior, ninguém compra um produto/serviço por ser o mais barato, mas sim porque é o que lhe resolve os problemas com mais eficácia e, em igualdade de circunstâncias, nas melhores condições de compra – situação na qual o preço é uma componente necessariamente importante. A própria empresa – marketing e comerciais – tem muita responsabilidade na ênfase do preço. A verdade é que somos nós que, muitas vezes, ensinamos e estimulamos o consumidor/profissional a desviar a atenção para o preço, em vez de realçar o que pode ganhar se comprar a nossa solução *versus* o que pode perder se o não fizer.

O primeiro desafio – antes de o valor ser bem comunicado – consiste em definir aquele algarismo que designamos por preço. Em B2B, na realidade, não se discute apenas um, mas vários "preços". É por isso que, no quadro das decisões do preço, devem estar incluídas a definição da estrutura de preços e a política de preços. No caso dos produtos de grande consumo, o processo de estabelecimento do preço final é, igualmente, condicionado pela lógica de funcionamento da distribuição/retalhistas.

O segundo desafio é mais comportamental. A gestão de topo tem de assumir que o preço é uma decisão estratégica para o negócio. Logo, deve ser levada a sério por toda a gente. A organização tem de responsabilizar – premiando e punindo – quem não tiver disciplina de preço. Para tal, os objetivos devem ficar bem claros, deve existir disponibilidade de recursos para os cumprir e, acima de tudo, é fulcral que percebam quais as consequências positivas e negativas nos resultados e efeitos a médio e a longo prazo, isto é, por vezes sacrificar o volume apostando no lucro. A este nível do longo prazo, se não formos consistentes com os clientes mais cobiçados, a relação deteriora-se. O mesmo é dizer, se os critérios (política de preços) variarem de cliente para cliente e variarem ao longo do tempo e/ou de forma algo tática, sem se entender a lógica, os concorrentes dispõem de um argumento extra: a nossa falta de credibilidade. Por exemplo, como é que um cliente antigo acolhe o facto de praticarmos um desconto a um novo cliente, só para conseguirmos uma primeira encomenda, e ganharmos quota, enquanto que esse mais antigo, que já "nos ajudou", não beneficia dessa "atenção"? Esse cliente antigo vai, no mínimo, questionar por que é que paga um preço mais elevado e tentará ser um novo cliente noutro lado...

Disciplina de preço – só assim é que o mercado acredita em nós!

Quais os dados (*input*) que o gestor terá ao dispor para decidir o preço?

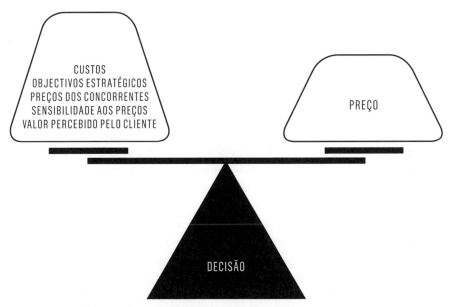

Esquema 2.4 – Equilíbrio na definição do preço

Os custos são naturalmente a variável inevitável da equação. Convém contabilizar todos os custos[6]. Entre outros, por exemplo: juros de crédito a cliente, devoluções, produtos danificados, tempo de consultoria/apoio técnico (implícito nos contratos e muitas vezes de ocorrência eventual) e outras condições "especiais" (transporte de alguns materiais, instalação, formação...). Menos intuitivos são os objectivos estratégicos. Se a proposta de valor do novo produto/serviço é reconhecidamente superior, convém que o preço em relação à concorrência reflita isso mesmo. Quando o ciclo de vida do produto é relativamente curto e os custos não são muito elevados, e se queremos evitar uma guerra de preços e ao mesmo tempo crescer rapidamente, convém apostar num investimento repartido em publicidade e ações promocionais no ponto de venda. Mas atenção, o preço deve permanecer tanto quanto possível inalterado. A utilização inteligente dos instrumentos de promoção de vendas garante os resultados,ajudando igualmente a manter os preços estáveis. Os preços dos concorrentes também influenciam, mas não é o seu montante em absoluto. É a relatividade ou a diferença entre os preços que influencia a forma como os consumidores processam o seu custo *versus* vantagem/ganhos. Tal como iremos aprofundar no subcapítulo 2.3, a forma como o preço é sinalizado também atua na escolha do consumidor.

A análise do preço dos concorrentes e da sua evolução/variação permite balizar, em função do posicionamento pretendido, a distância/proximidade de preços mais adequada. Mas, acima de tudo, é necessário compreender a lógica da gestão de preços dos concorrentes e antever potenciais reações. O preço não é processado cognitivamente como uma entidade absoluta, pois o seu significado é sempre relativo, isto é, depende do preço das outras alternativas[7]. A eventual substituição entre marcas é ponderada pelo confronto entre as diferenças de preços e a de valor percebido das marcas em escrutínio. Trata-se de um exercício em que, pelo menos, a parte objetiva da avaliação pode ser gerida, de forma mais expedita, pela marca via preço. A construção/influência sobre o valor percebido implica algum investimento e tempo, uma vez que demora algum tempo até que os consumidores reconheçam o valor e ainda mais algum se esperarmos que ele/a experimente e avalie.

O procedimento econométrico de estimação da sensibilidade dos consumidores ao preço é a elasticidade procura-preço, que consiste no rácio da variação percentual da quantidade pela variação percentual do preço[8]. Quando uma variação do preço de 1% gera uma procura superior a 1% considera-se que o bem tem uma procura elástica. Nesta condição, se reduzirmos o preço, o acréscimo da procura pode compensar o efeito da perda monetária, dependendo da grandeza da elasticidade. No caso de um bem com uma procura inelástica, o decréscimo do preço de 1% induz uma variação percentual da procura proporcionalmente inferior. Neste cenário, apesar de as vendas crescerem, a receita diminui. O Esquema 2.1 mostrou algumas das determinantes da sensibilidade ao preço. Mas existem mais[9]:

– **Valor percebido das propostas alternativas** – A sensibilidade ao preço é tanto maior quanto maior o preço do produto em comparação com os substitutos. Muitas vezes basta acrescentar um produto com um preço mais elevado na linha de produtos, para tornar, neste novo contexto, o que antes era o mais caro no mais atrativo. A experiência controlada descrita na Caixa 2.2 traduz esse fenómeno[10].

Caixa 2.2 **A virtude por vezes está (em criar) o meio!**

Num primeiro momento, os investigadores pediram a metade dos participantes (60) para escolherem entre dois modelos de micro-ondas (A e B1). A outra metade teria de escolher entre três modelos (A, B1 e B2). A distribuição percentual das escolhas foi as seguintes:

Modelo	Grupo I	Grupo II
A	–	13%
B1	43%	60%
B2	57%	27%

Quando foi introduzido um produto *premium* (A) a quota do modelo com preço intermédio aumentou, retirando mercado e preferência ao modelo mais barato. O preço nunca é processado em termos absolutos mas sim relativos.

– **Efeito dos atributos únicos** – A sensibilidade ao preço é menor quando não há substitutos que reproduzam determinados atributos suscetíveis de representar os benefícios valorizados. Quando a Compal lançou o "Essencial" pôde, sem problemas, praticar um preço unitário (por litro de sumo) consideravelmente superior ao dos outros sumos "normais". De facto, tratou-se de uma inovação conseguir transformar algumas peças de fruta preservando o seu sabor, consistência e propriedades organoléticas e nutritivas.

– **Dificuldade de comparação** – Diminui a sensibilidade ao preço. Quando algumas marcas de detergente para roupa passaram a usar em quilogramas o número de doses em vez do peso para indicar a quantidade de produto existente por embalagem, tornou-se bem mais complicado comparar preços. Mesmo quando todos adotaram tal unidade, continuava a não ser fácil as comparações de preços devido à quantidade de embalagens com tamanhos diferentes. Outra situação em que é complicado comparar propostas verifica-se nas aplicações financeiras e crédito que os bancos emitem, apesar da ficha normalizada de informação (que representou um grande contributo na clarificação). De facto, a diversidade de combinações possíveis entre prazos, isenções ou penalizações, taxas e condições de subscrição exige competências e tempo, que não suficientemente acessíveis para a generalidade dos clientes...

– **Efeito do preço justo** – A sensibilidade aumenta quando, num produto banal – tipo gasolina ou medicamentos, por exemplo –, se conjugam quatro situações: (a) razões das variações e assimetrias das variações (subida rápida e descida lenta) nesses preços; (b) verificam-se preços diferentes para o mesmo produto ou em condições similares de preço; (c) o preço varia em função do local de compra, se for num bar, a mesma bebida é mais cara do que num supermercado, neste último o combustível também pode ser mais barato; e (d) a variação do preço de bens de primeira necessidade é considerada mais crítica do que nos bens prescindíveis ou de luxo.

– **Capacidade de armazenamento e de transporte** – Quem tem facilidade a este nível pode mais facilmente protelar a compra, quando os preços ou as condições não são as mais favoráveis ou, em contraste, aproveitar e comprar antecipadamente maior quantidade de mercadoria.

– **Conhecimento do preço** – Quanto maior a familiaridade e a experiência com os produtos e, em consequência, o conhecimento do preço normal, maior é a sensibilidade. Por exemplo, as marcas mais frequentemente promovidas, na medida em que aumentam a sua visibilidade relativa, apresentam valores de elasticidade procura-preço mais elevados[12].

– **Características sociodemográficas** – O perfil do consumidor tem um peso proporcionalmente mais destacado na explicação da resposta à sensibilidade ao preço, no contexto de competição entre retalhistas, do que muitos dos fatores revistos nas alíneas anteriores[13]. Concretamente, o rendimento do agregado familiar e a idade estão relacionados com a sensibilidade ao preço. O primeiro negativamente e o segundo positivamente (reformado *versus* trabalhador no ativo)[12,14].

A tendência é que a sensibilidade ao preço aumente. Resultados de um estudo que analisou 81 pesquisas, que agregaram no seu conjunto 1851 produtos, evidenciaram que a elasticidade média do preço estimada foi de – 2,62 e tem vindo a aumentar[15].

Disciplina na gestão dos preços e negociação
A primeira etapa consiste em estabelecer a **estrutura de preços**[3]. O objetivo é estrategicamente captar o máximo valor e controlar os custos, o que implica definir métricas que quantifiquem o preço a pagar com base no que o cliente pretende. Quer o tipo ou a quantidade de atributos/benefícios/opções serão

especificados pelos clientes em função das suas necessidades/interesses. A métrica de preços mais desejável seria a que se baseia no desempenho/ganhos que o cliente pode beneficiar. Cita-se o caso dos anúncios na Internet – os *clickthrough* – ou o *pay-per-view* na TV por cabo. Outro procedimento consiste nas métricas relacionadas com o custo incremental, inerente às diferentes componentes, eventualmente opcionais, solicitados pelo cliente. Em geral, temos os custos de serviços extra, desde transporte, instalação, formação, armazenamento, vigilância, monitorização... Por exemplo, quando os bancos cobram as consultas, requisições, transferências, entre outros serviços, ao balcão, estão a incentivar, também, o cliente a recorrer às caixas multibanco e à Internet.

O principal erro é definir o preço para o produto e não para o segmento de cliente. O segundo é só pensar nos custos.

O escalão de preços é o outro elemento constitutivo da estrutura de preços. Contrariamente às métricas, não parte das necessidades/interesses do clientes, mas sim de critérios de enquadramento que o gestor pretende estabelecer, para qualificar os clientes a usufruírem de algumas vantagens especiais. No caso de determinados serviços de entretenimento, por exemplo, cinemas e teatros, o preço é diferenciado em função do dia e/ou hora da semana, permitindo canalizar o tráfego para os momentos com menos procura. A entrada gratuita para crianças promove, em muitos contextos, a participação dos adultos pagantes. As taxas de juro para o crédito pessoal variam em função do perfil do requerente que configura um determinado risco. As companhias áreas praticam tarifas que variam não só com a antecedência – em geral quanto mais próximo da data da viagem mais elevado é o preço – mas também com o dia da semana, hora de partida e de chegada. Como a capacidade é limitada, a finalidade é distribuir os passageiros pelos voos com menor taxa de ocupação. No sector hoteleiro, a questão da sazonalidade, férias escolares, feriados, épocas festivas, eventos especiais, padrão de reservas verificado no passado, determinam uma estrutura de preços muito dinâmica, embora previsível. Graças à metodologia do *revenue management* é possível otimizar a taxa de ocupação para uma tarifa máxima.

A segunda etapa passa por estabelecer a **política de preços**[3,6]. Com esta prática é possível clarificar as condições e os montantes de concessão aos clientes, quando estes cumprem determinados requisitos. A principal vantagem de uma política de preços é a consistência temporal que ela obriga ao nível da relação com o mercado e também da disciplina interna. A integridade de preços força todos os comerciais a comportarem-se de forma similar, perante as pressões dos profissionais de compras, sendo, por isso, uma das grandes vantagens. Se o preço variar, consoante a esperteza manipulativa de um comprador, temos duas consequências imediatas: na próxima transação os compradores aprofundam a nossa debilidade negocial e os outros compradores exigem compensações pela discriminação. Os resultados são: (a) a perda de controlo ficando sujeito à política de compra do comprador; (b) a eventual perda de clientes leais à marca; (c) a perda de rendibilidade; e (d) a perda de reputação de profissionalismo. À semelhança do algarismo que é o preço, a política de preços gera expectativas na forma como o preço é gerido pelo fornecedor e, principalmente, como o "valor" é transacionado.

Uma política de preços não nos retira flexibilidade negocial. Dá-nos um enquadramento que nos orienta e define limites de bom senso, mas só funciona se for transparente. Em B2B, o caso mais frequente são os descontos por quantidade. A finalidade é estimular o volume. É possível também incentivar a máxima quantidade em períodos de menor procura. Na hotelaria, a utilização de uma promoção de vendas do tipo: por cada quatro noites em época alta é oferecida uma noite, por cada duas se reservadas em época baixa. Também se deve premiar a repetição de compras e a diversidade de produtos/serviços escolhidos do nosso portfólio – especialmente os que têm maior margem e/ou menor procura. A política consiste em oferecer um extra de mercadoria, não necessariamente da mesma, caso ultrapasse um determinado *plafond* de compras. O prazo de pagamento, devido às suas implicações financeiras, também é objeto de vantagens (ou penalizações). Em geral, a arte está em escolher o nível de desconto, o volume mínimo e o *plafond* que seja igualmente atrativo e competitivo. Uma política de preços não tem de ser estática. Convém estar em vigor, no mínimo, dois ciclos de vendas – por exemplo, dois a três anos. Mas se mudar essa alteração deve ser justificada de forma convincente.

O que prefere: vender ou ganhar dinheiro? Está disposto a não vender quando considera que o negócio não é bom?... A "frio" somos todos muito lógicos!

2.2 – DINÂMICA DE PREÇOS *VERSUS* GUERRA DE PREÇOS

Os preços são autonomamente marcados pelos retalhistas segundo a lógica que apresentámos no Capítulo 1. Para um retalhista (especialmente supermercados/hipermercados e cadeias de consumíveis e bens duráveis para as massas), o importante é desenvolver, no maior número de consumidores, a reputação de preço competitivo – barato[16]. Os preços dos produtos e gamas/categorias mais visíveis, isto é, aqueles cujos preços os consumidores conhecem, estão quase diariamente sujeitos a ajustes. As várias insígnias competem entre si pela atração do maior tráfego possível. A vantagem "preço" é determinante nessa estratégia.

Em relação aos fabricantes, donos das marcas, os preços sofrem variações devido a fatores que lhes são alheios – custos das matérias-primas, taxas, direitos, impostos, inflação... –, mas também por razões estratégicas – por exemplo, a extensão de uma linha de produtos ou o lançamento de uma nova marca *premium* ou de baixo preço permite ajustes nas outras já existentes, descontinuação de produtos... – ou táticas – variações na procura permitem aproveitar a escassez ou o excesso de *stocks*. Por último, e provavelmente a situação mais frequente, varia-se o preço por razões competitivas, ou porque se pretende ganhar quota de mercado ou, ainda, como reação às medidas dos concorrentes.

2.2.1 – CAUSAS E CONSEQUÊNCIAS DA GUERRA DE PREÇOS

O preço é um simples algarismo – convém lembrar novamente a sua ultra--simplicidade. Muda-se e reinventa-se em segundos. Como é demasiado fácil de mudar existe uma pré-disposição ou tendência em usar o preço para resolver muitos problemas que desejavelmente não deveriam ser[17] resolvidos dessa forma, mesmo quando as evidências apontam no sentido contrário (ver Caixa 2.3). Além disso, muitas empresas, indústrias e gestores já o fizeram e continuam a fazer porque acreditam que resulta... pelo menos no curto prazo. Ora, acontece que toda a alteração de preços envia por si só uma mensagem aos mercados. Como a mesma medida é fácil de executar por quem eventualmente ficou ou espera ficar afetado/prejudicado, a resposta dos concorrentes é potencialmente simétrica. A mensagem aparentemente é clara: "quero roubar os teus clientes". E a resposta é óbvia: "não te vou deixar fazer isso". Entre a defesa e o ataque, a imaginação raramente é fértil: a norma é usar a mesma arma que o inimigo! A previsibilidade é elevada. Em suma, a mensagem significa, em muitos casos, guerra de preços.

Caixa 2.3 A irresistível tendência de querer comprar quota de mercado[18]

Sessenta gestores responsáveis pela gestão do preço nas suas organizações foram colocados perante uma situação concreta: uma empresa vende óculos de sol a 10€. O custo de cada unidade é 7€. Você está a pensar em fazer um desconto de 0,50€. De acordo com as estimativas de vendas para o preço normal, a probabilidade de vender 1000 unidades é de quase 100% (opção A). Mas se baixar o preço para 9,50€ (opção B) tem uma probabilidade de 80% de vender 1250 unidades e 20% de probabilidades de vender apenas 1000. Qual é a sua decisão? A generalidade dos gestores escolheu a opção B.
Racionalmente (sob o ponto de vista estatístico), as duas opções são iguais. Cada uma gera os mesmos 3000€ de lucro. A opção A estaria isenta de risco, logo, seria a opção lógica. Quando foram informados que os concorrentes iriam reagir descendo também o seu preço, quase todos mantiveram a mesma decisão de fazer o desconto.
Por último, uma nova estimativa indicava que as vendas seriam inferiores ao previsto conduzindo a uma quebra nos lucros. Poucos foram os que mudaram de decisão. Por que é que isto acontece? Os gestores acreditam na parte dos factos e na fração da verdade que confirma as suas expectativas. Mesmo quando, no passado, um desconto tenha gerado algum acréscimo de quota de mercado, e como eles se empenharam pessoalmente nessa decisão, independentemente dos resultados (negativos ou menos positivos), eles necessitam de sustentar a sua posição defendendo a solução mais agressiva, mas não a mais sensata.

Há frequentemente um julgamento precipitado baseado em preconceitos das decisões dos concorrentes e sobre os efeitos sob o negócio[20]. Um desconto significa automaticamente uma medida agressiva para ganhar quota de mercado. Uma leitura ou interpretação errada sobre um movimento competitivo (por exemplo: um desconto numa gama de produtos que o concorrente quer descontinuar) não justificaria uma resposta. O efeito de uma guerra de preços também é previsível. A indústria perde, as empresas perdem, os gestores perdem e os consumidores perdem[19,20]. Não só no longo prazo mas também no médio prazo. A ilusão não dura muito! Para compensar uma diminuição de preço, o acréscimo de vendas teria de ser muito mais do que proporcional ao registado no preço. Mesmo em fase de crescimento, os níveis de elasticidade procura-preço normais não justificam as enormes taxas de substituição entre marcas e categorias. A vantagem em termos de quota persiste, apenas, enquanto outros concorrentes não reagirem. E, dependendo da reação, pode até perder "terreno". Qual é o preço suficientemente baixo para parar a guerra? Quando alguns entrarem em falência? Mas, mesmo assim, a capacidade instalada não desaparece instantaneamente – alguém a recupera! Logo, o problema de eventual excesso de oferta mantém-se.

Aparentemente, o consumidor seria o protagonista do mercado mais beneficiado. A espiral de descida de preços prossegue e o consumidor nunca fica satisfeito com o preço de hoje porque nada garante que amanhã seja igual. A precedência tem um poder enorme[17]. Uma vez com desconto, porquê aceitar um preço superior? Se valia 40€ e agora passou a valer 39€, em breve estará a 34.90€ e depois a 29.90€. O consumidor questiona-se: "No passado fui enganado/a! O lucro deles era enorme! Vou negociar, vou esperar... Afinal qual é o valor verdadeiro desta marca?" Se só se fala no preço, provavelmente esse é a único argumento. Existe alguma diferença em relação às outras marcas? A distorção do preço que, originalmente, os clientes acreditavam traduzir o valor da marca é o reflexo do início da degradação da confiança nessa marca. Ensinamos o consumidor a ser ultrassensível ao preço. Em última análise, o preço é o único benefício que conta. No final, o cliente eventualmente fiel até já passou a experimentar e mudou para outra marca... concluindo que (a) essa, sim, apesar de mais cara, é credível ou (b) essa nova marca até consegue ser mais barata e é igualmente boa.

2.2.2 – EVITAR OU "INEVITAR" UMA GUERRA DE PREÇOS

Uma guerra de preços contém uma dose de impulsividade, voluntarismo e, logo, de emotividade. Racionalmente, podemos antecipar quatro opções estratégicas possíveis a um ataque do concorrente[3]:

1. Ignoramos as consequências, isto quando a quebra de vendas forem mínimas mas os custos da resposta forem elevados.

2. Acomodar não significa deixarmo-nos atacar alegremente. Por vezes, a única forma de minimizar os prejuízos é descontinuar aquela gama, reposicionar o negócio reforçando outros produtos/serviços ou marcas não diretamente envolvidas no ataque. O atacante é poderoso demais para termos algumas hipóteses...

3. A defesa funciona, principalmente, como um sinal ao atacante, que até pode ser forte, mas os custos de uma resposta justificam os benefícios estratégicos. A mensagem é clara: o movimento agressivo do concorrente não interessa financeiramente a ninguém; a nossa posição será sempre preservada. A reposta é rápida e simétrica. Para no exato momento em que o concorrente desistir. O objetivo não é eliminar, mas convencê-lo a recuar.

4. Retaliar resulta bem quando o concorrente é mais fraco e os custos da resposta suficientemente baixos face aos ganhos. Esta situação deriva frequentemente de um erro estratégico de avaliação do concorrente. A utilização do preço como arma pelo concorrente, estrategicamente mais frágil, não foi a tática mais acertada. Talvez por isso esta situação seja rara.

Melhor do que remediar é prevenir. Seguem-se as dez estratégias para evitar uma guerra de preços[19, 20]:

a) Não provocar, não realçar o preço na comunicação (na publicidade, por exemplo).
b) Certificar-se de que as decisões dos concorrentes foram bem interpretadas – pensar antes de reagir.
c) Verificar se basta atuar apenas localmente e não em todas as regiões.
d) Justificar sempre o preço, apostar no valor da proposta – melhorar os benefícios em vez de baixar o preço.
e) Transparência – no limite, há empresas em determinados sectores (por exemplo, em serviços de saúde) que colocam a tabela de preços na Internet. Acautelar julgamentos incorrectos dos concorrentes. Por vezes, criam-se boatos falsos sobre variações de preço que não ocorreram.
f) Discurso concertado contra uma competição baseada no preço ou qualquer outra forma de competição (ver Caixa 2.4).
g) Usar fóruns/associações que reúnam os parceiros concorrentes da mesma indústria para alicerçar determinadas práticas (permitidas por lei).

h) Explorar também nichos de mercados menos suscetíveis à pressão da concorrência.
i) Desenvolver esquemas de cooperação e contratos de fornecimento com os clientes – marketing relacional.
j) Lançar uma extensão de linha de produtos (eventualmente uma nova marca), que compitam mais efetivamente junto dos segmentos de mercado em que o concorrente está a trabalhar.

Caixa 2.4 **Carta de Richard Branson, Presidente da Virgin, ao Presidente da Coca Cola do Reino Unido (publicada/publicitada em vários jornais em outubro de 1994 na altura do lançamento da Virgin Cola)**

"Como sabe, vamos lançar a Virgin no mercado inglês e, sem dúvida, vamos tirar-vos quota de mercado. Se fizermos as coisas bem feitas, isso vai incomodar-vos e contratarão celebridades para atacar a minha marca, ao que terei de responder contratando outras celebridades mais caras ainda. E assim gastaremos uma fortuna para decidir qual dos dois tem mais ou menos quota de mercado, para um produto que é igual. Por isto, proponho o seguinte: uma luta na lama. Só nós os dois. O vencedor fica com tudo. O que é que acha?

Sinceramente,
Richard"

Existem cenários em que vale a pena ter a iniciativa de atacar[20]. Se estivermos a investir numa nova tecnologia que nos confere a prazo uma vantagem competitiva, a substituição pela nossa marca pode perdurar. Mas, acima de tudo, ao enfraquecer financeiramente o concorrente estamos a bloquear ou, pelo menos, a atrasar a sua capacidade de adquirir essa mesma tecnologia. Quando os custos totais forem mais baixos do que os da concorrência, a nossa capacidade de suportarmos os efeitos negativos nos resultados é superior. Se conseguirmos que uma parte substancial dos novos clientes sejam mantidos – fidelizados –, mesmo que os concorrentes os tentem recuperar, não precisamos de temer as retaliações.

> O preço é uma arma. A subtileza está em evitar o seu uso.

A via mais inteligente para competir, ganhar posição no mercado e conquistar clientes é através da execução de promoções de vendas. O objetivo deste livro é mostrar como é que se pode conceber, gerir e medir tais ações.

2.3 – PSICOLOGIA DO PREÇO

2.3.1 – DECISÃO *VERSUS* ESCOLHA

Imagine que estava com sede. Se seguisse as etapas do processo de decisão do consumidor que aparecem nos manuais de marketing[5] teria, em primeiro lugar, de definir/reconhecer muito bem qual o estado e a intensidade da sua necessidade. De seguida, procurar todas as alternativas possíveis para resolver o problema e recolher informação relevante sobre elas. A terceira etapa consiste numa extensa e cuidadosa avaliação – preços, atributos técnicos, benefícios relativos, custos associados ao consumo e à transação, significado da marca... Na decisão propriamente dita, é elaborado um *ranking* que resulta da ponderação de todos os fatores e é selecionada a proposta de valor melhor colocada. Após o consumo, temos a última fase, designada por pós-compra. Na pior das situações, o leitor pode entrar num estado de dissonância cognitiva, isto é, a diferença entre as marcas – aquela por que optou e as outras que rejeitou – é mínima, gerando um estado de quase frustração/desconforto/insegurança em relação a qual poderia ter sido a opção mais adequada. Na dúvida, no futuro, quando voltar a ter sede opta por outra marca. Entretanto, na sequência deste longo processo de decisão, a sua sede provavelmente conduziu-o à desidratação, ameaçando a sua sobrevivência! Felizmente que na vida só raramente tomamos decisões! (Não, não me enganei, caro leitor!) Quando o custo em relação ao nosso orçamento é relevante, a compra muito ocasional e/ou o nosso envolvimento com o produto/serviço é elevado, e aí, sim, temos de completar aquelas etapas. Aí, sim, decidimos. Em geral, em B2B e em compras importantes como, por exemplo, habitação, automóvel, casamento, mobiliário, férias, etc., vale a pena investirmos o nosso tempo e a nossa energia para encetar um processo de tomada de decisão.

A generalidade das compras que efetuamos, especialmente ao nível dos produtos de grande consumo, são rotineiras, repetidas, não exigem grande discernimento, nem comparação entre alternativas. Limitamo-nos a tirar da prateleira a marca que habitualmente compramos ou introduzimos a moeda na máquina de *vending* para obter uma embalagem de água de uma das muitas marcas aceitáveis. Basicamente, na prática o que fazemos, na generalidade das situações de compra, já não é decidir, mas, sim, simplesmente escolher. A escolha apenas consome alguns décimos de segundo ou, no máximo, alguns segundos do nosso tempo. A escolha pressupõe que o leque das opções já estejam pré-determinadas, fruto de experiências anteriores, ou simplesmente pertençam ao conjunto das marcas aceitáveis, logo, suscetíveis de serem escolhidas. No quadro da psicologia cognitiva, este processo é designado de automático, em contraste com o outro – o da decisão –, que é elaborado ou controlado.

Quando a interação com esse produto se caracteriza por uma certa repetição, prática/exercício prolongado entre o mesmo estímulo e a mesma resposta, familiaridade e relativa estabilidade, no limite, a atenção e perceção podem ocorrer sem tomada de consciência. Em suma, num processo cognitivo automático a velocidade de processamento é elevada, mas o nível de esforço intencional exigido e o grau de tomada de consciência são relativamente baixos e reduzidos[21]. Somos muito mais eficientes no nosso quotidiano, em resultado da habituação, escolhendo, em vez de decidir tudo de novo, de cada vez que surge um estímulo ou uma necessidade impulsionadora de uma ação concreta para resolver um problema.

A aquisição de um quilo de arroz, de farinha ou de um café pode, para determinadas pessoas – com menor rendimento, grande envolvimento, profissionais B2B, perfil muito consciencioso do preço... –, representar algo que se aproxima mais a um processo de decisão. Nessa perspetiva, o valor dos objetos não é apenas extrínseco, mas também intrínseco. Somos nós que atribuímos o significado às coisas. Nestes casos, é natural que os consumidores conheçam os benefícios e acompanhem e comparem os preços nos diferentes locais de compra.

Temos duas situações: (a) as pessoas aplicam preferencialmente um processo cognitivo automático (são espontâneas) e, nessa medida, escolhem (tiram simplesmente o produto da prateleira, por exemplo) ou (b) seguem um processo cognitivo controlado (pensam durante algum tempo) e, assim, entram num processo de decisão (que é geralmente demorado porque têm de levar em consideração vários fatores socioeconomicamente relevantes, e por isso desenrola-se em várias fases). É fundamental identificar que segmentos

de mercados e categorias de produtos tendem a privilegiar um ou outro. As consequências práticas dessa tarefa são as seguintes[22]:
- *Priming stimulus* – a designação da marca, atributos, grafismos, logótipo, *slogan*, *jingle*, componentes da mensagem publicitária, contexto de compra e de consumo e outros elementos experienciais e emocionais relacionados com a marca são codificados na nossa memória e ficam intimamente associados com a marca, numa espécie de rede neuronal. Uma vez exposto a qualquer um dos elementos enumerados, tal estímulo desencadeia o acesso à nossa memória da marca/produto que esse elemento-estímulo está associado. Ou seja, quando ouvimos um determinado *slogan* imediatamente lembramo-nos da marca a que está associado. Graças à publicidade, quando vou fazer *jogging*, a marca de refrigerante que me apetece beber é sempre "aquela". Isto é, aquele contexto invoca especialmente aquela determinada marca, graças aos anúncios que a relacionam com a prática de desporto. O poder desta aprendizagem (algo pavloviana) é tanto mais eficaz quanto maior a frequência de interação com o objeto/situação de compra.
- Uma das implicações é a rapidez de resposta. Uma vez que não temos de "pensar", conseguimos recordar quase espontaneamente e agir mais depressa.
- Tal como iremos aprofundar no subcapítulo seguinte, os preços são também codificados e retidos inicialmente na nossa memória. Mas deixam de ser atualizados, visto que a habituação enquadra esses preços como aceitáveis. Por isso, a não ser em condições excecionais, raramente serão de novo processados e atualizados.
- Sendo mínimo o envolvimento com os produtos para os quais iniciamos um processo cognitivo automático, se o gestor pretender que o consumidor aprenda informação adicional será complicado. Acontece que determinadas promoções de vendas têm a capacidade de induzirem o envolvimento dos consumidores. É o caso de ações de colecionismo ou os concursos, desde que devidamente concebidas e desenhadas para tal.

2.3.2 – PREÇO DE REFERÊNCIA E CONHECIMENTO DO PREÇO

Porque é que nos interessa saber se os clientes conhecem os (nossos) preços?

Analisemos o exemplo hipotético presente no Quadro 2.1. Dispomos de três segmentos de mercado com dimensões análogas, que se distinguem no nível de conhecimento do preço e na proporção dos consumidores que compram regularmente o produto.

Quadro 2.1

Segmento de mercado	Percentagem de consumidores que indicam o preço de venda corretamente	Proporção dos que compram o produto	Proporção dos que indicaram um preço superior ao preço de venda
S1	35%	68%	25%
S2	21%	55%	48%
S3	8%	21%	53%

Se anunciarmos o preço de venda de forma explícita, pelo menos 48% dos clientes e potenciais clientes do segmento S2 vão considerar esse produto mais "barato" do que julgavam e, desde logo, mais interessante do que pensavam. Os consumidores acreditam que existe um ganho face à sua expectativa. Logo, a compra é mais atrativa. Se a maioria dos clientes pertencer ao segmento S1, 40% (=100%-35%-25%) admitem que o produto é mais "caro" ou com um preço igual em relação ao que pensavam. Aqui muitos dos consumidores acreditam que existe uma perda face às suas expectativas. Este grupo provavelmente optará por outra alternativa ou até mudará de ponto de compra na tentativa de encontrar o preço mais "justo".

O conceito-chave, na ótica do consumidor, para gerirmos e comunicarmos os preços é o **preço de referência**. Trata-se de um referencial de preço padronizado que o consumidor considera aceitável e normalmente praticado. Na rotina, é o valor que realmente conta ao nível das comparações e no julgamento de se é caro ou barato e resulta da experiência enquanto consumidor na exposição ao preço. Se os preços das várias marcas e os preços praticados pelos diferentes retalhistas fossem constantes, a relação entre todos os preços também permaneceria constante – nessas condições, o esforço de retenção/memória era pequeno e o preço de referência seria sempre igual ao preço de mercado.

A condição que proporciona a construção subjetiva do preço de referência – também designada por preço de referência interno – é a familiaridade com esses preços e produtos/marcas. A familiaridade é tanto maior quanto maior for a intensidade de exposição a preços e a capacidade de reter tal informação. Está relacionada com o comportamento pré-compra de procura, comparação de preços e recolha de informação. De facto, a informação dos preços torna-se tanto mais facilmente acessível à memória quanto mais vezes é usada em transações.

É estratégico medir-se quem e até que ponto os consumidores conhecem os preços que praticamos.

O facto de o consumidor dispor de um preço de referência subjetivo e fidedigno terá várias consequências no seu comportamento de compra[7, 23]:

– Tal como se viu no exemplo do Quadro 2.1, o conhecimento do preço de referência pode conduzir à noção de perda/ganho, reforçando a escolha pela marca ou induzindo a sua substituição.

– Determina a quantidade que se compra. Em igualdade de condições, em termos de inventário doméstico (quantidade de produto armazenado) e de lealdade à marca, o reconhecimento de vantagem imediata incita à compra de uma maior quantidade.

– O momento de compra também é função da tomada de consciência de que o preço de venda atual representa um ganho a aproveitar de imediato, daí anteciparmos a compra, ou, pelo contrário, é uma perda, sendo mais sensato protelar a compra.

– Independentemente de comprarmos ou não, imputamos ao vendedor uma responsabilidade e tentamos adivinhar os motivos que o levaram a ter aquele preço ou a fazer variar aquele preço. Só se possuirmos um preço de referência é que somos capazes de interpretar e julgar um preço de venda como justo, abusivo, ilegal, injusto, etc..

Quando os consumidores conhecem os preços de determinados artigos e, nessa medida, estão familiarizados com esses produtos afirmamos, na ótica do retalhista, que os referidos artigos têm visibilidade. No Esquema 2.5 mostram-se os benefícios ou a utilização potencial que o retalhista e o consumidor podem obter pelo facto de conhecerem os preços e, em consequência, esses artigos terem visibilidade.

Memorizar os preços exige algum esforço. Mas mais importante ainda é aceder à nossa memória e recordar esse número de forma que seja exatamente igual àquele que codificamos inicialmente. No Esquema 2.6 sintetizamos os fatores que facilitam tal aprendizagem, quer do lado do consumidor quer do lado do ponto de venda[24].

2 · GESTÃO DA COMUNICAÇÃO DO PREÇO

RETALHISTA	CONSUMIDOR

Um artigo com visibilidade elevada reflete-se nas suas vendas.
Se as vendas forem importantes, então esse artigo tem uma visibilidade elevada.
• Em consequência, vale a pena:
  • vigiar a concorrência;
  • manter os preços competitivos;
  • publicitar eventualmente os nossos preços.
• Necessidade de reagir aos concorrentes, ajustando ou antecipando.
	Quando os consumidores conhecem os preços, estão mais atentos à sua evolução, por isso:
	• controlam melhor a afetação do seu orçamento;
	• procuram a melhor oferta;
	• comparam os preços;
	• atualizam o seu referencial de preços sempre que possam;
	• respondem:
	  • compram onde é mais barato;
	  • mudam de loja em função do preço;
	• reagem às variações de preços em qualquer que seja a loja.

Esquema 2.5 – Vantagens para o consumidor e retalhista da visibilidade do preço

FATORES DE VISIBILIDADE DO PRODUTO/MARCA	FATORES QUE INFLUENCIAM O CONHECIMENTO DE PREÇOS
• Tipos de produto (duráveis ou de grande consumo); • Número de ações promocionais; • Tipo de ações promocionais; • Realização de eventos; • Publicidade — TV, rádio, *outdoors*; • Ações nos concorrentes: promoções, publicidade e eventos; • Publicitação dos preços de referência (externos); • Dinâmica de variação nos preços das marcas e das categorias; • Variação nos preços dos concorrentes.	• Atenção dada à publicidade; • Comportamento pré-compra; • Imagem das insígnias/lojas; • Grau de fidelidade às lojas ; • Grau de fidelidade às marcas; • Nível de inventário doméstico; • *Variety seeking tendency;* • Consciência de preço; • Grau de envolvimento com o produto; • Comportamento de compra: frequência de visitas, frequência de compra; • Demografia: idade, escolaridade rendimento, número e composição do agregado familiar.

Esquema 2.6 – Determinantes da visibilidade dos preços

Os consumidores que compram, essencialmente, durante os períodos em que os produtos estão em promoção de vendas ou sujeitos a desconto baseiam-se no preço de referência externo, ou seja, na informação presente no ponto de venda, quer nas etiquetas ou em *posters*, quer também nos folhetos. E o preço de referência atualizável que é memorizado tende a ser cada vez mais baixo. No entanto, quando as categorias de produtos são raramente objeto de ações promocionais, são relevantes para o consumidor, o período inter-compra é curto e o preço é relativamente estável, os consumidores baseiam-se essencialmente no preço de referência interno. Ou seja, na sua memória. O período inter-compra dos bens duráveis é maior do que o dos produtos de grande consumo e tal contribui para a menor fidedignidade do preço de referência.

Os mesmos fatores que afetam a sensibilidade ao preço também intervêm no conhecimento do preço, seguindo a mesma lógica de que quanto mais sensíveis maior a probabilidade de se conhecer o preço.

A consciência dos preços reflete a relutância que as pessoas têm em pagar mais caro por produtos/marcas que, aparentemente, têm algumas características, consideradas superiores, que os distinguem. Trata-se de uma atitude, como tal é uma pré-disposição intrínseca que afeta as escolhas, no sentido de privilegiar os artigos mais baratos. Tal como iremos analisar, os consumidores mais conscienciosos relativamente ao preço apresentam um intervalo de preços aceitáveis mais restrito e, acima de tudo, tendem a manter atualizado o preço de referência interno.

A imagem dos preços de um retalhista/ponto de venda expressa a crença sobre a reputação de preços baixos nessas cadeias ou lojas. Essa crença é mais importante para gerar tráfego para essas lojas/insígnias do que os níveis objetivos dos preços médios e o *ranking* que daí resultam. Isto porque os consumidores têm tendência para generalizar, para todos os produtos, aquilo que apenas observam naqueles que pesam de forma mais significativa no seu cabaz de compras. A reputação de preços baixos tem uma persistência temporal relativamente elevada. Mesmo quando, objetivamente, uma loja deixou de ser a mais competitiva, continua a beneficiar por mais algum tempo dessa fama, pelo menos até que um concorrente a "deposicione". A imagem dos preços de uma loja constitui um influenciador muito poderoso na definição do preço de referência do consumidor, especialmente o interno. Uma vez que ele/a confia, nem sempre se dá ao trabalho de o atualizar, logo, compromete a fidedignidade desse preço de referência.

Precisamente porque existe uma dinâmica nos preços entre marcas e entre lojas, alguns consumidores consideram que a energia e o tempo despendidos compensam os eventuais ganhos na procura dos preços mais favoráveis. Nos estudos efetuados constatamos que a proporção dos consumidores que "acertam em cheio no preço" é relativamente pequena, mesmo quando a pergunta sobre o preço pago é realizada imediatamente após terem feito a compra daquele produto. No entanto, também constatamos que a generalidade dos recém-compradores ou consumidores conseguem sempre indicar um preço, cujo desvio é relativamente curto em relação ao preço de venda praticado (ver Caixa 2.5).

Caixa 2.5   **Intervalos de preços aceitáveis**[16, 25]

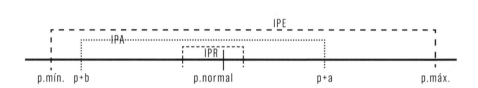

O preço mínimo é o preço abaixo do qual os consumidores não compram, por desconfiarem da qualidade (em certos casos pode ser mesmo zero), e o preço máximo é aquele acima do qual é considerado injusto. O intervalo de preços esperados – IPE – é o que se situa entre os dois: o mínimo e o máximo. O preço normal é o preço que o consumidor tem visto ou acredita ter sido praticado nos últimos tempos pelo artigo. O p.+b. e o p.+a são, respetivamente, os preços mais baixos e mais altos que normalmente encontram. Estes dois valores delimitam o intervalo de preços aceitáveis – IPA. Preços inferiores ou superiores a esse intervalo são cada vez menos plausíveis. O preço de referência não é observável no sentido em que nem o próprio consumidor está consciente desse valor. Ele/a sabe ou julga que sabe o preço que pagou e o preço normal. O domínio do preço de referência será tanto mais aproximado quanto mais coincidente for este valor do preço efetivo de venda. Nessa lógica, a versão realista será considerar um intervalo de preço de referência – IPR – em torno do preço normal e não um valor único. Esse intervalo será baseado nos preços normais que os consumidores de um segmento de mercado indicam. A estimativa deste IPR e IPA tem de imediato duas consequências práticas:
    1 – É contraproducente indicar um preço de referência externo – por exemplo, durante o período de saldos – superior ao IPA. Esta "esperteza" afeta qualquer credibilidade do retalhista e/ou da marca.
    2 – Se o preço de uma marca com um posicionamento de "qualidade" "cair" no IPR de outra marca concorrente, mas com um posicionamento de menor "sofisticação/benefício",

os clientes da marca "melhor" começam a desconfiar da sua qualidade. Eventualmente, os clientes da marca "pior", especialmente os leais, passam a valorizar mais a sua marca: afinal ela até é relativamente boa.
Em geral, o IPA tende a ser tanto maior quanto mais elevada a lealdade à marca, menor a frequência de compra e mais elevado o preço de referência interno.

A representação e organização cognitiva do preço também merecem ser destacadas[16, 24]. Na realidade, não memorizamos um valor numérico. Não retemos uma espécie de isomorfismo físico do preço – por exemplo, 12,83€. A nossa mente trabalha os preços em termos relativos, nunca em termos absolutos. Organizamos não um preço de um produto, mas o conjunto de preços da categoria numa espécie de *ranking*. Essa forma agregada é semelhante a uma média das diferentes marcas da mesma categoria, na qual a líder ou a marca que compramos surgem com um peso maior. A acrescentar a isto, temos a integração da informação "preço" com as avaliações de natureza qualitativa do tipo: "aquela marca funciona melhor do que a outra" ou "é mais barato, mas dá problemas". No final, a construção do preço de referência interno é tudo menos simples. No exemplo dado na Caixa 2.4, o que realmente conta é o preço relativo entre as duas marcas da mesma categoria com posicionamentos distintos e não o valor absoluto de cada produto. Não é preciso que os preços sejam iguais para competirem e afetarem o seu posicionamento respetivo, basta os intervalos de preços de referência sobreporem-se parcialmente.

Numa pesquisa de mercado realizada junto de mais de dois mil consumidores, imediatamente depois da compra, verificamos que os perecíveis (legumes) apresentavam o desvio percentual do preço recordado face ao preço pago mais elevado – 38,4%, o queijo. No outro extremo, temos os livros, com 7,4%, e os brinquedos, com 7,5%. O vinho e o leite registaram 17,9% e 18,8% respetivamente, 33,6% dos compradores de águas conseguiram acertar o preço que realmente pagaram e nas lâmpadas 30% dos consumidores indicaram um preço 58,7% superior ao realmente pago.

2.3.3 – *SINALIZANTES* DO PREÇO

Além do caso descrito no Esquema 2.7, existem outros casos documentados que evidenciam que erros de impressão dos cupões ou anúncios em que nada se oferece tiveram a mesma adesão e resposta em termos de vendas do que os

DESCUBRA A DIFERENÇA!

SUPER-POUPANÇA	SUPER-POUPANÇA
PÊSSEGO 2,99€ Preço sem cartão: 2,99€	PÊSSEGO 2,99€ Preço sem cartão: 3,29€

SOLUÇÃO: Não houve diferença de vendas nas duas situações. Ambas produziram o mesmo efeito nos clientes.

Esquema 2.7 – Dois anúncios de preço quase iguais...

cupões ou anúncios corretos[26]. Estes dois exemplos ilustram até que ponto os consumidores desenvolvem uma resposta quase automática, em relação a estímulos que invocam poupança/ganhos/benefícios. Em suma, é quase tão importante o conteúdo como a forma.

Designamos por "sinalizantes do preço"[27] as táticas de marketing usadas para criar a crença nos consumidores de que o preço praticado oferece uma mais-valia em comparação com o preço praticado pela concorrência, preços passados ou preços futuros.

Antes de discutirmos os limites e eventuais constrangimentos destas táticas, caracterizaremos as três modalidades usadas, que foram tipificadas da seguinte maneira:
– Anúncio de vantagens excecionais;
– Terminações em 9;
– Garantia de mínimo preço, retribuição da diferença.

Anúncio de vantagens excecionais – O anúncio no ponto de venda com a indicação do termo "Saldo" está regulamentado em Portugal. Só pode ser usado em condições definidas pela legislação em vigor. No entanto, nada impede que os retalhistas utilizem designações similares quando querem invocar vantagens excecionais. Os termos usados variam, mas os mais frequentes são: "Promoção", "Saldo", "Descontos", "Redução de preços", "Oportunidades únicas"... Como estes sinalizantes de preço se encontram geralmente associados a preços mais baixos, funcionam como uma espécie de fonte de informação para os interessados. Tal coincidência reforça a crença na ligação entre o anúncio e a vantagem... conduzindo a um processamento cognitivo automático. Sempre que veem o anúncio, os consumidores interpretam imediatamente como um potencial bom negócio, logo, algo que não se deve desperdiçar.

A colocação de um CD com uma camisola no valor de 80€ conduziu a que os consumidores avaliassem, em média, o CD em 9€. Mas, quando a etiqueta da camisola passou a indicar 10€, o preço médio em que o CD foi avaliado evoluiu para 7.29€. A loja, a camisola e o CD eram os mesmos, o que mudou foi o preço da camisola[15]. Se a simples proximidade física entre dois artigos não relacionados gera a inferência do preço de um deles, é fácil aceitar o poder que pode exercer uma informação aparentemente credível como é um anúncio.

Um anúncio de vantagens excecionais ao nível do preço tem um impacte real nas vendas. Mesmo sem alterar os preços, a inserção da palavra "saldo" no catálogo junto à fotografia do artigo aumentou as vendas desse artigo em mais de 50%, em comparação com a situação sem saldo[28]. A imaginação no conteúdo e no mecanismo da oferta promocional proporciona um contributo decisivo para sinalizar a vantagem comercial. Um clube/ginásio que oferece uma percentagem de desconto numericamente igual ao peso dos potenciais clientes privilegia (aparentemente) aqueles que mais precisam (ver Figura 2.1).

Figura 2.1 – Quanto mais gordo melhor!

Nem sempre os – 20% têm de ser para o próprio, pode ser "Para oferecer a uma pessoa à sua escolha". Este convite consta num pequeno folheto disponibilizado nas lojas Sephora, destinado a incentivar as "amigas" a beneficiarem dessa vantagem e, ao mesmo tempo, "aproveitar para descobrir o programa de fidelidade". O Club Med oferecia num anúncio na imprensa diária com merecido destaque 50% de redução sobre o valor da estadia para segunda pessoa acompanhante. Para incentivar a adesão, muitos anúncios oferecem 50% no valor de inscrição, no caso da Lancaster College da Maia, ou uma promoção de lançamento de 30% grátis na compra do dispensador automático de sabonete líquido Dettol.

Terminação em 9 – Uma tática frequentemente utilizada consiste nas terminações em 9. Sempre que os preços terminam em 9, o consumidor considera esse preço mais próximo do primeiro dígito do que do dígito seguinte. Isto é, se o preço de um produto for 7.90€, este valor é considerado psicologicamente mais próximo de 7€ do que de 8€. Logo, o consumidor assume que existe um proveito. Ao passar o preço de um vestido de 34€ para 39€ as vendas aumentaram 33%. Mas quando, no mesmo vestido e no mesmo catálogo, passaram de 34€ para 44€ – só que em outra região do país – a procura não variou, ou seja, o valor das encomendas a 34€ e a 44€ foi praticamente igual[28].

Garantia de mínimo preço – Um retalhista assegura que devolve ao cliente a diferença entre o preço pago e o preço de compra mais baixo praticado noutro local qualquer. Esta tática é particularmente usada em produtos eletrónicos e bens duráveis. Em certos casos, oferecem o dobro dessa diferença ou asseguram o reembolso se o cliente encontrar o mesmo produto mais barato durante um período de tempo – por exemplo, 30 dias. A mensagem dirige-se quer aos clientes – "somos os mais competitivos, por isso não perca tempo a procurar" –, quer aos concorrentes sob a forma de um aviso – "estamos dispostos e prontos a responder a qualquer tentativa de retaliação"[27]. Nos produtos de grande consumo – higiene pessoal e cosmética – é raro o próprio fabricante aceitar a devolução do produto já experimentado e, pelo menos, parcialmente usado, caso o cliente entenda que não correspondeu às suas expectativas. Na Figura 2.2 mostramos o exemplo da Gillette. No texto da brochura colocada junto aos ganchos dos respetivos produtos, a mensagem implícita é clara: apesar de Roger Federer seguir os três passos do barbear perfeito, "Se ao experimentar a nossa gama completa não sentir satisfação total devolveremos o seu dinheiro". O 0% de risco invocado significa que a marca está 100% confiante. Independentemente do número de homens que devolveram os produtos, o simples facto de a marca assumir com frontalidade a sua aposta de irredutível confiança já valeu a pena.

PROMOÇÃO DE VENDAS E COMUNICAÇÃO DE PREÇOS

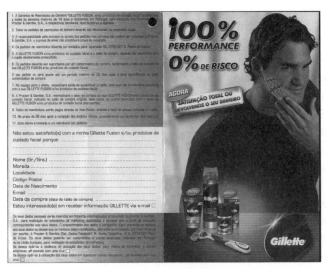

Figura 2.2 – Gillette: sem medo de garantir a 100% a performance

Os sinalizantes de preço resultam quando os consumidores têm um fraco conhecimento do preço. Isto geralmente acontece nas seguintes situações[28]:
– Compras pouco frequentes;
– Novos clientes, em particular quando o produto é bem diferenciado;
– Sazonalidade ou grande flutuação de preços relacionada com a cadência da oferta;
– As características do produto são suscetíveis de variar, quer por iniciativa do fabricante – melhorias ou alterações nas especificações técnicas –, quer por iniciativa do retalhista – venda em doses fracionadas, por exemplo.

E quando é que o uso de sinalizantes do preço tem um efeito perverso? Quando se exagera no número de anúncios de vantagens de preços no ponto de venda – ao nível do departamento ou gôndola – o consumidor desconfia e afeta a credibilidade do retalhista. Por exemplo, num estudo efetuado num supermercado verificou-se que quando o número de artigos/categorias com sinais de desconto ultrapassava os 30% ocorria uma quebra de vendas. Quando num folheto todos os artigos terminam em 9, o consumidor processa esses algarismo passando deliberadamente para o dígito superior. Além de ser cansativo, torna-se irritante. Por isso, é conveniente reservar as terminações em 9 apenas para ocasiões especiais. A massificação retira impacte. Se os sinalizantes de preço funcionam melhor quando os consumidores desconhecem o preço, é contraproducente indicar o preço de referência externo, pois poderão ficar decepcionados face ao relativamente reduzido montante de redução do preço, afetando a atratividade da oferta. Para determinados bens, designados ego-sensíveis (joias, moda e cosméticos mais sofisticados, productos de luxo em geral) e segmentos de mercado com elevado poder de compra, uma oferta sinalizante de concessão de crédito ou pagamento em prestações afeta a noção de qualidade do produto/marca, conduzindo ao afastamento desses clientes.

2.4 – PROMOÇÕES DE VENDA ASSOCIADAS AO PREÇO

A toda hora encontramos o termo "desconto" em quase todo o lado. No senso comum, esta palavra significa apenas e só um preço mais baixo do que o normal. O efeito *"priming stimulus"* que desencadeia no nosso cérebro gera uma interpretação de que a associação desse termo com os produtos/loja representa algo de bom, positivo, com vantagem, logo, que convém aproveitar e, em consequência, a ação: "vamos aproveitar". Tecnicamente, neste livro distinguimos claramente os dois conceitos: desconto e redução de preços. Os gestores usam frequentemente o termo desconto mesmo quando, conceptualmente, se referem a redução de preços, porque, no seu entender, o processamento cognitivo nos consumidores é mais fácil e imediato.

2.4.1 – REDUÇÃO DO PREÇO

Este instrumento de promoções de vendas situa-se na fronteira difusa que pretende separar as decisões que envolvem a variável operacional do marketing-mix – preço – e as decisões inseridas no âmbito da variável operacional – comunicação. A definição da primeira assume-se no quadro da estratégia de marketing da empresa para uma dada marca e, em consequência, o seu nível deve refletir, por um lado, considerações técnico-económicas e financeiras, e, por outro, ser expressão do posicionamento da marca e do valor percebido pelo consumidor. No segundo, a sua função é comunicacional. Quer num caso quer no outro, a coerência, na lógica do comportamento do cliente, com as outras variáveis do marketing-mix – canal de distribuição e produto – deve ser a norma[5, 29]. Estando integrado numa estratégia de comunicação, a construção da mensagem é tida em consideração. Nessa perspetiva, a semântica é tão importante como o benefício. O elemento distintivo é a forma como a expressão da vantagem via preço é apresentada[30]. Em particular, o destaque ou visibilidade dessa mensagem é determinante para o seu sucesso.

Estritamente, uma redução de preços é considerada promoção de vendas quando[30, 31]:
- Assume um caráter temporário;
- É anunciada no ponto de venda a natureza algo excecional dessa variação de preço, recorrendo a uma mensagem bem explícita presente nas embalagens ou nas prateleiras. O conteúdo dessa mensagem costuma ser: "poupe X€", "pague menos Y€", "preço reduzido", –V% ou simplesmente, "–Z€";
- O preço de referência, ou normal, que constituiu a base de comparação, é conhecido pelo consumidor.

Convém, neste ponto, efetuar uma distinção entre desconto e redução de preço. Enquanto o primeiro se traduz por uma simples alteração do registo da etiqueta com efeitos imediatos, o segundo assume uma vertente comunicacional mais ou menos planeada. Quando o gestor de uma marca pretende proceder a uma redução de preços, entendida como ação promocional, em primeiro lugar tem de informar o retalhista da sua intenção e, em segundo lugar, só depois de a última encomenda em *stock* no retalhista ter sido vendida é que a nova encomenda pode ser objeto de redução de preço. Após a concordância do retalhista, essa variação de preços excecional é anunciada no ponto de venda, tal como foi ilustrado acima. Neste livro considera-se apenas a redução de preço como promoção de vendas, embora na prática nem sempre seja clara essa distinção.

Esquema 2.8 – Exemplos das mensagens usadas para assinalar a redução de preços

O preço é uma variável caracterizada pela facilidade e rapidez com a qual é suscetível de ser manipulada. Deste modo, acontece, com relativa frequência, os fabricantes solicitarem um desconto, com efeitos imediatos, no ponto de venda e na etiqueta. A motivação dessa decisão é, na generalidade dos casos, de natureza competitiva – reação/retaliação. Mas são os retalhistas, em virtude do seu controlo do espaço de venda, que incomparavelmente mais alteram os preços, particularmente, nas marcas líderes e nas marcas apelativas ou chamariz, que, pela sua procura, são consideradas construtoras de tráfego, pois são as marcas que atraem os clientes para as lojas. Essas referências, pela sua importância no mercado – quota de mercado e quota de memória (notoriedade) –, são frequentemente objeto e veículo da concorrência entre lojas.

Na prática, verificam-se três situações associadas à descida do preço:

1. A típica redução do preço, entendida como "verdadeira" promoção de vendas, devido ao realce da sua componente comunicacional;

2. O desconto solicitado pelo fornecedor, que informa a loja ou a central da cadeia, indicando o novo preço. O valor da etiqueta é imediatamente atualizado;

3. O desconto por iniciativa do retalhista. Trata-se de uma prerrogativa do retalhista. Em qualquer momento pode alterar o preço para o montante que entender. Esta medida deriva da competição entre retalhistas e visa defender-se ou atacar, com o objetivo de conquistar ou "roubar" mais clientes. Deste modo, o Nestum, o Skip, o Tide, o Fula, o Atum Bom Petisco, entre outras marcas de categorias, tais como o açúcar, o arroz, o leite UHT, alguns congelados, etc., são objeto de descontos que atingem valores inferiores ao custo. Estes superpreços são financiados por todos os descontos e bónus negociados, acrescidos do montante de investimento da marca no ponto de venda e, ainda, o *rappel*. A campanha "Gato escondido com o rabo de fora" do Jumbo de Alfragide, na qual os preços das marcas, ditas construtoras de tráfego, sofrem descidas de 50% durante alguns dias, ficou para a História! Tal evento é anunciado num folheto emitido durante o aniversário e envolve mais de 100 artigos diferentes. Os preços são uma surpresa bem guardada pelo gato. De notar que a legislação e as autoridades competentes regulamentam e punem preços deliberadamente abaixo do custo.

Mas, afinal, qual é o propósito da firma ao recorrer à redução de preços? Qual é o comportamento que se deseja favorecer nos consumidores? Uma redução no preço representa um subsídio para os clientes leais e uma oportunidade para os consumidores não leais mudarem a favor da marca em promoção[31]. A importância desta transferência depende da proporção relativa entre os dois grupos de consumidores e da sua sensibilidade ao preço. Isto é, se os consumidores forem muito sensíveis ao preço e pouco leais a uma determinada marca, uma pequena descida dos preços implica imediatamente um acréscimo importante nas vendas[32].

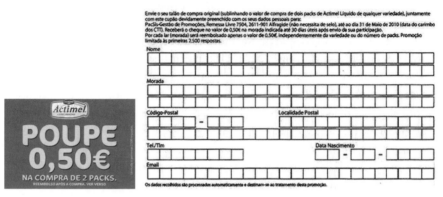

Figura 2.3 – Um exemplo de uma redução de preço bem destacada e visível na embalagem do Actimel

A ocorrência e a importância relativa de comportamentos de substituição entre marcas, de fenómenos de aceleração do momento das compras e de "stockagem" – isto é, compra em quantidade para armazenar em casa –, dependem da natureza do produto (consoante se trata de bens de primeira necessidade ou de compra por impulso) e da elasticidade procura-preço. Porém, todos estes mecanismos básicos do comportamento de compra são influenciados por várias técnicas de promoções de vendas e, nomeadamente, pela redução do preço.

Este tipo de promoções de vendas não é necessariamente o mais apropriado para todas as marcas, especialmente para as marcas *premium*[33]. Se for usado com frequência em marcas com um posicionamento considerado "de qualidade e distinção", a sua imagem pode ser afetada.

A eficácia de uma ação deste tipo está ligada não só ao montante da redução, mas também à perceção dessa promoção. Um problema da redução de preços é a sua visibilidade no ponto de venda, isto é, o tamanho, o material e o grafismo do anúncio nem sempre são os mais apropriados, de forma a facilitar a sua observação e leitura[34]. As bandeiras, *stoppers*, separadores, *reglettes* – pequenas faixas informativas colocadas nas tiras das prateleiras – ou até cartazes de preço servem só, e nalguns casos, para indicar exatamente onde os produtos objeto de promoção se encontram.

Por outro lado, outra decisão que o gestor tem de tomar é se apresenta a redução numa expressão absoluta (Y€) ou em termos relativos (X%). Tudo depende do preço do bem. Se for baixo, a variação do abate em termos percentuais resulta num valor numericamente superior. O outro método é mais interessante quando o preço é mais elevado e, consequentemente, o valor percentual é numericamente mais baixo[23].

Convém ter presente que os resultados para a empresa são função da forma como a extensão da troca entre a margem (que diminui) pelo volume (que aumenta) afeta ou não os lucros, pois nem sempre se considera, na ótica dos custos, as avaliações desta ação promocional[35]. Se é verdade que temporariamente as vendas aumentam, a frequente utilização desta técnica e a resposta competitiva na mesma "moeda" dos concorrentes vão diminuindo o seu efeito. Outra limitação advém da não seletividade do alvo. Qualquer consumidor pode beneficiar, atraindo especialmente os consumidores mais sensíveis ao preço. No entanto, à semelhança das três técnicas analisadas neste capítulo, o esforço cognitivo dos clientes é mínimo, o efeito monetário pode ser imediato, o sentimento de poupança e de esperteza é grande.

2.4.2 – VALES DE DESCONTO

Um vale de desconto é um título de crédito reembolsável no ato de pagamento ou no momento da apresentação da compra (como prova). Os vales estão unidos – colados ou entrelaçados – nos produtos em promoção, ou são distribuídos pessoalmente pelas promotoras.

O valor a ser reembolsado aparece escrito no vale. Esta forma de promoção de vendas pode surgir como alternativa à redução de preços, embora exiba algumas diferenças[34, 36]:
- o preço no ponto de venda é mantido inalterado;
- o número de embalagens a promover pode ser controlado, assim como o valor de oferta;
- exige consentimento, envolvimento e contrapartidas para o retalhista, pois é ele que restitui a diferença de valores;
- é mais rápida de implementar;
- o seu valor percebido é mais elevado;
- diminui a intenção de procura e comparação de marcas alternativas;
- é mais facilmente distribuído por retalhista, loja, zona/região em função dos eventuais segmentos de mercado que se pretende abranger;
- a intensidade e duração pode ser ajustada em função dos resultados obtidos e dos objetivos estabelecidos.

Esta técnica funciona exclusivamente no ponto de venda. Ou seja, os vales de desconto estão colados na embalagem, ou próximos dela, ou são distribuídos na própria loja. Por isso, a taxa de remissão é quase 100%.

Na perspetiva do comportamento do consumidor, o atrativo desta promoção de vendas deriva do montante que é imediatamente devolvido e eventualmente percebido como uma "recompensa"[37]. Com os vales de desconto, o fabricante procura induzir a experimentação de novas marcas ou de formatos de maior dimensão. A aceleração do momento de compra, bem como a "stockagem" (o aumento da quantidade comprada e o seu armazenamento), são, igualmente, comportamentos suscitados por esta promoção de vendas[35].

Na ótica da firma, os vales de desconto são instrumentos interessantes, visto que são fáceis e rápidos de implementar e o seu custo é controlado, características que tornam este tipo de promoção de vendas útil em ações de retaliação ou até de ataque – por exemplo, na sequência da entrada no mercado de uma marca concorrente[38].

A grande vantagem do vale de desconto em relação, por exemplo, à redução de preços deriva da sua visibilidade e, por conseguinte, da sua perceção pelos consumidores. Nas promoções de vendas também se inova: é o caso dos vales no formato de pequenas bandeirolas e parcialmente colados nas embalagens. Este vales autocolantes, tipo bandeira, foram introduzidos pela primeira vez em 1993 pela Gillette. Para além da sua maior visibilidade, têm a vantagem de dispensar a presença obrigatória de promotoras no ponto de venda.

Em produtos de grande consumo, cuja compra não é obrigatória, a circulação pelos corredores e pelas prateleiras onde se encontram os vales colados nestes produtos é bem menor. Por isso, por mais visíveis que sejam colocados os vales, se essa zona do hipermercado for relativamente pouco visitada, de pouco serve o esforço e o investimento. Para resolver este problema, foram oferecidos, logo à entrada do hipermercado, folhetos que informavam sobre a ocorrência de uma grande promoção na marca Pronto, um produto de limpeza de mobiliário da Johnson&Johnson. Esse folheto continha fotografias da gama de produtos Johnson&Johnson e o valor do respetivo vale de desconto para cada produto. Mas quando se oferece aos recém-chegados ao hipermercado um folheto a anunciar a existência de um vale de compras nem sempre a finalidade é estimular a circulação pela zona onde se encontra a marca em promoção. Nem todos os vales de desconto têm de ser descontados na caixa registadora do ponto de venda. O autocolante colocado num conjunto de duas embalagens Pronto poderia ser reembolsado mediante o envio da prova de compra e do preenchimento com os dados pessoais no verso do vale. A remessa é livre, caso contrário, não justificaria o envio e, só assim, o termo "poupe" faz sentido. No final, a empresa enriquece a sua base de dados, mas também diminui a taxa de resposta, pois o trabalho extra dos potenciais beneficiários pode não compensar o ganho.

Figura 2.4 – Vale de desconto com reembolso na pré-época

A indicação de "$1 off" no folheto acelera a adesão em experimentar um menu de massas italianas, cujos ingredientes ficarão à nossa escolha. O cliente pode usufruir do desconto oferecido nesse restaurante nova-iorquino, mas também pode levar mais folhetos para os amigos. Outro caso foi o vale distribuído nas lojas de Victoria's Secret, nos EUA, onde se realçam dois aspetos: a indicação do preço de referência externo e um alerta de urgência (bem escasso), expresso pela duração limitada da ação (ver Figura 2.5).

Figura 2.5 – Promoção com incidência limitada

O elemento de decisão mais crítico, para além da escolha do momento, é o montante a descontar ao preço. A fixação desse valor poderá ser estabelecida em função do preço de referência/normal, mas também num montante fixo não indexado. A oferta de até 50€ na compra de uma máquina de café Nespresso é uma forma de dinamizar as vendas em diferentes canais/redes de distribuição, que inclui alguma diversidade de lojas. O valor em termos absolutos pode ser 30€ ou 50€, mas em termos relativos varia de um mínimo de 13% ao um máximo de 28% de desconto.

A Salsa conseguiu incentivar duas visitas ou duas compras para os seus clientes ou potenciais clientes poderem usufruir de um vale de 25€ na segunda compra... Sorte da Salsa! (ver Figura 2.6)

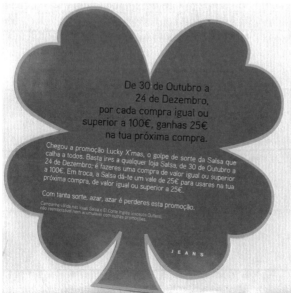

Figura 2.6 – Duas compras e uma oferta

2.4.3 – CUPÕES

Os cupões são formalmente idênticos aos vales de desconto, diferindo apenas no método de distribuição. Nos países anglo-saxónicos os cupões representam a técnica mais popular. Nos EUA existe uma verdadeira "indústria de cupões" ligada à produção, à emissão e ao processamento dos reembolsos. Embora exígua no passado, a sua utilização em Portugal tem vindo a crescer. A energia (motivação e tempo) e a memória necessárias, desde a leitura do cupão no jornal ou revista ao recorte e à deslocação ao retalhista, fazem com que a taxa de redenção seja mínima, em comparação com os vales de desconto. A terminologia usada pelos gestores ainda é variável: desde cupão, vales, *voucher* ou a expressão "desconto direto".

Na medida em que se pode escolher o método de distribuição, também se pode controlar melhor o alvo de incidência, tornando-a mais seletiva para determinado segmentos. Assim, funciona bem no contexto de lançamento de novos produtos e, principalmente, associado a publicidade. Tem a vantagem de fornecer informação e de contextualizar a oferta do cupão. No final, basta apenas recortar o dito cupão da página onde está inserido com a referida publicidade. Na imprensa feminina, foi incluído junto à publicidade da marca Schwarzkopf um retângulo destacável, por um picotado desenhado, mostrando inclusive uma tesoura, no qual se informa: "Em cada serviço de coloração Essensity receba grátis 1 champô Essensity, no valor de venda recomendado de 12€". Esta mensagem não só associa a divulgação e utilização de dois produtos da mesma marca, como também influencia o preço de referência que, neste caso, assume o valor da oferta. Em certos casos, a palavra "Experimente" surge logo como elemento integrante da mensagem para contextualizar a utilização do cupão, colocado na parte inferior de uma página de publicidade ao recém lançado Persil Higiene e Pureza. A colocação de um folheto nas caixas do correio das habitações nas zonas onde a "fibra já chegou", indicando "TV+Internet+Telefone vale 100€ + 1ª mensalidade" facilita a eventual adesão a este serviço da Optimus. Basta ligar para o número de contacto do delegado comercial, que se encontra no verso. O cupão da Go natural em forma de postal era distribuído em vários pontos do centro comercial (ver Figura 2.7).

Quando o objetivo é gerar tráfego e sinergias entre as lojas do espaço comercial, nada como propor num só folheto vários e diferentes cupões abrangentes do maior número de lojas do centro comercial Edifício Transparente, situado na marginal, junto ao Parque da Cidade, no Porto (ver Figura 2.8).

Figura 2.7 – Vale uma sobremesa!

Figura 2.8 – Maximizar os benefícios da visita

Não basta gerar o desejo de visitar o centro comercial, convém facilitar a deslocação e a estadia. Um cartão colado na revista do Amoreiras Shopping informa que são oferecidas três horas de estacionamento, bastando validar no balcão de informações após o preenchimento de uma ficha com os dados pessoais.

Outro exemplo, é o caso dos *stands* de automóveis onde, devido à enorme competição, as margens de comercialização têm vindo a diminuir, restando o incentivo à utilização da oficina, através dos mais variados serviços e fornecimentos de acessórios. A Volvo envia aos seus clientes, via correio, catálogos designados por "Campanha de verão" e "Campanha de inverno", nos quais são apresentados vários acessórios. Estes catálogos contêm, igualmente, um cupão destacável no qual o cliente pode selecionar múltiplas opções, objeto de um desconto de 10% na fatura – desde óleo de motor, travões, amortecedores, etc. – e a oferta de um brinde – uma embalagem de 1 L de líquido limpa para-brisas. Nesse mesmo catálogo, é também referida a "oferta de *check-up* gratuito" em vigor durante dois meses e meio. A MCoutinho envia aos seus clientes uma caderneta com 25 cupões, que contempla a oferta de 50€ ou 250€ em reparações de chapa e pintura e até 20% de desconto em peças de origem de desgaste rápido.

O principal desafio desta técnica promocional é conseguir uma elevada remissão dos cupões. Os fatores de sucesso na concretização deste objetivo são os seguintes[36,38]:

– Relação entre o preço e o valor facial da oferta – em geral, quanto mais relevante é o valor a ser descontado mais atrativa é a proposta;

– Autossatisfação – o elemento motivacional é determinante. O prazer algo hedonista de se sentir realizado por conseguir poupar dinheiro e ter tido a iniciativa de procurar e encontrar esses benefícios já é por si só compensador... apesar da energia e do tempo despendido;

– Tempo e esforço necessário para procurar e usufruir;

– Conceção da proposta – quanto mais dilatado for o período de validade/data, mais favorável a adesão; o formato e *design* do próprio cupão (pequeno tamanho e facilidade em recortar/destacar) também ajuda na utilização do mesmo;

– Meio de distribuição usado – os jornais e revistas são os meios menos eficientes, com taxas de remissão inferiores a 2%, entrega ao domicílio de folhetos pode chegar a 5%, o marketing direto é o mais efetivo com um máximo de 16% de taxa de remissão[39].

Como tudo comunica, a construção da mensagem para enquadrar a oferta também conta. É o caso da proposta da GAP, com vários cupões com um desconto a atingir quase metade do preço normal (ver Figura 2.9).

PROMOÇÃO DE VENDAS E COMUNICAÇÃO DE PREÇOS

Figura 2.9 – Porque gostamos das quartas-feiras...

Figura 2.10 – Para avós e netos, e não só

A sazonalidade na procura é também um problema, em determinados sectores, como é o caso do sector do turismo. As promoções associadas a cupões podem ser utilizadas como meio de minimizar esta tendência. A iniciativa da região de Turismo de Reguengos de Monsaraz e a CARMIN deu um contributo para contrariar essa tendência durante a época baixa (ver Figura 2.10). O pretexto era o presépio de rua, em Monsaraz, e toda a dinamização do comércio local com concursos de presépios, paradas de Pai Natal e passeios de charrete para as crianças, entre outros eventos. O folheto continha vários cupões a descontar nas lojas, restaurantes e alojamentos. É de realçar o efeito grandeza que sugere o somatório total dos benefícios potenciais, referidos na parte frontal do folheto: descontos até 700€!

NOTAS FINAIS

[1] Brosnan, S. R. e de Waal F. B. M. (2003). "Monkeys reject unequal pay". *Nature*, 425, pp. 297-299.
[2] Marn, M. V. e Rosiello, R. L. (2008). "Managing price, gaining profit". *Harvard Business Review on Pricing*, HBS Publishing Corp.: 45-74.
[3] Nagle, T. T. e Hogan, J. E. (2006). *The strategy and tactics of pricing: a guide to growing more profitability*. Pearson: NJ.
[4] Kahneman, D. e Tversky, A. (1984). "Choice, values, and frames". *American Psychologist*, 39 (4), pp. 341-350.
[5] Kotler, P., Armstrong, G., Wong, V. e Saunders, J. (2008). *Principles of Marketing*. 5.ª ed.. FT-Prentice Hall.
[6] Dolan, R. J. (2008). "How do you know when the price is right?". *Harvard Business Review on Pricing*, HBS Publishing Corp.: 1-26.
[7] Maxwell, S. (2008). *The price is wrong: understanding what makes a price seem fair and the true cost of unfair pricing*. Wiley.
[8] Varian, H. R. (2010). *Intermediate Microeconomics: A modern approach*. 8.ª ed.. W. W. Norton.
[9] Nagle, T. T e Holden, R. K. (1995). *The strategy and tactics of pricing: A guide to profitable decision making*. 2.ª ed.. Prentice Hall.
[10] Simon, I. e Tversky, A. (1992). "Choice in context: tradeoff contrast and extremeness aversion". *Journal of Marketing Research*, 29 (August), pp. 281-295.
[11] Urbany, J. E. e Dickson, P.R. (1991). "Consumer normal price estimation: market versus personal standards". *Journal of Consumer Research*, vol.18 (June), pp. 45-51.
[12] Mulhern, F. J., Williams, J. D. e Leone, R. P. (1998). Variability of brand price elasticities across retail stores: ethnic, income, and brand determinants. *Journal of Retailing*, 74 (3), pp.427-446.
[13] Hoch, S. J., Kim, B. D., Montgomery, A. L. e Ross,i P. E. (1995). "Determinants of store-level price elasticity". *Journal of Marketing Research*, vol.XXXII (February): 17-29.
[14] Kim, B. D., Srinivasan, K. e Wilcox, R. T. (1999). "Identifying price sensitive consumers: the relative merits of demographic vs. purchase pattern information". *Journal of Retailing*, 75(2), pp. 173-193.
[15] Cram, T. (2006). *Smarter pricing: how to capture more value in your market*. FT-Prentice Hall.
[16] McGoldrick, P. J. (2002). *Retail Marketing*. 2.ª ed.. McGraw-Hill.
[17] Brooks, I. (2002). *Persuade your customers to pay more*, Brooks on Business.
[18] Urbany, J. E. (2001). "Are Your Prices Too Low?". *Harvard Business Review*, October.

[19] Rao, A. R., Bergen, M. E. e Davis, S. (2008). "How to fight a price war". *Harvard Business Review on Pricing*, HBS Publishing Corp.,pp. 75-100.
[20] Marn, M., Roegner, E. V. e Zawada, C. C. (2004). *The price advantage*. Wiley.
[21] Aarts, H. e Dijksterhuis, A. (2000). "Habits as knowledge structures: automaticity in goal-directed behavior". *Journal of Personality and Social Psychology*, 78 (1), pp.53-63; Bargh, J. A., Chaiken, S., Govender, R. e Pratto, F. (1992). "The generality of the automatic attitude activation effect". *Journal of Personality and Social Psychology*, 62 (6), pp.893-912; Chen, M. e Bargh, J. A. (1997). "Nonconscious behavioral confirmation processes: The self-fulfilling consequences of automatic stereotype activation". *Journal of Experimental Social Psychology*, 33, pp. 541-560.
[22] Blake, R. e Sekuler, R. (2006). *Perception*. 5.ª ed.. McGraw-Hill.
[23] Mazumdar, T., Raj, S. P. e Sinha, I. (2005). "Reference price research: review and propositions". *Journal of Marketing*, 69 (October), pp. 84-102.
[24] Jacobson, R. e Obermiller, C. (1990). "The formation of expected future price: a reference price for forward-looking consumers". *Journal of Consumer Research*, 16 (March), pp. 420-432; Lichtenstein, D. R., Bloch, P. H. e Black, W. C. (1988). "Correlates of price acceptability". *Journal of Consumer Research*, 15 (September), pp. 243-252; Monroe, K. B.e Lee, A. Y. (1999). "Remembering versus knowing: issues in buyers' processing of price information". *Journal of the Academy of Marketing Science*, 27 (2), pp.207-225; Yadav, M. S. e Seiders, K. (1998). "Is the price right?". *Journal of Retailing*, 74 (3), pp. 311-329; Wakefield, K. L. e Inman, J. J. (1993). "Who are the price vigilantes? An investigation of differentiating characteristics influencing price information processing". *Journal of Retailing*, 69 (2), pp.216-233; Vanhuele, M. e Drèze, X. (2002). "Measuring the price knowledge shoppers bring to the store". *Journal of Marketing*, 66 (October), pp.72-85.
[25] Lichtenstein, D. R. e Bearden, W. O. (1989). "Contextual influences on perceptions of merchant-supplied reference prices". *Journal of Consumer Research*, 16 (June), pp. 55-66.
[26] Cialdini, R. B. e Sagarin, B. J. (2005). "Principles of interpersonal influence". *In* Brock, T. C. e Green, M. C.. *Persuasion: Psychological insights and perspetives*. 2.ª ed.. Sage. pp.143-169 (Capítulo 7).
[27] Anderson, E. T. e Simester, D. I. (2009). "Price cues and customer price knowledge". *In* Rao, V. R. (ed.). *Handbook of pricing research in marketing*. Edward Elgar: MA. pp. 150-166.
[28] Anderson, E. e Simester, D. (2003). "Mind your pricing cues". *Harvard Business Review* (September).
[29] Kotler et al. (2008); Koku, P.S. (1995). "Price signaling: does it ever work?". *Journal of Consumer Marketing*, 12 (1), pp. 45-49.
[30] Krishna, A. (2009). "Behavioral pricing". *In* Rao, V. R. (ed.). *Handbook of pricing research in marketing*. Edward Elgar: MA. pp.76-90.
[31] Wilmshurt, J. (1993). *Below-the-line promotion*. Butterworth-Heinemann; Petersen, C. e Toop, A. (1994). *Sales promotion in postmodern Marketing*. Gower.
[32] Narasimhan, C. (1988). "Competitive promotional strategies". *Journal of Business*, 16 (4), pp. 427-449; Raju, J. S., Srinivasan, V. e Lal, R. (1990). "Effects of brand loyalty on competitive price promotional strategies". *Management Science*, 36 (3), pp. 276-304.
[33] Kim, D. H. (1989). *The role of brand equity in modeling the impact of advertising and promotion and sales*, Doctoral Dissertation; Biel, A. L. (1991). "The landscape of converting image into equity". Admap, 26 (10).
[34] Petersen, C. e Toop, A. (1994). *Sales promotion in postmodern Marketing*. Gower.
[35] Blattberg, R. e Neslin, S. A. (1990). *Sales Promotion: concepts, methods and strategies*. Prentice-Hall.
[36] Yeshin, T. (2006). *Sales promotion*. Thomson.
[37] Percy, L. (2008). *Strategic Integrated Marketing Communications*. Butterworth-Heinemann.
[38] Neslin, S. A. (2002). *Sales promotion*. Marketing Science Institute; Roux, D. (1994). "Premiuns, refunds and promotion fulfillment". *In* Block, T. B. e Robinson (eds.). *The Dartnell sales promotion handbook*. 8.ª ed.. The Dartnell Co.. pp.116-127.
[39] Mulin, R. e Cunnins (2008). *Sales promotion: how to create, implement and integrate campaigns that really work*. 4.ª ed.. Kogan Page.

Capítulo 3
Eventos promocionais

O que é que um concurso, uma animadora no ponto de venda, a produção e divulgação dos folhetos e um topo de gôndola têm em comum?

Todos eles produzem um acontecimento de marketing, criam uma dinâmica comunicacional com a marca, envolvem na sua elaboração diferentes operadores e mobilizam o consumidor. Neste capítulo analisamos a forma distinta como cada instrumento de promoção de vendas veicula a mensagem e persuade o consumidor.

3.1 – CONCURSOS

Um concurso, numa ótica de promoção de vendas, apresenta três atributos:
- a existência de um incentivo (prémio);
- a aleatoriedade na obtenção do prémio;
- e a necessidade deliberada de adesão.

O aspeto atrativo desta forma de promoção de vendas deriva da excitação provocada pela expectativa de receber o prémio. O acesso, ou a adesão, ao concurso implicam a aquisição da marca respetiva. Do lado do consumidor, esta promoção de vendas induz ação, pois envolve a procura, a compra, o preenchimento do vale do concurso e o eventual envio pelo correio. Alternativamente pode registar-se num *site* ou aceder à página do Facebook e tornar-se fã da marca. Pode ainda enviar uma sms como forma de registo e participação. A obtenção do vale do concurso, ou algo análogo, é indispensável porque constitui a prova de compra, tornando o cliente elegível, permitindo a sua identificação[1]. Para além do empenho do comprador expresso por esforço/ energia, tempo e despesa, temos ainda os efeitos ligados ao processo cognitivo, isto é, a aprendizagem da marca e do seu posicionamento, e a formação de uma atitude positiva para com a marca e a empresa[2]. A este efeito acresce a componente comportamental. Verifica-se não só a substituição entre marcas, como também um aumento do volume e/ou frequência de compra, motivado pelo desejo de aumentar a probabilidade de ganhar o prémio[3].

Do lado da empresa, quando bem planeado, um concurso representa uma promoção de vendas eficaz[1]. Primeiro, porque o custo é independente do nível de adesão dos consumidores. A natureza do prémio é definida logo à partida e o custo total da ação promocional é previsível. Aparentemente, o prémio de um concurso tem um valor igual ao somatório de pequenos brindes dispersos por um número muito elevado de embalagens, repartindo entre si o montante inicial. Porém, a quantidade de brindes oferecidos em associação com a marca vendida não pode ser definida à partida, ou seja, esta forma de promoção de vendas (brindes) não permite um tão rigoroso controlo dos custos. Em segundo, o valor do prémio – e inclusive o seu significado simbólico – proporciona por si só um efeito mediático, cujo impacte deve ser expandido com o recurso à publicidade nos meios mais apropriados. Foi o caso dos 50 Mercedes-Benz que os hipermercados Modelo e Continente ofereciam num concurso realizado em 1995. O impacte da grandiosidade do evento foi garantido não só pela marca de automóveis topo de gama mas também pelo seu elevado número. A repetição de anúncios na televisão com as dezenas de famílias a sair do parque de estacionamento do hipermercado a conduzir o dito automóvel produziu impacte.

3.1.1 – PODER DA MENSAGEM

O conteúdo e o formato da mensagem que anuncia o valor do prémio são determinantes no impacte mediático do concurso. Vejamos o seguinte anúncio publicado numa revista: "Ganhe um pé-de-meia – tamanho família. Planta oferece-lhe 125.000 contos em contas Família do Montepio Geral". O único detalhe, aliás explicado no texto, consistia em que os 125.000€ (naquela época ainda em escudos) eram o valor total de prémios a repartir em 10 semanas, durante sorteios quinzenais, e não um prémio a ganhar de uma só vez. Obviamente que nada impedia que alguém ganhasse o referido montante. Apenas teria de ter a sorte de ser o único e absoluto vencedor em todos os sorteios. Bastava juntar muitos conjuntos de cinco provas de compra retiradas das embalagens de 500g de margarina para aumentar a probabilidade! Este anúncio, sem omitir as condições reais de acesso, bem como a natureza do prémio, conseguiu de uma forma interessante realçar a importância e o benefício desse mesmo prémio, destacando o valor global, 125.000€. Se fosse referido que cada prémio variava entre 5.000€ e 25.000€ a mensagem não teria a mesma força.

Mais alguns exemplos que ilustram que a forma de transmitir o benefício em participar neste evento pode fazer toda a diferença:
- "Trident oferece 100.000€ em cartões de débito" – O grafismo e *design* (tamanho das letras, cor e imagem de fundo) do *poster* inserido no *muppie* não deixa dúvidas em relação ao ponto focal (ver Figura 3.1).

Figura 3.1 – Concurso Trident 100.000€

- "Cereais de pequeno-almoço Grátis todo ano, 500€/semana em vales de compras e 5.000 outros vales diários de 5€ e 10€" – Era esta a informação que constava num pequeno folheto da Nestlé, disponibilizado no ponto de venda.
- "Ganhe 1.000€ por semana em cartão de débito na compra de 2 embalagens Palmolive".

- "Experimente e ganhe 1 ano de proteção Colgate" – O prémio incluía 2 *check-ups* dentários gratuitos e um total de 64 unidades de vários produtos de higiene oral que, em média, são utilizados ao longo de um ano.
- "Saboreie 1 ano de queijos *President* grátis" – Este era o prémio do primeiro ao quinto contemplado. Do sexto ao oitavo recebiam um *workshop* de cozinha com o Chefe Chakall.
- "30 dias, 30 Mercedes – Sempre que carregar o seu Vodafone com 15€ ou mais, ganha um bónus de 5€ e habilita-se a um Mercedes Classe B por dia" – Era este o texto que estava dentro de uma caixa vermelha, inserida num anúncio de imprensa, onde pontificava um parque de estacionamento com 30 lugares preenchidos com o dito automóvel.
- "Ganhe um... ganhe o que quiser e bem lhe apetecer com 5.000€ em cheques-oferta por semana e 5.000€, 10.000€ e 15.000€ no sorteio final" – Durante cerca de dois meses por cada 20€ de compras no Mar Shopping, em Matosinhos, o consumidor poderia habilitar-se a tais prémios através de sorteios semanais.
- "175 anos, 175 diamantes – Descubra se ganhou um diamante nas rolhas de Periquita!" –Este foi o pretexto da José Maria da Fonseca para celebrar o seu aniversário junto dos apreciadores da sua marca. As 175 rolhas premiadas são o vale do diamante que deveria ser enviado para reclamar o prémio.
- "Um dia de Luxo! Gaste 5.000€ como quiser, incluindo carro de luxo com motorista" – A ideia hedónica de se autopresentear com o que lhe dá prazer é sempre bem acolhida, especialmente por um público feminino, tido como mais suscetível à excitação associada às compras. Neste caso, o curioso foi a montagem comunicacional da mensagem e a ideia do que fazer com o prémio. Mais importante do que a componente escrita é a imagem das duas bem-dispostas consumidoras. De facto, os mesmos 5.000€ da promoção Azeite Oliveira da Serra poderiam ser convertidos em várias possibilidades de prémios, mas a construção do conteúdo/mensagem reforça o poder da consumidora em escolher o que lhe der mais gozo (ver Figura 3.2).
- "1 prémio por dia"/"99 coisas que tens de fazer antes que o verão acabe" – As latas da Lipton e os *outdoors* faziam constantemente este alerta aos jovens. Os prémios variavam entre uma *scooter* e um "mergulho no Mar Vermelho". Noutra ação promocional, o conteúdo da mensagem continuou a ser apelativo: "Lipton está a aviar 2.500 bilhetes"... para Nice. Quando a Lipton patrocinou o lançamento da MTV em Portugal,

a promoção VIP's oferecia "prémios a cada 5 minutos", bastando enviar uma sms com os códigos que vinham nas latas. Os prémios principais consistiam em viagens para 4 pessoas para assistir ao MTV VIP Day no Brasil, em França ou na Itália.

Figura 3.2 – Um dia de luxo proporcionado pelo Azeite Oliveira da Serra

3.1.2 – PARCERIA ENTRE MARCAS

A presença no ponto de venda não só facilita e simplifica a imediata adesão dos consumidores mas também, devido à localização das bancas – à entrada do hipermercado –, à decoração e ao *design* dessas bancas – dispondo de cartazes a anunciar a promoção –, favorece a publicitação da marca e do acontecimento de marketing. Nos produtos de grande consumo, a embalagem é geralmente o veículo escolhido para anunciar o concurso. As animadoras no ponto de venda, ou apenas um suporte junto às prateleiras, servem para pôr à disposição dos consumidores um folheto com informação sobre o concurso. O único senão é o custo. Neste âmbito, e no quadro das contrapartidas contratuais com determinada insígnia do sector da distribuição, as marcas desenvolvem ações comerciais exclusivamente aplicadas nas lojas respetivas. Pequenos desdobráveis estão acessíveis junto do linear da marca onde é divulgado a mecânica e os prémios desses concursos ou passatempos. Os logótipos, ou referências da marca da insígnia, podem estar mais ou menos explícitos no desdobrável. A Linic sorteava dois automóveis Lancia Ypsilon; o representante em Portugal da Coca-cola e de mais cinco outros refrigerantes invocava "ganha prémios fora de série"; um dos cinco clientes com mais volume de compras de toda a gama Cif, acumulados no cartão, seria premiado; os clientes de qualquer marca da Sumol+Compal poderiam ganhar vales no total de 30.000€ distribuídos por 35€/dia/loja (referente apenas aos 500 melhores clientes em cartão); os compradores de qualquer uma das treze marcas da Procter&Gamble teriam "1 ano de casa paga", bastava que a sua frase criativa sobre as marcas e seus benefícios fosse enviada juntamente com os 4 dígitos do talão de compra e escolhida; algo idêntico foi solicitado aos compradores das marcas da Johnson's Wax Portugal, só que para ganhar até 500€ em cartão teriam de enviar a frase com as palavras "grandes marcas" e "verão" e o talão teria de ser colocado no próprio desdobrável a ser enviado; no caso da Dove os 600€ em compras eram gastos na Lanidor e os 30 melhores compradores ainda ganhavam secadores e alisadores Rowenta. O denominador comum é a insígnia Sonae Continente e o seu cartão. Outra ação "mais cultural" foi a possibilidade das dez melhores histórias enviadas pelo alunos do 2.º ou 3.º ciclo serem publicadas num livro editado pela Texto Editora, a ser comercializado nos hipermercados Modelo e Continente. Contudo, para participar, era necessário a inscrição prévia no *site* do Modelo. Os vencedores ainda recebiam *iPods* e as bibliotecas das suas escolas 200 livros. O passatempo Activia Pingo Doce oferecia aos premiados 100€ de combustível. Já o El Corte Inglês proporcionava aos 4 autores da melhor frase sobre a Extremadura Espanhola uma estadia para duas pessoas numa hospedaria nessa região excluindo o transporte... desde que comprassem "Alimentos de Extremadura" num valor superior a 30€, de acordo com o folheto patrocinado pela "Foods of Spain" e cofinanciado pela União Europeia.

A proposta do Pingo Doce foi a seguinte: as dez melhores receitas especificamente acompanhadas com vinho verde seriam selecionadas e os clientes que deixassem a sua sugestão num folheto entregue na caixa aquando do pagamento seriam galardoados com um fim de semana na Casa de Sezim. Esta quinta do séc. XVIII é uma prestigiada casa produtora de vinho verde. Esta ação promocional pode ter várias interpretações. O Pingo Doce conseguiu ao longo dos últimos anos posicionar-se como uma marca de supermercados que procura estar cada vez mais próxima do cliente, conseguindo estar presente desde o fornecimento dos bens alimentares até à conceção das refeições, através das suas sugestões semanais de receitas oferecidas nas suas lojas. O interessante é que esta ação não implicava na prática, pelo menos em muitas lojas, que as pessoas comprassem vinhos; por outro lado, nem todos os clientes teriam a disposição, o tempo e a sabedoria para se envolverem neste concurso de ideias. Ou seja, este concurso servia para premiar as donas de casa (e donos) que se sentiam mais ligadas à marca Pingo Doce e, provavelmente, o melhor prémio de reconhecimento seria verem a sua receita nos folhetos semanais. Por último, convém realçar a articulação entre a mecânica do concurso e o prémio. A relação entre a produção e a utilização-consumo. Trata-se do início e do fim do ciclo.

Uma possível oportunidade consiste na possibilidade de cooperação entre marcas, como, por exemplo, entre a firma promotora e a firma que fornece o prémio. Ambas as marcas podem beneficiar da publicidade – desde automóveis ou outros veículos motorizados, até companhias aéreas ou agências de viagens. O *Daily Express* oferecia 100£ por semana, durante um ano, em vales de desconto da ASDA, no Reino Unido. A participação neste passatempo, que envolvia estas duas entidades, consistia no envio de uma sms, ou telefonema, para responder a uma pergunta divulgada no referido jornal. A Levi's organizou um concurso de bandas Levi's 501 e para se poder assistir apenas teria de se ser um dos 600 primeiros a levantar o bilhete na Fnac. Os concursos da Mimosa promoverem dois tipos de associação entre marcas:

- O patrocínio das marcas que serão objeto de prémio. O logótipo dessas marcas vem impresso nas embalagens. A contrapartida da Proleite para uma redução do preço dos prémios foi a publicidade gráfica nas embalagens de leite UHT.
- A cooperação por iniciativa da Colgate-Palmolive no sorteio de viagens a Nova Iorque. Uma publicidade gráfica contendo informação sobre as propriedades do novo Colgate Flúor + Calcium em todas as embalagens de leite UHT possibilitou a partilha de custos desta promoção de vendas.

3.1.3 – PENSAR NO CLIENTE-ALVO

O êxito desta técnica de promoção de vendas depende da articulação entre o prémio selecionado, o mercado-alvo e o posicionamento da marca promovida. A realização de um concurso pressupõe que os potenciais clientes, no mínimo, não sejam avessos ao risco. O concurso em si deve criar um acontecimento suscetível de comunicar uma mensagem relevante para a marca. Mas quer o acontecimento quer o prémio são criados em relação direta com a mensagem. A ligação entre um fruto da riqueza da terra (leite AGROS) e as "Riquezas do Minho" (cordões, medalhas e filigranas de ouro de Viana) contribuiu para comunicar valores regionalistas, que radicam na mesma origem e marcam a identidade cultural de uma população. O prémio deve ter um valor – não só monetário, utilitário, mas também simbólico – suscetível de ser apreciado pelo mercado-alvo e, simultaneamente, deve invocar a mensagem sugerida pela marca[4]. Por exemplo, se uma marca de grande consumo está associada a um estilo de vida jovem, enérgico, ao gosto pela natureza e ao divertimento, então faz sentido oferecer um prémio "radical" – a participação num safari, uma viagem de aventura, um curso e equipamento de parapente...

Por falar em radical, eis dois exemplos que ilustram a utilidade desta promoção de vendas para lançamentos no mercado de novos produtos, relançamentos ou reposicionamentos:

- "Neste verão agarra Snappy" e "Agarra o teu prémio: um jipe, motas de água, *karts*, parapentes, *scooters*, pranchas de *surf*, patins em linha e pranchas de *body-board*".
- O recém-titular da conta 7 Radical do Banco 7 ganha imediatamente um *kit* (óculos de sol, um boné e um porta-chaves) e habilita-se a um sorteio de uma viagem mais bilhete para o Grande Prémio da Bélgica.
- "Há bar e bar, há ir e voltar", este era o lema da Heineken para fazer crescer as vendas no canal Horeca. A ideia era oferecer descontos em determinados bares, mas, para tal, o consumidor teria de raspar num folheto e ver qual o montante que lhe calhava. Paralelamente, eram oferecidos brindes nas carrinhas estacionadas junto aos bares e muita música ao vivo, para além de aulas de aeróbica.

O que é que os miúdos do 1.º e 2.º ciclo gostam? Divertir-se a jogar e a comunicar. Campanhas de início de ano letivo que possibilitem a oferta de portáteis de 20 Sony *NetBooks* e 50 telemóveis Samsung 33310 são sempre interessantes para essa faixa etária. O *slogan* que a Nestlé criou "Faz-te às aulas com Kit Kat" sugeria uma das condições de adesão: a compra de 2 chocolates, entre quatro marcas possíveis. A participação consistia em fazer uma decoração original para a parte de trás do ecrã do *NetBook* e fazer o carregamento diretamente na *landing page* http://www.fazteasaulas.com. Quando se quer atrair jovens, a combinação de música, *surf* ou esqui (praia ou neve), mais amigos resulta sempre. Essa foi a estratégia da Sumol. No inverno, embora varie de edição para edição, o mote era "snow, party & friends" e previa a oferta de uma viagem por semana com mais três amigos, um equipamento de neve por dia e uma noite no Hotel de Gelo. No verão, tratava-se de ganhar passes de dois dias para o festival Summer Fest, além de estadia no Ericeira Camping. Os mais de 56 mil fãs que "gostaram" deliberadamente da presença da marca, no contexto do sumolsummerfest.com, já por si revela algo de significativo sobre os resultados desse investimento.

Oferecer cozinhas completas na compra de produtos Pyrex faz sentido. Afinal, existe uma compatibilidade entre os gostos e interesses do consumidor--alvo, o caráter utilitário do produto em associação lógica com a funcionalidade do prémio. Após despesas superiores a 30€ recebia um cupão com um código sorteado e cuja confirmação por sms permitia ganhar 500€ de combustível na Galp; a cada hora alguém seria contemplado, e era esta a excitação que os anúncios televisivos mostravam. Aqui também se recebia o que faz falta a todos os automobilistas e que a Galp pode oferecer com vantagem.

Qual a melhor forma de articular o elemento diferenciador da Palmolive Thermal SPA, consubstanciado no *claim* "Atmosferas de prazer", no contexto de um evento promocional da marca? A resposta foi 20 fins de semana de sonho no SPA VilaLara do grupo Sofitel. Nada melhor para reforçar o posicionamento da marca no domínio pretendido: prazer, bem-estar e beleza.

Um grupo de homens de tronco nu montados a cavalo dirigia-se a um carro avariado na beira da estrada. Chovia torrencialmente. Num gesto de cortesia os ditos modelos tiraram o seu *kilt* e cobriram as duas bonitas jovens que estavam encharcadas no seu descapotável. Este anúncio divertiu em particular o público feminino, especialmente na cena em que as jovens destapam a cabeça e olham incrédulas para os cavalheiros bem-parecidos, agora sem os seus *kilts* vestidos... "No Rules. Great Scotch." Este divertido anúncio da William Lawson's teve várias continuidades no ponto de venda. Foi realizado um concurso em que o apuramento e eliminatória seriam feitos através de um desfile com o *kilt* por adereço. Os vencedores Highlander poderiam assistir ao próximo filme publicitário da marca. O *design* do folheto distribuído no ponto de venda continha imagens que invocavam diretamente o dito filme, facilitando a associação entre a marca e o imaginário despertado pelo anúncio televisivo (ver Figura 3.3).

"Portugal em Forma" – Na sequência do lançamento da água aditivada Formas Luso, que, de acordo com a marca, reduzia efetivamente o peso dos consumidores, os prémios oferecidos nos vários concursos/passatempos tinham de estar intimamente relacionados com a preocupação da forma e equilíbrio. O prémio, o Kit Ginásio Formas Luso, sendo constituído por um saco e um peso, refletia essa preocupação pelo bem-estar físico.

PROMOÇÃO DE VENDAS E COMUNICAÇÃO DE PREÇOS

Figura 3.3 – Oferece-se algo para contar aos amigos como foi – No Rules. Great Scotch.

A harmonia entre o valor/benefício proporcionado pela marca e a natureza dos prémios pode ser exemplificada pelo concurso Preven "Saúde e bem-estar em família". Os prémios devem ser instrumentos de comunicação suscetíveis de realçar as vantagens e os benefícios intrínsecos da marca. Os folhetos (um desdobrável com quatro partes) apresentavam numa das faces o regulamento do concurso e descreviam as características da linha de produtos Preven (proteção perante os riscos diários, adaptação ao estilo de vida de cada um e caráter preventivo abrangente para toda a família). Na outra face do folheto mostrava-se os prémios – uma combinação de vários brindes diferidos e condicionados pela ordem e rapidez de chegada e de um sorteio no final de cada um dos três meses de verão, durante os quais ocorria o evento promocional. Em termos gerais, a mecânica e os prémios foram os seguintes:

- Para participar teria de enviar, juntamente com o boletim preenchido, 3 provas de compra do gel de banho, ou sabonete ou sabão líquido Preven; o talão de compra também servia.
- Brindes – as primeiras 15 respostas recebiam, automaticamente, um seguro de saúde Médis; da 16.ª à 60.ª resposta de cada mês era oferecido o guia *O Livro da Boa Saúde*; as restantes respostas (até à 500.ª) recebiam um estojo de primeiros socorros Preven.

- No final de agosto, setembro e outubro era sorteado um fim de semana numa estância termal portuguesa à escolha, para duas pessoas, em regime de pensão completa.

Os prémios e os brindes contribuíam para reforçar o posicionamento da marca, na medida em que invocavam saúde, proteção, bem-estar, cuidado e um certo sentido de família.

Quem é que se dispunha a gravar um enorme grito e fazer o seu carregamento num *site* da marca Tommy Hilfiger? Só mesmo os jovens, que são o alvo do perfume "Loud". O aroma, o *design* do frasco, os modelos dos anúncios, tudo conjugava a mesma explosão de energia. O prémio principal era um *workshop* de DJ (ver Figura 3.4).

Figura 3.4 – Quando o prémio, o modo de participação e o produto se conjugam na perfeição

3.1.4 – QUE PRÉMIO?

A falta de imaginação é frequentemente a regra na conceção de muitas ações promocionais. Daí que o melhor que ocorre aos gestores e/ou empresas de comunicação é oferecer viagens e carros. Certamente que se tratam de prémios interessantes para os vendedores desses serviços e produtos, e eventualmente úteis para os galardoados, mas pouco ou nada contribuem para reforçar o posicionamento da marca... que é quem investe. O prémio, por si só, deve comunicar algo relevante sobre o caráter diferenciador da marca. Deve estar, de certa forma, relacionado com os valores dessa marca, produzindo e invocando associações cognitivas e afetivas com a mesma. Em termos práticos, queremos que o prémio faça sentido para a marca e para os clientes. Quando se oferece algo exclusivo, único, distinto e irrepetível, muitas vezes com um orçamento mínimo, mas muito valorizado pelo segmento de mercado-alvo, consegue-se produzir um impacte considerável. O caso do uísque William Lawson's é um bom exemplo. O prémio é uma experiência que tem que ver com a comunicação da própria marca e para os premiados é divertido assistir.

Já que falamos em viagens, vejamos alguns bons exemplos em que a oferta de viagens faz sentido:

- A propósito dos 170 anos da Agência Abreu foi concebida uma ação promocional que premiava "os mais preciosos achados em termos de valor histórico para a empresa". Para tal convidava os antigos clientes a descobrirem nos seus arquivos documentação com o logótipo, carimbo ou designação da Agência, obrigatoriamente visíveis. Quanto mais longínquo e inédito fosse o achado, maior a probabilidade de ganhar um dos seguintes prémios, tudo para duas pessoas: 1.º prémio – uma volta ao mundo; 2.º prémio – um cruzeiro de luxo pelo Mediterrâneo; 3.º prémio – estadia numa praia das Caraíbas ou do Brasil; 4.º prémio – estadia na Europa ou no Norte de África (praia); 5.º prémio – estadia numa cidade europeia; e mais outros 170 prémios... relacionados com viagens, é claro!
- A parceria entre a TAP e a France Montagnes só podia dar origem a uma oferta para duas pessoas de uma viagem (na TAP) à instância de esqui Chamonix. Para participar bastava aceder ao *site* todaaneve.com e registar-se, enquanto "descobre o seu perfil de esquiador".
- O que é que a Michelin mais quer de si? Que substitua os pneus do seu automóvel pelos desta marca. Em troca, habilita-se a ganhar uma volta ao mundo, em combustível, por semana. Viajar sim, mas no seu carro.
- Onde é produzido o famoso triângulo de chocolate? Ao enviar, via sms, o comprovativo de compra de dois produtos Toblerone podia ganhar uma viagem à Suíça, além de 100 *fondues* de chocolate.
- O "winner/Carlsberg Gold experience" levou a comunicação do concurso a um formato ainda mais sugestivo. Um talão de embarque (de cor verde). O destino: ou Hotel do Gelo, na Finlândia, ou a Patagónia. O "código do voo" era simplesmente o código de participação via sms ou no *site* (ver Figura 3.5).

- Toda a gente sabe que o refrigerante Guaraná Antártica é um sabor brasileiro. Nada mais lógico do que oferecer como prémio duas entradas para o sambódromo no Rio de Janeiro. Quem melhor convencesse o júri de que gosta mesmo do Carnaval, através da dança, música ou escrita, seria o vencedor da viagem ao carnaval do Rio.

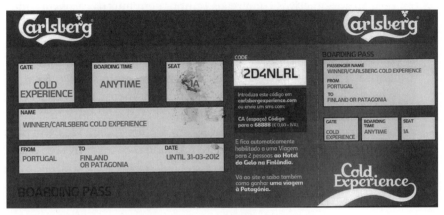

Figura 3.5 – Uma viagem com a Carlsberg – formato de bilhete de avião

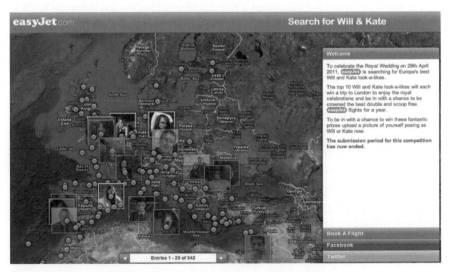

Figura 3.6 – Sósias dos príncipes ganham um presente da EasyJet (ilooklikearoyal.com)

3.1.5 – INDUZIR OUTRAS RESPOSTAS

A conceção de uma promoção de vendas deste género não tem sempre, nem necessariamente, que implicar o incentivo à transação imediata. Pode e deve estimular outro tipo de comportamentos em função dos objetivos. A este nível vamos considerar objetivos comerciais e outros de cariz mais social.

Em relação aos objetivos comerciais (embora em muitos casos diferidos no que diz respeito às transações) podemos considerar as seguintes situações:

- Em consequência do enorme crescimento da presença das marcas e do investimento nas redes sociais tem sido crucial convidar os consumidores a participarem diretamente nessas estruturas *online*. Aliás, as redes sociais só fazem sentido se forem socialmente partilhadas e se se construir uma relação mais duradoura com os clientes, e principalmente se existir um contributo deles para produzir conteúdos. Um procedimento cada vez mais frequente tem sido o de incentivar os clientes a tornarem-se fãs da marca no Facebook bastando para tal clicarem no "gosto". No capítulo 7 desenvolve-se este tema em profundidade.
- Se pretendermos que os nossos clientes nos ensinem, partilhem as suas ideias, críticas, sentimentos, modos de vida, etc., temos de os compensar. Quem se disponibilizasse a preencher um questionário no *site* da Staples habilitava-se à oferta de um cheque no valor de 1.200€ por mês. A firma americana de gestão de produtos turísticos e eventos DNC, mesmo sem compras obrigatórias, só com experiência de uso, dava um prazo de 7 dias para o cliente aceder a um *site* específico e habilitar-se a mais de $5.000. A cadeia Selfridges proporcionou um mês de setembro pleno de eventos formativos em culinária. No final, quem preenchesse o questionário com recolha de dados pessoais e preferências, que constava na brochura de divulgação dos eventos, podia ganhar 500£ em vales de desconto, dar um passeio em balão de ar quente e ser convidado para um cocktail. Com um espírito mais altruísta, a Vila Galé Brasil contribuía por cada questionário de satisfação preenchido com R$0.50 para o Núcleo de Apoio ao Combate do Cancro Infantil.
- A compra de um carro costuma ser espontânea. Um anúncio da Fiat oferecia brindes imediatos e sorteava uma bicicleta de montanha a quem fosse fazer um *test-drive* ao *stand* mais próximo durante o fim de semana. A brochura do *stand* da VW, da Autovia, oferecia a possibilidade de ganhar o novo Pólo VW a quem os visitasse durante o período especificado. Um autocolante colado no jornal Metro informava o seguinte: "Launch Party – Bombardeia os teus amigos com convites

para a A1 Launch Party e ganha um fim de semana num Atmosphere Hotel ao volante de um Audi A1. Regista-te e aparece no Hard Club Porto". Um anúncio de imprensa convidava toda a gente a deslocar-se ao Marquês de Pombal, pelas 11h00, para participar num jogo de tabuleiro gigante. Os prémios eram viagens ao Funchal. O promotor era a própria Easyjet que estava a lançar essa carreira regular.

O exemplo da Vila Galé Brasil não é algo isolado; cada vez mais encontramos iniciativas em que o beneficiário não é quem compra, mas sim alguma causa, um terceiro ou uma instituição. Por outro lado, também se pretende favorecer determinados comportamentos e consciencializar para aspetos de natureza mais humanitária, ambiental/ecológica e de responsabilidade social:

- Quem aderisse ao extrato digital da AMEX, por cada 100€ acumulados de compras, habilitava-se a ganhar uma das 10 bicicletas elétricas Órbita. Entretanto, a marca emissora de cartões de crédito poupa papel e todos são amigos do ambiente. A marca de leite Agros oferecia por cada participação num concurso sob o tema Natureza Viva 0,05€ para defesa das espécies naturais do Parque Nacional da Peneda-Gerês.
- Com as plantações de árvores na Serra da Estrela, publicitada em *outdoors*, à medida que esse investimento progredia a empresa produtora expressava, também, a sua preocupação pelo meio ambiente. Ao longo de oito anos foram plantadas mais de um milhão de árvores na sequência da campanha: "De cada garrafa de água Serra da Estrela nasce uma árvore". No seu *site* estão identificados os nomes dos milhares de clientes que contribuíram para essa iniciativa.
- A propósito do "Carbono Zero", a Galp propunha-se a apagar a sua própria marca do ambiente compensando todo o CO_2 criado pela mesma. Além disso, alertava os consumidores para o uso mais racional da energia, poupando desse modo o ambiente. Ao enviar uma sms, ou inserindo no *site* o código dado ao abastecer o veículo com 30€, o consumidor ficaria habilitado a ganhar vários prémios imediatos (combustível grátis, por exemplo) e um *kit* casa eficiente ou um jipe GPL num sorteio final.
- A marca de detergente Super Pop, para além de dar uma nova cozinha, oferecia vários cheques SPAL, realçando, simultaneamente, que por cada embalagem comprada contribuíam com 0,16€ para a construção da nova casa do Ponto de Apoio à Vida. A missão desta organização é o apoio, acolhimento e formação de "grávidas em dificuldade, para que aprendam a construir o seu projeto de vida com os filhos".

- Na comemoração dos 200 anos do nascimento de Dona Antónia Ferreira, o grupo Sogrape efetuou, numa só campanha, sob o tema "Ajude quem precisa", dois tipos de ações promocionais: para o cliente que comprou vinho Porto Ferreira ou Casa Ferreirinha foram sorteados cinco prémios no valor de 1.000€ em cartão de débito e 3 incentivos mensais de 2.500€ para a criação de emprego. Este último caso resultou da parceria com a ANDC, em que os micro-empresários seriam eleitos pelos portugueses. No total, 18 projetos foram contemplados (ver Figura 3.7).

Figura 3.7 – Passados 200 anos, o espírito da Dona Antónia perdura – premiar quem merece

- No concurso Natal Mar Shopping quem ganha não é só o cliente, mas pode também nomear o colaborador da loja que o atendeu para habilitar-se a um prémio de 1.000€, 500€ e 250€. Basta indicar o nome desse colaborador e a loja no vale do concurso.
- No quadro de uma campanha de prevenção rodoviária levada a cabo pela PRP, no sentido da tomada de consciência sobre os riscos da velocidade, foi realizado um concurso. Quer ao nível dos folhetos, mas também do *site*, os portugueses foram informados das situações e das consequências. Quem participou podia ganhar uma mota, um micro--carro e cursos de condução defensiva.

3.1.6 – TODOS OS EVENTOS DEVEM TER UM TEMA

O contexto é fundamental em comunicação; assim, ou se cria uma razão/tema para a promoção de vendas, ou se aproveita uma existente. Pode ser algo local, como a estreia de um filme que atrai o púbico infantil e não só. Foi o caso da Oral-B, uma marca de produtos dentífricos que, na compra de pastas e escovas com *design* evocativo do filme da Disney, oferecia 2 bilhetes para assistir ao referido filme às 100 melhores frases enviadas via sms.

Os festivais de verão são uma fonte fértil para muitas ações promocionais. No caso das operadoras de telecomunicações e das marcas de refrigerantes e de cerveja o acesso é direto, aproveitando plenamente a festa. O Rock in Rio tem sido um palco para a associação de muitas marcas, desde o Millennium-BCP à Colgate. O alvo é essencialmente, mas não exclusivamente, o público jovem sub-30. Em 2003, a campanha GoMusic da Coca Cola sorteava uma viagem por semana – 9 no total – para um grupo de 4 amigos, com escolha livre do concerto, do país e dos 3 acompanhantes.

O futebol é, por excelência, o evento rei aproveitado por quase o todo tipo de negócios porque é abrangente para todas as idades, embora com maior incidência no mundo masculino:
- os campeonatos da Europa – 5 bilhetes individuais por jogo com a Carlsberg para ver a seleção nacional em dois jogos do Euro2008 sem viagem incluída e quem comprasse os jogos do Euro para a Playstation podia ganhar centenas de artigos de *merchandising*;
- os campeonatos do mundo organizados pela FIFA – 1 viagem por dia à África do Sul através da Galp; 8 bilhetes duplos sorteados pela Visa Barclaycard, e ainda a campanha da Sagres Mini "joga com o Figo na África do Sul e acompanha a seleção". Estas campanhas e a possibilidade de assistir à final da da Liga dos Campeões com a cerveja Heineken são exemplos de aproveitamentos diretos de grandes eventos oficiais. Quem subscrevesse os fundos de investimento do BBVA num valor mínimo de 1.000€, durante um determinado período, poderia ganhar um dos 40 bilhetes para assistir aos jogos de dois grandes clubes da Liga Espanhola e um fim de semana em Madrid. Um banco espanhol a partilhar a *afición* dos clientes portugueses pelo futebol. O tema futebol é inesgotável, especialmente se houver imaginação. Graças às tecnologias digitais e aos meios e redes sociais, as participações individuais são potenciadas pela intervenção de um grupo mais alargado, multiplicando viralmente os efeitos mediáticos. A ideia da Super Bock passou por convidar os adeptos dos 3 clubes principais a fazer relatos de um

jogo. Bastava ver o vídeo de um jogo disponível no *site* e gravar o relato diretamente. Os amigos serviam para ouvir, comentar e votar.

Um concurso deve ser encarado como uma ação especial, diferente e mobilizadora dos consumidores... e dos animais. Com o pretexto de "Dê mimos ao seu gato. Ganhe grandes mimos", os gestores da Whiskas lançaram o concurso "Top dos Mimos". Bastava preencher um cupão, incluído num folheto distribuído em todos os estabelecimentos alimentares e de venda de animais de estimação, enviar cinco códigos de barras e indicar quais as refeições que mais mimam os gatos. Os prémios foram escolhidos a pensar nos gatos e naqueles que os mimam: viagens a Londres "para ver *Cats*, um espetáculo musical que está no *top* há anos, caminhas para gato, CD com músicas famosas de gatos" e um prémio imediato para todos os participantes – um 'Kitbits'. O mote "Whiskas no primeiro lugar dos Mimos" conferiu um significado, deu um sentido personalizado e afetuoso a esta promoção de vendas centrada em torno da ligação gato/a-dono/a. E se a atribuição de um tema para um concurso é positiva, a criação de um acontecimento que transforme um concurso num evento é bem mais poderosa. Os gestores do Pedigree Pal criaram o Dia do Animal e, desde 1990, têm efetuado ações promocionais em cooperação com os responsáveis dos locais de venda. No quadro desse acontecimento surgiu o concurso cujo tema é: "Pedigree Pal leva-o a descobrir o mundo dos cães! – Ganhe viagens às principais exposições caninas da Europa". Um folheto explica detalhadamente o que são as exposições caninas, a classificação oficial dos vários grupos de cães e as regras de participação nessas exposições. Esse folheto contém um cupão destacável onde, para além da indicação dos dados pessoais, é testada a "cultura canina" do dono do cão. Junta-se dois códigos de qualquer produto Pedigree Pal

Figura 3.8 – Whiskas & Pedigree Pal juntos no Dia do Animal

e habilita-se, entre outros, aos seguintes prémios: viagens para uma exposição canina europeia à escolha e estadas grátis de uma semana para o cão do concorrente num canil à escolha. Adicionalmente à questão do tema e do acontecimento, nestes dois casos, os prémios comunicam de forma coerente o valor e o posicionamento da marca.

3.1.7 – ESTIMULAR O ENVOLVIMENTO DO CLIENTE

Tal como desenvolvemos no Capítulo 2, nos produtos de grande consumo não decidimos, na generalidade dos casos, simplesmente escolhemos. Trata-se daquilo que designamos por processamento cognitivo automático e que se expressa sempre que existe uma grande familiaridade e repetição de compra/consumo de um determinado produto. Tal contexto traduz-se na minimização do nosso esforço e menor probabilidade de novos dados sobre as marcas serem memorizados. Uma forma de contornar esta passividade e "obrigar" os consumidores a pensar passa por convidá-los a redigir um texto ou a responderem a questões. Essas respostas serão objeto de escrutínio e as "melhores", selecionadas supostamente por um júri/*experts*, serão escolhidas para serem premiadas. Este exercício limita e reduz o número potencial de concorrentes. Primeiro, porque nem toda a gente tem capacidade para cumprir esse desafio. Segundo, porque nem toda a gente tem tempo e disposição/motivação para esse investimento "mental". O aspeto positivo é conseguir-se que as pessoas se envolvam com a marca e desenvolvam uma atitude positiva. No final, aprendem e memorizam alguns dos elementos diferenciadores da marca ou reforçam algum atributo que posiciona ou reposiciona essa marca. O formato mais frequente são os pequenos desdobráveis tipo postal RSF que permitem não só o registo dos dados pessoais e o anexar de provas de compra, mas também a escrita da frase/texto necessária. Esse pequeno desdobrável descreve a promoção – prémio(s) e condições – e, em simultâneo, contém informação sobre a marca. A publicidade explícita nesse material é por vezes mais que suficiente para inspirar a redação do dito texto/frase. O Esquema 3.1 mostra os exemplos mais típicos que surgem neste tipo de promoção de vendas, quando se convida o concorrente a produzir um texto. Quando se sugere a inclusão de determinadas palavras invariavelmente encontramos a associação entre a marca em causa, mais um tema/benefício (conforto) e/ou outras marcas (prémio) e/ou contexto (Natal/verão). Mas também existem outras propostas mais abertas à imaginação. Trata-se de outros desafios, em que se dá mais liberdade ao participante.

INCLUSÃO DE PALAVRAS

OUTROS DESAFIOS

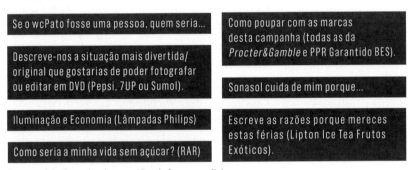

Esquema 3.1 – Exemplos de sugestões de frases a redigir

Nem todas as formas de registo têm de ser realizadas pelo envio de um postal. Os clientes de produtos Gillette enviavam via sms não só os comprovativos da compra como também a frase criativa que continha as palavras "Gillette" e "verão". Idêntico procedimento foi adotado pelos compradores de Persil ou X-tra mais Sonasol. Teriam de escrever uma frase com os nomes dos produtos que compraram e a palavra "Aquashow" (que era o prémio).

Estas técnicas promocionais não estão exclusivamente reservadas aos produtos de grande consumo. Um centro comercial lançou uma ação dirigida às crianças e adolescentes embora quem concorra em conjunto sejam os pais. O desafio passava por escrever um pequeno texto com base no seguinte início: "Eu mereço ganhar 500€ em compras no Shopping Cidade do Porto porque..." Já o Porto Gran-Plaza, a propósito do Dia dos Namorados, instava os mais românticos a inventar um piropo para poder ganhar 3 noites num hotel de 5 estrelas. Outros retalhistas também usam esta técnica.

Os supermercados Apolónia ofereciam à frase mais divertida e criativa envolvendo as palavras "Apolónia" e "família" a experiência Dolphin Emotions no ZooMarine para toda a família (até 4 pessoas). Falando em experiências, por que não favorecer quem não gosta de futebol e tem direito a não se sujeitar a tanto fanatismo? A ideia das lojas Pingo Doce em parceria com a Iglo e a Olá foi premiar "as excluídas" com a campanha "Farta de Futebol? Venha cuidar de si" (ver Figura 3.9).

Figura 3.9 – O Pingo Doce pensa nas "excluídas"

Nem só de prosa vivem estes passatempos. Para estimular a área de shopping, o Aeroporto Francisco Sá Carneiro lançou um passatempo em que premiava com uma viagem as 10 fotografias mais divertidas desde que os potenciais concorrentes gastassem pelo menos 50€ na sua zona comercial. A Rexona Girl incentivava o carregamento no seu *site* "da tua foto com as tuas amigas" e a foto mais votada ganhava uma moto Vespa. A Red Bull capitalizou o Air Race no Porto e em Gaia convidando os compradores de 4 packs do seu refrigerante a enviarem via *e-mail* as suas fotos do evento para serem avaliadas por um júri. As melhores recebiam máquinas digitais Panasonic. Os desenhos são outra alternativa para jogar com a criatividade dos clientes. A Royal convidou os compradores de alguns produtos seus a inspirarem-se no *trikke* e a enviarem um desenho que os representasse e a esse veículo radical de três rodas. Como se pode antecipar, o prémio era um... *trikke*. Quem comprasse o Skip 2-em-1 com Confort flor de maracujá e ylang ylang e decorasse o desenho do coelhinho que estava no próprio desdobrável RSF, poderia ganhar um coelho gigante de 1,27m. O concurso Barbie e a magia da moda, da Meo Kids, embora dirigido para as crianças, envolveu o julgamento de quatro famosos estilistas nacionais. O desafio consistia em criar uma proposta de uniforme de sonho para a escola usando os materiais que se quisesse. O premiado foi divulgado na antestreia do filme Barbie, onde os autores dos 10 melhores trabalhos foram convidados a estar presentes.

Por vezes ainda se pede um esforço extra. A promoção de vendas conjunta RFM e Alfa Romeo Mito, para além da frase com menção às duas marcas citadas, exigia que os participantes respondessem a mais duas questões, uma sobre a RFM ("Quem fez o cri-cri com o Zé Coimbra?") e outra em que se pedia para indicar o significado da sigla DNA no Alfa Romeo Mito. No concurso Tagus – a cerveja dos mestres, era necessário visitar o *site* para encontrar a resposta a três questões de escolha múltipla. A acrescentar a esta exigência, a "tese sobre a Tagus e a sua importância na tua mestria" apenas poderia ter, no máximo, 50 palavras. O prémio era a oferta das propinas de um ano de um curso de mestrado. A situação mais frequente para a elegibilidade num concurso é a prova de compra – códigos de barras ou pontos. Na sequência da campanha publicitária da Kronembourg em França, os consumidores são convidados a dar ideias de temas para *spots* publicitários da referida cerveja. Para tal, nada melhor do que aproveitar o momento descontraído e divertido, na presença de amigos num bar ou numa discoteca, e preencher logo ali a sugestão, sobre um cartão quadrado que simultaneamente serve de base para copos e de suporte para explicar as condições de participação e informar sobre quais os prémios.

Talvez a campanha mais exigente mas também a mais imponente foi o "Milhão de euros para quem acertar em cheio". No ambiente futebolesco do Euro 2004 o comprador de qualquer produto Gillette, Duracell, Braun e Oral-B poderia enviar a prova de compra com os seus dados preenchidos no folheto. Recebia uma sms e por cada produto constante no talão de compra que enviara teria de responder a uma pergunta, que a referida mensagem continha. Acertar equivalia a marcar golos e permitia passar ao momento seguinte, no qual 16 dos melhores concorrentes disputariam em campo um golo a sério com o finalista, e esse sim (ar)remataria 1.000.000€.

3.1.8 – PORMENORES DA MECÂNICA PROMOCIONAL

Um estímulo inicial
A conjugação de um concurso com outra promoção de vendas representa uma sinergia suscetível de minimizar uma eventual inércia em participar no concurso. A Dove prometia sortear um telemóvel por dia, mas também distribuía milhares de amostras gratuitas. A Braun oferecia logo um *necessaire* Samsonite na compra de determinados modelos das suas máquinas de barbear, mas também habilitava a outros prémios. A margarina Planta habilitava os filhos das clientes a receberem um curso de Inglês no valor de 5.000€, mas pelo certo recebia de imediato uma lancheira. A Vaqueiro tinha a concurso, para as clientes que comprassem dois produtos da marca, 5 trens de cozinha, mas dava como brinde um aplicativo digital para o telemóvel – um cronómetro de cozinha Vaqueiro.

Métodos de sorteio
Efeito quantidade (ganha quem comprar mais) – Na ação promocional exclusiva para o Continente, os 10 melhores compradores de produtos da Central de Cervejas ganhavam lugares cativos no estádio do seu clube de futebol ou assinaturas do jornal *A Bola*. Noutra campanha, agora da água mineral Luso, o premiado com a oferta da renda/prestação da casa durante um ano seria o consumidor que efetuasse o maior valor em compras, bastando enviar via sms ou inserir os dados na *landing page* familialuso.com. No caso da água Vitalis Elegante, a ida, com viagem paga, à maratona de Lisboa, Londres ou Nova Iorque estava também condicionada à quantidade de sms enviadas, com os últimos 4 dígitos do talão como prova de compra. Durante a coleção outono/inverno, os 3 melhores clientes Throttleman recebiam uma *scooter* Honda personalizada.

Jogos – Prémio Vip Tour da Liga Zon-Sagres. Trata-se de poder visitar cada um dos estádios em dia de jogo de futebol. Os concorrentes escolhiam o jogo no *site* amigossomosnos.com e depois completavam com os códigos que as caricas da cerveja Sagres traziam. Quem completasse o *puzzle* ou inserisse o maior número de códigos ganhava. Os vencedores do jogo Zé Colmeia, presente na página do Facebook das sobremesas Alsa, ganhavam os prémios. Para começar tinham de comprar duas embalagens Alsa e depois teriam de acumular o maior número de pontos para poder reclamar uma das 10 consolas PSP.

Mecanismo de verificação imediata – A "raspadinha" é um dos procedimentos usados para verificar se o comprador ganhou o prémio. Este método é particularmente útil quando existe uma grande quantidade e diversidade prémios. Uma alternativa à «raspadinha» consiste na utilização de uma tira com película vermelha transparente que permite a leitura do texto de um pequeno cartão que se encontra no interior da embalagem. Por exemplo, a promoção "na pista dos prémios" da Matutano utilizava este método, e os prémios eram um Mitsubishi Colt, 50 computadores Asus e 100 bicicletas. Quem comprasse um perfume "Givenchy Play" numa loja Sephora poderia saber de imediato se ganhara um fim de semana em Paris ou uma amostra da referida fragrância. Para tal, destacava-se a parte inferior de um folheto e passava-se o código secreto pelo filtro vermelho de um dispositivo especialmente concebido para o efeito. Centenas de amostras foram oferecidas, mas em Portugal só uma viagem foi atribuída.

Mecanismo aleatório contável – De x em x chamadas (para um número de valor acrescentado), uma chamada é automaticamente selecionada para ganhar um determinado prémio. Por exemplo, de 80 em 80 chamadas é oferecido um *coffret* Eucerin no valor de 36€; de 50 em 50 chamadas é oferecido um *kit* Fructis Hidra-Caracóis e a cada 40 chamadas é oferecido um dos 25 conjuntos de óleo e loção de O Boticário. Na ótica da marca, este método é interessante porque o custo da chamada ou da participação de 0,60€+IVA contribui para autofinanciar o prémio e provavelmente o investimento na totalidade. Na compra de uma depiladora Braun podia ser enviada uma sms (com um custo de 0,50€) indicando os últimos 4 dígitos do talão. O potencial retorno desse investimento, caso a sms fosse a 5.ª, 10.ª e 15.ª da semana, era um TomTom white pearl. Na Sainsbury, os vales obtidos com as compras superiores a 10£ continham um código que podia ser ativado no *site*. A cada 5 minutos era selecionado um cliente ganhador de 50£ para gastar em compras.

Recolha de dados

Um aproveitamento secundário da realização de concursos, com repercussões no longo prazo, provém da formação de uma base de dados dos clientes finais. Trata-se, simplesmente, de aproveitar a oportunidade do preenchimento do vale de concurso ou registo num *site* e solicitar ao cliente que, para além da sua identificação, forneça informações sobre, por exemplo, a composição e dimensão da sua família, a frequência de compra e quantidade dessa marca e de outras, e que tipos de atributos mais aprecia. Em seguida, esses dados serão tratados informaticamente, armazenados e trabalhados para fins de estatística. Uma das muitas utilizações possíveis poderia ser o *direct marketing*[5] *off* ou *online*. Os limites sobre o tipo e a quantidade deverão, necessariamente, respeitar a legislação em vigor sobre a proteção dos dados e os direitos do consumidor.

Transação *versus* relação
É conveniente salientar os aspetos legais, burocráticos e regulamentares que representam um custo adicional. Além de que, em alguns países, os concursos semelhantes às lotarias – isto é, nos quais a elegibilidade do consumidor é condicionada pela aquisição da marca – são interditos por lei. As lojas Levi's convidavam os potenciais clientes a participar num sorteio de um equipamento multimédia completo. Apenas tinham de experimentar uns *jeans* Red Tab, preencher um vale de concurso e responder às simples questões nele constantes. A finalidade era atrair tráfego e motivar os eventuais clientes a experimentar a sua nova linha de calças Red Tab, vestindo "a nova alternativa para todos os jovens que procuram um *look* diferente do das Levi's 501, mas conservando os mesmos valores de autenticidade e de originalidade". Mesmo que os potenciais clientes não comprem, continuam a ser melhores e mais esclarecidos potenciais clientes, pois agora já conheceram e apreciaram os novos modelos. Qualquer que tenha sido a sua opção – comprar ou apenas experimentar –, o computador pode ser seu!

Pretexto mediático
É muito frequente ouvirmos na rádio e vermos na televisão e na imprensa anúncios exclusivamente focados na realização de um grande concurso. Realizado o sorteio, por obrigatoriedade legal, para conferir credibilidade ao evento e para realçar a responsabilização da própria empresa, é necessário e útil publicitar os vencedores. Especialmente em certas condições – sorteios consecutivos, por exemplo – pode gerar-se um acontecimento mediático extra. No sorteio dos 2.500€ (em escudos naquela época) do Jumbo, a dinâmica da campanha dependia do anúncio na televisão dos vencedores, pois tratava-se de um sorteio diário e prolongado no tempo. Já no caso do concurso Tampomania das marcas da Pepsico Food International o sorteio representou um excelente pretexto para fazer publicidade.

Não esquecer os "perdedores"
Por último, é importante não esquecer os que tentaram, mas não conseguiram ganhar. Nada pior do que abandonar esses consumidores que se tornaram clientes por ocasião do concurso... e eventualmente continuam a sê-lo. É fundamental conservá-los, especialmente aqueles que mais insistiram, adquirindo a marca em quantidade para tentar a sua sorte. Caso se disponha de endereços de domicílio, de *e-mail* ou de um contacto telefónico, tal tarefa passa por manter a comunicação via *direct mail*, *e-newsletter* ou sms, por exemplo[1.6]. De facto, é por isso que o marketing significa relação. O retorno do nosso investimento

ficará aquém do objetivo se não aproveitarmos a oportunidade que fomentou a interação inicial. E mesmo que apenas um décimo esteja interessado em manter essa relação? Então, esse evento que criou essa relação com esses clientes foi um sucesso...

Terminologia e aspetos legais
O enfoque foi no conceito de concurso como promoção de vendas. Ou seja, foi a sua natureza conceptual que nos interessou e não os aspetos jurídicos da sua implementação. Nesse sentido, a dimensão legal leva geralmente à existência de uma nuance em termos de nomenclatura a usar para designar este tipo de promoção de vendas: nos concursos há sorteio, logo, deve existir uma entidade oficial (Governos Civis) que garanta transparência do processo (consultar os regulamentos) *versus* os passatempos em que os vencedores são escolhidos/selecionados, e não sorteados (supostamente de forma aleatória), ou então não foi exigida a compra do produto como forma de elegibilidade na participação.

3.2 – ANIMADORAS NO PONTO DE VENDA

À semelhança dos folhetos e dos topos de gôndola, que assumem o papel de interface entre a publicidade e o *merchandising*, respetivamente, a promotora ou animadora no ponto de venda estabelece a interligação entre a força de vendas e as promoções de vendas. Estritamente, a função da animadora é mais ativa, solicitando o envolvimento dos consumidores através de ações de demonstração; porém, na prática, os termos são designados indistintamente. No contexto do ponto de venda, a sua simples presença introduz uma alteração da normalidade, na medida em que, no mínimo, faz-se notar. Nesse ponto de vista gera por si só um evento. Os custos do contrato do serviço das promotoras não são acessíveis para todas as firmas. No entanto, em certas categorias de alimentos, como, por exemplo, os iogurtes, o investimento nesta forma de promoções de vendas é quase permanente e surge em simultâneo para várias firmas. Tal facto sugere que este tipo de promoções de vendas também serve para retaliar ou reforçar retaliações. Atendendo aos custos relativamente elevados, a eficiência deste tipo de ações deve ser avaliada. Em termos gerais, uma promotora executa no ponto de venda algumas das tarefas atribuídas à força de vendas[7]:
- prospeção de clientes;
- comunicação – fornece informações;
- serviço ao cliente.

Esta enumeração está incompleta, pois exclui certas tarefas como a venda – mas uma promotora não completa a transação, apenas a facilita – e a recolha de informação relevante sobre os consumidores e o mercado. Relativamente à prospeção de clientes, a função da animadora é, de certa forma, passiva, limitando-se quando muito a abordar os grupos selecionados em função da idade e do sexo, no sentido de os persuadir e envolver na aquisição – por exemplo, para o preenchimento dos vales de concurso, oferta de vales de desconto e brindes[8] ou também dar uma explicação/conselho útil. Não basta existir um leite Mimosa Especial Cálcio Enriquecido para que os consumidores associem esse produto a problemas de carência de cálcio e à osteoporose. A presença de uma promotora no ponto de venda, com uma banca decorada com o logótipo da Associação Portuguesa de Osteoporose e o *slogan* "Pleno cálcio para manter a coluna em forma", torna a relação entre a referida marca e os ossos difícil de ignorar. De facto, a função da animadora seria mais do que promocional. Seria também informativa e inserir-se-ia no âmbito de uma campanha de sensibilização pública. Para além da informação fornecida pela animadora, qualquer consumidor poderia levar um pequeno livro para aprofundar o tema. Na compra de uma embalagem de 6 litros de leite Mimosa Especial era oferecido um vale de compra de pão Proborn e um pacote de 200 ml de leite Especial.

A presença da promotora é particularmente solicitada no lançamento de um novo produto, ou no relançamento de um produto ainda com fraca penetração, por três razões essenciais[4]:

1. A aquisição de um novo produto representa um risco. Ora, uma representante da firma no ponto de venda, ao esclarecer eventuais dúvidas dos consumidores, não só permite reduzir o receio inicial, como também suscita a curiosidade em experimentá-lo.

2. Uma demonstração, exemplificação ou prova é a técnica promocional que exerce maior resistência ao esquecimento. No final dos anos 90, o consumo anual de sopa caseira era da ordem de 1 bilião de litros. A sopa industrial representava 1% desse total. Com a introdução da sopa líquida industrial procurava-se incrementar essa quota de mercado, visto tratar-se de um mercado de 8 milhões de euros. Perante este potencial, a fase seguinte consistia em demonstrar aos portugueses que a sopa líquida não caseira era igualmente boa. A Knorr, na altura com 75% do mercado, desenvolveu um lançamento da marca "Sopa da Avó" com investimentos na televisão, um programa de relações públicas envolvendo médicos e nutricionistas e promoções de vendas. No quadro das ações promocionais, a degustação no ponto de venda foi considerada útil para permitir aos consumidores confrontarem e constatarem, sem

compromisso, o sabor muito próximo ao da sopa caseira. Após a degustação, e uma vez convencidos, os consumidores recebiam um vale de desconto para poderem mostrar em casa a novidade. De facto, nos bens alimentares, e em especial para as novidades, o papel da experimentação é decisivo na perceção e no empenhamento dos consumidores.

3. A oferta de pequenas amostras – por serem gratuitas e pelo facto de o consumidor não ser obrigado a utilizá-las – aumenta a tendência e a probabilidade de, no futuro, o consumidor passar a ser cliente e comprar a referida marca, eventualmente por impulso[8].

A animadora pode ser um recurso em articulação com outras promoções de vendas. Por exemplo, tal como atrás foi referido para as outras promoções de vendas, podemos ter uma promotora a distribuir brindes, vales de desconto, a proceder à inscrição ou a entregar os prémios de um sorteio ou colecionismo, ou estar junto a um topo de gôndola. À semelhança do que se verifica com os topos de gôndola, a simples presença de uma animadora é interpretada como uma promoção de vendas. A Vimeiro concentrou várias ações promocionais envolvendo toda a sua gama de águas, num mesmo período, criando uma campanha integrada. Numa banca a animadora convidava os consumidores a experimentarem a Vimeiro Sparkle e oferecia ainda vales de desconto de 0,25€ na compra de um pack de 4 garrafas de Vimeiro Lisa. Simultaneamente, na compra de um conjunto de três tipos de água o consumidor encontrava no interior uma vinheta com prémio certo. Os prémios variavam entre aulas de *surf*, uma semana num *health club* e a impressão de 40 fotos. Por último, também era dado a conhecer um concurso em que se premiava as cinco frases mais originais sobre o que sentia o consumidor em relação à sua água Vimeiro preferida. Os vencedores ganhavam um fim de semana para duas pessoas no Hotel Golf Mar, no Vimeiro.

Uma promotora no ponto de venda está a representar a identidade e a imagem da firma e da marca. O logótipo, símbolos e cores da firma e da marca estão presentes no ponto de venda – inscritos na banca, no guarda-sol, nos *posters* e na indumentária da promotora. Deste modo, o comportamento da animadora, em virtude do contacto pessoal que está a desenvolver constantemente com os consumidores, pode influenciar positivamente, ou não, a atitude dos consumidores para com a firma, o que se irá refletir nos resultados. O papel intencionalmente passivo da animadora já foi referido. De facto, num espaço de venda do tipo livre-serviço, os consumidores prezam a liberdade de escolher e de se movimentar, não apreciando ser pressionados, preferindo solicitar ajuda em vez de serem abordados. Em consequência, o impacte de uma ação deste tipo depende muito do profissionalismo da animadora.

Durante a campanha do Um Bongo, os gestores da Nestlé colocaram no ponto de venda, junto às prateleiras do respetivo sumo, uma animadora vestida com um traje de safari. Desde as botas ao «chapéu à Indiana Jones», tudo condizia com o ambiente de selva que povoa os filmes publicitários e o grafismo das embalagens. Quando se promovem produtos tradicionais – queijo, vinho e fumados – com ou sem prova, um traje regional típico ajuda fortemente na comunicação dos valores tradicionais e autênticos que o acontecimento pretende realçar. Ou seja, o resultado depende não só da sua formação/conhecimento, mas também da sua indumentária, simpatia e beleza, pois o aspeto de uma pessoa também comunica. A expressão sorridente da representante da Vitalis com os dois sabores gravados na *t-shirt* e a banca da animadora com o logótipo Nobre com um fogão para preparar as refeições pré-cozinhadas, de avental e touca, pronta a servir doses de degustação ilustram a importância da imagem (ver Figura 3.10). De facto, tudo comunica.

Esta técnica de promoção de vendas proporciona-se para um evento mais abrangente. Foi o caso da degustação de cerveja Corona Extra, associada a um *showcooking* de fagitas, criando uma autêntica Fiesta Mexicana no supermercado Apolónia (ver Figura 3.11). Os ingredientes e produtos para preparar a receita eram indicados e sugeridos, incentivando a sua compra naquele supermercado. Na compra de um conjunto de 4 garrafas de cerveja recebia-se como brinde um saco com o logótipo da marca.

Para as marcas de beleza feminina, as animadoras são uma oportunidade de se dar a conhecer e de aliciar as suas potenciais clientes. Os casos descritos de seguida servem de exemplo.

Vidal Sassoon, o nome de um famoso cabeleireiro, é usado pela Procter & Gamble para designar os seus champôs. A ligação entre o referido profissional, especialista na beleza dos cabelos femininos, e as modelos com cabelos soltos, resistentes e exibindo o seu brilho natural surge com frequência nos filmes publicitários. Então, nada melhor do que pôr à disposição dos clientes do referido champô, logo no ponto de venda e após o ter adquirido, uma profissional para prestar esclarecimentos e pentear o cabelo do recém-cliente. Foi assim que funcionou uma ação promocional que envolveu duas animadoras, uma junto do topo de gôndola no linear a entregar folhetos aos potenciais clientes e a informá-los do evento e outra com uma banca no exterior e um módulo de cabeleireira.

"Qual a imagem que eu teria se usasse aquele penteado?" Uma questão que muitas senhoras (e não só) se colocam quando observam imagens de modelos jovens e muito atrativas. Acontece que, em geral, a essas belas figuras qualquer coisa fica bem. A tecnologia permite ultrapassar tais limitações e

Figura 3.10 – A identidade da marca deve estar presente em todos os detalhes

Figura 3.11 – Fiesta Mexicana

simular a imagem de qualquer pessoa com qualquer penteado. Nos corredores dos hipermercados, uma equipa constituída por uma animadora e um operador de computador filmava a imagem das consumidoras interessadas e manipulava, graças a um *software* específico, os vários penteados. A consumidora podia assim visualizar e comparar as diferentes propostas, podendo observar-se a si própria. Para alcançar tal visual teria de experimentar Milénio Pantene. Caso o consumidor deseje que alguma amiga partilhe tal experiência, teria de preencher um questionário com os dados da participante e os/as do/a amigo/a, juntar duas provas de compra (código de barras e talão de compra) e as fotografias. Finalmente, restava esperar que "A sua imagem do futuro" chegasse. Entretanto, em casa poderia tentar reproduzir os famosos penteados com a ajuda do Milénio Pantene e da linha de informação grátis para adereçar eventuais dúvidas.

A BDF, a empresa de produtos químicos que produz a marca Nivea, colocou em cada hipermercado de forma rotativa uma equipa de animadoras esteticistas. A sua função consistia em, após observar a pele do rosto dos potenciais clientes, efetuar um diagnóstico – características, ph, etc. – e aconselhar o produto mais apropriado para o respetivo problema. Noutro evento, mais recente, e a propósito da comemoração dos 100 anos da marca, uma animadora distribuía um folheto que dispunha de um autocolante de teste das características da pele: normal, seca ou muito seca. O mesmo folheto divulgava o concurso com 100 prémios, entre os quais viagens a Haus Berlim, sede da Nivea.

A marca de cosméticos Olay ilustrava diretamente num modelo construído com base nas feições e pormenores do rosto das clientes, projetado num computador, as zonas mais propensas a rugas. O contorno dos olhos, a linha do maxilar e o pescoço poderiam ser detalhadamente escrutinados, realçando a possível transformação alcançada através da massagem diária com uma sequência de aplicação de três cremes, o de limpeza regenerador seguido do Tónico Total Effects e, por último, o Olay Regenerist. Tal como se pode constatar na Figura 3.12, a intervenção da animadora era acompanhada pela oferta de um folheto explicativo, e o topo de gôndola foi também desenhado para o efeito.

Nem só nos supermercados se recorre à figura da animadora/promotora. A marca de moda jovem Tiffosi colocou à entrada das suas lojas uma animadora que entregava aos transeuntes um saco da marca com um postal no seu interior. Entretanto, explicava que para ganharem prémios e beneficiar de promoções teriam de raspar um pequeno retângulo, convidando de seguida os consumidores a entrarem e apresentarem o referido cupão para receber a oferta. A duração restrita a dois dias conferia um certo carácter de urgência para aproveitar o evento. Neste caso, a sua função era a de gestora de tráfego.

Figura 3.12 – Solução antirrugas da Olay

A caravana School Bus da Ben&Jerry's divulgou em várias praças do país a mensagem ética inerente ao comércio justo. Ao todo foram 15 localidades da faixa litoral, de norte a sul, entre junho e agosto. Em cada paragem, os simpáticos animadores, vestidos de frutos, informavam os transeuntes da oferta de um cone de gelado e do conceito de comércio justo. Distribuíam ainda o «Passaporte Fair Trade». Havia dois tipos de reconhecimento: carimbo gelado (compra), carimbo local e carimbo extra (presença em determinados eventos). Esta ação de colecionismo podia dar origem a um livro sobre o comércio justo ou um íman (2 carimbos) ou até a uma *t-shirt* "Fair Trade" (10 carimbos). Incluído estava também um concurso que distinguia as 10 soluções mais criativas para tornar o mundo um lugar melhor. O prémio era um mini-frigorífico. Nesta iniciativa associava-se o elemento lúdico, a animação, a passagem de uma mensagem dupla (marca e valores) e o prazer de experimentar um gelado diferente (ver Figura 3.13).

Figura 3.13 – Animação de rua e iniciativa "Fair Trade" da Ben&Jerry's

3.3 - FOLHETOS

Tecnicamente, um folheto surge, antes de mais, como um instrumento publicitário, no sentido em que se trata de uma forma de comunicação de massas, unilateral e impessoal, e que permite uma fácil comparação com as mensagens concorrentes[9]. No entanto, a sua função consiste em anunciar as marcas em promoções de vendas num ponto de venda específico. Daí a sua inclusão e tratamento como instrumento promocional.

Este tipo de promoções de vendas é designado na literatura anglo-saxónica por *cooperative advertising*. Na teoria, esta cooperação fundamenta-se na convergência de interesses entre o fabricante e o retalhista.

Para o **fabricante**, o folheto traz os seguintes benefícios[10]:
- publicita ações promocionais, quer de marcas novas recém-lançadas, quer de linhas de produtos mais fracos;
- permite contrariar tendências de redução na procura em produtos sazonais, ou antecipar a procura das marcas no início das épocas de maior consumo;
- contrabalança ações dos concorrentes;
- aumenta o apoio do retalhista para ações de *marketing* no ponto de venda;
- consegue uma maior perceção da existência da marca em regiões de menor implantação.

E para o **retalhista**:
- trata-se de um serviço ao cliente;
- contribui para a fidelização à loja;
- promove a imagem da loja;
- potencia a animação do espaço comercial no momento da realização de acontecimentos de marketing – aniversário da loja e festas de calendário;
- atrai um maior tráfego e, em consequência, gera um volume de negócios superior.

De acordo com a opinião dos gestores, os argumentos justificativos ou interpretativos dos retalhistas e dos fabricantes em relação à referida cooperação não são tão coincidentes. Para os retalhistas, as vantagens são as seguintes:
- o impacte dos folhetos é seguro, pois verifica-se um real acréscimo das vendas nas marcas publicitadas;
- o folheto representa uma ação de custo nulo, pois é integralmente pago pelos fornecedores – segundo um preço normalizado ou em função do tipo de presença;

- contribui para nivelar os preços no mercado, visto que gera uma reação das outras lojas, embora desfasada;
- em regra, o fabricante dá um desconto nos produtos do folheto;
- propicia a realização de eventos no âmbito de parcerias entre fabricante multimarca e a cadeia de hipersupermercado, criando uma dinâmica na procura da categoria e das marcas em promoção.

De acordo com os fabricantes, os folhetos são particularmente benéficos no lançamento de novas marcas. No mercado, em geral, a quantidade total vendida, considerando todas as lojas, permanece invariável, pois apenas se verifica uma variação entre lojas, compensando-se mutuamente. Mesmo quando há acréscimo no volume total de vendas, esse aumento não é, necessariamente, acompanhado pelo crescimento do valor, na medida em que os preços, em virtude da competição entre lojas, diminuíram. Por último, a eficácia deste meio é comprometida pelas ações do próprio retalho. Não raras vezes o preço praticado nas lojas acaba por ser inferior ao indicado no folheto.

O Esquema 3.2 mostra várias tipologias possíveis dos folhetos. Enquanto instrumento de comunicação, os cabeçalhos destes materiais são determinantes para captar a atenção dos consumidores, sujeitos a tantas tentativas de aliciamento publicitário. O *design* e o conteúdo devem ser elucidativos (ver Figura 3.14): "Hiperdesconto", "Baixo Preço" (ambos do Continente/Modelo), "Promoção, sempre os primeiros!" (El Corte Inglês), "25 Dias Jumbo", "– 50%, "oportunidades" (DeBorla)...

Figura 3.14 – Exemplos de cabeçalhos

3 · EVENTOS PROMOCIONAIS

- Destaques
- Tamanho da figura
- Tipo e tamanho dos carateres
- Caixa
- Fotos (produto, contextos: pessoas e/ou cenários)
- Posição relativa (ímpar/par, superior/inferior)
- Corte (tipografia)

- Categoria de produtos (iogurtes, vinhos, eletrodomésticos, computadores...)
- Evento especial (feiras temáticas, 25 dias Jumbo...)
- Calendário (início ano escolar, férias de verão, Páscoa, Natal...)
- Parcerias entre a insígnia de hipermercados e um produtor multimarca

- Desdobrável
- Folheto
- Tipo Jornal
- Tipo Revista

- Gratuito
- Pago (sem reembolso)
- Pago (com reembolso)

- Cabeçalhos apelativos
- Notícias (celebridades)
- Receitas/culinária
- Reportagens (estilo de vida)

- Domicílio (indiferenciada, personalizada)
- Encartado (em publicações de imprensa)
- Ponto de venda (entrada, caixa, prateleira)
- Eletrónico/*Newsletter*

- Preço atual
- Preço atual + preço de referência
- Percentagem de desconto
- Descrição do produto
- Efeito Novidade
- Ações promocionais (concursos, cupões, *banded packs*, brindes...)

Esquema 3.2 – Tipologias de folhetos

Na Figura 3.15 mostra-se um folheto de publicação mensal durante o segundo e terceiro trimestres criado pelo Pingo Doce. A ideia era simultaneamente promover com um *banded pack*, tipo leve 6 pague 5, mas contextualizando o produto com o autor/produtor/enólogo, permitindo a sua valorização aos olhos do consumidor. O *layout* com um corte de tipografia em forma de garrafa reforça a comunicação.

Figura 3.15 – Recorte de garrafa – folheto do Pingo Doce

Durante a Feira da Cerveja nos hipermercados Continente foi emitido um folheto multipromoção em parceria com a Unicer. Essa parceria contemplava: (a) quatro vales de desconto a serem utilizados na próxima compra de cerveja Cristal, Superbock, Cheers e Tuborg; (b) informações e instruções para a participação num concurso que sorteava uma viagem ao Festival de Cerveja de Munique, e (c) duas receitas culinárias para estimular a utilização de cerveja noutros contextos.

Os recibos do Continente contêm também informação de promoção de vendas. Nem toda a comunicação tem de ser feita na forma de papel. O saco de plástico da cadeia Paulista lembra que no dia 20 há sempre um desconto de 20% (ver Figura 3.16).

A empresa XareVision desenvolveu uma tecnologia informativa com um caráter multifuncional no ponto de venda. Para além de servir de contador de talão de ordem na fila de espera, transmite pequenos filmes publicitários

Figura 3.16 – Os sacos de plástico também servem para publicitar as promoções da loja

(eventualmente sobre as marcas que constam nos folhetos), informa sobre as promoções de vendas vigentes e ainda mostra os cabeçalhos das principais notícias do momento na parte inferior do monitor. A potencialidade deste meio é apenas limitada pela imaginação (ver Figura 3.17). O próprio talão de ordem serve de veículo publicitário de ações promocionais.

Figura 3.17 – Prolongamento digital dos folhetos no ponto de venda

3.4 - TOPOS DE GÔNDOLA

A criação de topos de gôndola é, antes de tudo, uma atividade de *merchandising*[11] que assume o papel de promoção de vendas. Sustenta-se esta afirmação em dois argumentos:
- os topos de gôndola, ou as ilhas, surgem frequentemente em conjugação com outras ações promocionais – animadora, *banded pack*, oferta de brindes, vales de desconto, concursos... –, sendo um meio para evidenciar, ainda mais, essas promoções de vendas;
- em consequência do anterior, tal associação mental entre aquele evento e a ocorrência de promoção de vendas gera nos consumidores uma reação automática tal como se assumisse uma função promocional, contendo intrinsecamente uma transferência de um benefício extra.

Num hipermercado, ou genericamente numa loja de livre-serviço, os consumidores podem deslocar-se sem condicionalismos por entre os expositores para irem diretamente ao encontro dos produtos/marcas que eventualmente desejem comprar. O *layout* da própria loja foi concebido para facilitar o contacto entre a marca e o cliente, apelando a todos os seus sentidos[13]. A afetação do espaço de venda obedece a critérios de rendibilidade (margem por metro linear), de rendimento (volume de negócios por metro linear) e técnicos (natureza do produto e facilidade de aprovisionamento), mas também a requisitos estéticos e a qualitativos (um sortido de forma a satisfazer as necessidades de um maior número de clientes)[12]. No espaço de vendas, a prioridade da competição entre as marcas passa por conquistar a atenção dos consumidores. Os topos de gôndola constituem uma solução para essas marcas, através do destaque, do contraste e da distinção proporcionados pela nova posição no espaço de venda.

A primeira característica de um topo de gôndola, na sua função de promoção de vendas, resulta da sua localização. Trata-se da extremidade dos expositores e ficam situados na interseção de dois corredores de circulação lateral e orientados para um terceiro corredor frontal – isto é, perpendicular aos outros dois. O impacte dos topos de gôndola resulta de dois fatores:
- a localização, na medida em que garante uma grande circulação de pessoas com passagem obrigatória, e, em consequência, um aumento da probabilidade de contacto visual com a marca;
- o efeito de massa, ou seja, a disposição do produto em grande quantidade, geralmente empilhado em paletes, dando, por isso, a impressão de baixo custo de manutenção e sugerindo na mente do consumidor tratar-se de um produto mais "barato".

O segundo elemento característico é o caráter temporário da ação promocional – somente algumas semanas. O terceiro elemento caracterizador do topo de gôndola, como instrumento de promoção de vendas, é a sua função de marketing[12]. Um importante número de embalagens de uma só marca, ou firma, ocupa uma posição espacial estratégica na loja. As embalagens, na sua função de comunicação, constituem um sinal/estímulo, realçando os símbolos e a designação da marca, tornando visível o *slogan,* ou *claim,* identificadores do posicionamento. Os topos de gôndola permitem, quando associados com outras ações promocionais (vales de desconto, redução de preços, brindes, *banded pack* e promotoras), potenciar os seus efeitos.

A interpretação do impacte do topo de gôndola sobre o comportamento do consumidor provém das teorias do reflexo condicionado, segundo as quais o consumidor aprendeu, após repetidas associações entre a existência de um topo de gôndola e a ocorrência de uma promoção de vendas (benefício), que a presença de um topo de gôndola implica, também, a existência de uma promoção de vendas. Um topo de gôndola passou a significar condições de compra mais favoráveis – independentemente de esse facto proporcionar vantagens reais, ou não[5, 13]. Mas, mesmo que o consumidor tome consciência de que a existência de uma marca num topo de gôndola não implica necessariamente a ocorrência de um benefício adicional, o poder comunicacional desta ação promocional e, em consequência, o caráter apelativo da localização, continuam a ter um efeito não negligenciável. Este comportamento de compra é tanto mais frequente quanto mais impulsiva, ou menos planeada, for a compra. A importância e a extensão deste fenómeno podem ser ilustradas com o caso do consumidor americano: dois terços de cada dólar gasto num espaço de livre-serviço são decididos naquele momento[14].

Para o retalhista apostado não só em prolongar o tempo de permanência do consumidor no seu espaço de venda, mas também em multiplicar a conversão do impacte dos estímulos em volume de negócios, este tipo de promoções de vendas resulta particularmente interessante, tanto mais que representa uma fonte de rendimento para o hipermercado.

Para o fabricante, um investimento em topo de gôndola pode cumprir vários objetivos: dar a conhecer com alguma evidência no espaço de venda os novos produtos/marcas recém-lançados; contribuir para a melhoria da perceção de alguns atributos de uma marca; incrementar as compras por impulso e potenciar outras ações promocionais ou até publicitárias[13]; eventualmente retaliar, caso o plano promocional do ponto de venda permita alguns ajustes inesperados. Qualquer que seja a motivação do fabricante – uma reação a um concorrente ou os objetivos descritos atrás –, a opção por um topo de gôndola regista, na generalidade das situações, um acréscimo do volume de vendas.

Os topos de gôndola decorados assumem o estatuto de expositores (ver Figura 3.12). Trata-se de topos de gôndola associados à publicidade. Refira-se, a título de exemplo, um *poster* com a figura do porquinho mealheiro para lembrar a poupança na utilização do detergente Fairy, tal como nos habituámos a ver nos *spots* da televisão; uma simples armação com um toldo, semelhante ao usado nas praias, exatamente em cima das arcas frigoríficas recordando-nos de que estamos na época de comer mais gelados, faz "disparar" as vendas deste produto nos hipermercados; ou ainda um arco de madeira decorado com o símbolo VA e colocado à entrada do corredor do bazar, onde se encontram expostas as loiças da Vista Alegre, ajuda a marcar a distinção e a exclusividade da conhecida marca no Jumbo. Uma estrutura, ou armação diferente, uma réplica da embalagem de formato gigante contendo as verdadeiras embalagens ou um *poster* publicitário são imagens que facilitam o reconhecimento da marca e a sua associação com a mensagem específica. Numa selva uniforme, esses objetos marcam a diferença, conseguem captar por mais tempo o nosso olhar fugaz e distraído, aumentando o nosso grau de atenção. Representam mais uma oportunidade para veicular a mensagem e reforçar o seu posicionamento, prolongando a sua presença na nossa memória. O único senão é que são mais caros do que os topos de gôndola normais.

As ilhas são outro tipo de atividades designadas por *cross-merchandising*, porque consistem na colocação de expositores no meio dos corredores ou junto de produtos relacionados (pelo menos aparentemente) – por exemplo, ilhas de aperitivos ou de conjuntos de copos de vidro situados na secção das bebidas alcoólicas, ou café junto às paletes do açúcar. O efeito e a finalidade são idênticos aos já referidos. A capacidade deste tipo de promoções de vendas para fomentar as mesmas, depende, também, do *design* do expositor – da forma, da dimensão, da cor, da informação escrita, da textura e da combinação dos materiais –, podendo contribuir para enaltecer a marca e induzir atitudes positivas, o que suscita um maior envolvimento do consumidor[15]. Em termos de soluções criativas, os fabricantes de máquinas de barbear e os de iogurtes têm sido pioneiros. As réplicas da máquina depiladora Lady Protetor da Wilkinson, da Gillette-Sensor ou de um frigorífico com o formato de embalagem de iogurte líquido (ver Figura 3.18) destacam-se de forma atrativa na confusão de produtos e prateleiras. Aproveitando o evento que foi a estreia do filme «Rio», da Disney, a Nestlé produziu uma estrutura com uma embalagem os cereais de pequeno-almoço em tamanho gigante ladeada

3 · EVENTOS PROMOCIONAIS

Figura 3.18 – Expositor gigante

de motivos do dito filme. No interior, duas animadoras mostravam o jogo de realidade aumentada, entretinham as crianças e davam os brindes associado às compras efetuadas (ver Figura 3.19).

Uma espécie de prolongamento das ilhas consiste na disposição de várias paletes de mercadoria disposta ao longo de um corredor. Por exemplo, um fabricante de bolachas coloca as suas mercadorias em paletes decoradas em forma de comboio. No caso do Pedigree, a ilha é colocada no início de um corredor da área dos alimentos para animais domésticos. E tudo comunica: desde o autocolante no chão aos cartazes a forrar a caixa da palete. Neste evento temos um acréscimo de produto grátis e um concurso com mais 10.000€ em prémios (ver Figura 3.20).

133

Figura 3.19 – Evento cereais de pequeno-almoço em formato de ilha

Figura 3.20 – Multipromoções da Pedigree

NOTAS FINAIS

[1] Jagoda, D. e Daykin, L. (1985). "Sweepstakes and Contests: The Bottom Line is Promotional Excitement". In *Handbook of Sales Promotion*. ed. S. M. Ulanoff, McGraw-Hill, pp. 79-104.
[2] Ros*site*r, R. J. e Percy, L. (1987). *Advertising and Promotion Management*. McGraw-Hill.
[3] Blattberg, R. e Neslin S. (1990). *Sales Promotion, Concepts, Methods, and Strategies*. Prentice-Hall.
[4] Charas, D. A. (1984). *Promotion: A Guide tp Effective Promotional Planning, Strategies, and Executions*. John Wiley and Sons.
[5] Feldman, J. (1994). "Continuity Promotions". In *The Dartnell Sales Promotion Handbook*. ed. T. B. Block e W. A.Robinson. 8.ª ed.. The Dartnell co.. pp.148-165.
[6] Yeshin, T. (2006). *Sales Promotion*. Thomson Learning.
[7] Estritamente, a função da animadora é mais ativa, solicitando o envolvimento dos consumidores através de ações de demonstração; porém, na prática, os termos são designados indistintamente.
[8] Cleary, J. A. (1985). "Product Sampling". In *Handbook of Sales Promotion*. ed. S. M. Ulanoff. McGraw-Hill. pp. 65.
[9] Kotler, P., Armstrong, G., Wong, V. e Saunders, J. (2008). *Principles of Marketing*. 5.ª ed.. Pearson Education.
[10] Fraser, N. (1994). "Coop Advertising". In *The Dartnell Sales Promotion Handbook*. ed. T. B. Block e W. A. Robinson. 8.ª ed.. The Dartnell Co.. pp. 236-261.
[11] De acordo com o Institut Français du *Merchandising*, "merchandising é definido como 'um conjunto de estudos e técnicas de aplicação, executadas separadamente ou em conjunto pelos distribuidores e pelos produtores, com vista ao crescimento da rendibilidade do ponto de venda e ao escoamento dos produtos, através de uma adaptação permanente do sortido às necessidades do mercado, bem como de uma apresentação apropriada das mercadorias', citado em Jallais, J., Orsoni, J. e Fady, A.. *Le Marketing de la Distribuition*. Librairie Vuibert, 1990.
[12] Wellhoff, A. e Masson, J. E. (2004). *Le Merchandising: Bases, techniques, nouvelles tendances*. 6.ª ed.. Dunod.
[13] Leeds, B. D. (1994). "Point-of-Purchase". In *The Dartnell Sales Promotion Handbook*. ed. T. B. Block e W.A.Robinson. 8.ª ed.. The Dartnell co.. pp.166-189.
[14] Staumpf, H. e Kawula, L. (1985). "Point-of-Purchase Advertising". In *Handbook of Sales Promotion*. ed. S. M. Ulanoff. McGraw-Hill. pp.129-140.
[15] Meyer, G. W., Harris, E. E., Kohns, P. D. e StoneIII, J. R. (1988). *Retail Marketing*. 8.ª ed.. McGraw-Hill.

Capítulo 4
É gratuito!

Sim, toda a gente adora receber presentes. No entanto, nem tudo o que é óbvio é evidente. O tempo de resposta de uma pessoa – isto é, o tempo do seu processamento cognitivo – quando se apresenta algo com o custo zero tende a ser superior do que quando tem um preço[1]. Ou seja, o gratuito dá que pensar. Mas, por outro lado, o que é grátis retira-nos o enorme peso, *stress* e risco de incorrermos numa perda. E nós detestamos perder! O grátis liberta-nos do medo de falhar. A emoção passa a ser positiva porque tudo será ganho[2]. Este tema do gratuito tem sido objeto de muita e interessante pesquisa científica; nesse sentido, antes de começarmos a discutir o funcionamento dos brindes, *banded packs*, acréscimo de produto grátis e amostras gratuitas, convém perceber o que está em jogo e as consequências.

Adequabilidade da oferta/presente
Embora seja do mais básico bom senso, nunca é demais lembrar que o impacte pretendido depende do facto de a oferta/presente agradar ao cliente. Lá porque é oferecido não quer dizer que se pode dar qualquer coisa. No limite, a oferta como elemento acessório pode comprometer a imagem da marca e a atitude em relação à marca levando, em casos extremos, à sua rejeição. Também convém lembrar que o poder persuasivo de uma lembrança resulta do seu caráter excecional. Tão importante como dar é o efeito surpresa. A excitação de receber não é exclusiva das crianças!

Valor intrínseco
Quando a condição anterior é considerada, então conseguimos oferecer algo com um valor muito superior ao seu preço. O que conta é o valor simbólico. Todos nós atribuímos um significado às coisas. Se pudermos beneficiar de algo muito restrito, raro ou de acesso altamente condicionado, a sua atratividade é enorme. Poder tirar uma foto com uma celebridade; conviver com os protagonistas de um evento; assistir a um espetáculo ou competições em que as entradas esgotam de imediato, logo são muito caras; efetuar uma atividade radical; ter acesso às zonas restritas de bastidor de eventos... Só quem é especial pode usufruir.

Custo *versus* valor
A esperteza aconselha a dar algo cujo valor é superior ao custo. O que conta é o que parece, ou o que o beneficiado acredita que seja. A mesma peça manufaturada num país ocidental, no Japão ou na China/Vietnam tem um valor diferente. As pessoas sabem que os custos (e eventualmente a qualidade percebida) são menores nos últimos do que nos primeiros países. Quando se trata de algo produzido pela própria empresa, o custo de produção é bem inferior ao preço final pago pelo consumidor. Mas para o consumidor, geralmente, o valor percebido desse bem é próximo do preço que paga. Tal realidade representa uma vantagem para a marca.

Tempo *versus* dinheiro[3]
Qual é o bem mais escasso? O dinheiro, à partida, pode ser recriado; o tempo nunca. Nesse sentido, o custo de oportunidade do tempo vai aumentando com a idade da pessoa (até à reforma). O dinheiro tem um valor meramente instrumental. Trata-se de uma fria unidade de troca que serve para comprar o que quisermos. Gastar dinheiro tem a ver com o sentimento de domínio. Esse prazer de possuir na maior parte das vezes é imediato, desvanece-se rapidamente. Ora, gastar tempo é uma decisão que compromete pessoalmente, que obriga a desenvolver uma relação com o produto, há um envolvimento, gera-se uma atitude. Usar o nosso tempo é algo experiencial, que nos permite e nos estimula a descobrir o produto/marca, a aprender e sentir. Esta dimensão explica o sucesso dos produtos-experiência no nosso mercado. E as marcas aproveitam e oferecem propostas semelhantes. Viagens ao centro de fabrico da marca, oferta de *workshops* culinários com Chefes, degustação, simulações, etc. são exemplos de experiências que oferecem um "tempo" extraordinário.

Consumo físico *versus* consumo conceptual[4]
Graças aos cada vez mais omnipresentes *smartphones* e *tablets*, estamos constantemente a consumir informação e entretenimento. Mas também participamos na sua produção. Existe uma infinidade de blogues e outras versões de média sociais, o que mostra a nossa insaciabilidade por notícias. Acima de tudo, consumimos sonhos nossos (expectativas e objetivos) e dos outros, recriando fantasias e esgotando/recarregando sem cessar o nosso imaginário. Tal constatação é uma oportunidade para as promoções de vendas. Mais do que uma oportunidade é uma inevitabilidade. Dedicamos o Capítulo 7 a discutir o novo paradigma nas promoções de vendas que radica neste conceito de gratificação não material.

Zero *versus* gratuito[5]
O autor do livro *Free* distingue claramente o que ele designa por grátis "comercial", ou *freemium* no sentido de digitalmente grátis. No primeiro grupo estão incluídas as promoções de vendas descritas neste capítulo, mas também outras modalidades subsidiadas. Subsidiadas pela publicidade, por terceiros que patrocinam, pelo Estado ou por outros clientes que pretendem uma versão *premium* desse serviço e pagam. A racionalidade do *freemium* baseia-se nos custos marginais tendencialmente iguais a zero quando milhares ou milhões de subscritores/clientes acedem. O custo é tão infinitamente reduzido que a própria transação é que se converte num custo. Por isso, mais vale o seu preço ser zero. As implicações numa lógica promocional serão exploradas no Capítulo 7.

Gratuitidade *versus* gratitude[6]
Embora pareça básico em termos de mera cortesia, regra básica e universal de boa educação, nunca é demais lembrar que o agradecimento compensa muito para além da dimensão mais social e espiritual. Quando uma marca pede o contributo dos clientes – até parece uma promoção de vendas ao contrário – para uma determinada causa e no final agradece publicamente, ou até individualmente, e mostra os resultados a própria marca sai beneficiada. E o retorno não é apenas expresso na sua melhor reputação, ou criação de uma atitude mais favorável para com a organização. A adesão e recomendação aumentam, logo, as vendas também.

4.1 – *BANDED PACKS* E ACRÉSCIMO DE PRODUTO GRÁTIS

Este género de promoções de vendas distingue-se dos brindes porque os prémios são fabricados ou comercializados pela mesma firma. A presença de etiquetas coladas às embalagens anunciando "X% de produto extra", "mais Y ml grátis" e "Z% grátis" representam uma generosa gratificação, não de algo externo ao produto/marca, mas do próprio produto. Trata-se de uma demonstração de confiança na marca, pois o consumidor é convidado a aceitar um acréscimo de uma "coisa boa"[7].

Esquema 4.1. Exemplos de mensagens assinalando acréscimo de produto grátis

Neste tipo de promoção de vendas geralmente o preço não é alterado, por isso o incentivo não é exterior – a vantagem reside no próprio produto. Inevitavelmente, esta particularidade induz nos consumidores a necessidade de comparação com a proposta dos concorrentes, surgindo, então, a pergunta: "porquê pagar igual e levar menos?". O efeito do produto grátis é particularmente interessante para as categorias de procura mais elástica em relação ao preço[8]. O acréscimo de produto grátis vem indicado no rótulo das embalagens. Para realçar essa oferta o grafismo é modificado, e a mensagem por vezes chega a ocupar mais de um terço da superfície do rótulo. O facto de colocarem uma banda com indicação da oferta em cima do rótulo "normal" já por si capta a atenção (Figura 4.1). No caso do detergente Persil, essa informação é repetida duas vezes e o laço invoca um presente (Figura 4.2).

Figura 4.1 – Regra nº 1 captar atenção – duas opções adotadas pelos concorrentes

Figura 4.2 – Acréscimo de produto grátis com laço de oferta

Por vezes, o seu conteúdo vem reforçado indicando em simultâneo o acréscimo de volume "1L ao preço de 0,75L" e "+33% Grátis" tudo no mesmo invólucro colocado no gargalo do Casal Garcia. Mas nem sempre a mensagem tem de apresentar o mesmo formato – o pequeno invólucro colocado no gargalo da Martini fazia referência a uma dose extra (ver Figura 4.3).

Figura 4.3 – O que consumimos são doses e não percentagens

Quando o produto grátis é igual ou superior a 100% entramos nos *banded packs* ou *multipacks* – consoante o número de embalagens associadas à marca principal em promoção. O caso do "leve 2, pague 1" representa o limite do produto grátis. A expressão LxPy popularizou-se para designar "leve x" embalagens e "pague y" embalagens (com y<x).

Uma promoção de vendas que os gestores da L'Oréal por vezes executam consiste na oferta de uma pequena embalagem com 50 ml com um *design* exatamente igual à embalagem de 300 ml de laca Elnett-Satin. O caráter atrativo deste *banded pack* resulta da dimensão utilitária e prática que uma embalagem pequena, colocada discretamente na carteira, pode permitir. Se durante o dia a utilizadora tiver necessidade de fixar melhor o seu cabelo, tem ali à mão a sua laca Elnett-Satin.

Os *banded packs* constituem uma promoção de vendas que, ao associar uma marca dispondo de uma posição importante no mercado – em quota de mercado e notoriedade – com outra recém-introduzida, ou a ser relançada,

Figura 4.4 – Um mar de L6P5

permite fomentar a experimentação de uma outra marca de um produto pertencente à mesma categoria ou a uma categoria relacionada. Em cada embalagem de Skip uma embalagem de Cif foi a fórmula usada no lançamento de algumas extensões deste produto de limpeza. Para as empresas, outra das finalidades destas promoções de vendas é dificultar a introdução de uma nova marca concorrente, pois mesmo que a taxa de consumo do produto aumente o consumidor é "stockado" com aquela marca, impedindo-o de comprar unidades adicionais durante um período mais alargado. Por vezes, um *banded pack* ou um produto grátis pode ser uma solução para problemas operacionais – prazos de validade, sazonalidade e excesso de capacidade –, favorecendo o escoamento da produção ou de *stocks*[8, 9]. Os gestores da Vernel tinham indicações de que estava para breve o relançamento de marcas concorrentes na categoria dos amaciadores. A sua marca já era líder (cerca de 40% de quota de mercado) e pretendiam que a nova fórmula Vernel Super continuasse a sê-lo. Com esse objetivo, colocaram nos pontos de venda animadoras a distribuir vales de desconto – na compra de uma embalagem de Vernel Super vinha a oferta de mais uma embalagem de recarga. Foram lançadas, ou relançadas, as seguintes marcas: passadas duas semanas, o Velur; um mês após surgiu o Quanto, e oito meses depois, o Comfort. Todos eles suportados com publicidade e promoções de vendas.

As promoções cruzadas entre marcas de fabricantes distintos são uma estratégia que permite cumprir pelo menos dois objetivos: a) acesso mais rápido a segmentos-alvo já tradicionalmente cobertos por uma das marcas;

Figura 4.5 – A ajudar o familiar a entrar no linear ou a dificultar a vida de um futuro concorrente?

b) facilitar incursões competitivas noutros territórios dominados por concorrentes. Por exemplo, a cooperação entre a BDF e a Warner Lambert visava melhorar o desempenho da linha Nivea no segmento onde a Gillette se movimenta bem. O parceiro Wilkinson ajudou nessa tarefa igualmente interessante para os seus objetivos. O resultado foi uma combinação promocional de uma máquina de barbear descartável com produtos de cuidado da pele para o rosto do homem.

Figura 4.6 – Promoção cruzada: a *pizza* pede um refrigerante

No espaço de venda, este tipo de promoção de vendas pode significar um acréscimo de linear para o mesmo número de *facings* – ou seja, o lado frontal da embalagem, geralmente, o mais largo – ou, mesmo que o linear permaneça inalterado, pelo menos a superfície de exposição do produto aumenta. Por último, independentemente do impacte nos concorrentes e no volume de vendas da própria marca, verifica-se, a médio prazo, uma quebra das vendas devido ao fenómeno de canibalização provocada por estas promoções de vendas.

Conceptualmente, existem várias ofertas promocionais que assumem a mecânica de um *banded pack*:

- Oferta de um *iPod touch* na compra de um Mac destinado ao público adolescente e apenas possível nas lojas da marca. As oficinas Midas, na montagem de duas escovas limpa para-brisas da frente ofereciam a escova traseira. Numa campanha de troca da Colunex, na compra de um colchão o consumidor recebia uma almofada anatómica no valor de 93€. Numa outra campanha da Colunex, que celebrava os 25 anos da marca, na compra de um colchão de casal recebia-se grátis um colchão *eco energy* de solteiro. Com o mote "Um Natal a dobrar", a Telepizza oferecia a entrega ao domicílio e um baralho de cartas como brinde, e ainda uma segunda *pizza*.
- Os produtos sujeitos a esta promoção nem sempre têm de estar fisicamente unidos. Para qualquer compra superior a 20€ nas lojas L'Occitane, o cliente poderia escolher um dos produtos *travel size*. Os clientes que receberam o convite da Petit Patapon e o apresentaram numa loja, preenchido com o *e-mail* e o número de telemóvel, apenas pagavam a peça mais cara entre as duas que escolhiam. Na compra de dois jogos Sims2 para PC o cliente recebia um outro jogo Sim2, assinalando numa brochura a sua escolha entre o conjunto de possibilidades.

Os *banded packs* não são exclusivos dos produtos. Os serviços também os aplicam:

- Na subscrição dos seguros de automóvel e casa, a Tranquilidade oferecia um seguro AdvanceCare Dentinat durante um ano. Já a Vital Dent sustenta que associado às consultas tem grátis um diagnóstico com radiografia panorâmica digitalizada e orçamento. A Benedepel lançou a promoção 2+1 – pague duas sessões de fotodepilação e receba a terceira grátis.
- No sector do entretenimento, hotelaria e restauração surgem cada vez mais exemplos com vista a contrariar o efeito da sazonalidade. A Sealife no Porto oferece um bilhete na compra de um segundo. O *banner* da

Sofitel, visível no *site* da marca, era explícito quanto à sua proposta (ver Figura 4.7). "Peça um bife da vazia e receba outro quando regressa à Portugália" é mais um clássico L2P1!
- A pretexto do Dia dos Namorados, era possível estender o serviço da Zon Mobile à cara-metade. Para tal, era necessário comprar um terminal LG GS 500 por 119.90€, mas recebia-se mais um outro igual. Um L2P1 no mundo das telecomunicações.

Figura 4.7 – A tentação de mais uma noite no Sofitel

4.2 – AMOSTRAS GRATUITAS

4.2.1 – CARACTERIZAÇÃO

A finalidade desta técnica de promoção de vendas consiste na aceleração do processo de introdução de uma dada marca ou extensão de linha no mercado. Ao facilitar a experimentação de um novo lançamento, consegue-se aumentar a sua taxa de adoção, mas também pode ser a via mais rápida para destruir um "mau" produto. A ideia subjacente à utilização das amostras gratuitas deriva da necessidade de eliminar as resistências "naturais" e iniciais dos consumidores face a um produto desconhecido. Assim, nada melhor do que oferecer uma certa porção do novo produto, para permitir uma avaliação e um julgamento do produto sem custos para o consumidor.

Para o consumidor que aceita testar o produto tal decisão é "quase" isenta de riscos. Para o gestor desse produto esta é uma prática que visa aumentar a probabilidade de esse consumidor se tornar cliente. Para a distribuição esta fase de introdução da referência no mercado é crítica, pois só se existir conhecimento pode existir preferência, que, por sua vez, é condição para existir procura da nova marca. Só quando a nova marca é retirada frequentemente da prateleira e colocada no carrinho é que se justifica atribuir a essa marca o tão disputado linear.

Na perspetiva dos consumidores, uma amostra gratuita é entendida como isso mesmo: algo gratuito, um presente. Trata-se de uma oferta útil que lhes vai possibilitar verificar, por eles próprios, até que ponto o produto é interessante e, em consequência, se vale ou não a pena comprá-lo na próxima visita à loja. O aspeto fundamental está em que o "juízo final" provém do consumidor. A referência não é o fabricante, a publicidade, os "outros". O referencial último, e talvez decisivo, está no próprio indivíduo que aceita experimentar e avaliar o produto. Por isso, a informação que serve de base à decisão não podia ter uma fonte mais credível.

Estudos conduzidos noutros países europeus, nomeadamente no Reino Unido, revelaram as seguintes atitudes dos consumidores[7]:

- Uma proporção elevada dos consumidores que recebem as amostras acaba por efetivamente as utilizar.
- As amostras constituem um influenciador efetivo na posterior decisão de compra da nova marca.
- A esmagadora maioria dos consumidores inquiridos considera que as amostras dão uma melhor ideia do produto do que a publicidade.
- A generalidade dos consumidores concorda que o simples facto de uma firma oferecer amostras prova que não tem nada a esconder.
- No entanto, alguns consumidores interpretam a oferta de amostras como algo a que uma firma tem de recorrer porque os seus produtos não se vendem. Outros consumidores opõem-se à ideia de receber amostras quando estas não foram solicitadas. Porém, este grupo de "opositores" era reduzido.

As amostras gratuitas representam uma promoção de vendas relativamente dispendiosa. O Esquema 4.2 destaca as componentes desse custo. De realçar a interdependência desses componentes – por exemplo, o número de amostras depende da forma de distribuição. De qualquer maneira, esta técnica de promoção de vendas é bem menos dispendiosa em termos de custo efetivo por contacto do que, por exemplo, a publicidade[7].

Esquema 4.2 – Componentes do custo da operação Amostras Gratuitas

A noção de amostra pressupõe uma dose, uma parte, uma quantidade mínima necessária para o consumidor avaliar. Quando a amostra é uma embalagem inteira oferecida pela animadora no ponto de venda a avaliação é mais completa. Tal opção aconteceu com uma marca nova de iogurtes lançada em 2011. A Nutregi diferenciava-se dos concorrentes por apresentar duas receitas alternativas (sem lactose e com antioxidantes), com vários sabores á escolha. A introdução de uma nova marca é algo complicado num mercado com níveis mínimos de crescimento e dominado por multinacionais com quotas significativas. Não havendo muitos recursos para uma comunicação mais intensiva e mais alargada, o ponto de venda não só permite satisfazer as exigências dos retalhistas como divulgar de forma mais direta a nova marca. Deixado no seu linear, o iogurte Nutregi continuou durante algum tempo a poder ser experimentado gratuitamente mas mediante reembolso. O cliente teria de enviar para a Gelgurte o talão de compra via remessa livre postal juntamente com o pequeno cupão colado na embalagem e no prazo de 30 dias receberia o cheque. Esta prática tem sido usada noutras categorias, como, por exemplo, nos produtos de limpeza doméstica e nos de higiene pessoal.

4.2.2 – FORMAS DE DISTRIBUIÇÃO DAS AMOSTRAS GRATUITAS

No ponto de venda
A distribuição das amostras no ponto de venda pode ser efetuada por dois mecanismos: as provas ou degustações e a oferta de produtos para consumo diferido. As provas e degustações são uma das técnicas de promoção de vendas que os consumidores memorizam melhor e durante mais tempo[8]. Este procedimento é particularmente utilizado pelos produtos alimentares. Ao lado das bancas decoradas com o logótipo da marca colocadas junto ao topo de gôndola, as animadoras oferecem pedaços de queijo ou uma "bica//cimbalino" preparada com a marca de café expresso em promoção. Uma ação promocional patrocinada pela Sopexa consistiu na presença de uma animadora junto a uma banca decorada com um *poster* alusivo ao queijo francês. Era dada a oportunidade a qualquer consumidor de provar diferentes variedades deste derivado de leite gaulês, e de obter mais informações (e receitas) através da oferta de um pequeno livro ilustrado intitulado *Queijos de França: pequenos momentos de prazer*. Paralelamente, os consumidores interessados em comprar duas embalagens de queijo levavam grátis uma queijeira de plástico. Os produtos assim experimentados no ponto de venda podem, quase imediatamente, converter o consumidor em cliente. Tal promoção de vendas, ao envolver diretamente

o retalhista, funciona igualmente como demonstrativa para ele. Porém, nem todas as cadeias toleram estas ações no seu espaço de venda. Acontece que, para muitos produtos, tal experimentação não é viável. É o caso dos detergentes e da alimentação para animais de estimação, por exemplo, ou quando o utilizador final é diferente do comprador. Nestes casos, a melhor opção é permitir a experimentação no domicílio. O problema da experimentação da amostra em casa é que quanto maior é o período de tempo que medeia entre a degustação, ou utilização do produto, e a ocorrência de uma outra oportunidade de compra da referida marca no retalhista, maior é a probabilidade de interferências[7]. Estas interferências vão desde o esforço de outros concorrentes ao simples esquecimento. Mas, qualquer que seja a situação, o efeito competitivo é evidente. Quando duas promotoras oferecem um saquinho de 300 g do detergente Ariel a cada consumidora que entra no hipermercado, mesmo que essa senhora tenha intenções de comprar detergente muito provavelmente já não vai comprar outra marca concorrente, tanto mais porque na zona dos produtos de limpeza doméstica vai encontrar um topo de gôndola de Ariel para lhe reavivar a memória, ou então simplesmente já não compra pois aproveita a oportunidade de experimentar a amostra.

A oferta de amostras no ponto de venda, para além de exigir o consentimento do retalhista, implica a disponibilidade de um linear aceitável previamente negociado, um controlo permanente para evitar uma rutura de *stock* e a colocação de bancas com animadoras. Esta última condição por vezes é substituída por associar amostras às embalagens de outras marcas do mesmo fabricante. Trata-se de algo semelhante a um *banded pack* cujo alvo é agora limitado aos clientes da marca suporte à qual a amostra está associada. Esta opção permite reduzir o desperdício das amostras que alcançam indivíduos não pertencentes ao segmento-alvo. Uma amostra do novo creme hidratante Nivea-Soft estava amarrada junto à tampa de um champô da mesma marca. A afinidade entre os dois produtos era óbvia. Assim, não só foi dispensada a presença de uma animadora como, de certa forma, a amostra gratuita também ajudava a promover a outra marca.

Pelo correio e através da imprensa
Se o orçamento a afetar no lançamento não constituir um grande problema, o recurso aos serviços postais é a solução mais fácil e relativamente rápida. Quando se dispõe de uma base de dados é possível conseguir uma boa adequação ao segmento-alvo pretendido. Uma prática comum na área dos serviços é o envio de informação ou o convite para análise, discussão e resolução da situação particular do potencial cliente. Nos últimos anos, graças às tecnologias

de informação, basta um CD-ROM para efetivar uma simulação e uma demonstração da natureza dos serviços ou do equipamento a comercializar. As recém-mamãs são um público fácil de detetar – quer diretamente nas clínicas ou pelo correio, a Milupa oferecia uma embalagem contendo um conjunto de amostras de papas, leite em pó, chá, e oferecia talheres, um babete e um livro de conselhos práticos de puericultura e de alimentação.

A opção pela distribuição via correio implica dispor de uma lista de moradas, ou de uma base de dados atualizada, e de uma embalagem devidamente acondicionada. Outro aspeto a ponderar é o número de amostras a enviar. Geralmente convém enviar o dobro da taxa de penetração desejada[8].

A imprensa especializada dirige-se a determinados grupos de leitores cujas características sociodemográficas, psicográficas e de estilo de vida são relativamente uniformes. Quando o perfil do leitor coincide com as dimensões caracterizadoras do novo mercado-alvo, então esse meio resulta apropriado como veículo de promoções de vendas. As revistas femininas, por exemplo, são bastante utilizadas na oferta de amostras de produtos cosméticos.

Na rua
A distribuição de amostras gratuitas na rua surge como uma forma de difusão quando a ênfase está na quantidade de tráfego coberto num curto período de tempo, destinado ao grande público e sem preocupação de discriminação. Os aspetos a ter em consideração são: a escolha do local (locais com grande tráfego mas muito frequentados por turistas são pouco interessantes), a seletividade na oferta (uma amostra por pessoa), a natureza do produto (alimentos que necessitem de refrigeração devem ser excluídos) e o lixo (as embalagens abandonadas, restos de papel e plástico)[8].

Na época estival, as praias são locais interessantes para distribuir certo tipo de produtos. Nos fins de semana, os locais de passeio – jardins, marginal e centros comerciais – concentram um público descontraído e, por conseguinte, mais recetivo. Foi esse o local escolhido pela Triunfo para dar a experimentar o seu recém-lançamento, as bolachas Chipmix. Por volta das cinco horas da tarde de um sábado várias promotoras ofereciam aos transeuntes mais jovens e àqueles que lhes solicitavam uma pequena embalagem contendo duas bolachas de cada variedade e um folheto informativo. Mais recentemente, agora propriedade da Kraft Food, voltou a ser realizada uma atividade de *sampling*, agora com a "nova receita revolução, sabor brutal!!!".

As creches e as escolas são locais escolhidos para a distribuição de amostras de produtos alimentares e de material didático vocacionados para esse grupo etário.

Entrega ao domicílio
Esta forma de distribuição em massa das amostras gratuitas constitui uma situação de compromisso entre os dois últimos métodos analisados em termos de seletividade e de tempo disponível para a operação. Para determinados tipos de produto, devido ao seu peso, dimensões, forma, sanidade e integridade, a distribuição na rua ou pelo correio não é viável ou satisfatória. Por exemplo, um dispositivo doseador mais um pequeno pacote de Skip--concentrado foi entregue pessoalmente aos habitantes de uma determinada zona habitacional, no horário pós-laboral. Idêntica solução foi adotada pela Danone, que oferecia, mesmo antes das refeições, a possibilidade de os potenciais consumidores de determinadas zonas da cidade experimentarem uma nova variedade de iogurtes.

Nos dois exemplos atrás citados, a modalidade de entrega consistiu em "tocar, esperar e dar", mas a modalidade mais frequente consiste em "tocar e deixar". Umas amostras de Vidal Sassoon foram deixadas na caixa do correio. Mas a sua presença foi assinalada no exterior de cada caixa individual por um autocolante que informava a existência da referida oferta com um desenho e um colorido semelhante ao das embalagens. Um folheto com formato e *design* semelhante às embalagens da Organics continha no seu interior, além de informação sobre os benefícios do novo produto, duas amostras, uma de champô outra de amaciador. Mas esse mesmo folheto de cartão servia de suporte a um cupão que proporcionaria 0,40€ (o seu equivalente em escudos na altura) de desconto na compra de qualquer produto da gama Organics. Neste último caso, trata-se de uma combinação de promoções de vendas. A primeira convence, a segunda acelera o comportamento de compra.

4.2.3 – AMOSTRAS GRATUITAS DE PRODUTOS

Para as marcas expostas no linear a oferta de uma amostra de um produto da mesma empresa permite cumprir dois outros objetivos, para além da simples descoberta e teste da marca: (a) tornar essa marca também mais apetecível conferindo-lhe alguma vantagem competitiva; (b) servir de veículo para penetrar noutros segmentos.

De acordo com um fabricante de máquinas de barbear, a generalidade dos homens revela uma taxa de fidelização alta a uma dada marca e modelo. Por outro lado, a mesma máquina de barbear pode ser usada durante anos consecutivos, sem necessidade de ser substituída. Por último, as lâminas, que são os consumíveis deste produto, são desgastadas com o uso, por isso o consumidor tem de adquirir regularmente novas recargas. É precisamente na venda das lâminas que os fabricantes podem realmente remunerar todo o investimento realizado no desenvolvimento e produção do novo modelo. Como facilmente se compreende, a melhor via para se contornar o "obstáculo" levantado pela resistência à troca da máquina é a prática de um preço para a máquina de barbear que seja atrativo. Caso se pretenda acelerar a taxa de adoção de um novo modelo, então a solução é oferecer a própria máquina. Foi esta a estratégia usada no lançamento da Schick-FX. Os interessados em experimentar o novo sistema FX só tinham de preencher com os dados pessoais um cupão disponível em várias revistas e enviar para a Warner Lambert Portugal; na volta do correio recebiam a nova máquina. A Gillette patrocinou um jogo de futebol entre os melhores jogadores portugueses e os melhores estrangeiros no verão de 1995. Convidou estudantes de escolas secundárias e de faculdades para o Estádio da Luz e distribuiu máquinas Gillette Sensor Excel a mais de metade dos 70 mil jovens presentes. Esta iniciativa permitiu cumprir três objetivos: 1) associar a marca a algo que o mercado-alvo valoriza, a que espontaneamente adere e para o qual é mobilizado – o futebol; 2) aproveitar a grande concentração de jovens e efetuar uma operação de amostragem rápida e importante num segmento que está ainda em fase de formação da sua atitude (de fidelização) em relação a uma dada marca; 3) responder à então recente ligação da concorrente Wilkinson Protetor com as três principais equipas do futebol nacional.

    Um determinado folheto mostrava na mesma página duas fotografias de uma mesma jovem. A primeira imagem – com um formato tipo "passe" a preto-e-branco – mostrava o rosto da jovem com óculos grandes e exibindo um sorriso forçado. A segunda fotografia, ocupando cerca de ¾ do folheto desdobrável, continha a mesma jovem, mas agora com uma expressão alegre e um sorriso aberto... e sem óculos. Em cima desta imagem podia ler-se "Muda-te" e por baixo "Grátis". No interior do folheto é explicada a natureza da oferta responsável por tal transformação do visual da nossa bonita jovem. A Multiópticas oferecia "As tuas primeiras lentes de contacto". Como se trata de lentes descartáveis, passado algum tempo terão de ser substituídas por outras. Porém, as primeiras lentes vão permitir experimentar e experimentar-se com a sua nova imagem. Caso o teste resulte, a Multiópticas ganha um novo cliente. Regularmente – no mínimo, semanalmente – vende um novo par de lentes de contacto.

    No mundo da cosmética e dos perfumes a oferta de pequenas embalagens ou saquetas inserida em brochuras com cremes é frequente. Na divulgação da sua linha 100% natural a Corine de Farme não só oferecia o desdobrável com uma amostra mas também um vale de desconto de 2€. O reforço promocional facilitava a passagem do teste para o uso regular reduzindo a inércia inicial para a compra. No caso das clientes registadas da Clarins, a amostra constituída por dois *kits* personalizados de miniaturas de produtos para o rosto assumia o estatuto de brinde, mas teria de se convidar uma amiga para se deslocar à perfumaria, embora sem obrigação de compra... não isento de custos. Se a profissional que as atender for competente, muito provavelmente a fiel cliente e a sua amiga vão comprar algo.

Na divulgação da tinta super lavável, a CIN enviou duas missivas para persuadir os clientes registados na sua base de dados. Na primeira, o folheto continha um pano azul absorvente. A ideia era comunicar o atributo da tinta aquosa mate para interiores em que bastava passar um pano húmido e um pouco de detergente para devolver o aspeto natural, sem brilhos ou dedadas. Graças a estas características inovadoras, foi eleito o produto do ano pelos consumidores. Para obter uma lata de 1 L gratuitamente bastava deslocar-se até final de julho a uma das 62 lojas CIN e mostrar o folheto. Na segunda missiva a carta volta a fazer o mesmo convite e a oferecer a tinta até ao final de setembro. Aquele 1 L grátis representava apenas o começo para o resto da parede, mas o importante era comunicar a inovação.

A cultura também pode ser alvo deste tipo de ações promocionais. A Civilização Editora distribuía nas livrarias pequenos livros de excertos de obras da sua coleção. A Wook, do grupo Porto Editora, em parceria com a CP, distribuía no comboio Alfa-pendular um mini livro com 62 páginas que incluía "5 excertos de 5 grandes obras literárias". Se a leitura durante a viagem deixasse o viajante convencido, na última página vinha o incentivo de um cupão com um código a ser usado no *site* para obter um desconto de 10% e os portes de envio grátis. Na fase de introdução do jornal *i* era necessário dar a conhecer esse diário e nada melhor do que oferecê-lo por inteiro para as pessoas o avaliarem. Graças a uma cooperação com a Galp, os clientes da gasolineira recebiam gratuitamente esse jornal desde que abastecessem o veículo com mais de 30 L de combustível. O cliente de combustível começava a familiarizar-se com o novo diário e, eventualmente, este substituía aquele que tradicionalmente comprava, mas também as tabacarias deixavam de vender uma certa percentagem.

Estão sempre aparecer novos conceitos de negócio. Quanto mais surpreendente, maior é o risco percebido. Para ultrapassar essa resistência e ganhar confiança é necessário comunicar com imaginação. O clube de compra de vinhos *online* nakedwines.com expõe as razões de tanta "generosidade" e as

PROMOÇÃO DE VENDAS E COMUNICAÇÃO DE PREÇOS

Figura 4.8 – A transparência é fundamental nos negócios *online* e as amostras gratuitas ajudam

vantagens com toda a franqueza. Para começar, ganha-se um conjunto de garrafas para se experimentar gratuitamente, mas através de uma subscrição mensal é possível receber regularmente mais vinhos à escolha. A garantia de cancelamento do contrato sem prejuízos também foi importante para promover a relação de confiança. O folheto (ver Figura 4.8) enviado juntamente com a compra através da amazon.co.uk – igualmente uma grande e fidedigna empresa *online* – lançava o desafio.

Se existe uma marca de bens alimentares com uma elevadíssima notoriedade é a Olá. Sob pretexto do lançamento de um novo sabor, Cornetto Enigma de chocolate e caramelo, o saco de plástico do semanário *Expresso* tinha um anúncio a propor a troca do saco por aquele gelado... mas só nas lojas Olá cuja lista estava na revista Única. Seguramente, a finalidade não era apenas experimentar o novo sabor, mas gerar tráfego e proporcionar a descoberta desse ponto de venda.

4.2.4 – AMOSTRAS NOS SERVIÇOS

Os serviços também se consomem. Mas, contrariamente aos produtos, são intangíveis e a sua produção é inseparável do consumo. Por mais convincente que possam ser as fotografias de modelos que aplicaram cosméticos, para se entender o seu efeito e tirar mais partido da sua eficácia nada melhor do que receber formação com especialista. O convite para um *workshop* sobre tratamento de rosto acompanhado por aconselhamento teve um impacte diferente quando associado à experimentação de produtos Clarins mais adequado ao tipo de pele.

Nos automóveis, um *test drive* é condição necessária para os potenciais clientes se interessarem por um determinado modelo. Neste caso a "amostra" não é tão gratuita porque implica uma deslocação ao *stand*. Por isso, no lançamento de um novo modelo são oferecidos brindes. A competição neste ramo é cada vez maior e a rendibilidade é obtida na manutenção e não na venda. A oferta de verificação de segurança (focagem de faróis, pneus, etc.) foi a estratégia usada para atrair os donos de automóveis Citroen e dar a conhecer a garagem e os seus acessórios. A campanha de inverno da Volvo, com oferta de um *check-up* com verificação de 20 pontos de inspeção na mecânica do veículo, tinha idêntica finalidade.

O negócio das simplefruit.pt não era a venda de fruta nos escritórios das empresas clientes, mas sim o serviço de colocação e reabastecimento de cestos com porções de fruta nesses locais de trabalho para consumo dos colaboradores. Para conseguir entrar e efetuar um contrato nada melhor do que proporcionar uma experiência. Os seus anúncios indicavam a possibilidade de duas semanas de fruta grátis até 3 cestos de 40 porções por semana.

O fenómeno de comunicação digital móvel entre jovens é essencialmente social. Nesse sentido, um grupo de amigos tende a pertencer à mesma rede, devido às tarifas mais favoráveis. A Optimus distribuía nos seus eventos, e nas escolas, cartões da comunidade TAG prontos a usar. O *kit* tinha, além do cartão que permitia 7 dias de comunicações à borla, um vale de desconto de 30€ na compra de vários modelos de telemóveis. Os serviços pagos dos canais só estão acessíveis a quem os subscrever. Mas como comprar aquilo que não se conhece? A Zon distribuía um pequeno folheto com um código de ativação permitindo ver um filme com aluguer grátis.

A empresa de envio de correio urgente MRW distribui sacos com capacidade de transporte até 2kg. A promoção, válida durante uma semana, permitia o envio com recolhas e entrega distrital completamente gratuitas desde que se usasse aquele saco. O objetivo da empresa era divulgar um novo serviço até 2kg com entrega garantida antes das 19h00 do dia seguinte.

4.3 – BRINDES

4.3.1 – CARACTERIZAÇÃO

Os brindes são prémios oferecidos diretamente no ponto de venda, em associação com o produto comprado. Um brinde é previamente colocado no interior da embalagem – *in pack* – ou amarrado no exterior da embalagem – *on pack* – na fábrica, ou entregue pessoalmente por uma promotora no momento de aquisição. A embalagem em si, quando concebida para multiusos – resistente e durável – pode servir de brinde e motivar o consumidor a adquirir formatos maiores[10]. No caso particular de brindes *in pack* a própria embalagem serve como veículo publicitário, anunciando a existência da oferta através de fotografias e texto apropriado. A duração desta promoção de vendas é geralmente limitada, mas raras vezes especificada.

Na perspetiva do consumidor, um brinde representa uma gratificação instantânea conseguida com um esforço mínimo[11]. Mas o seu real alcance, no quadro do comportamento de compra, deriva da capacidade do brinde em transformar uma aquisição, eventualmente não planeada, numa compra por impulso[7]. Porém, a aceitabilidade do prémio, condição necessária para a sua função de incentivo, depende da avaliação do consumidor sobre o seu valor, ou do seu contributo para o valor do produto/marca. Este aspeto é especialmente sensível, pois, se a avaliação do valor do brinde (real ou simbólica) for inferior às expectativas do consumidor em relação à identidade da marca, esse brinde pode causar a rejeição da mesma[12]. No outro extremo, temos a situação na qual a atratividade – valor percebido – do brinde é tal, que o cliente cria uma atitude positiva separada, mas a favor, do prémio. Tal situação ocorre quando a marca é adquirida e o produto abandonado, isto é, não é consumido, apenas o brinde é retido. Este comportamento é muito frequente nas crianças (embora não exclusivo delas!), que chegam a danificar as embalagens só para retirar o brinde. Quanto ao produto... vai para o lixo. Em consequência de o motivo da escolha ser o brinde, e não a marca, quando a promoção termina uma parte significativa desses consumidores deixa de ser cliente[13]. Outra situação análoga resulta de a própria marca não ser suficientemente apreciada pelo consumidor e este interpretar o brinde como uma tentativa de compensação.

O problema consiste em definir uma promoção de vendas baseada na oferta de um brinde que seja suficientemente atrativo para potenciar a notoriedade da marca, satisfazendo, assim, os gostos cada vez mais sofisticados dos consumidores do segmento a que se destina e que simultaneamente seja compatível com um orçamento restrito, de forma a tornar a ação rendível.

A oferta de sacos é um fenómeno generalizado nas promoções de vendas de produtos de grande consumo. A sua funcionalidade é evidente, mas também a sua consequência. Quando se oferece um saco especial, a quantidade de embalagens exigida é consideravelmente superior. "Leve o Eco Bag" mas "compre 6 × 1,5 L". Na cosmética, a oferta de sacos é uma prática recorrente, o que mostra que se trata de um brinde apetecível para o público feminino. Bolsas e sacos de praia dos protetores/bronzeadores da Avene, da Nivea e da Angstrom, os anúncios na imprensa dos perfumes CK nas lojas Sephora, os adelgaçantes Lierac ou os produtos Evax tinham em comum sacos com um *design* exclusivo e o logótipo da respetiva marca. Uma mala térmica para manter os iogurtes refrigerados também constitui uma oferta recorrente, o que demonstra o seu sucesso (ver Figura 4.9).

A primeira tarefa da firma consiste no estabelecimento dos objetivos. Este tipo de promoção de vendas gera a substituição entre marcas e fomenta a antecipação das compras, para além de premiar os clientes habituais. Para fomentar a utilização do canal Internet, a Nespresso oferecia um dispensador de cápsulas Totem na quarta encomenda *online*. Um avental com o logo

PROMOÇÃO DE VENDAS E COMUNICAÇÃO DE PREÇOS

Figura 4.9 – Exemplos de sacos com funções diferentes

Primor só poderia ser obtido gratuitamente se as compras de fios de frango e de bacon fossem realizadas via *site* de um retalhista. Para dar a conhecer o novo perfume da Thierry Mugler, os clientes da base de dados do El Corte Inglés receberam um estiloso frasquinho em forma de estrela... vazio. Junto vinha um convite para o lançamento no *stand* localizado no dito armazém espanhol e "inspirando-se no ritual antigo em que os frascos eram reenchidos nas fontes dos perfumistas (...) descubra este gesto económico que permite renovar a fragrância e reciclar os frascos". Para os convidados, essa primeira dose de perfume a colocar no referido frasco era gratuita.

Os brindes podem ser um fator de diferenciação temporária de uma marca e, eventualmente, atraírem novos clientes[13]. Esta característica pode ser exemplificada pela seguinte situação constatada por um gestor de uma grande superfície: a presença de uma simples esferográfica como brinde *on pack* numa marca de massas alimentares foi responsável por um acréscimo de vendas – e rotação – importante. O extraordinário não foi o objeto mas o gesto de oferta/presente (algo inesperado) que criou a tal alteração de normalidade no linear e foi suficiente para gerar a substituição entre marcas.

4.3.2 – PRINCÍPIOS DE FUNCIONAMENTO

Para evitar situações de risco convém planear e efetuar um conjunto de procedimentos:
- Definir e estudar o mercado-alvo – caracterização demográfica, psicográfica, estilo de vida e hábitos de compra, por exemplo. Os iogurtes de pedaços são consumidos preferencialmente por adultos; os de aroma, por crianças; enquanto os iogurtes líquidos destinam-se preferencialmente aos jovens. Oferecer um copo de vidro, quer aos clientes de iogurte de aromas, quer aos de pedaços talvez não seja a melhor solução. Por outro lado, como quem compra são os pais, ou mais exatamente as mães, torna-se difícil ter um brinde igualmente apelativo para os que decidem comprar (pais) e para os que consomem (filhos). A ideia praticada por alguns fabricantes é propor a escolha de dois brindes diferentes, um dirigido aos pais e outro aos filhos. A lixívia Neoblanc, à semelhança de todos os produtos de limpeza doméstica, é essencialmente adquirida por donas de casa. A oferta de um *kit* de costura representa um brinde atrativo para esse segmento-alvo, que ainda valoriza os trabalhos e os lavores caseiros. Os homens são um segmento com gostos e paixões mais restritas do que as mulheres. Um jogo para o PC (Gillette Fusion Gamer), uma gravata (ao entregar na loja Mr. Blue o catálogo que foi encartado numa revista com audiência masculina) e um baralho de cartas alusivo à simpática e bonita modelo associada à publicidade da Sagres Mini têm em comum serem brindes que agradam aos homens. No caso das crianças/adolescentes, a oferta de um balde e respetivos apetrechos para brincar na praia é um brinde de verão em que a Compal investiu. Já a Fanta optou por associar um DVD do Astérix, entre outros 19 possíveis, ao seu conjunto 4 × 2 L.

- Selecionar o prémio de acordo com os seguintes critérios[9]:
  1. Deve servir para comunicar uma mensagem implícita ou explícita, relacionada com o posicionamento da marca, quer porque se trata de um objeto enquadrado no tema de uma ação publicitária, quer porque apresenta um logótipo da firma/marca. "A flor do iogurte" é a mensagem que desde sempre (pelo menos ao longo de 20 anos) associamos à marca Yoplait. Por isso, a oferta em cada conjunto de quatro iogurtes de pedaços de uma saqueta com sementes de plantas exóticas está, sem dúvida, em harmonia com o "espírito da marca". A marca Dove passou a ser um conceito que valoriza a felicidade e a naturalidade da beleza real. Oferecer bolas pilates para as compradoras de creme Dove Firming faz sentido... Na compra de produtos destinados

ao emagrecimento a oferta de uma balança também faz sentido (4321 Slim da Arkopharma). "Se não gostar de mim, quem gostará?": com este claim da Matinal surge a oferta de um CD Relax com "9 momentos de puro bom gosto", já que na compra de algo que faz bem ao corpo é importante reforçar a serenidade da mente (ver Figura 4.10).

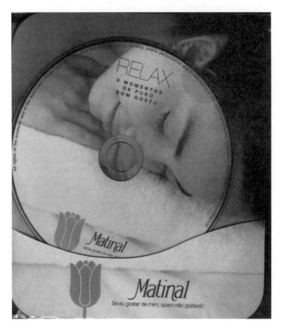

Figura 4.10 – Matinal e o conceito "Relax"

2. Deve cumprir alguma necessidade/utilidade que invoque direta, ou indiretamente, a marca. Junto à embalagem de duas tabuletas de chocolate para culinária Nestlé foi oferecido um molde de figurinhas alusivas ao Natal para enfeitar bolos e gelados. O modo de preparação estava descrito num autocolante e o próprio molde de plástico continha o logótipo da marca. Para os não profissionais, esta oferta da marca Nestlé sugere outra maneira de usar diretamente o chocolate. Pelo menos enquanto durar o dito molde permanece a associação da marca doadora ao objeto utilitário. Para a marca, o efeito imediato foi vender o dobro e incentivar novas utilizações e, portanto, o consumo do produto. Idêntica abordagem teve a Mimosa, com a oferta de uma forminha alusiva ao Natal. Sendo um brinde *on pack* com quatro variantes, havia a tendência de colecionar, tanto mais que o brinde incluía um mini-folheto com uma receita cujo ingrediente principal era 200 g de manteiga Mimosa! Uma chávena para beber café Delta é sempre útil (ver Figura 4.11).

Figura 4.11 – Brindes utilitários

As farinhas lácteas Milupa ofereciam "Um brinde ao seu sossego". No verso da embalagem demonstravam com estatísticas e imagens a função e a importância dos protetores de gavetas, de quinas e de tomadas que seriam objeto de oferta em cada variedade de farinhas para bebés com menos de três anos. Um exemplo que evidencia a capacidade da promoção de vendas em comunicar o quanto a Milupa se preocupa com o seu bebé!

3. O seu custo deve ser um compromisso entre o impacte desejado (valor percebido) e o acréscimo de vendas – e rendibilidade – previsto. Há soluções simples que, pelo seu caráter utilitário e interligação direta com a utilização prática do produto, conciliam o relativo baixo custo com atratividade (é o caso da esponja associado ao detergente de louça Fairy – ver Figura 4.11). Mas não se pode esperar, ou sequer conceber, que todas as promoções de vendas representem um investimento de retorno no curto prazo. É o caso dos brindes oferecidos pelos bancos vocacionados para segmentos de elevado rendimento/património e pelas empresas farmacêuticas junto dos prescritores de medicamentos.

4. Tem de ser exclusivo e original, isto é, não pode estar acessível noutros locais para venda, ou ser promoção de vendas para outras marcas. O impacte da colher-termómetro *in pack* nas embalagens da Yoplait, oferecida sem a presença de animadora no ponto de venda, derivou do caráter inovador do brinde. No entanto, há brindes que são sempre bons. Uma caixa de plástico tipo Tupperware não é necessariamente uma novidade, mas funciona sempre bem, como brinde, para as donas de casa. As referidas caixas são o brinde recebido na compra das várias embalagens de iogurte Danone no seu conteúdo. A marca de amaciadores Confort desenvolveu um anúncio onde várias personagens feitas de lã interagiam entre si enaltecendo os atributos da marca. Oferecer uma répica desses simpáticos bonecos contribui para perpetuar a mensagem de eficácia desse produto. No caso da Coca Cola, oferecer como brinde a autêntica, única e clássica garrafa "histórica" da marca foi uma excelente ideia (ver Figura 4.12).

Figura 4.12 – Originais exclusivos das marcas convertidos em brindes

5. Pelo menos no montante de vendas previsto, a firma deve dispor de uma quantidade suficiente de exemplares do brinde.

6. As características técnicas do prémio devem ser respeitadas para facilitar o seu acondicionamento e transporte ao mínimo custo. Por exemplo, a dimensão, a forma e o peso.

- Negociar o seu uso no espaço do retalhista. Para isso algumas condições devem ser consideradas:

1. Exige prévia autorização. O prémio é permitido apenas se não fizer concorrência a produtos análogos existentes na loja.

2. Convém prever eventuais variações do linear, especialmente para brindes *on pack*[11].

3. Compensar as embalagens violadas, através de acordos de reposição.

Em matéria de brindes há sempre espaço para se ser original. O aeroporto de Heathrow, no Reino Unido, bate o recorde mundial de venda de bebidas alcoólicas, em particular de uísque. Assim, um retalhista localizado no centro comercial de um dos terminais anunciava num folheto distribuído num *stand* descontos *duty free* em cada tipo de uísque e ainda a oferta de uma caricatura do comprador desenhada no momento na compra de garrafas das referidas bebidas alcoólicas acima de £12. No *stand*, enquanto o artista desenhava a caricatura, o cliente era convidado a degustar vários tipos de uísque de malte. Como os concursos e sorteios condicionados à prévia compra da marca são interditos nesse país, qualquer passageiro, consumidor ou não, poderia participar num sorteio de uma viagem ao Tennessee. Para tal bastava preencher e destacar o cupão existente no folheto.

Certas modalidades de distribuir os brindes no ponto de venda são passíveis de gerar abusos. Por exemplo, por vezes uma animadora junto ao expositor informa os consumidores sobre os eventuais brindes que poderão ganhar sob a forma de um sorteio com prémio imediato, dentro de um conjunto de prémios possíveis, com valores distintos. A condição é comprar uma certa quantidade de produtos de várias marcas da mesma empresa. Caso aceitem a proposta, colocam no carrinho todos os produtos a que são "obrigados" mais o brinde que ganharam. Mas antes de se dirigirem à caixa registadora abandonam parte dos artigos que antes se comprometeram a comprar. O resultado é que o impacte e a rendibilidade da promoção de vendas é bem inferior ao previsto.

4.3.3 – BRINDES EM BENS DURÁVEIS

As promoções de vendas nos bens duradouros apresentam algumas especificidades em relação ao que é praticado nos bens de grande consumo. Vejamos primeiro a natureza desses bens e o correspondente comportamento de compra do consumidor. Tal como a designação sugere, trata-se de bens cujo consumo não se esgota numa única utilização, isto é, têm um tempo de vida relativamente longo. Este facto, associado à baixa frequência de compra e ao preço, cujo valor representa já uma proporção significativa de um rendimento médio, conduz a que a decisão neste tipo de bens seja um processo moroso. Em resumo, a compra de um bem durável representa um certo risco e compromete o envolvimento direto do consumidor. Em termos gerais, os consumidores procuram um conjunto de benefícios que vão desde a segurança, a facilidade de utilização, o excelente desempenho, a durabilidade, uma boa manutenção, qualidade e respeito pelo ambiente até a um *design* e estilo agradáveis[14]. Neste género de bens o papel da força de vendas é fundamental, bem como o empenho do retalhista. Deste modo, as promoções comerciais sob a forma de descontos em função do número de unidades em exposição no espaço de venda, o rédito e a comparticipação em publicidade local são determinantes para cativar o retalhista e, assim, por sua vez, atrair, assistir e convencer o potencial cliente.

Nos bens duradouros o mercado de reposição tem uma abordagem diferente da do mercado da primeira aquisição. Basta lembrar a estratégia da Colunex analisada no Capítulo 1. Em indústrias como a do automóvel, dada a forte competição entre construtores, marcas e representantes, a retoma do carro velho já é uma prática institucionalizada. Nesse sector já foi testado quase tudo, porque tudo é facilmente copiável. Desde a oferta de combustível às modalidades de pagamento interessantes ou até ao crédito gratuito, da oferta de um sem-número de acessórios – *airbag* ou ar condicionado – à manutenção gratuita durante um ano ou inclusivamente a troca do carro velho por um novo sem encargos. Esta última foi a solução dos gestores da Daewo para atrair os clientes aos *stands* de venda da marca. Bastava confirmar se a matrícula do carro visitante coincidia com a matrícula recém-sorteada. Numa ação de marketing direto da Mazda, os potenciais clientes foram convidados a visitar os *stands* da marca para conhecer o novo Mazda B2500 Fighter e levar como brinde uma assinatura da revista *Evasões*.

Algumas cadeias de lojas de mobiliário emitem folhetos para anunciar os seus baixos preços. No período do regresso às aulas, a Canon anunciou que na compra de uma impressora ofereceria um *Design Kit* que possibilitava a impressão de desenhos numa *t-shirt*. O objetivo consistira em atacar um segmento de mercado, os adolescentes, cada vez mais ávidos pelo mundo da informática, exatamente no momento em que os filhos conseguem justificar melhor aos pais a "necessidade" de tal produto.

A importância da marca como símbolo de confiança, garantia, reputação e confirmação de uma certa qualidade e serviço adequado é determinante no processo de decisão do consumidor na compra de bens de grande consumo. Se nos produtos de grande consumo a coordenação e o planeamento de ações entre os vários produtos e marcas do mesmo fabricante são condição para a partilha de custos e eficiência, para os bens duradouros tal procedimento é vital. Invariavelmente, uma promoção de vendas numa determinada linha de eletrodomésticos de um dado fabricante favorece todas as linhas de produtos da referida marca. Uma promoção de vendas mal concebida ou inadequada degrada inevitavelmente a imagem, não apenas do produto objeto da promoção de vendas mas também de toda a marca. Inclusivamente pode ter repercussões no moral e no empenho da força de vendas[15]. Uma promoção de vendas a que geralmente os fabricantes de bens duradouros recorrem consiste na concessão de um período de garantia mais dilatado. Tal opção pode assumir um impacte variável consoante o posicionamento da marca. De facto, tal medida pode ser apreciada, pois trata-se de uma proteção assegurada e de um acompanhamento mais prolongado. Se o fabricante concede tal benefício é porque acredita que o equipamento não vai mesmo ter grandes problemas durante tal período. Outra interpretação advém de uma posição de desconfiança do consumidor. Se o fabricante oferece tal garantia é porque o produto não tem a qualidade exigida, por isso o fabricante defende-se de eventuais reações dos clientes que seriam prejudiciais para a imagem da marca. Noutras circunstâncias, os motivos são mais de natureza competitiva – a oferta de eletrodomésticos na compra de um apartamento, desde que o contrato se realizasse antes de uma determinada data. Esta foi a estratégia seguida pela gestora de vendas dos Edifícios Mota-Galiza no Porto para acelerar as vendas. Paralelamente foi sorteado um BMW para os novos proprietários.

Figura 4.13 – Promoção de vendas em bens duradouros – exemplo da Volvo

Os brindes oferecidos na compra de um eletrodoméstico podem ser um produto da mesma marca, ou um produto direta, ou indiretamente, relacionado mas de outra marca. Na primeira situação, temos a Bosh, a Blaupunkt, a Braun e a Rowenta e na segunda a Sony. Estes fabricantes anunciavam a oferta de pequenos eletrodomésticos, consumíveis ou acessórios na compra de vários tipos de máquinas, conjuntos de panelas Pyrex, malas Eastpak, espelho de maquilhagem iluminado e de aparelhagens eletrónicas. Na segunda situação, temos a Siemens, que anunciava a oferta de 50€ em produtos congelados da Iglo e da Olá na compra de um dos frigoríficos da gama representada no folheto. Na compra de uma máquina de lavar era oferecido aos primeiros mil clientes um cabaz de produtos de limpeza da Lever no valor de 10 mil escudos.

NOTAS FINAIS

[1] Saraiva, F. G. S. P. (2011). *Free Products and their Impact on Consumer Behavior*. Dissertação de Mestrado em Economia, Faculdade de Economia da Universidade do Porto.
[2] Shampan'er, K. e Ariely, D. (2006). *How Small is Zero Price? The True Value of Free Products*. Research Center for Behavioral Economics and Decision-Making. FRB Boston. WP06-16.
[3] Mogliner, C. e Aaker, J. (2009). "The time vs Money effect: shifting product atitudes and decisions through personal connection". *Journal of Consumer Research*, 36 (August).
[4] Ariely, D. e Norton, M. I. (2009). "Conceptual consumption". *Annual Review of Psychology*, 60. pp. 475-499.
[5] Anderson, C. (2009). *Free: the future of a radical price*. Hyperion-N. Y.
[6] Raggio, R. D. e Folse, J. A. G.(2009). "Gratitude works: its impact and the mediating role of affective commitment in driving positive outcomes". *Journal of the Academy of Marketing Science*, 37(4), p.455-469.
[7] Quelch, J. A., Neslin, S. N. e Olson, L. B. (1987). "Opportunities and risks of durable goods promotion". *Sloan Management Review*, 28 (2).
[8] Petersen, C. e Toop, A. (1994). *Sales Promotion in Postmodern Marketing*. Gower.
[9] Charas, D. A. (1984). *Promotion: A Guide tp Effective Promotional Planning, Strategies, and Executions*. John Wiley and Sons.
[10] Fry, L. S. e Caffaro, R. (1985). "Premiuns: Versatile Marketing Tools of the 1980's". In *Handbook of Sales Promotion*. ed. S. M. Ulanoff. McGraw-Hill. pp.27-38.
[11] Roux, D. (1994). "Premiuns, Refunds, and Promotion Fulfillment". In *The Dartnell Sales Promotion Handbook*. ed. T. B. Block e W. A. Robinson. 8.ª ed.. The Dartnell co.. pp. 116-127.
[12] Simonson, I., Carmon, Z. e O'Curry, S. (1994). "Experimental Evidence on the Negative Effect of Product Features and Sales Promotions on Brand Choice". *Marketing Science*, 13 (1) (Winter).
[13] Rossiter, R. J. e Percy, L. (1987). *Advertising and Promotion Management*. McGraw-Hill.
[14] Oliver, R. E.(1994). "Sales Promotion Strategy in Consumer Durable Products". In *The Dartnell Sales Promotion Handbook*. ed. T. B. Block e W. A. Robinson. 8.ª ed.. The Dartnell co.. pp. 442.
[15] Johnston, M. W. e Marshall, G. W. (2008). Churchill/Ford/Walker's Sales Force Management. 9.ª ed.. McGraw-Hill.

Capítulo 5
Programas de fidelização do cliente

5.1 – QUEM QUER SER FIEL?

Num mercado em que existe diversidade e liberdade de escolha por que é que um consumidor terá de privilegiar uma marca ou uma determinada firma prestadora de serviço? Só se entender que tem alguma vantagem inerente ao produto ou à relação com a marca. E quando os produtos dos vários concorrentes não são assim tão diferenciados entre si? Nesta situação, resta ao consumidor aproveitar a melhor oferta em cada momento. Numa lógica racional, o consumidor só é fiel a uma marca se o compensarem pela exclusividade. Em suma, quem precisa da fidelização não é o consumidor, mas a empresa. Sendo assim, se quiserem, terão de pagar! A ideia de fidelização (numa perspetiva de marketing, é claro) é limitativa das oportunidades de escolha e opção do consumidor.

Na esmagadora generalidade das situações a fidelização só interessa a uma das partes: à marca/prestador de serviço.

Esta noção de fidelização do cliente atingiu o seu máximo expoente na relação contratual da prestação de serviços de telecomunicações móveis. Para beneficiar de um equipamento com desconto, ou mesmo gratuito, somos convidados a mantermo-nos naquele operador por um período de tempo (dois anos, por exemplo) e assumir um plano tarifário que não é, necessariamente, mais favorável do que outras modalidades a prazo. Sim, é verdade, ninguém nos obrigou a assiná-lo e os seus termos/condições supostamente foram lidos, mas também é quase impossível conseguirmos renegociar algo equivalente, mas um pouco mais flexível, antes do término desse contrato. Só nos resta esperar que a maldita "fidelização" acabe!

Como se pode presumir da experiência expressa em cima, para a relação dita de fidelização funcionar tem de ser vantajosa para os dois parceiros do negócio. Na ótica da psicologia do consumidor, a fidelização a uma marca pressupõe a conjugação de dois pressupostos[1]: uma atitude positiva intensa para com a marca e a disponibilidade efetiva de repetir a compra naquele prestador. Concretamente, para se considerar alguém leal a uma marca não basta repetir a compra durante algum tempo, é necessário também algum empenho e compromisso, testado num contexto de concorrência. Isto é, se o consumidor não tiver alternativas de marcas ou pontos de compra está condicionado a repetir a compra, mesmo que não goste particularmente do local, ou da marca. Mal surja outra proposta, o cliente muda para essa nova alternativa e acaba-se a "fidelização" forçada. Para que continue a ser cliente no local original, tem de existir confiança e uma avaliação muito favorável. Nessa avaliação reconhecemos que fomos tratados com respeito e consideração e que, mesmo que as ofertas num novo concorrente sejam aparentemente mais atrativas, a nossa ligação afetiva à marca/operador habitual não justifica a mudança. O aspeto atitudinal é determinante para resistir à mudança, mas o nosso antigo fornecedor/marca terá de, no mínimo, continuar a ser competitivo. No Esquema 5.1 sintetizamos as razões/motivações que poderão manter o nosso cliente fiel à marca. Nesse grupo de razões encontramos benefícios mais utilitários e materiais e outros mais hedónicos/lúdicos ou intangíveis que legitimam e impulsionam a relação com a marca de uma forma mais estável.

Num programa de fidelização está implícito um compromisso de médio/longo prazo no quadro de uma estratégia de criação de valor e sustentabilidade da marca. Por isso, um programa de fidelização constitui uma das técnicas de promoção de vendas mais exigentes.

Neste capítulo iremos discutir e, acima de tudo, desconstruir alguns mitos/crenças sobre os efeitos e impacte da fidelização. Apresentaremos os objetivos realistas, as condições para que funcionem e os erros a evitar na sua implementação. Convém separar, no quadro dos programas de fidelização, aquilo que designamos por ações de colecionismo e os clubes de clientes. Os primeiros são usados de forma mais limitada no tempo, com caráter mais pontual e surgem essencialmente nos produtos de grande consumo. Caracterizam-se pela sua flexibilidade. Os clubes de clientes constituem a versão mais elaborada de um projeto de fidelização. Existem vários níveis de sofisticação que materialmente passam por simples cartões de identificação do cliente até ao desenvolvimento de cartões funcionalmente integrados em programas de CRM – *Customer Relationship Management*.

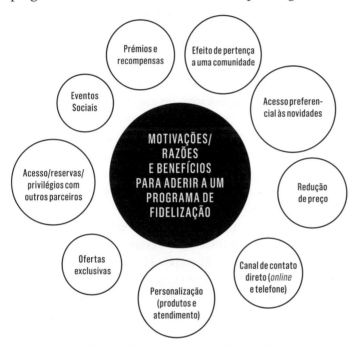

Esquema 5.1 – Benefícios da fidelização na perspetiva do consumidor

5.2 – DOS CARTÕES DE FIDELIZAÇÃO AOS CLUBES DE CLIENTES

O que é que uma firma pretende quando pensa em implementar um programa de fidelização? Como sempre, devemos começar por clarificar os possíveis objetivos[2]:
- **Evitar a fuga ou abandono de clientes** – Trata-se de aumentar os custos de substituição ou mesmo criar barreiras à saída. No caso dos operadores de telecomunicações, basta efetuar um contrato que penalize financeiramente a desistência antecipada. Mas também sabemos que a longo prazo só funciona o que consegue conquistar tanto os bolsos, como o coração...

- **Incrementar a quota de despesa do cliente na firma** – As contrapartidas pelas transações efetuadas pelos clientes com o cartão são um sistema de pontos. Quanto mais pontos acumular, mais próximo estará de obter os benefícios e de os trocar por outros bens e serviços, que servem de prémio para recompensar a persistência. Os pontos passaram a ser a nova moeda. Por isso, caso a marca pretenda estimular determinados comportamentos, como incentivar a compra de determinados produtos ou o uso dos serviços em determinado período, basta aumentar o número de pontos que os clientes poderão ganhar. A arte está na estrutura de recompensas (número de pontos necessário para obter vantagens) e nas ofertas especiais. Sobre este último, os gestores lançam ocasionalmente ações promocionais, associadas a determinados produtos, em que o número de pontos é particularmente atrativo. Por exemplo, o dobro do normal. A *Staples* envia-nos periodicamente informação sobre o montante de despesa efetuado e o que falta para poder beneficiar de um vale de desconto válido até determinada data. Basta umas compras extras para ganhar o vale. Dependendo do diferencial para atingir esse *plafond,* assim nos dispomos eventualmente a efetuar mais uma visita à loja.
- **Estimular o aumento do consumo** – As medidas explícitas no objetivo anterior também podem servir para estimular o consumo. Convém distinguir entre comprar e consumir. Um cliente pode já ter adquirido o acesso a um serviço (um ginásio, por exemplo) mas não ter tempo ou motivação suficiente para usar ao ritmo desejável. Quem não usa, desinteressa-se e desiste, mais tarde ou mais cedo, acabando por deixar de ser cliente. O lema da VivaFit é "Quanto mais treina mais poupa". A mensalidade seguinte já pode refletir esse empenho, que pode chegar a uma redução de 40% no valor. A questão central aqui não é o volume total das compras. Pode-se obter o mesmo volume comprando muito ou tudo de uma só vez e depois parar de usar. Ou visitar várias vezes e repartir o mesmo volume de compras ao longo do tempo. O essencial é estimular o consumo e promover a relação. Esta estratégia só se consegue através da multiplicação de contactos com a marca repartida e repetida no tempo. Ou seja, é tão importante o volume como a frequência. A estratégia do cartão Fnac consistia em premiar não apenas a visita (com compras) mas também o montante total da despesa. O facto de comprar qualquer produto dava direito a pontos que ao atingirem um determinado valor davam direito a um vale de desconto de 10€. Paralelamente, ao atingir um determinado montante total de despesa, obtém-se um desconto especial extra.

- **Mobilizar os clientes de forma a torná-los ativistas da marca** – As redes sociais e os média sociais conferem aos clientes um poder de influência sem paralelo. Ao darmos a possibilidade de os nossos clientes especiais terem acesso, antes do grande público, às novas coleções ou ao lançamento de novidades, estamos a transmitir o sentimento de que eles são privilegiados. Se adicionalmente forem solicitados a dar uma opinião/comentário sobre um novo modelo que irá ser lançado, incorporando de seguida as sugestões dos fãs da marca, estamos a induzir um sentimento de autoestima nesse cliente. O poder das redes sociais traduz-se na influência que certos líderes de opinião conseguem sobre a sua comunidade de amigos, contribuindo para a notoriedade e atratividade da marca e, em consequência, convertê-los também em clientes.
- **Recolher dados sobre o comportamento e preferências do cliente e aprender** – Graças a essa informação é possível efetuar uma segmentação suficientemente fina para produzir mais de 4 milhões de variações na *newsletter* da Tesco aos seus membros.
- **Melhorar a rendibilidade** – Só há melhoria na rendibilidade se as receitas aumentarem mais proporcionalmente do que os custos. Nem todos os euros que originaram a acumulação de pontos do cartão de cliente produziram a mesma margem. Neste caso, podemos oferecer mais alguns pontos para produtos com o mesmo preço mas que originam margens maiores. Outra possibilidade praticada pelas companhias aéreas é limitar o número de lugares qualificáveis para remissão de milhas. O custo marginal de um lugar no avião ou de um quarto de hotel é mínimo, mas só se a taxa de ocupação previsível for baixa para aquela data. Alternativamente, há sempre a possibilidade de "pagar" num mix de milhas/pontos e dinheiro. O importante é que cada ponto tenha o mesmo valor monetário correspondente.

5.2.1 – MITOS E REALIDADES[3]

O problema com estes programas de fidelização, à semelhança de tudo o que se executa em comunicação numa firma, é que implica um custo, ou seja, exige a afetação de recursos e um orçamento específico. Tal facto leva os gestores a enfatizarem estes encargos, atribuindo-lhe o estatuto de investimento. E, sendo um investimento, obviamente espera-se um retorno que remunere o capital investido. É precisamente aqui, na rendibilidade, que surge o discurso dominante para "enfeitar" e legitimar a medida.

"Os clientes leais à marca são mais rentáveis porque os custos para os servir são menores"

De forma agregada, a correlação entre a longevidade dos clientes e a rendibilidade é muito fraca. Isto significa que existem segmentos com comportamentos diferentes todos incluídos no mesmo "saco". Como os custos de aquisição desses clientes são mais elevados do que os custos de manutenção, assiste-se a uma espécie de amortização que resulta das transações futuras que se vai efetuando ao longo do tempo, logo, o ganho acumulado potencial. De acordo com esta suposição, e do lado dos custos, os clientes mais antigos estarão mais habituados a resolverem os problemas *online* sem direta intervenção do pessoal especializado, visto que já têm alguma familiaridade com os procedimentos. A evidência mostra que este tipo de situações se trata de uma exceção. Em geral, os clientes de curto prazo não são necessariamente mais caros de manter do que os de longo prazo. De facto, as despesas em comunicação serão mais elevadas, especialmente se forem personalizadas, implicando o envio de *e-newsletters* e sms, telefonemas, ações promocionais especiais, etc. Os "bons" clientes também são os mais exigentes nos termos do contrato (prazos de entrega, prazos de pagamento, benefícios...) e outras vantagens. Isso traduz-se em custos eventualmente superiores.

O simples facto de uma marca ter um programa de fidelização já altera à partida as expectativas dos aderentes. Os clientes fazem-se pagar para serem leais.

"Os clientes leais à marca são mais rentáveis porque compram os produtos mais caros"

Os clientes mais leais também são experientes e conhecedores do produto e das práticas do mercado. Em geral, até são mais sensíveis ao preço. Os custos inerentes às compras *online* são, em geral, inferiores porque podem ser automatizados. Mas, em contrapartida, os clientes esperam preços mais baixos. Os clientes mais antigos pagam em média preços 5% a 7% inferiores aos clientes ocasionais ou recentes.

"Os clientes leais à marca são mais rentáveis porque divulgam a marca a outros potenciais clientes"

Já vimos que convém distinguir entre clientes de rotina, que simplesmente repetem a compra e a visita ao ponto de venda, mas que, no fundo, só são "leais" por conveniência e mal surja outra alternativa mudam e os que convictamente gostam da marca/loja e que, apesar do aliciamento de outros concorrentes, que até poderão ser igualmente interessantes (no preço e/ou na conveniência), simplesmente não mudam. A probabilidade de estes últimos "venderem" a nossa marca é duas vezes superior aos clientes rotineiros.

"Quanto mais investimos nos clientes leais, mais leais eles se tornam"
Vale a pena manter um cliente num programa só pelo facto de ter alguma longevidade? Manter no programa sim, pelo menos enquanto efetuar transações durante um determinado período (um ano nalgumas empresas e até três anos noutras). Mas não se deve investir nele se não cumprir determinados requisitos. Embora no curto prazo um cliente até possa ser rentável. Ele compra produtos/serviços portadores de margens interessantes mas permanece inativo durante bastante tempo. Pior do que ser ocasional, é o facto de não responder às atividades e campanhas promocionais. Essa reação não tem de ser necessariamente sempre sob a forma de transação, mas sim sob a forma de participação (abrir as *e-newsletters*, por exemplo). Com este perfil muito dificilmente será convertível em cliente "verdadeiramente" fiel à marca. Outro género de clientes são os que apenas reagem se, e quando, surgem ações promocionais baseadas em redução de preços. Na realidade, são leais apenas às vantagens e não apenas daquela marca/retalhista, mas de várias ao mesmo tempo. Neste caso, o investimento deve ser adequado à especificidade deste segmento. Isto não significa que não seja útil ter clientes que aderem a uma campanha que se destina a desfazermo-nos de produtos descontinuados ou a um excesso de *stock* temporário.

5.2.2 – CONDIÇÕES NECESSÁRIAS PARA QUE FUNCIONEM[2]

O contributo para um acréscimo marginal da rendibilidade de um programa deste género implica algumas condições mínimas, quer de mercado, quer de dimensão do negócio, para poder avançar. O objetivo não é gerar rapidamente uma boa quota de mercado, mas sim garantir a sustentabilidade competitiva, a médio e longo prazo. Temos aqui uma orientação estratégica implícita logo à partida. A firma tem de ter uma quota relativa não muito distante da líder e deve dispor de uma base de potenciais clientes relativamente elevada. O excesso de oferta, pelo menos em determinados períodos, também justifica este investimento, em particular nos serviços. Por exemplo, nos hotéis e companhias aéreas, a capacidade instalada – número de camas e lugares no avião – estão lá disponíveis quer sejam ou não ocupadas. Sendo assim, estas empresas têm todo o interesse em alargar o mais possível a base de recrutamento de novos clientes, através de parcerias com outras firmas de retalhistas. Estes também têm os seus programas e permitem que alguns dos prémios possam ser convertidos em milhas e trocados por estadias ou viagens.

Princípio da divisibilidade
Quantas compras tenho de efetuar, ou qual o montante que tenho de gastar para obter um prémio? Para o consumidor, quanto menos melhor. Para a firma, quanto mais melhor. Oferecer um vale de desconto de 5€ por cada 150€ anima a relação com a marca e diminui a probabilidade de desistência, comparado com um vale de desconto de 50€ por cada 1.500€. No entanto, a persistência e continuidade na relação é superior neste último. Os custos administrativos são menores e a rendibilidade maior. A arte está em saber se os 50€ são suficientemente atrativos para dissuadir o abandono. Como os consumidores também sabem fazer contas, outra possibilidade seria atribuir um vale de 60€ pelos mesmos 1.500€ de compras, embora mantendo um menor ganho proporcional às compras para valores mais baixos de transações, como seria o caso de vale de desconto de 3€ por cada 150€.

Ritmo
Como vimos no início deste capítulo, quem não usa, esquece. Uma boa tática consiste em dar um empurrão inicial. Caso contrário, parece que a luz ao fundo do túnel demora a ser alcançada. Um estudo experimental revelou a eficácia dessa tática do estímulo inicial[4]. Foram distribuídos 300 cartões que prometiam uma lavagem gratuita no final de 8 lavagens pagas. Foram concebidos dois tipos de cartões financeiramente idênticos para firma (mas com preços de venda diferentes) e distribuídos em igual quantidade. O cartão 1 era do tipo: "compre 8 e oferecemos 1 grátis". O cartão 2 propunha: "compre 10 e ganhe 1 lavagem grátis" mas incluía a oferta extra das duas primeiras lavagens. No cartão 1 cerca de 19% completaram o programa, contra 34% no cartão 2. O efeito mais notório ocorreu no ritmo de uso. Os utentes do cartão 2 tinham um intervalo de visitas 2,9 dias inferior aos do cartão 1.

Flexibilidade
Um programa no qual ninguém troca os pontos por prémios fica muito barato à firma. Mas será que pode ser considerado um sucesso? Sem dúvida que não é atrativo, e isso reflete-se na quebra de adesões. Outra variante da divisibilidade dos pontos advém da possibilidade de o cliente poder combinar dinheiro aos

pontos para obter um determinado prémio. Por exemplo, comprar milhas extra para poder beneficiar da compra de uma passagem de transporte aéreo gratuita. As operadoras de telecomunicações costumam propor no seu catálogo de prémios, logo à partida, um determinado equipamento associado a um valor monetário. Convinha era que o tal valor em euros não fosse tão próximo do preço desse equipamento se comprado na ausência de pontos. Tal situação desvaloriza os ditos pontos do programa de fidelização.

Natureza dos prémios
Os prémios utilitários, como, por exemplo, vales de desconto, dinheiro e utensílios práticos, são menos interessantes e atrativos do que os prémios com uma natureza mais aspiracional e hedónica. De facto, dá muito mais prazer a promessa de uma viagem de luxo, a oferta de uma refeição *gourmet* num restaurante de topo, ou até a oferta de equipamentos eletrónicos que conferem *status* (ver Caixa 5.1). No final, o custo para a firma até pode ser igual, mas a oferta de uma viagem num cruzeiro romântico pode tornar essa experiência tão inesquecível como a marca que a ofereceu.

Imaginação
Este ingrediente é fundamental em qualquer relação, mesmo com uma marca. Toda a gente gosta de surpresas. Ser membro de um clube pressupõe um tratamento diferenciado. Já que potencialmente podemos recolher tantos dados sobre as preferências dos nossos clientes, seria de esperar a utilização inteligente e oportuna dessa informação. Fazer *upgrade* no seu quarto e no avião, dar-lhe o privilégio de escolher em primeira mão, satisfazer alguns dos seus caprichos, etc. são coisas que fazem o cliente sentir-se especial e feliz. Em muitos casos damos apenas mais atenção. O seu custo é marginal (assumindo que tivemos de treinar o pessoal), porque pode ser replicado infinitamente sem se deteriorar ou perder o efeito... Devemos ter presente que a concorrência pode facilmente copiar os prémios, mas não a forma imaginativa como o serviço é prestado. O ritmo de inovação e o reconhecimento dessa capacidade por parte dos clientes também é diferenciador. E nesse ponto os concorrentes poderão apenas ser meros seguidores.

Segmentação
Quem merece ser membro de um programa de fidelização? Um modelo possível é cobrar periodicamente o acesso ao cartão de cliente. Logo à partida estamos a selecionar os membros mais interessados e motivados. Pelo menos eles estimam o rácio dos ganhos/custo de acesso. Se preverem que vão consumir/

usar com uma frequência em que as vantagens compensam o "investimento" inicial, eles simplesmente aderem e compram/renovam. Em termos financeiros, o cálculo do preço deve prever os ganhos potenciais para o utilizador, de forma a ser atrativo. Isto permite eliminar desperdícios à firma – pessoas que aderem, mas que acabam por não usar – e cobrir alguns encargos administrativos. Como há sempre uma certa inércia, a opção de livre acesso é muito mais abrangente e de rápida cobertura. Outra alternativa é a figura de pré-adesão. É definido um patamar de transações a partir do qual o cliente passa a estar qualificado para ser admitido como membro do programa de fidelização. Na PréNatal esse patamar é de 750€, e a partir desse montante os benefícios começam a ser mais significativos. A segmentação é geralmente baseada no mero volume de compras. Os grandes clientes têm o estatuto de cartão platina, enquanto que a modalidade mais básica será para os recém-aderentes.

Caixa 5.1   **Fidelização: nutrir ou abandonar[5]**

Quando a 1000 adultos americanos foi colocada a questão "o que escolheriam se tivessem um número ilimitado de pontos no seu cartão de fidelização de uma cadeia de hotéis?", 25% responderam que optariam por umas férias tropicais, 20% um fim de semana romântico, 20% prefeririam jantar num restaurante distinto do que receber presentes e 14% doariam a instituições de caridade. Num estudo de segmentação foram identificados vários grupos de clientes com diferentes características e potencialidades. Cerca de 1/3 dos clientes (o segmento de mercado mais numeroso dos portadores de cartão) são os caçadores de promoções. Estes clientes possuem vários cartões. A sua gestão e respetiva escolha é função da melhor oferta, bónus, campanhas e política de taxas de conversão de pontos. O quadro seguinte mostra as razões do abandono dos programas de fidelização:

Demorou demasiado tempo a obter pontos suficientes	70%
Não foi premiado de forma apropriada	23%
Tem custos de adesão	22%
Não gosta dos prémios	20%
Outros programas parecem melhor	18%
As normas dos programas mudam com frequência	17%
Fraco serviço ao cliente (inerente ao cartão)	16%

Tal como foi já foi enfatizado, o que é realmente relevante é a rendibilidade. E, nessa perspetiva, valeria a pena considerar-se outras variáveis para qualificar os clientes de acordo com o seu potencial global. A esse nível convinha acrescentar os seguintes critérios:

- Diversidade da carteira de compras. Um cliente que, para o mesmo volume, apenas adquire um gama limitada de produtos tem um valor menor do que aquele que compra diferentes gamas.
- Margem de comercialização. Para idêntico volume de compras de produtos transacionados, os que adquirem produtos/serviços com margens superiores devem usufruir de benefícios maiores.
- Participação nas atividades do clube. Tal comportamento revela dinamismo no envolvimento com a marca.
- Recurso a crédito. Dependendo dos juros podem, ou não, ter regalias extra.
- Capacidade de influência demonstrada. As redes sociais *online* permitem disseminar as ideias e as marcas. Não basta ter fãs, é necessário que, deliberadamente, falem das marcas e coloquem interligações para os eventos ou propostas de valor da marca. Essa atitude também deveria ser recompensada.

5.2.3 – CRIAÇÃO DE CARTÕES CLIENTES E DINÂMICA DE FUNCIONAMENTO DOS CLUBES

O paralelismo antropomórfico entre a aplicação do termo fidelização às pessoas (companheira/o, por exemplo) e às marcas faz sentido e é útil, mas tem os seus limites. Por exemplo, na nossa cultura e nas nossas relações pessoais, ser fiel com o/a companheiro/a implica exclusividade. Com as marcas trata-se de uma exceção. É algo raro o cenário de só, e exclusivamente, comprarmos aquela marca. O que geralmente temos é uma preferência especial e, em consequência, a quota de cliente – proporção do nosso orçamento destinado aos produtos de uma determinada categoria de produtos – para aquela marca é mais elevada do que para outras. Tal facto significa que também experimentamos outras marcas.

O objetivo a perseguir numa firma passa por focalizar não apenas no volume, mas também na conquista da quota do cliente. Esta estratégia é particularmente importante para os bens duráveis e para os negócios B2B. Se conseguirmos que um cliente esteja satisfeito com a nossa proposta de valor, ele chegará à conclusão que, em termos de risco e de custos de transação, mas também em termos de poder negocial, tem vantagem em comprar o máximo à nossa firma. Nestas condições conseguimos atingir os 100% da quota de cliente. Nos produtos de grande consumo e nas relações B2C é bem mais difícil alcançar tal meta. O Esquema 5.2 desenvolve a trilogia de fatores que, ao promoverem a relação com a marca, explicam o fenómeno da fidelização. A novidade neste esquema é a componente interação. E aqui temos mais um paralelismo com a nossa vida social: ser influenciador. Um corolário desta componente é o conceito de clube inspirado e fomentado em torno de uma marca.

Esquema 5.2 – Trilogia da fidelização do cliente

Um cartão de cliente materializa num pedaço de plástico uma ligação contratual simples ou mais complexa entre a marca (emissora) e o possuidor do cartão (o cliente). Para além da sua dimensão simbólica, emitir e possuir um cartão de cliente implica um certo compromisso. A sua potencialidade de manter e desenvolver relações de marketing depende da sua conceção, mas, também, da sua gestão.

5.2.3.1 – MECÂNICA DO CARTÃO CLIENTE

Tipologias
Pode ser gratuito ou ter uma anuidade. Para o emissor, alguma receita anual ou bianual permite compensar alguns custos. A adesão, neste caso, gera algum compromisso extra. Os clientes são convidados a efetuarem algumas estimativas mentais sobre o custo-benefício do cartão. Se não valer a pena – isto é, se os ganhos decorrentes de uma certa frequência de uso forem inferiores ao custo do cartão – evita-se a adesão, ou o seu prolongamento. No entanto, a competição entre as marcas e as eventuais economias de escala na gestão das bases de dados e no desenvolvimento dos programas conduzem à gratuidade dos cartões.

Outra distinção tem que ver com o âmbito do cartão: cartão de fidelização ou de fidelização associado à função crédito. No caso de ser também de crédito, temos duas alternativas: o crédito incide exclusivamente sobre as operações que envolvem a marca/empresa emissora, por vezes com o recurso a uma entidade de intermediação financeira especializada, ou crédito concessionado a uma marca global – tipo Visa, Mastercard ou Amex. Neste último caso, uma parte dos rendimentos (taxas cobradas nos retalhistas) de intermediação são proveitos da empresa/marca emissora.

Condições
O processo de subscrição começa com o preenchimento e envio *online/offline* de uma ficha de subscrição. Os detalhes de dados de natureza pessoal são superiores no caso de o cartão também ser de crédito. Se assim for, não basta preencher os dados sobre rendimentos anuais, composição do agregado familiar, profissão e a escolha de *plafond* de crédito mensal desejado, é também necessário apresentar documentos comprovativos de residência e conta bancária. Independentemente da modalidade de cartão, o questionário associado ao contrato pode incluir o pedido de elementos sobre hábitos de consumo e frequência de compra ou de utilização e, acima de tudo, preferências sobre um conjunto de opções. Entre essas opções consta a forma/canal de comunicação desejada – *e-mail*, sms e carta – e, por imposição legal, a autorização de partilha desses dados com outras entidades. Os aderentes podem ser estimulados a ceder a sua informação pessoal com a oferta de pontos extra.

Existem cartões que são ativados apenas quando um valor de compra mínimo acumulado é atingido ou, então, só na segunda compra é que são ativados. Outros implicam que na primeira compra se ultrapasse um determinado valor.

Formatação

No contrato assinado estão explícitos os direitos do emitente, as obrigações do titular, o tribunal competente em caso de litígio, a política de cancelamento ou devolução e o eventual custo de um novo cartão em caso de extravio/perda. O mesmo sucede com o estorno de pontos e consequente atualização do saldo quando se troca ou devolve um produto. Geralmente, aplica-se a regra de obrigatoriedade de apresentação do cartão no ato de compra. Os cartões com um dispositivo eletrónico incorporado, de leitura magnética ou com um simples código de barras integram de imediato a compra na ficha desse cliente. Tal registo é condição necessária para se poder trabalhar e explorar a base de dados, mas também para se poder atribuir os prémios. Se o portador se esquecer do cartão há a possibilidade de recuperar o benefício durante um determinado período, desde que volte a mostrar o cartão mais o respetivo recibo.

O período de validade do cartão tem vindo a ser aumentado, permitindo reduzir os custos administrativos inerentes ao seu processamento e substituição. A atualização dos dados pode ser realizada independentemente dessa renovação forçada. O prazo de vencimento dos pontos permite imprimir uma dinâmica na relação, pois o cliente terá de trocá-los por prémios ou utilizar mais, ou preferencialmente, a marca, para poder beneficiar no prazo de validade. A taxa de uso, portfólio de escolhas e ritmo de substituição são os critérios a ter em consideração. Em produtos de grande consumo, típicos de um supermercado, podemos aplicar prazos mais curtos, de semanas, até ao máximo de um trimestre. No transporte aéreo, três anos é a solução mais frequente. A limpeza da base de dados é outras das vantagens resultantes da implementação destes limites temporais. O benefício da acumulação de pontos também pode ser obtido apenas na totalidade e numa só vez ou, então, repartido em frações ao longo de várias transações.

Nos cartões de fidelização com a função crédito incorporada temos aspetos técnicos e formais a considerar:
– Definição do limite de crédito.
– Pagamentos das prestações e crédito concedido:
  – prazos de pagamento;
  – período de pagamento sem juros;
  – escalonamento do pagamento (mensal a trimestral);
  – valores mínimos percentuais da dívida a reembolsar;
  – forma de pagamento (transferência bancária, cheque/vale, débito automático autorizado);
  – possibilidade de haver um segundo titular associado ao cartão (ou de haver um cartão para um segundo titular ligado à mesma conta).

- Participação nos benefícios:
  - nas compras superiores a 100€ com o Affinity Card, resultante da *cobranded* Visa e Inditex, os clientes dispõem de 3 meses sem juros;
  - 5% em cada compra na Gap, com o seu cartão, pode ser rebatida futuramente. No Happy-day (primeira terça-feira de cada mês) essa regalia é de 10%;
  - o cartão da Bloomingdale tem um seguro de extravio incorporado.

Gestão
A definição do tipo de produtos elegíveis para acumulação de pontos (como é o caso do cartão da Imaginarium) orienta as escolhas para os produtos que interessa privilegiar pelo retalhista. Geralmente, exclui-se as compras na época de saldos ou produtos sujeitos a determinadas campanhas promocionais. Da mesma forma, a taxa de conversão entre o montante gasto em dinheiro e os pontos é um dos mecanismos usados para estimular a preferência do cliente para determinado tipo de produtos, categorias ou coleções. A Livrarias Bertrand praticam taxas de conversão variáveis, consoante o produto está a preço regular, ou se trata, ou não, de livros, variando entre 1€ = 10 pontos, 1€ = 2 pontos e 1€ = 1 ponto.

Os operadores onde é válido o programa de fidelização resultam de parcerias, eventualmente limitadas à remissão dos pontos, ou até incluindo a acumulação de pontos. Esta última prática é comum nas companhias aéreas. A remissão dos pontos pode contemplar a utilização exclusiva de pontos, ou a possibilidade de algo misto entre pontos e o pagamento extra para atingir o desejado prémio. Este procedimento evita o constrangimento do risco de perda de pontos pelo facto de a validade estar no seu limite, bastando um pequeno acréscimo para aproveitar algum prémio. Em termos práticos, estamos a comprar pontos de fidelização.

O tempo de ativação dos benefícios é por vezes mais determinado por questões administrativas – rotinas informáticas dos programas – do que por decisões deliberadas. Ou seja, ao efetuar uma compra, quanto tempo teremos de esperar para poder beneficiar e trocar esses pontos? Pode ser imediato, ou no dia seguinte. A forma de verificação e acompanhamento do saldo dos pontos é algo igualmente relevante na gestão dos "ativos" integrados no cartão. Pode ser efetuado por consulta na loja, no registo do talão/recibo em cada transação, enviado periodicamente numa espécie de extrato, através do acesso ao *site* da organização num espaço *online* dedicado aos membros, enviado via sms ou *e-mail*, ou, mais recentemente, com aplicações descarregadas nos *smartphones*, acessíveis a qualquer momento e em qualquer sítio.

Vantagens/benefícios/privilégios
- Momentos especiais justificam prémios especiais – Tipicamente, o aniversário do titular. A Galp envia uma sms à meia-noite a dar os parabéns ao cliente e a lembrar que se comprar algo nesse dia recebe um acréscimo de 100 pontos no cartão cliente. Mas também o Dia do Pai, da Mãe, da Criança são ocasiões para reforçar a ligação com a marca, na medida em que existe um pretexto para comprar presentes. Para gratificar um cliente no seu aniversário não é necessário formalmente ter um cartão, basta ter uma base de dados e um sistema automático para ativar uma mensagem. Durante os três anos seguintes à compra de um sofá, a Divani&Divani envia pelo correio, exatamente no dia do aniversário do cliente, presentes significativos: um DVD edição de autor exclusiva, uma carteira em pele ou um porta cartões-de-visita. Sendo presentes inesperados, bem-vindos e com qualidade, dificilmente esquecemos tal cortesia. Esta atitude faz-nos lembrar e gostar da marca.
- Aviso das datas de pré-saldos com acesso exclusivo. Alguns dias antes da época de saldos abrirem para o público em geral, os clientes com cartão recebem uma mensagem via *e-mail* ou sms a informar que poderão beneficiar desses saldos, reservados apenas para eles. É essa a política que a Gant pratica junto dos clientes registados na sua base de dados.
- Campanhas exclusivas – Para além do dia do aderente da Fnac (que tem ocorrido duas vezes por ano), em que todos os artigos têm um desconto de 10%, existem dias ou semanas com desconto especial ou a possibilidade de usar um vale de 5€. É o caso da compra de jogos e acessórios dos jogos ou o de CD's no dia da música.
- Comunicação regular – Revista periódica, *newsletter*, catálogos e linhas telefónicas de apoio. O canal pode ser o correio ou via eletrónica (*e-mail* e/ou sms).
- Taxa de conversão privilegiada dos euros em pontos em função da participação em determinados eventos ou em compras de determinadas categorias de produtos, lançamentos, pacotes sazonais, etc..
- Possibilidade de encomenda via telefone, *e-mail*, *site*, com isenção das despesas de envio.
- Entrega gratuita das compras efetuadas numa loja, desde que cumpra um montante mínimo e num raio de distância pré-definido.
- Envio de vales de desconto para o domicílio logo que o montante de pontos permita conversão.
- Convite para eventos exclusivos – de formação, de lançamento de novos produtos, etc. –, o que inclui o convívio com outros membros e com os responsáveis da organização. No caso da Lego este é um dos principais elementos motivadores.

- Se pagar com um cartão de crédito pode beneficiar do retorno do valor das compras efetuadas, quer no espaço pertencente ao emissor do cartão, quer noutros locais.
- Oferta de adesão. A 5-à-sec oferece um porta-fatos na sequência da adesão. Na Choice Hotels o novo cartão tem 2.000 pontos, prontos a serem usados. Noutras marcas é oferecido um desconto imediato, logo na primeira compra com o cartão. Na Staples, ao apresentar o comprovativo da constituição da empresa e na sequência da adesão ao cartão Biz, é enviado um vale de 50€.
- Isenção temporária de juros.
- Retorno de uma percentagem do valor das compras, sob a forma de vales de desconto ou do abatimento do crédito concedido em cartões *cobranded*.
- Desconto imediato aos portadores do cartão. A cadeia Vila Galé Hotéis oferece 5% de desconto na melhor tarifa disponível no *site*.
- Desconto, ou troca de pontos, em produtos e serviços de marcas parceiras. A BP e a TAP dispõem no seu catálogo de prémios a possibilidade de rebater os pontos obtidos em diversas organizações prestadoras de outros serviços. No âmbito da campanha pró-ambiente da Galp, "Abasteça o carro e vá de comboio", foi possível trocar pontos *fast* por bilhetes da CP.
- Prioridade e eficácia no tratamento preferencial. Nos hotéis com o programa de fidelização é normal proporcionarem, entre outros, os seguintes benefícios: prioridade na reserva, *express check-out*, *late check-out* e *upgrade* de quarto.
- Reserva preferencial nas novas coleções. A recém lançada coleção de sapatos da marca Geox garante aos seus clientes a possibilidade de reservarem os modelos que pretenderem, sem compromisso e sem pré-pagamento, durante um determinado período.
- Remissão normal de pontos *versus* os chamados *soft benefits*. Os "bons" clientes recebem pequenos, mas significativos, extras, alguns sob a forma de surpresa. É caso dos *upgrades*, dos presentes de boas vindas, do acesso ilimitado a comunicações (locais, nacionais e Internet/wi-fi) ou do convite à permanência em determinados espaços reservados. Todos esses benefícios são, por definição, aspiracionais.

5.2.3.2 – SEGMENTAÇÃO E VALOR ACRESCENTADO

Nem todos os clientes leais merecem o mesmo tratamento. A concorrência entre as marcas impulsionou o desenvolvimento de uma estratégia de segmentação de clientes. Quando o cliente ultrapassa um determinado nível de utilização e ganha um estatuto de elite pode passar para outro escalão do programa de fidelização. São os designados cartões Gold e Platinum que consubstanciam um conjunto mais atrativo de prémios. A primeira vantagem surge no efeito multiplicador que é atribuído aos pontos na modalidade básica. Agora a taxa de conversão pode alcançar os 100% de bónus, ou mais.

A Tesco Clubcard conta com mais de 17 milhões de membros ativos. Durante um "ataque" da concorrência, em vez de responder via preço, ou outras ações promocionais, a empresa optou por duplicar a taxa de conversão em várias categorias. Em resultado, obteve mais de 1 milhão de novos aderentes durante essa campanha. A despesa média por cliente cresceu 5%, um número bem superior ao dos concorrentes. O investimento em sistemas de informação na gestão da sua base de dados permite personalizar as mensagens, facto que se traduz em mais de 9 milhões de variantes das mensagens enviadas para os seus clientes. Por exemplo, "sabendo" que o cliente não compra há x semanas um determinado produto, ou que uma família tem bebés, o *e-mail* enviado simplesmente lembra ou associa uma determinada promoção a essa categoria de produtos, que corresponde às preferências dessa família. A sensibilidade ecológica dos clientes tem vindo a aumentar e estes estão cada vez mais conscientes dos problemas ambientais. Do lado das empresas surgem iniciativas no âmbito da sua responsabilidade social que fomenta esse tipo de comportamentos – foi o caso da Tesco com o seu Green Clubcard. No *site* deste retalhista é possível visionar vídeos que aconselham formas práticas de poupança que, paralelamente, protegem o ambiente. Também organizam eventos e associam-se a iniciativas de outras organizações. Muitas lojas dispõem de centros de reciclagem diferenciados onde, por exemplo, os clientes podem deixar aparelhos elétricos. Mais de metade dos aderentes também participam na obtenção de pontos verdes. Basta reutilizar o saco de compras – não pedir um novo saco de plástico no momento da compra – para ganhar um ponto. Se comprar produtos ecológicos, além dos pontos "normais" do Clubcard, obtém pontos verdes. Se doar a uma ONG com vocação cívica ambiental, os pontos obtidos duplicam. Outros gestos são igualmente objeto de prémio:

– envio de telemóveis velhos ou estragados (ver Figura 5.1);
– reciclagem de tinteiros de impressora.

Os prémios que se podem ganhar em troca dos pontos são igualmente amigos do ambiente e, em alguns casos, passam por sugestões de práticas de voluntariado ativo dos membros.

Figura 5.1 – Exemplo do programa Green Points da Tesco aplicado à reciclagem de telemóveis

5.2.3.3 – DO CARTÃO AO CLUBE

A ideia de "clube" pressupõe exclusividade de acesso a privilégios, adesão condicionada, partilha de espaços e interação entre os membros. O sentimento de pertença, participação nas atividades e envolvimento nas ideias e aspirações de grupo, associado a um certo proselitismo, são os ingredientes para desenvolver um clube. Raramente uma marca consegue criar um clube. No entanto, há elementos caracterizadores de um clube que certas marcas conseguem replicar. Eis alguns exemplos de marcas, ou mercados, que no passado e, alguns atualmente, têm conseguido desenvolver algo próximo a um clube:

    Marcas de alimentação para animais – Whiskas e Pedigree
    Marcas de automóveis – topo de gama e luxo
    Marcas de relógio – Swatch, Tag Heurer e Rolex
    Marcas de cosméticos e produtos de higiene pessoal – Avon e Dove
    Marcas de retalhistas – Lego e Toys r'us
    Marca de cafés – Nespresso

No sector do turismo e hotelaria, encontramos bons exemplos onde o conceito de clube é aplicado. Quando 19% dos membros da Hilton Honors afirma que só fica nessa cadeia de hotéis graças ao cartão, e 24% responde que se não fosse o cartão não ficaria nas propriedades da Hilton, nota-se o impacte de um programa de fidelização que contribuiu para cerca de 1 milhão de quartos-noite logo nos primeiros 18 meses após o lançamento do cartão. Na cadeia Marriott os clientes fiéis geraram 2,5 vezes mais receitas do que os clientes que não tinham cartão.

O programa de fidelização da Starwood resultou da fusão entre dois programas separados do mesmo grupo: Westin e Sheraton. Em 1999, representavam no seu conjunto 6 milhões de membros. No entanto, aplicando o critério de elegibilidade, que apenas considerava como membros os clientes que tinham ficado hospedados pelo menos uma vez nos últimos 12 meses, o número de membros ativos ficou nos 1,7 milhões. Em 2004, já tinham atingido os 3 milhões de membros ativos[5].

Na Caixa 5.2 é descrita a evolução do programa de fidelização Starwood Preferred Guest. A sua gestão e proposta de valor configuram aquilo que se pode considerar mais parecido ao conceito de clube de uma marca.

Caixa 5.2   **O caso Starwood Preferred Guest**[5,6]

Este programa agrega as 9 marcas do grupo, permitindo a qualquer cliente de uma cadeia usufruir igualmente da experiência noutra cadeia de hotéis pertencentes à mesma organização. No total, dispõe de mais de 940 hotéis. O número de membros ativos já ultrapassou os 5,4 milhões e contribuem com mais de 40% da taxa de ocupação. O reconhecimento do programa tem-se revelado consistente pela continuidade de destaque nas seguintes publicações especializadas na área do turismo: *Business Traveler Magazine* ("Best Hotel Loyalty Program"), *Conde Nast Travel* ("Gold List") e *Travel+Leisure* ("World's Best List"). Trata-se de um dos poucos programas que são geridos em regime de *break-even fund*. Isto é, todo o produto gerado é reinvestido no próprio programa.

O processo de adesão é feito por etapas. A começar pelo inovador cartão personalizável através da escolha de 67 imagens possíveis e de outros elementos do seu *design*.

Ao longo do primeiro mês o novo membro recebe 4 *e-mails*, cada um com o objetivo de formar/informar sobre determinadas características do programa e da melhor forma de beneficiar dele:

1º Boas-vindas e noções básicas (acesso à página reservada na Internet);
2º Como obter pontos e quais as ofertas disponíveis;

3º Familiarizar-se com o *site* e as consultas *online*;
4º Como remeter os pontos e obter as vantagens do programa.

A gestão do programa também implica abordagens personalizadas a clientes que estão a poucos pontos de poderem transitar para o outro nível (Gold ou Platinium) do cartão. São enviadas propostas para acelerar a mudança. Ou àqueles clientes mais "adormecidos", a quem basta um incentivo para voltarem a usar os serviços hoteleiros, no final de 6 meses de inatividade.

Na ótica do cliente, o objetivo final do programa são os benefícios. A SPG organizou-os em quatro grupos:

- Quartos gratuitos – O que torna único o SPG em relação aos concorrentes é a não existência de limitações nas datas de reserva que potencialmente estão livres, mas ficariam bloqueadas na troca de pontos. Em 2009 foram oferecidas 2 milhões de noites gratuitas, tipo pague duas e fique a terceira grátis. O resultado foi a adesão de 62 mil novos membros...
- Voos em mais de 30 companhias – Possibilidade de troca na base de 1:1 entre os pontos e as milhas sem datas bloqueadas e com gestão da reserva exclusivamente realizada pela SPG.
- Parcerias/presentes – Possibilidade de remeter os pontos em troca de *vouchers* sobre produtos da Amazon, Starbucks, Gap, entre outros;
- SPG Moments – Este forte elemento de diferenciação marca o equilíbrio entre os benefícios financeiros e os hedónicos. A SPG proporciona aos seus membros que trocarem diretamente, ou licitarem e ganharem, o acesso a eventos com uma participação exclusiva. Por exemplo, poder jogar golfe com um desportista de renome internacional, assistir a um concerto num lugar privilegiado e com um encontro com as celebridades, envolver-se e experimentar momentos únicos, entradas numa antestreia de um filme com convívio com as estrelas. A proposta VIP para assistir ao Cirque du Soleil inclui um pré-show e cocktail com os artistas.

Um membro da SPG que assine a plataforma RSS tem mais de 36% de probabilidades de reservar um quarto do que aquele que não participa nos média sociais. Os membros mais entusiastas colocam vídeos no Youtube, discutem as novas promoções da SPG e dos concorrentes, partilham experiências e truques para ajudar a aproveitar melhor as ofertas. Foram criados fóruns de debate nas redes sociais e no primeiro mês de lançamento de uma aplicação para *smartphones* que permitia verificar disponibilidades e fazer reservas foram feitos 44 mil instalações nos telemóveis.

Figura 5.2 – "Moments" da SPG

Figura 5.3 – Canais de interatividade da SPG

5.3 – AÇÕES DE COLECIONISMO

O colecionismo consiste na acumulação de provas de compra como condição para a elegibilidade, não para um sorteio, mas para um prémio certo. Este tipo de promoções de vendas encontra-se numa situação intermédia entre o concurso e a oferta de brindes. O principal objetivo é criar lealdade nos consumidores, induzida pelo aumento da frequência de compra. Nesta promoção de vendas, o fator crítico é o equilíbrio entre a seleção do prémio (valor), o número de provas de compra e a duração do programa.

Para facilitar a organização dos consumidores mais pequenos, a Kinder criou uma caderneta contendo impressos os 175 quadradinhos para colar os respetivos pontos necessários para obter vários prémios possíveis, alguns assinalados na "kaderneta": 65 pontos dão direito a um conjunto de cozinha ou de três toalhas, 130 pontos a uma mini estufa ou à manta para piquenique, 175 pontos um conjunto de badmington ou plantação de árvores. De notar que estes prémios são particularmente apelativos para os pais. De resto, a própria caderneta incluía, a picotado, 8 vales de desconto com uma validade de 4 meses. Tal promoção de vendas extra teria como efeito o acelerar do acumular de pontos. Toda a gama de chocolates servia para juntar pontos e completar a caderneta. No quadro das 12 linhas de produtos disponíveis o número de pontos associados variava com o número de unidades contidas no pacote e o tipo de produto, ou seja de 1 ponto para uma unidade do Ovo Surpresa a 20 pontos no pacote de 10 unidades do Delice. A caderneta era também um livro com passatempos tipo quebra-cabeças e tinha um *poster* com os 106 possíveis brindes surpresa que estão escondidos em alguns produtos da marca. O poder de atração dos pequenos brindes é, já em si, suficientemente poderoso; o facto de serem divulgados aumenta ainda mais o desejo nos consumidores mais pequenos.

A Knorr divulgou um pequeno livro colorido que, além de exibir a sua gama completa de produtos de culinária, mostra os prémios – peças de louça, peças de casquinha de prata e toalhas de linho – e contém três fichas para colar os códigos de barras (pontos). Consoante o número de pontos e o tipo de produtos, a cliente torna-se elegível para os prémios assinalados. Na última folha do pequeno livro temos um questionário para recolher informações sobre os hábitos de consumo, de compra e as preferências das clientes Knorr. Quanto mais depressa a cliente enviar o questionário preenchido, maior a probabilidade de ser uma das mil primeiras e receber um livro sobre boas maneiras! Este caso permite-nos ilustrar a importância da adequação entre o prémio, a marca e o mercado-alvo. Todos os prémios são produtos para o lar, concretamente para usar nas refeições, exatamente como os produtos Knorr. Quem decide o que cozinhar e as marcas de produtos culinários a comprar são as donas de casa, as mulheres. Em consequência, o bom gosto dedicado na seleção dos prémios destina-se a agradar às clientes.

A aplicabilidade do colecionismo, como forma de promoção de vendas, surge particularmente associada à concretização das seguintes condições[7]:
- Existência de uma relativamente fraca diferenciação entre marcas concorrentes; nenhuma delas poderá exibir uma clara vantagem competitiva.

- Existência de capacidade produtiva, isto é, a firma deve poder absorver vendas extraordinárias com acréscimo de custos pouco significativo.
- A firma promotora não é líder, ou sendo líder a sua posição é frequentemente ameaçada pela concorrência. Qualquer que seja a posição da marca no mercado, a firma tem condições de experimentar ganhos potenciais no mercado-alvo.
- Os clientes reconhecem as vantagens da lealdade àquela marca.
- Não existem custos associados à substituição de marcas.

Esta promoção de vendas é designada nos países anglo-saxónicos como programas de continuidade. O seu objetivo é garantir e estimular a continuidade da relação com o cliente. Dito por outras palavras, pretende-se fidelizá-lo à marca, evitando que ele a substitua por outra concorrente. Assim, estes programas não só representam um subsídio para os clientes habituais, mas também permitem conquistar novos clientes atraídos pelos prémios certos, isto é, que dependem apenas da sua persistência para os ganhar.

A relação ou a identidade dos prémios com a marca e os gostos e as preferências dos clientes são determinantes para o êxito da ação de colecionismo. Ou seja, só vale a pena o esforço de acumular provas de compra se o prémio a receber no final for suficientemente interessante.

Com o seu *claim* "Frize, a pura da loucura", a marca de refrigerantes Frize habituou-nos a alguma irreverência, dirigida para um público mais jovem. Sob um tema implicitamente ambientalista e, acima de tudo, humorista, propunha quatro possibilidades de prémios em troca por um determinado número de cápsulas. Tudo isto a pretexto do lançamento de novos sabores (ver Figura 5.4).

A Farinha Pensal da Nestlé é um daqueles produtos que ocupam um lugar simpático no imaginário de muitos adultos. São raras as crianças que não o comem e as avós e os pais que não o preparam (e por vezes também comem!) para os seus descendentes. A imagem da embalagem evoca tradição, autenticidade, natureza, pureza e inocência. A Pensal e a DMC lançaram uma ação de colecionismo que consistia em juntar e enviar 10 códigos de barras com 5€ (na altura ainda em escudos) para as despesas de correio. No final recebiam um *kit* ponto cruz para bordar. Bordar é uma prática associada aos bons costumes e a uma educação bem valorizada pelas avós e por muitas mães. A adequação psicográfica deste prémio com o sentido da marca aparentemente foi bem conseguida.

Quem usa farinha Branca de Neve gosta de fazer bolos. Dispor de formas invulgares e divertidas e de receitas novas e diferentes é um pretexto para

5 · PROGRAMAS DE FIDELIZAÇÃO DO CLIENTE

Figura 5.4 – Frize sempre irreverente

fazer mais bolos e... utilizar mais farinha. A promoção "Formas e Feitios" proporcionava a possibilidade de as clientes obterem três formas (palhaço, girassol e borboleta) e dois livros de receitas, bastando juntar 20 provas de compra. Em alternativa, quem não tiver tempo ou paciência pode solicitar os prémios, poderia enviar 8 ou 10 provas de compra e com o pagamento de 20€ ou 35€ (naquele tempo ainda em escudos) para as formas ou livro, respetivamente. Trata-se de recompensar os clientes que mais consomem, mas também os que mais apreciam e reconhecem a marca Branca de Neve, com prémios úteis e diferentes.

O mini-relógio que faz "mú-mú-ú..." e uma caneca musical que toca de cada vez que é levantada são bons pretextos para continuar a consumir leite Mimosa achocolatado. Os prémios não só têm desenhado o símbolo Mimosa, como também invocam por si a origem e a relação ao leite. Mas principalmente são bonecos que todos os miúdos adoram ter.

Nas ações promocionais de colecionismo, à semelhança dos concursos, a arte de persuasão está na escolha dos prémios mais adequados. Os seguintes casos exemplificam essa estratégia:

- A coleção Objeto de Desejo (ver Figura 5.5) destinava-se a um público feminino que aprecia joias com *design* moderno mas que também invocam a tradição de juntar as pequenas contas até perfazer um colar. A Matinal, uma marca da Lactogal, propunha a oferta de contas em prata em troca de várias combinações de embalagens de leite e/ou de leite mais outros produtos lácteos. Para receber uma conta Túlipa em prata juntamente com um colar/pulseira ou alternativamente a conta perfume, *clutch* ou sapato, bastava enviar as provas de compra (mais um cheque de 5€ apenas no caso de acumular apenas 3 *packs* de embalagens de leite).

Figura 5.5 – Ação de colecionismo da Matinal

- Oferecer bilhetes de cinema pode ter impacte na marca se for conceptualmente bem tratado em termos de comunicação. As pastilhas Mentos e a marca de roupa íntima Dim aliaram-se à Zon na troca de provas de compra por dois bilhetes, sendo um deles pago por inteiro. Na campanha "Vai ao cinema com Mentos", que oferecia um total de 100 bilhetes, para ativar o prémio era necessário imprimir um *voucher* no *micro-site* momentosdecinema.com e juntar o talão de compra de duas embalagens, dirigindo-se depois a uma bilheteira da Zon. O texto do folheto distribuído nos supermercados ainda contextualizava melhor a ligação entre a marca e a oferta: "Os melhores beijos também estão no grande ecrã".
- O que têm em comum a Haagan-Daz, a McDonalds e a Tea Shop? Estes três retalhistas ofereciam no final de uma série de compras/refeições um prémio que era também o produto análogo àquele que tinham consumido. A ideia da Haagan-Daz era estimular o cliente a "explorar sensações" e no final da compra de 4 sabores apresentados no passaporte Premium era oferecido o sabor/bola de que mais se tinha gostado. Na McDonalds, na compra de 6 McMenus era oferecida a sétima refeição equivalente. Para tal bastava manter um cartão e guardar os talões. Na Tea Shop era fornecido um cartão e no final de 11 compras com despesas superiores a 10€ validadas com um selo recebia-se uma lata de 100g de chá. No entanto, quem fizesse o registo no *site*, não só poderia obter uma selo extra como também passava a receber por *e-mail* as novidades sobre promoções.
- Qualquer marca de produtos alimentares procura estar ligada a benefícios associados à saúde e ao bem-estar. A margarina Planta ofereceu aos seus clientes uma régua de parede personalizada com a foto dos filhos dos participantes na promoção de vendas designada por "Planta para todos". Os clientes teriam de enviar a prova de compra de 2 embalagens à escolha, em remessa livre, bem como uma foto do filho/a por *e-mail*. O folheto distribuído nos supermercados também esclarecia que apenas as primeiras mil respostas recebidas até a uma determinada data eram válidas (ver Figura 5.6).
- A seleção dos prémios a oferecer como compensação do esforço de compra – "stockagem" ou de continuidade – deve ser apelativa e tanto quanto possível relacionada utilitariamente, ou simbolicamente, com os valores da marca. Por outro lado, o seu custo deve ser compatível com os ganhos a obter. Associado a este critério temos o fator sazonal, de que são exemplo as seguintes promoções: a oferta

de sacos e toalhas de praia (na compra das marcas Sun, Skip e Confort), a oferta de um conjunto de praia Dove (3 sacos transparentes com formatos e dimensões diferentes), um *tupperware* na compra de produtos de marca Cif, bolas de praia ou sacos/almofadas insufláveis ou uns individuais mais umas bases de copos com motivos natalícios.

Figura 5.6 – Planta a metro

Uma prática que, embora frequente, é de conveniência duvidosa consiste em prevenir, logo à partida, os participantes de que a entrega de prémios fica condicionada à disponibilidade do "*stock* existente". Trata-se de uma espécie de advertência com algum conteúdo legal que pode ser traduzido como: "já avisámos, agora o problema é seu". Isto é, se a participação exceder o número inicialmente previsto, logo no primeiro mês, os participantes e requerentes do prémio que chegarem depois podem vir a não ser contemplados. Porém, esses requerentes têm "direito" a receber o seu prémio porque aderiram, provaram e confiaram. É de elementar justiça. Outra questão elementar é que ninguém sabe se de facto a firma ultrapassou o *stock*... Quem é que garante a suposta boa-fé? Mas o pior é que as embalagens continuam a anunciar a vigência e a validade da ação promocional mesmo após a referida rutura de *stock* se ter verificado. A isto chama-se enganar os clientes. A possibilidade de extravio das cartas nem sempre é um argumento convincente... Afinal, para que serve uma promoção de vendas se não para recompensar os clientes que apoiaram a iniciativa? Estes, contudo, acabam duplamente penalizados. Primeiro, porque foram induzidos a participar – custo de oportunidade. Em segundo lugar, porque as expectativas foram frustradas. Relativamente à empresa, ela demonstra ter uma fraca responsabilização social, pois utilizou a boa-fé dos consumidores simplesmente para seu proveito. E revela uma competência limitada porque foi incapaz de planear corretamente a ação.

Numa ação de colecionismo realizada pela Sociedade Queijos de França, o respetivo folheto continha a seguinte informação: "Promoção limitada ao envio de uma coleção de pratos por pessoa e por morada. Promoção válida até 31/08/99. Limitada a 14.000 pratos de sobremesa e 2.000 pratos normais. Linha telefónica de Apoio à promoção 01/303..." De realçar dois aspetos: (1) os consumidores são informados logo à partida dos condicionamentos – número de pratos disponíveis por pessoa e quantidade total de objetos a oferecer; e (2) existência de uma linha de apoio para eventuais esclarecimentos suplementares.

Numa promoção de vendas da Planta, que oferecia um mini tabuleiro e uma chávena, o cliente era informado de que só atribuem o prémio às primeiras 10.000 respostas válidas. Noutras ações envolvendo a margarina Vaqueiro também estava explicitado que dispunham de 1.000 livros para oferecer, ou no caso da Lipton de 1.500 *packs* de DVDs de uma série televisiva. O facto de se indicar o número máximo de colares (16.000) disponíveis para oferecer na promoção de vendas envolvendo várias marcas (Pantene, Olay, H&S, etc.) revela transparência. A Coca Cola, numa promoção com grande sucesso efetuada no final dos anos 90, quando era vítima do seu próprio sucesso, isto é, a adesão ultrapassava o *stock*, não desiludia os participantes. Oferecia-lhes algo igualmente interessante no vasto conjunto de artigos de *merchandising* de que dispunha. Ou seja, ninguém ficava sem receber um prémio.

Uma possibilidade atrativa desta forma de promoção de vendas resulta de os prémios oferecidos poderem ser total ou parcialmente autoliquidáveis ao valor de custo. Basta pedir ao cliente o pagamento de um montante a enviar à firma, sob pretexto, por exemplo, da participação nas despesas do correio.

São vários os processos para comunicar e implicar o consumidor nas promoções de vendas. É o caso do café solúvel topo de gama da Nestlé e o recurso ao *direct-mail* para comunicar diretamente com os clientes. "Cara..., é com imenso gosto que Nestlé entra de novo em sua casa." É nestes termos que começa a carta assinada pelo Dr. José Ribeiro e dirigida a uma participante antiga do concurso "Mulher". Depois de explicada a natureza da promoção é sugerida a leitura do folheto em anexo, onde é descrito que se pode obter um "conjunto de seis chávenas de porcelana da SPAL decoradas artisticamente e assinadas" bastando para tal enviar dois códigos de barras de Nestlé Gold Blend... e ainda um montante a pagar "que já inclui despesas de embalagem e envio". Entretanto, para já, a cliente pode saborear uma amostra do Nestlé Gold Blend enviada juntamente com a carta.

NOTAS FINAIS

[1] Dick, A. S. e Basu, K. (1994). "Customer Loyalty: Toward an Integrated conceptual Framework". *Journal of the Academy of Marketing Science*, 22. pp.99-113

[2] Nunes, J. C. e Dreze, X. (2006). "Your loyalty program is betraying you". *Harvard Business Review*, 84 (4). pp.124-31.

[3] Reinartz, W. e Kumar, V. (2003). "The Impact of Customer Relationship Characteristics on Profitable Lifetime Duration". *Journal of Marketing*, 67 (1). pp. 77–99.

[4] Nunes, J. C. e Drèze, X. (2006). "The Endowed Progress Effect: How Artificial Advancement Increases Effort". *Journal of Consumer Research*, 32 (4). pp. 504-12.

[5] Mintel Internacional Group, TTA 17 Hotel Loyalty Schemes, TravelandTourism Analyst Nº 17, Oct. 2005.

[6] QSP Summit 2010.

[7] Feldman, J. (1994). "Continuity promotions". In T. B. Block e W. A. Robinson. *The Dartnell Sales Promotion Handbook*. 8.ª ed.. pp. 148-65.

Capítulo 6
Aplicações das promoções de vendas noutras áreas: Serviços, pequenos retalhistas, farmácias e comerciais

6.1 – PROMOÇÕES DE VENDAS NOS SERVIÇOS

Os responsáveis do marketing de algumas marcas procuram integrar componentes de serviço aos seus produtos como forma de adicionar um valor acrescentado suscetível de as diferenciar perante uma concorrência também ela imaginativa. Por exemplo, a marca Skip dispõe de uma linha telefónica gratuita para o esclarecimento de dúvidas quanto à utilização dos seus produtos. Determinados retalhistas da área de cosméticos não se limitam a vender os produtos, também aconselham as melhores soluções para cada tipo de pele e finalidades. Os serviços também revelam uma aproximação ao conceito de produto através da materialização proporcionada pela embalagem ou pela disposição de brindes que perpetuam a presença da marca de um determinado hotel.

A tendência é os serviços associarem-se a produtos e de os produtos incorporarem os serviços tornando cada vez menos clara a fronteira entre ambos. Fica fora do âmbito deste livro prolongar a análise sobre a natureza dos serviços para além da sua estrita relação com a atividade promocional. O Esquema 6.1 procura sintetizar as principais características distintivas dos serviços perante os produtos[1]. Tecnicamente, a mecânica destas ações promocionais realizadas nos serviços segue o mesmo princípio que nos produtos.

INTANGIBILIDADE — Não podem ser legalmente patenteados e o seu conceito pode ser facilmente copiado; o que conta é a natureza da experiência e a avaliação subjetiva do desempenho.

FATOR HUMANO — Fonte de riscos e oportunidades; a imaginação e o improviso tornam por vezes os resultados imprevisíveis; a avaliação de um serviço depende não apenas do prestador, mas também da influência dos outros consumidores.

HETEROGENEIDADE — Oposto da padronização; o tipo de serviço depende da interação humana, logo, a variabilidade é a norma; o controlo de qualidade resulta mais complexo.

ENVOLVIMENTO DO CLIENTE — O cliente pode ser um participante ativo da produção do serviço; é o consumidor que toma a iniciativa, que define parte ou a totalidade das especificações do serviço desejado, que coopera com o prestador do serviço na realização do mesmo e, eventualmente, produz ele próprio parte desse serviço.

CONSUMO/PRODUÇÃO — Não podem ser armazenados ou devolvidos; simultaneidade da produção e do consumo; o comprador não fica proprietário do serviço.

FATOR TEMPO — Muitos serviços são fornecidos em tempo real e os consumidores têm de estar fisicamente presentes; o tempo surge como um indicador de qualidade; novos problemas: gestão das filas e do tráfego, segmentação em função das expectativas e da importância do tempo; a velocidade de prestação do serviço é um elemento diferenciador.

CANAIS DE DISTRIBUIÇÃO — Os canais são muito diversificados: o ponto de consumo coincide com o local de produção; exige a presença pessoal com o prestador; transferência de operações para vias eletrónicas e automatizadas.

PROCESSO — Noções de como a produtividade e a criatividade têm outro significado - do seu equilíbrio deriva a competitividade do negócio.

Esquema 6.1 – Principais características dos serviços

6.1.1 – PRODUTOS QUE "PROMOVEM" SERVIÇOS

O serviço permite acrescentar valor ao produto. Permite descobrir, aprender e explorar as suas potencialidades. Gera ligação emocional. Contribui para reforçar uma atitude positiva. Associa uma dimensão social ao seu consumo. Proporciona conveniência. Por estas razões constata-se, em determinadas famílias de produtos, uma maior incidência de promoções de vendas em que o benefício se traduz num serviço.

Nas lojas Fnac, um folheto com um formato de aplicativo para pendurar no puxador da porta, com a inscrição "Do Not Disturb", era afinal um vale para o bilhete para assistir ao concerto de uma banda pop com vários concertos agendados. Para tirar partido da oferta teria de se pré-comprar o novo disco e depois dirigir-se à bilheteira 60 minutos antes de o espetáculo começar, para trocar o vale pelo bilhete. Desta forma, a experiência fica mais enriquecida. Assiste-se ao concerto e depois recorda-se ouvindo o CD.

Os cuidados de higiene invocam cuidados de saúde. A Colgate, no âmbito de uma parceria com a SPMD, e de forma recorrente, coloca gratuitamente à disposição dos seus clientes a realização de um *check-up* dentário durante o Mês da Saúde Oral. A marcação da consulta é efetuada através de uma linha telefónica exclusiva. O folheto, distribuído junto ao linear, articula os conselhos com os vários produtos Colgate que poderão ajudar a ter uma boa higiene oral e produzir um "sorriso bonito e saudável". Na compra de um produto Oral-B o cliente habilita-se a ganhar um seguro de saúde oral por dia. A frase mais criativa contendo as palavras Oral B e Sonae, enviada por sms, seria a vencedora.

A beleza não se alcança apenas com aplicação de cosméticos. Na compra de dois produtos de um conjunto de oito marcas – Pantene, H&S, Herbal Essences, Gillette Venus... – era oferecida uma massagem. Já a Nivea proporcionava um tratamento de beleza, num salão aderente, para quem comprasse dois produtos da marca. O presente da Garnier para as suas clientes era um diagnóstico completo do estado da pele ao nível da hidratação e oleosidade e acompanhado por aconselhamento personalizado. A Clarins convidava a cliente e outra acompanhante a efetuar uma maquilhagem *flash* gratuita, para além de receber um creme anticelulítico de formato viagem. No quadro do conceito Skip "Viva!... É bom sujar-se", a marca de detergente de lavar roupa propunha um dia de treino em Lisboa-Monsanto e no parque da cidade do Porto com múltiplas atividade – salta *bunging*, acelera, desliza *surf*, chuta futebol, manutenção, yoga, *rugby*, etc. para as crianças, mas também algo para os pais. No folheto não constava qualquer condição de compra para participar neste evento. Mas, quando se é líder de mercado, todas as oportunidades para se sujar têm retorno nas vendas do Skip.

No sector alimentar também abundam prémios imateriais. No milhão de prémios que a Danone incluía em todos os pacotes de Actimel, havia atividades de lazer (com desconto de 20% ou oferta de outro bilhete na compra de um), atividades *fitness* (oferta de uma aula de yoga, pilates, dança, etc.), massagens, teatro e cinema. A marca de queijo *mozzarella* Galbani foi mais longe na promoção da experiência gastronómica italiana: na compra de dois produtos da marca era oferecido um prato principal desde que também comprasse outro... num restaurante italiano.

De acordo com os gestores da Formas Luso os 10 g/L de fibras saciaris contribuem para reduzir efetivamente o apetite. Aproveitando a dinâmica proporcionada pelas redes sociais, a marca lançou uma campanha designada por "Portugal em Forma". Durante três meses os consumidores da Formas Luso poderiam ser acompanhados por nutricionistas e ter acesso a um plano alimentar adequado às suas necessidades. As inscrições podiam ser efetuadas no *site* ou via telefónica. Um camião devidamente equipado e decorado passava por vários locais, devidamente anunciados no Facebook. As redes sociais passaram a ser a plataforma de troca de experiências sobre a perda de peso (ver Figura 6.1).

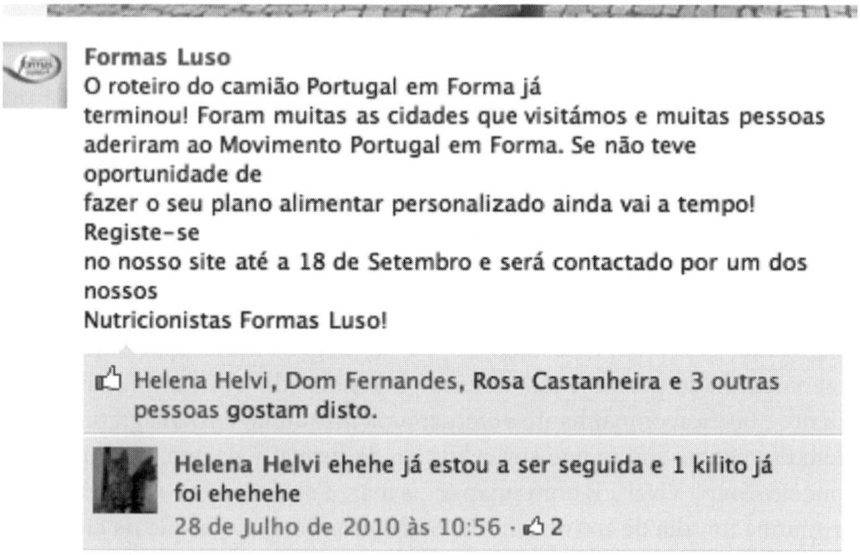

Formas Luso
O roteiro do camião Portugal em Forma já
terminou! Foram muitas as cidades que visitámos e muitas pessoas aderiram ao Movimento Portugal em Forma. Se não teve oportunidade de
fazer o seu plano alimentar personalizado ainda vai a tempo!
Registe-se
no nosso site até a 18 de Setembro e será contactado por um dos nossos
Nutricionistas Formas Luso!

👍 Helena Helvi, Dom Fernandes, Rosa Castanheira e 3 outras pessoas gostam disto.

Helena Helvi ehehe já estou a ser seguida e 1 kilito já foi ehehehe
28 de Julho de 2010 às 10:56 · 👍 2

Figura 6.1 – Eco nas redes sociais do efeito Formas Luso

Continuando com o tema da nutrição, o comprador da obra *Eat Right America* tinha acesso gratuito durante 30 dias a um programa *online* que permitia um maior sucesso na prescrição de uma dieta saudável.

Atendendo a que o seguro automóvel é obrigatório por lei, a oferta da primeira anuidade é algo bem-vindo e constitui um incentivo inicial na decisão de compra de uma determinada marca. Essa foi a estratégia adotada pela Citroen, Renault e Peugeot. No caso da Renault, como o concessionário comemorava os 15 anos ofereceu também 3 mensalidades do financiamento. A competição entre gasolineiras favorece a imaginação. Enquanto muitos se indignavam por ter de pagar nas antigas SCUT, a BP distribuía nas principais rotundas das localidades "afetadas" um folheto que prometia que eram eles que se responsabilizariam pelo pagamento das portagens para quem abastecesse na BP com pelo menos 20 litros de combustível. Os vales recebidos tinham um valor igual ao referido custo: 1,25€.

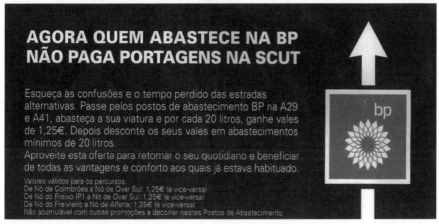

Figura 6.2 – Solução imaginativa para atrair tráfego para as bombas da BP

6.1.2 – ESTRATÉGIAS PROMOCIONAIS NOS SERVIÇOS

As nove estratégias promocionais descritas em baixo não procuram cobrir exaustivamente todo o tipo de abordagens na área dos serviços, quanto à utilização das promoções de vendas, contudo representam as estratégias mais frequentes. A seleção dos exemplos usados para ilustrar cada uma das estratégias baseia-se na sua convergência explícita e não nas intenções expressas dos responsáveis pela sua implementação. Sendo assim, um determinado exemplo pode, igualmente, enquadrar-se em mais do que uma estratégia promocional.

1. Regularizar o tráfego – ajustar a oferta às flutuações da procura
As companhias aéreas, mas também as cadeias de hotéis no quadro dos seus planos de fidelização, fazem uma gestão no sentido de bonificarem a ocupação e as estadias, em épocas consideradas de "baixa" ou dias da semana com menor tráfego. Existem modalidades alternativas mais flexíveis de troca de milhas, algumas associadas ao pagamento de apenas metade da tarifa normal e em troca de um número menor de milhas de maneira a que os clientes com menos milhas acumuladas também possam beneficiar.

PROMOÇÃO DE VENDAS E COMUNICAÇÃO DE PREÇOS

Esquema 6.2 – Estratégias promocionais

Ter o Cartão Jovem, ou ser sénior com mais de 65 anos, significa descontos nos transportes públicos. No caso do serviço ferroviário e dos expressos rodoviários inter-regionais, estes dois grupos são incentivados a viajar nos períodos de menor tráfego. Os consumidores que visitavam o centro comercial Cidade do Porto não só tinham acesso a bilhetes de cinema mais baratos como também podiam estacionar gratuitamente o seu veículo no parque do centro comercial, desde que efetuassem compras superiores a 1.000 escudos. É claro que esta promoção funcionava só a partir das 20 horas! Tratava-se da promoção "Noites no Shopping". Quando a Páscoa acontece em abril, o mês de março precisa de animações/eventos especiais, para revitalizar o tráfego e as vendas. Esse é o espírito da Fashion Week do Cascais Shopping, que proporcionava consultores de moda aos seus consumidores, para "revolucionar a sua maneira de vestir".

2. Privilegiar grupos de consumidores específicos

Não há nada pior para o negócio da noite do que ter uma discoteca com falta de público feminino. Este é o caso mais clássico de necessidade de reequilibrar o tipo de clientes em função do sexo. Por isso, invariavelmente, as senhoras não pagam. Ao disponibilizar gratuitamente centros infantis com *babysitters* e outros profissionais especializados, determinados restaurantes, cinemas, centros comerciais, etc. estão a criar condições para os pais poderem sair de casa com os filhos pequenos e usarem o referido serviço.

O grupo Pestana pretendia atrair as famílias com crianças, fomentando estadias mais prolongadas. A cargo do maior grupo nacional de hotéis ficaria a semanada dos miúdos dos 2 aos 13 anos, para consumos de comidas e bebidas (ver Figura 6.3). O alojamento seria grátis se ficassem no mesmo quarto dos pais. No caso de 3 unidades mencionadas no folheto a semanada era a dobrar.

Figura 6.3 – Superférias com os filhos no grupo Pestana

Há alguns anos, a cadeia de hotéis SAS ofereceu aos clientes com mais de 65 anos um desconto com uma percentagem equivalente à sua idade. Assim, um cliente com 80 anos tinha direito a uma redução de 80% no preço normal de estada. A única condição para a marcação era que o referido hotel tivesse quartos vagos. A ideia era conseguir uma taxa de ocupação média anual mais elevada através de marcações condicionadas, quase de última hora. Tudo correu bem até que um hóspede sueco exigiu num hotel da referida cadeia em Viena o retorno de 2% extra do valor da estada de uma noite. A razão era simples: ele tinha 102 anos! O seu pedido foi aceite, e foi-lhe devolvido o montante correspondente. De facto, 102% de desconto implica um rendimento negativo para a cadeia. Por último, o hóspede centenário desafiou o gerente desse hotel para um jogo de ténis; o resultado, porém, nunca foi divulgado...[1]

Um seguro grátis só para mulheres: "O seguro automóvel com instinto feminino de série". Este seguro amigo das mulheres da Fidelidade Mundial garantia a reparação de pequenos toques sem o pagamento de franquia... mas também dava assistência quando as condutoras se enganavam e colocavam gasolina em vez de gasóleo, ou vice-versa. Para acelerar a adesão ainda era oferecida às primeiras aderentes a primeira anuidade do cartão de saúde Activcare Geral (Figura 6.4).

Figura 6.4 – Um seguro amigo das mulheres

Fomentar o envolvimento dos pais e familiares mais próximos em esquemas de poupança dirigidos a menores não constitui algo inovador. O objetivo é estimular aplicações de longo prazo fidelizando, não só os mais velhos, como também, indiretamente, implicar progressivamente os mais novos. O Banif criou quatro contas poupança dirigidas aos diferentes grupos etários. Até aos 6 anos, a abertura da conta poupança tinha como retorno imediato um simpático boneco de peluche. Dos 7 aos 13 anos, o brinde era uma Diciopédia. A oferta para os mais velhos – do 14 aos 17 anos – podia ser dupla: uma Diciopédia e um relógio. Todos eles poderiam ainda ganhar uma bicicleta, desde que aderissem ao contrato da Conta Nova Geração.

No sector bancário é reconhecida a importância da primeira conta numa fase próxima da entrada dos recém-licenciados na atividade profissional. Se a experiência com a entidade bancária correr bem, a probabilidade da continuidade da relação é elevada. Já há vários anos que o Santander Totta alicia os estudantes universitários. Em 2010, o Pac4U oferecia serviços de voz e de sms, através de um acordo com operadores de telemóvel. No ano seguinte, mantendo a cooperação com os operadores de telemóveis, o banco acrescentou o "passatempo 20 valores". Essa promoção implicava mostrar a criatividade, via página no Facebook da marca, podendo ganhar 10 *iPads*, 10 *scooters* e 6 *iPhones*.

3. Acelerar a adesão

Não é de esperar que a generalidade dos consumidores que subscrevem, ou compram, um determinado serviço o faça para poder beneficiar de um brinde ou participar num determinado concurso. No entanto, uma vez tomada a decisão, a possibilidade de receber um prémio imediato ou de habilitar-se a um sorteio leva-os a concretizá-la mais rapidamente. Quando o limite temporal da promoção é realçado no anúncio de uma promoção de vendas, tal representa um sinal de alguma urgência: a oportunidade é temporalmente limitada, logo, convém apressar-se. Na "conta + ordenado" do banco Best, um *NetBook*, um *iPod*, um GPS TomTom ou um *iPod nano* podiam ser oferecidos, consoante as condições do contrato, desde que fosse celebrado até uma determinada data. O mesmo sucedeu com a oferta de um *check-up* da Médis ou do seguro Proteção Vida, para o Pai ou para a Mãe, com oferta de uma das 225 experiências possíveis entre os pacotes de A Vida é Bela... se a subscrição se realizasse até uma determinada data.

A propósito do Dia dos Namorados a campanha dos CTT sobre a Phone-ix tinha de ser romântica e com prazo limitado – de 1 a 16 de fevereiro. As experiências *zen* e de dança para duas pessoas podiam ser reclamadas logo que se efetuasse um carregamento superior a 15€. Para todas as reservas efetuadas 60 dias antes da partida, a agência Abreu oferecia um conjunto de malas por cada quarto comprado, correspondente ao programa «Magia do Ártico». A tomada de decisão atempada era valorizada. Para a agência, as vantagens em termos de planeamento e tesouraria eram evidentes.

4. Motivar e premiar a adesão dos novos membros

A resistência inicial de adesão a um determinado serviço é, acima de tudo, uma inércia ou passividade em agir. O consumidor já teve tempo suficiente para ponderar e a decisão está tomada, basta um "empurrãozinho". A British Gas usou o canal Amazon para divulgar, através de um folheto, que os clientes dessa loja *online* receberiam um cupão de £20 se aderissem a um dos quatro planos de fornecimento e assistência de gás ao domicílio. Ao aderir ao serviço de assistência domiciliária Serviaide, a compra de qualquer serviço técnico beneficiava de um desconto de 10%.

O Santander Totta segmentou o prémio de adesão à Super Conta Ordenado Jovens Graduados em função do rendimento dos potenciais clientes: para ordenados superiores a 1.500€ o prémio era um computador portátil e os novos clientes com ordenados superiores a 375€ receberam um telemóvel *touchscreen*. Quando ainda havia competição entre bancos para a concessão do crédito, o BPN oferecia as despesas com a escritura e os custos da transferência. Neste caso também minimizava os custos de substituição entre bancos. Num acordo especial com a Ordem do Economistas, o grupo BES propôs a quem conseguisse que dois amigos não clientes do BES aplicassem mais de 35.000€ cada em soluções de poupança e investimento a oferta de um *iPad* como prémio. Aqui seria o prescritor o beneficiado. Idêntico procedimento seguiu o Barclayscard. Por cada amigo recomendado que efetuasse o contrato de acesso ao cartão de crédito, o promotor receberia na sua conta 25€. Não existindo limite de amigos, também não existia um limite em termos de acumulação de recompensa.

5. Encorajar a experimentação e reduzir o risco na adesão

Em muitos casos, os encargos de instalação de equipamento necessário ao desenvolvimento de um novo serviço são anulados, não só para motivar a adesão mas também para reduzir o sentimento de risco inicial. A supervisão médica gratuita visa um primeiro contacto com os especialistas da Clínica do Pelo. Consoante a impressão causada e o orçamento com uma promoção especial no preço, assim poderá haver continuidade. Trata-se do primeiro passo para se ganhar confiança. A Easytech é o centro de assistência informática da Staples. O facto de oferecer um diagnóstico para detetar eventuais problemas nos equipamentos facilita a posterior adesão a esse mesmo serviço. A Onehourtranslation.com proporcionava uma amostra gratuita que consistia na tradução de 50 palavras. A política de preço era transparente e o ritmo de execução controlável (1 página = 1 hora). A impersonalização (distância resultante do uso da Internet) era contrabalançada com um teste prévio da qualidade e rapidez do serviço.

Quando o CityBank começou a operar no mercado nacional dos cartões de crédito, e apesar da sua notoriedade internacional, em Portugal ainda era pouco conhecido. Uma via para facilitar a aceitação da marca foi oferecer a primeira anuidade do cartão aos novos aderentes. Na sequência do lançamento do Individual Savings Account, um novo produto de poupança do Barclays no Reino Unido, todos os interessados que telefonassem para o número de atendimento gratuito para obter mais informações eram presenteados com um cartão PT, dispondo de 15 minutos de conversação telefónica gratuita.

"Faça a festa e traga o que não bebeu" foi a sugestão dada aos seus clientes e expressa num folheto da cadeia Pingo Doce. Desde que devidamente acondicionadas, todas as garrafas de bebidas alcoólicas não consumidas podiam ser devolvidas mediante a apresentação do talão de compra, no prazo de 15 dias. Sendo assim, mais vale levar a mais do que a menos para que não falte, pois o risco de desperdício é eliminado.

Para facilitar o primeiro contacto, a Clínica Dentária Volte a Sorrir, emitiu folhetos com um cupão destacável (ver Figura 6.5).

Figura 6.5 – Serviços de saúde em medicina dentária também fazem promoções de vendas

6. Recompensar a ligação à marca ou o investimento em tempo numa colaboração

Um envelope distribuído pelas caixas de correio tinha impressa a simpática imagem do Snoopy e um lápis colado, no seu conteúdo vinha (numa folha igualmente colorida com os desenhos animados do Snoopy) uma carta de apresentação. A mensagem era simples: "Este lápis já é teu! Mas tenho mais esta prenda para te dar." Bastava que os "Caros Papás" respondessem a um curto inquérito e o enviassem numa carta RSF para a seguradora Génesis. No retorno do correio vinha um estojo escolar exclusivo com a figura do Snoopy. Um provável objetivo era o de constituir uma base de dados e ao mesmo tempo efetuar uma prospeção de mercado para uma posterior abordagem mais personalizada.

"Por ser cliente Disney Cinemagic na Zon vá à Disneyland". "Este presente mágico" no valor de 200€ poderia ser descontado na agência Abreu, que teria a seu cargo a programação da viagem à Disneyland Paris.

7. Acréscimo nas vendas, tráfego, incentivo ao uso

Periodicamente, os bancos emissores de cartões de crédito efetuam ações promocionais associadas a programas de acumulação de valores correspondentes aos futuros débitos das transações mediadas pela instituição que gere o cartão.

Uma das áreas de negócio dos CTT prende-se com os serviços de cobrança a terceiros. Quando se paga as contas de água, telefone, eletricidade, impostos ou contribuições e seguros nos balcões dos correios, os CTT ficam com uma comissão. Por cada pagamento, o utente fica automaticamente habilitado a um dos sorteios mensais – ao todo, seis – e a um final. Os prémios eram certificados de aforro: 30 no valor de 125 mil euros, 4 de 10.000€ ou 1 de 1.000€. No final, o montante sorteado era de 25.000€ (naquela altura em escudos).

A Telepizza desenvolvia em simultâneo, embora não cumulativamente, um conjunto de ações promocionais: L2P1 na loja e *take-away*, redução de preço de segunda a sexta-feira, 50% de desconto às quartas-feiras, oferta de brindes alusivos ao futebol para pedidos superiores a 16€.

Quem estiver interessado em recorrer ao crédito, ALD, na compra do automóvel desejado, vai comparar as propostas das várias instituições bancárias e opta pela combinação mais favorável entre taxa/prestação de juro mensal, prazos, percentagens do valor residual e entrada inicial. No final, e em igualdade de condições, quem oferecer um *tablet* terá vantagem. As vendas desse serviço no Millennium BCP aumentariam, se o plano ALD da Toyota híbrido for tão interessante como os outros mas oferecer ainda algo extra.

8. Fidelização dos clientes

Na área dos serviços, os cartões de cliente são já muito frequentes. Estes cartões personalizados garantem descontos, oferta de brindes e ainda um serviço completamente grátis em função do número de visitas, da intensidade de utilização ou do volume de faturação acima de um determinado nível. Todos os cartões servem para identificar o cliente e registar gráfica ou magneticamente o número de pontos ou o volume de compras. Desde os programas de acumulação de número de milhas voadas, muito utilizados pelas companhias aéreas, até ao cartão de cliente do retalhista, todos eles conferem ao cliente, em certa medida, uma "sensação" de exclusividade, de pertencer a um clube. O Santander Totta é um dos patrocinadores de uma equipa da Fórmula 1... daí o aparecimento do cartão de crédito Ferrari. Durante um determinado período, 10, 30 e 50 compras com o cartão dava a origem a prémios que variavam, respetivamente, entre a oferta de um pólo, de um saco desportivo ou de um blusão, todos eles vermelhos e com o logótipo da famosa marca de automóveis de luxo. Mas os três melhores utilizadores do cartão Ferrari ganhavam uma viagem dupla à terra do saudoso Enzo. O Banif dispunha de um programa de acumulação de pontos, com oito escalões, para trocar por prémios de 2.500€ a mais de 20.000 pontos. A taxa de conversão era 1€ = 1 ponto.

O cartão Movie Watcher foi a forma que a AMC criou para premiar os cinéfilos frequentes. Por cada bilhete comprado acumulam dois pontos. Ao atingir 10 pontos, o cliente recebe grátis pipocas; por cada 10 pontos adicionais pode sucessivamente e, alternadamente, trocar por um bilhete, uma bebida e, de novo, um bilhete. No fundo, trata-se de ações de colecionismo aplicadas aos serviços. Como a relação com o banco deve ser entendida numa perspetiva de médio prazo, o Banco Best não se limitou a um presente de adesão na domiciliação do ordenado superior a 750€ e durante 6 meses pagava as despesas domiciliadas até 50€/mês. De uma forma mais simples, o maior emissor de cartão de descontos em restaurantes, com mais de 800 restaurantes aderentes no noroeste de Inglaterra, oferecia duas refeições pelo preço de uma. Não se trata de uma promoção L2P1, mas sim algo inerente à utilização do cartão. O que paga hoje, amanhã é gratuito.

9. Criar um ambiente simpático – surpreender

No Reino Unido, no momento de abertura de uma conta no Barclays o novo cliente recebe duas prendas de boas-vindas: uma caixa de chocolates da Cadbury's – Roses com a inscrição "Thank you" e o depósito de 15 libras esterlinas. Para quem não estava à espera de nada, trata-se de uma agradável surpresa.

Na primeira noite de estada no hotel de algumas cadeias, o hóspede é convidado a consumir uma bebida no bar ou tem direito à oferta das bebidas se fizer uma refeição.

A propósito do depósito a prazo Special One+, por cada 5.000€ aplicados era oferecido um bilhete para o Rock in Rio. Sendo as decisões sobre aplicação de ativos orientadas por uma lógica essencialmente racional, a atratividade da remuneração teria como extra o dito e simpático bónus. Na realidade, na última década os bancos começaram a ser particularmente emocionais na relação com os clientes. O Millennium BCP habituou-nos à oferta de vários CD's de música de intérpretes nacionais conhecidos (Sara Tavares, Pedro Abrunhosa, Jorge Palma, entre outros). Na campanha "Encoste-se a nós", com a domiciliação do ordenado é triplicado o valor do *plafond* de crédito.

10. Ser solidário

E quando, só pelo facto de comprarmos, estamos já ajudar e a ser solidários? Nós não recebemos nada, mas alguém recebe graças ao nosso contributo (involuntário, por vezes!). Isso também nos faz bem ao ego.

Na abertura de uma Conta Ordenado no BPI recebia-se como presente um relógio Swatch Amiguinho e, graças a isso, participava-se na construção de um centro de acolhimento para crianças em risco. Na âmbito da sua ação promocional "Com o GIZ a poupar, já a ajudar", por cada mealheiro entregue, quer através do passatempo dos clientes mais novos, quer pela abertura/depósito nas contas poupanças BES Júnior, o banco doava um *kit* escolar ao banco de bens doados (no total havia mais 4.000). "1 Nivea Sun crianças = 2 crianças vacinadas contra a poliomielite» (doença que pode provocar paralisia total) – era esta a informação que constava no folheto colocado no linear junto às embalagens. A parceria BDF/Unicef já permitiu que 390.000 crianças fossem vacinadas (ver Figura 6.6). A iniciativa Becel pró-activ contribuía para a reabilitação do campo de férias das Aldeias SOS. Desde 2009, por cada tonelada de velhos eletrodomésticos e equipamentos elétricos entregues pelos clientes, a Worten oferece 50€ em equipamentos novos para instituições locais tais como centros de acolhimento de sem-abrigo, apoio a crianças (creches, jardim infantil e ATL) e lares da terceira idade. Até 2011, a Worten já ofereceu mais de 2.500 novos equipamentos a 288 instituições, num investimento na ordem dos 300 mil euros.

Figura 6.6 – Uma marca solidária

Milhões de rótulos da água Volvic, à venda nos EUA, continham uma informação adicional: "Drink 1, Give 10". Graças a esta campanha e em cooperação com a UNICEF, 500 milhões de hectolitros de água potável foram captados na Etiópia. Os 5 cêntimos oferecidos pela marca por cada litro comprado permitiam abastecer 10 litros de água às populações necessitadas. A Volvic comprometia-se a, no mínimo, doar $500.000. Num domínio mais orientado para uma preocupação ambiental, a plantação/replantação da floresta tem originado e inspirado algumas marcas, conferindo um foco mais ecológico ao seu posicionamento. Para além da Água da Serra da Estrela (já mencionada anteriormente), a marca de calçado e acessórios Timberland implementou em 2007 um programa anual com a finalidade de contribuir para biodiversidade de zonas florestais portuguesas destruídas. Até 2011, já foram plantadas mais de 80.000 árvores em Trás-os-Montes. A partilha era simples: em cada 2€ de custo para plantar árvores metade era suportado pela marca e a outra metade pelo cliente.

O desafio da Eileen Fisher – cadeia americana de moda feminina – era promover a reciclagem de roupa da estação anterior. Em troca da entrega de peças em bom estado, as clientes recebiam um cupão de $5 por peça. Essa roupa seria posteriormente entregue pela fundação da marca a instituições de caridade para mulheres e jovens necessitadas.

Caixa 6.1   **Holmes Place – consistentemente com promoções de vendas**

O Holmes Place foi talvez a primeira grande cadeia de ginásios/ *health clubs* em Portugal com um conceito de negócio distinto do tradicional e uma estratégia de expansão/ crescimento agressiva. Dispondo de 13 clubes no país e com uma estrutura profissional e modernamente equipada era exigido um número de sócios e de tráfego para ser rentável. Nesse sentido, para além de um trabalho ativo da sua força de vendas para efetuar acordos com empresas e entidades, no sentido de proporcionar condições em grupo mais interessantes e da relativamente intensa presença publicitária, as promoções de vendas foram aplicadas com grande regularidade e consistência, especialmente quando o enquadramento competitivo assim o exigia. Os gestores da Holmes Place têm usado várias abordagens imaginativas em termos de mecânica e diversidade de técnicas. Os objetivos passavam por acelerar a decisão de adesão, por induzir o efeito de grupo ao angariar novos sócios com prémios para o angariador, pela recuperação de clientes antigos entretanto desligados e por gerar experimentação com o clube para novos potenciais clientes. Nem todas as ações abrangiam a totalidade dos clubes, pois havia promoções locais tendo em conta as condições do mercado.

PROMOÇÃO DE VENDAS E COMUNICAÇÃO DE PREÇOS

- **Vantagens via preço**: "No verão há muitos destinos, mas só um te deixará em forma – inscreve-te agora e não pagas até setembro"; "As férias chegam a correr, não deixes que te apanhem destreinado – desconto igual ao teu peso".
- **Brindes**: "Esta primavera começa a cuidar de mim: inscreve-te em março e recebe 1 *voucher* de 100€ em equipamento Adidas" (ver Figura 6.7); "Para descansar nas férias, antes terás de te cansar – em junho leva um *trolley* de oferta"; "Inscreve-te em outubro e recebe um fim de semana grátis para duas pessoas num Hotel Vila Galé"; "Volta ao trabalho com o Holmes Place – inscreve-te e ganha um *iPod shuffle* de 2GB"; "Hoje é o calor, amanhã é o frio... Tens uma desculpa para cada estação – inscreve-te e recebe um *summer pack* (1 massagem *zensations*, 2 sessões com um *personal trainer* e um mês de serviço de toalha e cacifo)"; "Desperta a tua vontade de treinar – com a tua inscrição, oferta de um casaco Adidas"; "Alta rotação e muita energia – inscreve-te em maio e recebe uma bicicleta de montanha!".
- **Amostra gratuita**: "Experimenta 7 dias e conhece as ofertas"; "Basta um dos 3 amigos se inscreverem para, durante o mês de maio, ganhar de imediato um monitor de frequência cardíaca de pulso"; "Não queime mais os pés! – venha fazer uma visita durante o mês de julho e receba diretamente um par de chinelos sem qualquer compromisso".
- **Garantia 100% de satisfação**: "Complete o nosso programa – eu treino +2x/semana – ao longo de 10 semanas e se no final não estiver satisfeito(a) o Holmes Place devolve-lhe o dinheiro na totalidade".

Figura 6.7 – *Voucher* de 100€ para os novos clientes da Holmes Place

6.2 – AS PROMOÇÕES DE VENDAS E O PEQUENO COMÉRCIO

O *marketing* de produtos de grande consumo que operam em grandes superfícies tem sido a orientação dominante deste livro. Por um lado, a nossa análise tem-se focalizado na operacionalidade das técnicas de promoção de vendas; por outro, na relação distribuição-fornecedor. Esta secção vai discutir a aplicabilidade e as condições da aplicabilidade das promoções de vendas pelos retalhistas-pequenos comerciantes. Agora as promoções de vendas deixam de ser instrumentos exclusivos dos fornecedores e dos grandes retalhistas e passam também a ser consideradas ferramentas e estratégias dos comerciantes. Convém, primeiro, esclarecer três aspetos: primeiro, o comércio a que me refiro não é o comércio tradicional mas sim o moderno, pois não se pode ressuscitar e viabilizar as locomotivas a vapor, bem úteis no século passado, só porque são máquinas interessantes; segundo, trata-se de pequenos comerciantes que acreditam que a melhor forma de se defender, e até de concorrer com as grandes superfícies, passa por satisfazer melhor e cada vez melhor o cliente; terceiro, dada a diversidade e a variedade de comércio, nesta análise considera-se como referência a mercearia – loja de produtos alimentares e de limpeza doméstica.

Uma loja é um produto, mas a Loja da D. Albertina é já uma marca. O comerciante deve encarar a sua loja, o seu negócio, tal como o fabricante vê o seu produto, isto é, como uma marca. Tal perspetiva significa que a Loja da D. Albertina é um produto único, exclusivo, distinto e com personalidade. Em última análise, o que lhe confere personalidade prende-se com o caráter e com o relacionamento da D. Albertina com os clientes. No entanto, não basta a natureza intimista da D. Albertina, pois assim ficávamos, apenas, pelo que de melhor tem o comércio tradicional. Para esta comerciante ser bem sucedida, outros investimentos, condições e estratégias terão de ser concretizados. Vejamos primeiro estas medidas e, só em seguida, iremos discutir as promoções de vendas no pequeno comerciante.

6.2.1 – MODERNIZAR-SE

Explorar o que é único na sua loja
1. A **localização** da sua loja é exclusiva. Podia ser outra, mas é aquela, por isso procure tirar o máximo partido da sua rua, esquina ou praça, bem como da sua vizinhança.
2. A **montra** assume um papel análogo a um *facing* de uma embalagem, a um *outdoor* ou a um topo de gôndola. Informa, apela e atrai os consumidores para

o interior da loja. Numa mercearia não é fácil dispor de produtos e marcas que cumpram essa função mobilizadora dos consumidores. Mas, pelo menos, procure rendibilizar esse espaço. Se, por dia, circulam em frente à sua montra mais de 2.500 transeuntes suscetíveis de ser convertidos em clientes, jogue com este argumento para negociar com eventuais fornecedores o "aluguer" desse espaço privilegiado. Obtenha caixas de mercadoria gratuitas como contrapartida e defina um período de tempo limitado para a ocupação da montra por uma dada marca ou fabricante. Acima de tudo, a montra deve ser vista de fora para dentro, e não ao contrário. É a montra que deve iluminar a rua, e não a janela que faz entrar a luz natural do exterior.

3. Quantas vezes, ao entrarmos numa loja, ficamos com a impressão de que o comerciante ou os seus colaboradores nos estão a fazer um favor? Será que é assim tão complicado olhar nos olhos do **cliente**, saudá-lo com um "bom dia", procurar assistir com simpatia e delicadeza ao que ele procura, e despedir-se agradecendo a sua preferência, mesmo que não tenha comprado nenhum artigo? O que é que os meus clientes esperam de mim e da minha loja? O que é que devo fazer para superar as suas expectativas e, assim, ser melhor do que o meu concorrente? Comece por si, afinal o Sr. Merceeiro também é cliente! Toda a gente aprecia que se lhe dê atenção. Aproveite para conhecer os hábitos e as preferências dos seus clientes e satisfaça os seus pequenos caprichos. Trate-os pelos seus nomes e títulos e ensine e estimule os seus colaboradores a desenvolver a mesma atitude. A maior parte dos seus clientes merece ser bem tratada. Eles compensam-no!

Só o pequeno retalho é que tem capacidade de converter um cliente num amigo.

Explorar o que a sua loja pode fazer de diferente
1. A escolha da composição do **sortido** de uma loja é uma decisão estratégica. Uma regra de bom senso é dispor dos artigos que se vendem melhor. No caso de uma mercearia a norma é ter produtos de compra diária obrigatória – leite, pão fresco, legumes e fruta – para garantir um certo tráfego permanente. Uma variedade de produtos suficientemente grande para cobrir as necessidades e os gostos de um maior número de clientes é sempre uma boa opção, pois se o comerciante não tem o que o consumidor pede este pode não voltar mais. Por último, apesar de ser difícil dispor de todos os artigos de uma dada categoria de produtos, por falta de espaço, a inclusão no sortido de produtos regionais,

típicos ou de produtos exclusivos (importados e/ou exóticos) constitui um fator de atração, que marca pela diferença.

2. O limite das possibilidades de prestação de **serviços** por um merceeiro reside, apenas, na sua imaginação. Desde o crédito, à existência de um painel onde os clientes podem publicitar a procura de vendedores e de compradores, transporte de mercadorias ao domicílio ou venda por telefone e entrega ao domicílio, há muitos exemplos.

6.2.2 – SOLUÇÕES FÁCEIS DE EXECUTAR

O desafio é grande, pois a tarefa passa por manter a distância face às lojas de conveniência, às cadeias de *discount* e aos supermercados também pertencentes a cadeias organizadas e com expansão nacional, e ao mesmo tempo ser capaz de copiar o essencial. Já que não interessa tentar ser parecido, porque desse modo sairia perdedor, então vale a pena reproduzir aquilo que torna esse tipo de retalho eficiente e rendível.

1. Organização do espaço de venda. A disposição dos expositores e a arrumação do espaço da loja do tipo **livre-serviço** foi, e é, uma solução de êxito bem testada desde a sua invenção. O livre-serviço confere a máxima exposição da mercadoria, o menor desperdício do espaço, e é geralmente económico de instalar e manter. Mas a principal vantagem desta modalidade de organização do espaço da loja está em facilitar e encorajar a circulação na mesma. Este facto, associado à imagem de bom preço proporcionada pelo efeito de massa da mercadoria, faz aumentar as vendas. A área total disponível não é um obstáculo na reconversão ao livre-serviço, pois é possível observar-se lojas com uma área de venda de 40 m2 neste regime.

2. A gestão de *stocks* é algo que se pode aprender com algumas grandes firmas de retalho. Não se justifica manter mercadoria em armazém por mais de um mês e em algumas categorias de produtos por mais de uma semana. Trata-se de um compromisso bem calculado entre os custos de abastecimento (frequência, tempo, transporte e pessoal), prazos de pagamento, previsão das vendas e juros do capital "parado" no armazém.

3. Numa loja tudo comunica e estimula o consumidor: o aspeto visual (cor, brilho, forma e tamanho), o som de uma música suave, os cheiros e aromas a pão quente, bacalhau, pastelaria, etc. É o **ambiente**[2] da loja que ajuda a criar um estado emocional, favorece o bem-estar, o desejo de permanecer mais tempo naquele local, e, em consequência, o volume de compras aumenta! Nada deve ser deixado ao acaso.

4. Os preços são uma matéria de decisão importante. A sua fixação determina a margem e, logo, a rendibilidade do negócio. Por outro lado, o seu nível condiciona o volume de tráfego. O problema é que nos produtos que a D. Albertina geralmente vende a concorrência via preço é elevada. Mais uma razão para ela investir nos fatores de diferenciação que foram referidos atrás. Apesar de tudo, o bom senso aconselha-nos a aplicar margens distintas consoante os produtos, e, inclusivamente em alguns, por exemplo aqueles que se colocam na montra, por que não fixar preços mais baixos que aqueles que são praticados pela concorrência mais próxima? A questão está na capacidade dessa medida em atrair mais clientes, pelo menos enquanto as lojas concorrentes não reagirem. E, depois de reagirem, a Loja da D. Albertina ficará com a imagem de praticar bons preços e de ser pioneira.

5. Outro aspeto ligado à "função conveniência" das lojas é o seu **horário** de funcionamento. Cada vez mais, a vida ocupada das pessoas nos meios urbanos é incompatível com o horário tradicional das lojas. Uma possível solução seria a prática de horários de abertura mais consentâneos com as disponibilidades de tempo livre dos clientes. Esta opção, apesar de óbvia, nem sempre é viável, pois a Loja da D. Albertina, tal como muitas outras, é um negócio familiar, e a família também necessita da mãe Albertina.

6. Informatize-se. Se um *scanner* leitor do código de barras associado à máquina registadora, embora muito útil, é tido como algo ainda inacessível para um grande número de pequenos comerciantes, a compra de um computador está ao alcance de todos. E o computador serve para registar e organizar as informações, e os dados que no dia-a-dia são recolhidos, se não forem apontados, perdem-se, impedindo a sua utilização no futuro. No mínimo, a informatização, quando tratada com rigor, representa uma memória, mas também facilita o controlo de gestão dos recursos e fluxos: existências, ordens de encomenda, pagamentos, recebimentos e outros elementos contabilísticos. Pode constituir-se uma base de dados relacional com informação relevante sobre os clientes para, entre outras coisas, enviar cartas de aniversário, de boas-festas, anunciar novidades e promoções, etc., tudo o mais personalizado possível.

7. Digitalize-se. Todas estas sugestões e propostas só são realizáveis com investimento e, principalmente, com vontade de investir. A potencialidade dos novos média são enormes e são relativamente acessíveis, mas exigem empenho e, acima de tudo, consistência e persistência (este tema será desenvolvido no Capítulo 7).

6.2.3. – PROMOÇÕES DE VENDAS À MEDIDA DO PEQUENO COMÉRCIO

1. A regra básica do bom senso aconselha o nosso comerciante a aproveitar ao máximo as ações promocionais das marcas dos fabricantes. Destaque no seu linear (isto é, mais espaço nas prateleiras), topos de gôndola e ilhas devem estar ao serviço das marcas, em promoções de vendas, que gerem melhores margens.
2. Não esquecer a montra, lugar mais privilegiado para anunciar as promoções de vendas.
3. Ofereça brindes personalizados aos melhores clientes em datas ou épocas especiais. Por exemplo, no Natal ofereça fatias de autêntico queijo da Serra ou enchidos da Beira Alta aos clientes que valorizam este tipo de alimentos e cuja despesa na loja seja importante. Na área dos serviços, os brindes são usados como incentivo para estimular uma visita ao ponto de venda ou pelo menos a adesão a um serviço. Certos retalhistas, conscientes do problema do estacionamento nas grandes cidades, não hesitam em oferecer estacionamento gratuito nos parques mais próximos. Foi essa a gentileza escolhida pela Tabacaria Diu. Exatamente junto à porta, têm um lugar concessionado pela autarquia para benefício dos seus clientes. Mas não é tudo! No dia de São Martinho contratam um colaborador para assar castanhas e para oferecer aos clientes que saem da loja as famosas "quentes e boas". Naturalmente, este gesto simpático reforça a ligação afetiva com o lojista e contribui para o passa-palavra.
4. Desenvolva uma ação de colecionismo. Em vez de uma dada marca, escolha um conjunto de marcas cuja acumulação de compras, até um dado valor, dá direito a prémios autoliquidáveis a preços muito interessantes. Por exemplo, os prémios poderiam ser panos de linho bordado, faiança, uma caixa de garrafas de vinho de quinta, etc. A loja Feito por Mim Lda. dedica-se exclusivamente à atividade das Artes Decorativas e abriu as suas portas no ano de 2001. Perante o panorama atual da crise, a loja também sentiu os seus efeitos negativos, o que é visível através da faturação. Assim, as gestoras tentam combater a conjuntura através de vários tipos de promoções de venda: (a) reduções de preço para determinados produtos de 10 a 25%; (b) ações de colecionismo, através do lançamento de um cartão de registo das compras superiores a 10€, em que a décima primeira compra tem uma redução no valor da transação igual a 10€. No *site* da loja também anunciam eventos tais como *workshops* e demonstrações gratuitas, denominadas de "Happy Saturday", que se realizam num sábado por mês. A proprietária afirma que essas medidas não são suficientes para ultrapassar a crise, mas ajudam a minimizá-la.
5. Emita cartões de cliente. Esses cartões poderão registar o volume total de compras. Quando atingir um dado montante, durante o ano fiscal em causa,

o cliente recebe gratuitamente um cabaz de compras num valor idêntico, por exemplo, a 5% das compras. O problema é não tanto o de satisfazer os clientes, mas, sim, essencialmente, de os fidelizar. O Mercatu é um supermercado biológico com alimentos certificados lançado por dois jovens engenheiros (de mecânica e do ambiente) alheios ao mundo do retalho, mas com espírito de iniciativa e com vontade de fazer crescer algo diferente e, acima de tudo, com um projeto em que acreditam. Alguns meses depois da abertura, e com o objetivo de começar a fidelizar os clientes, resolveram desenvolver um cartão de cliente. Criaram e distribuíram nas caixas do correio das vizinhanças do supermercado quase 3 mil folhetos a convidarem a freguesia a aderir ao cartão de cliente Mercatu. A proposta, que durava apenas durante um mês, oferecia aos aderentes do cartão 10% de desconto em todos os produtos. Quase 400 vizinhos responderam e solicitaram o cartão. A base de dados integrada com a caixa registadora permite, após a leitura do código de barras, identificar o cliente e guardar a informação sobre a transação. No talão de compra consta o nome, número e NIF do cliente, bem como o número de pontos obtido e acumulado. Ao chegarem aos 100 pontos (1€ = 1 ponto) beneficiam logo de um desconto de 1€. Os clientes recebem um *e-mail* tipo *newsletter* regularmente com informação relativa a campanhas promocionais e a eventos, como, por exemplo, ações de formação relacionados com os produtos, culinária e agricultura biológica (ver Figura 6.8).

Figura 6.8 – Uma *e-newsletter* da mercearia Mercatu

6. É cada vez mais fácil produzir cartas comerciais recorrendo aos pacotes de programas correntes em qualquer computador pessoal e conceber, por exemplo, vales de descontos dirigidos para os clientes habituais em épocas consideradas relevantes para atrair tráfego ou responder à concorrência. Para além do *e-mail*, convém apostar nas redes sociais (ver Capítulo 7) acessíveis a qualquer pequeno retalhista desde que consiga criar uma dinâmica de interação com os seus "amigos clientes" e acima de tudo produza conteúdos regulares e atrativos. As possibilidades são enormes: desde passatempos, pequenos inquéritos, colocação de informação, envolvimento da comunidade...

7. Gerar (e/ou desviar) tráfego para a sua loja. Na abertura de lojas, ou de restaurantes, distribuem-se folhetos a convidar os transeuntes ou os habitantes de um bairro a tomarem um café, uma bebida ou um prato de uma refeição gratuitos. Os folhetos do restaurante O Piano Bar num dos lados mostravam um mapa da cidade de Tavira, assinalando a sua localização. No verso destacava o brinde de boas vindas: uma bebida. No Restaurante do Campo Alegre Mar, o vinho – uma garrafa até 10€ – era por conta da casa.

8. Todas as ferramentas promocionais estão ao alcance do pequeno retalhista desde que adaptadas à sua escala e orçamento. O Cabeleireiro/Perfumaria Amadeu Correia está em funcionamento há 50 anos, oferecendo um serviço contínuo durante 6 dias por semana. Os seus 30 funcionários prestam os seguintes serviços: cabeleireiro, esteticista, manicure, pedicure, perfumaria e serviço de bar. Um exemplo de *banded pack*, que resulta bem na secção de cabeleireiro de segunda a quinta-feira, é o *brushing*+corte em que se o cliente optar pelos dois serviços o preço é menor do que a soma deles individualmente. O objetivo é desviar o tráfego dos fins de semana – dias de maior procura. Distribuem um cartão de cliente onde a utilidade, para já, é a identificação e o registo do cliente, permitindo analisar a frequência e o tipo de serviços a que cada cliente recorre. Essa informação também permite saber e enviar para todos os clientes uma carta de felicitações no seu aniversário. Outra função da base de dados é informar e convidar as clientes para lançamentos/demonstrações de marcas de cosméticos, eventos culturais, tais como exposições de pintura e fotografia, recitais de poesia, concertos de música ao vivo, etc. Num contexto fortemente concorrencial, a par da formação e melhoria de competências do pessoal, é necessário estimular a relação com os clientes.

Embora a Kopenhagen seja uma cadeia de lojas brasileiras especializados em confeitaria e pastelaria, a sua campanha promocional foi surpreendente. Em compras de montante superior a R$150,00, os clientes podem habilitar-se a ganhar uma loja pronta em regime de *franchising*. É claro que só podia ser um presente de Natal (ver Figura 6.9)!

Figura 6.9 – Uma loja para si!

Por último, nem só os pontos de venda recorrem às promoções para atrair os visitantes. Por vezes uma localidade tem essa iniciativa de marketing territorial e as promoções de vendas podem ser utilizadas. Já há alguns anos, no início de dezembro, um folheto distribuído na imprensa durante o fim de semana, destaca a seguinte mensagem: "visite-nos com descontos até 700€". A pretexto da animação de rua/museu aberto, a Carmin (vinhos e azeites) e várias unidades de alojamento e restaurantes ofereciam cupões de 2% e 10%, respetivamente.

Caixa 6.2   **Originalidade/imaginação – Precisa-se!**

O sucesso da abertura do restaurante na Rua do Campo Alegre (Porto) em 1991 estimulou a decisão de, em 2003, investir em mais um espaço Alicantina, na margem sul do rio Douro, no Arrábida Shopping, e, em 2007, abrir o terceiro espaço, na Rua Bessa Leite. O número de funcionários atualmente ronda as 55 pessoas e, de forma a manter as vendas em todos os seus espaços de restauração, as promoções de vendas são instrumentais. Em 2008, com o objetivo de alargar a base de dados de clientes através de um cartão de fidelidade, foi efetuado um concurso cujo prémio era uma viagem à Madeira, para duas pessoas, na passagem de ano, para os clientes que efetuassem um consumo de 1.500 pontos entre outubro e as duas primeiras semanas de dezembro (1 ponto = 1€). Tal ação permitiu angariar muitos contactos. Um grupo de amigos ganhou essa viagem e acabaram por, entre eles, sortear a viagem. Atualmente este cartão de fidelidade tem duas funções: fonte da base de dados e cartão de descontos. O envio de informações aos clientes, nomeadamente *newsletters* e promoções, foi possível graças ao *e-mail* e número telemóvel fornecido. Por cada 10€ de consumo registado no cartão o cliente tem disponível 1 ponto (=1€) para consumo. No fundo, trata-se de um cartão com desconto de 10%. O concurso de 2009 incidia apenas no consumo da francesinha de meados de setembro até quase ao Natal. Os clientes preenchiam um cupão e colocavam numa tômbola. No final, com a presença de representantes do governo civil, sorteou-se uma viagem a Paris. Com vista a aumentar o tráfego ao jantar lançaram uma espécie de Happy Hour, tipo *banded pack* – leve 2 pague 1 – diferida no tempo e apenas realizada no final/início de cada mês. No pedido de uma francesinha ao jantar têm oferta de uma outra a consumir dentro de 15 dias. As festas de aniversário são encontros em grupo, logo, permitem uma boa ocupação do restaurante. A Alicantina passou a comunicar uma nova promoção no papel de cobertura das mesas: oferta do bolo de aniversário num mínimo de 10 pessoas. Os resultados surgiram de imediato.

Figura 6.10 – Prenda de Aniversário

6.3 – PROMOÇÕES COMERCIAIS

As promoções comerciais seguem uma lógica semelhante às promoções de vendas dirigidas ao consumidor final e procuram influenciar comportamentos no sentido de favorecer a marca do fabricante. Os objetivos passam também pelo acréscimo das vendas e pelo apoio à marca no ponto de venda, mas alguns instrumentos são adaptados às circunstâncias e à especificidade do retalhista/distribuidor. Ou seja, é menos óbvio aplicar-se a classificação/nomenclatura das promoções de vendas apresentada até aqui aos intermediários porque, naturalmente, há adaptações e ajustes ao contexto concreto, mas também se pode reinventar/misturar soluções, pois nada tem de ser necessariamente padronizado.

O alvo destas ações são os intermediários. Tratando-se de empresas autónomas, que procuram a sua própria rendibilidade através da margem comercial e dos benefícios de afetação do seu espaço, resta aos fabricantes negociar certos "privilégios" que destaquem competitivamente para a sua marca. Os retalhistas, sendo donos do seu espaço, vão dar preferência às marcas que melhores condições oferecerem. A questão é saber até que ponto/grau o investimento feito pelos fabricantes junto dos retalhistas passa para o cliente final sob a forma de benefício promocional. O fabricante não tem controlo sobre o negócio do retalhista, o mais que pode garantir é boa-fé negocial e contrapartidas em função dos resultados.

A literatura existente neste domínio é escassa, demasiadamente focada na realidade americana e em comparação com as promoções de vendas dirigidas ao consumidor existem muito menos pesquisas, em especial no nosso país. Neste subcapítulo vamos basear-nos num trabalho de investigação realizado em Portugal junto de 150 empresas retalhistas do canal Horeca (hotéis, restaurantes e cafés)[3].

No Quadro 6.1 é feita uma listagem das técnicas promocionais mais usadas por este canal. Se conseguirmos que o retalhista disponha de acréscimo de *stock* do nosso produto estará mais condicionado a escoá-lo. Nessa medida, o incentivo via acréscimo de quantidade pode ser realizado através da oferta de mercadoria ou da redução do preço. A oferta de material e equipamento hoteleiro assume a dupla função de comunicação da marca e, ao mesmo tempo, tem um caráter utilitário para o café ou restaurante. Os cinzeiros, porta-guardanapos, porta-ementas, copos oferecidos pela Coca-Cola, pela Nestea e pela Compal cumprem esse papel. A Nicola e a Delta oferecem não só os chocolates para o café e as chávenas, mas também material para a esplanada. A Frize e a Lipton, entre outras, investem com *posters* e produtos para decorar as montras. A Martini, em alguns restaurantes e bares, coloca uma animadora com indumentária apelativa a distribuir brindes. A Unicer premeia os seus clientes deste canal com uma viagem, caso ultrapassem um determinado nível de vendas.

NÍVEL DE UTILIZAÇÃO DAS TÉCNICAS PROMOCIONAIS PELOS RETALHISTAS DO CANAL HORECA	
Oferta de Produto (por compra em quantidade)	98,7%
Oferta de Material de Promoção (ementas personalizadas, guardanapos e toalhas de papel com marca)	84,7%
Redução do Preço (na compra em quantidade)	83,3%
Publicidade/*Merchandising* Ponto de Venda (para dar a conhecer o produto ao cliente ou para fazer demonstração de utilização)	58,0%
Oferta de Produto (amostras/ experimentação/ degustação)	41,3%
Promotores no Ponto de Venda (para dar a conhecer o produto ao cliente ou para fazer demonstração de utilização.)	26,0%
Oferta de Mobiliário e Decoração (com inserção da marca e sujeito a contrato de fidelização)	19,3%
Oferta de Viagens	6,7%
Entrega de Valores em Dinheiro (normalmente utilizado para substituição de marca concorrente e sujeito a contrato de fidelização)	4,0%
Sorteios	3,3%

Quadro 6.1 – Técnicas promocionais utilizadas

A correspondência entre os instrumentos promocionais e os objetivos foi um exercício solicitado aos gestores, por isso reflete a sua visão. Claramente os objetivos dos fabricantes e os dos retalhistas divergem em alguns pontos. Os primeiros procuram "empurrar" a mercadoria para os segundos e garantir a máxima visibilidade da sua marca. A oferta de produto em compras de quantidade é a técnica não só mais popular mas também a que na ótica do fabricante mais objetivos cumpre. O enfoque dos retalhistas assenta na rendibilidade do seu ponto de venda com especial preocupação para a redução de custos, tentando aproveitar o máximo de material e benefícios da parte dos fabricantes.

OBJETIVOS DO FABRICANTE

1. Comercializar, introduzir novos produtos;
2. Vender embalagens novas ou com tamanhos diferentes;
3. Criar stock no RCH,
4. Aumentar o espaço de exposição;
5. Conseguir publicidade no ponto de venda;
6. Apresentar características dos produtos na publicidade do retalhista;
7. Tornar a marca mais competitiva com vantagens de compra para o cliente;
8. Vender o mais possível ao consumidor final.

INSTRUMENTOS PROMOCIONAIS CONSIDERADOS PELOS FABRICANTES	1	2	3	4	5	6	7	8
Oferta de Produto por compra em Quantidade	X	X	X	X		X		X
Oferta de Produtos (tipo - amostras)	X		X				X	X
Redução de Preço por compra em Quantidade		X	X	X			X	X
Oferta de Mobiliário e Decoração (com inserção da marca)	X					X		
Entrega de Valores em Dinheiro (para substituição de marca)	X							
Oferta de Viagens	X							
Promotores no Ponto de Venda					X	X		
Oferta de Material de Promoção (ementas personalizadas, ...)			X	X		X		
Oferta de Produtos para fazer montra	X	X	X	X	X			
Publicidade no Ponto de Venda				X	X			X
Incentivos à Equipa de Vendas							X	X

Quadro 6.2 – Objetivos dos fabricantes e técnicas promocionais correspondentes

OBJETIVOS DOS RETALHISTAS DO CANAL HORECA

1. Fazer com que os clientes consumam mais que o habitual;
2. Ganhar mais clientes que a concorrência;
3. Aumentar a rendibilidade do negócio;
4. Dar a conhecer melhor o estabelecimento;
5. Deixar os funcionários mais satisfeitos com as compensações;
6. Fazer do negócio um local distinto dos outros;
7. Reduzir os custos da decoração e promoção do negócio

INSTRUMENTOS PROMOCIONAIS CONSIDERADOS PELOS FABRICANTES	1	2	3	4	5	6	7
Oferta de Produto por compra em quantidade		X	X			X	
Oferta de Produtos (tipo - amostras)	X	X	X		X	X	X
Redução de Preço por compra em quantidade			X		X		X
Sorteios	X			X			
Promotores no Ponto de Venda	X						
Oferta de Produtos para montra							X
Publicidade no Ponto de Venda				X		X	
Incentivos à Equipa de Vendas			X	X		X	X

Quadro 6.3 – Objetivos dos retalhistas e técnicas promocionais correspondentes

6.4 – PROMOÇÕES DE VENDAS NAS FARMÁCIAS

Por favor, Senhor Farmacêutico, autoexamine a gestão de comunicação da sua farmácia na *checklist* do Quadro 6.4.

A quase generalidade das farmácias não aproveita o potencial de que dispõe.

	SIM	NÃO
MONTRA (serve como instrumento de captação da atenção e desvio do tráfego da rua para a loja)		
• Explora temas (ex: praia (cuidado de pele), proteção a resfriados no Outono, beleza e bem-estar, *kit* de segurança para crianças…?)	O	O
• Renovação (de duas em duas semanas refaz a montra criando uma dinâmica?)	O	O
• Negociação (as marcas e os materiais de comunicação têm como contrapartida a oferta de produto?)	O	O
ESPAÇO DA LOJA		
• *Merchandising* (coloca ilhas = pequenos expositores com produtos em promoção no meio da farmácia para que o cliente inevitavelmente interaja com os produtos)	O	O
• Expositores-1 (foram "construídos" por si e são da sua inteira responsabilidade?)	O	O
• Expositores-2 (resultam de uma cooperação com as marcas desses produtos?)	O	O
• Expositores-3 (negoceia alguma contrapartida por oferecer o seu espaço a essa marca?)	O	O
• Balcão (zona estratégica onde toda a gente acaba por olhar e ficar algum tempo – é usado para comunicar alguma ação promocional especial ou dar destaque à marca que está na montra?)	O	O
LINEAR		
• Tem o número de *facings* suficiente para dar visibilidade à marca?	O	O
• As embalagens no linear estão acessíveis ao manuseamento pelo cliente?	O	O
• As embalagens estão ultra-arrumadinhas, inibindo qualquer pessoa de lhes tocar?	O	O
ATIVIDADE PROMOCIONAL		
• Destaque de linear (quando uma marca está em promoção tem direito a maior visibilidade?)	O	O
• A sinalética da loja informa as promoções do momento?	O	O
• Executa as suas próprias promoções de vendas?	O	O
• Tem programa de fidelização? (cartão exclusivo da farmácia)	O	O
• Emite folhetos de ações promocionais? (distribuindo na loja/vizinhança)	O	O
• Associa a oferta de determinados serviços extra à lealdade do cliente?	O	O

Quadro 6.4 – *Check-list* da gestão da comunicação da farmácia

Uma farmácia não é um retalhista qualquer, nem a função do farmacêutico é a de um simples *order-taker*. De acordo com a Ordem dos Farmacêuticos: "A farmácia é um espaço de saúde caracterizado pela prestação de cuidados de saúde de elevada diferenciação técnico-científica." A missão do farmacêutico, enquanto profissional de saúde, passa por assegurar a defesa da saúde pública e contribuir para o aumento da esperança de vida e melhoria da qualidade de vida dos doentes. Mais do que em qualquer outra profissão, a competência, a credibilidade e a confiança são ativos predominantes. A farmácia continua a ser um espaço de cuidados de saúde, não apenas pela administração direta, *in locu*, de determinados fármacos, mas também pelo seu papel na cadeia da gestão da doença na qualidade de analista clínico, especialista no medicamento e conforto psicológico do doente/familiar em sofrimento. A intervenção do farmacêutico insere-se ao nível do aconselhamento sobre:

– orientação e reforço da prescrição médica (relembrar a posologia);
– automedicação (responsabilização do cliente);
– diálogo/empatia;
– avaliação (sintomas, intensidade, duração, queixas, aparência do doente...);
– seleção do tratamento;
– informações adicionais e controlo da evolução.

Não faltam também exemplos de trabalho comunitário em cuidados de saúde pública e de responsabilidade social das farmácias: Projeto Farmodiab (vigilância de doentes diabéticos); iniciativas de recolha de seringas; proteção ambiental e redução de desperdícios (medicamentos fora do prazo de validade – coincineração; radiografia – reciclagem); angariação/doação para ONGs; campanhas de promoção da saúde e prevenção de doença e oferta de serviços ao nível da determinação de parâmetro diversos (pressão arterial, glicemia capilar, colesterol, triglicerídeos, testes, etc.), identificação de perfis de risco, entre outros.

Nessa perspetiva, a delimitação entre o estatuto e a designação de paciente/utente e de cliente consubstancia alguma dificuldade na cabeça de muitos farmacêuticos. Mas trata-se de um negócio, de uma atividade comercial só possível com investimentos – todo o imobilizado, *stocks*, encargos salariais, renda, – que pagam impostos e contribuições e implicam um risco. Na realidade não existe incompatibilidade entre as duas vertentes, pois trata-se de uma atividade regulamentada e fiscalizada em que existem limites. Mas, mesmo que assim não fosse, existe um código de ética que orienta a conduta desses profissionais.

O Esquema 6.3 mostra uma listagem das categorias de produtos não sujeitos a prescrição médica[4] e, em consequência, de acordo com a legislação, suscetíveis de terem uma abordagem comercial por parte do farmacêutico.

1- **Terapêutica de afeções de vias áreas superiores:**
- Constipação e gripe;
- Rinites e sinusite;
- Faringite e laringite;
- Tosse.

2- **Afeções óticas e oftálmicas:**
- Afeções óticas;
- Afeções oftálmicas;
- Cuidados com o uso de lentes de contacto.

3- **Terapêutica de afeções do aparelho digestivo:**
- Higiene oral;
- Afeções da mucosa oral;
- Epigastrialgias e perturbações digestivas;
- Náuseas e vómitos;
- Diarreias;
- Parasitoses intestinais;
- Obstipação;
- Hemorroidas.

4- **Terapêutica de afeções dermatológicas:**
- Pele como órgão;
- Higiene cutânea e capilar; Acne; Dermatites; Psoríase;
- Prurido e urticária; Infeções cutâneas; Higiene vaginal;
- Alterações do couro cabeludo; Calos e calosidades;
- Ectoparasitoses; Queimaduras solares: prevenção e sua terapêutica; Queimaduras e sua terapêutica;
- Feridas crónicas; Antissépticos e desinfetantes;
- Reações adversas cutâneas;

5- **Dor e febre:**
- Controlo sistémico da dor e febre; Controlo tópico da dor articular e muscular.

6- **Cuidados nutricionais:**
- Noções de alimentação saudável; Medidas gerais de controlo de peso corporal; Vitaminas; Sais minerais.

7- **Dispositivos de autocuidados:**
- Medição da glicemia e glicosúria; Medição da colesterolemia; Medição da pressão arterial; Avaliação da função respiratória;
- Medição da febre; Identificação da contaminação pelo Helicobacter Pylori; Determinação do pesos corporal; Teste de gravidez.

8- **Recém-nascido:**
- Primeiro ano de vida.

9- **Problemas relacionados com os medicamentos:**
- Iatrogenia medicamentosa; Interações medicamentosas;

10- **Terapêuticas em situações particulares:**
- Durante a gravidez; Durante o aleitamento; Pediatria;
- Geriatria; Cuidados com indivíduos ostomizados; Incontinência urinária;
- Intoxicações; Viagens em segurança;
- Prevenção e cessação do tabagismo;
- Métodos contracetivos;
- Produtos de ortopedia.

11- **Brinquedos**

12- **Cosméticos:**
- Dermocosméticos: capilar; corporal; facial;
- Beleza.

13- **Higiene dentária;**

14- **Fitoterapia;**

15- **Omeaterapia;**

16- **Audimetria;**

17- **Equipamentos e elétricos e eletrónicos.**

Esquema 6.3 – Listagem de produtos de venda livre e medicamentos não sujeitos a prescrição médica

Potencialmente, todas essas categorias podem ser sujeitas a ações promocionais. No entanto, devemos considerar os seguintes constrangimentos específicos ou frequentes nesta atividade farmacêutica:

– O **espaço da farmácia é relativamente pequeno** – por isso é preciso decidir se se mostra toda a extensa e diversa panóplia de produtos que existem (correndo dessa forma o risco de confundir os clientes com tanto artigo) ou, alternativamente, simplificar a perceção do cliente, escolhendo um número mais limitado de artigos de forma a que sejam atrativos e captem a atenção. Será que apresentar tamanha densidade de embalagens traz alguma vantagem?

- **Estado psicológico do cliente** – a farmácia é vista (ainda) como um espaço de doença e não de bem-estar. Na generalidade dos casos, quem a visita está preocupado e muito focalizado num problema de saúde, seu ou dos seus familiares. Estão apenas interessados em ser atendidos e irem embora o mais rapidamente possível, com a receita aviada. O Senhor Farmacêutico considera plausível ou viável que qualquer ser humano consiga ver as mais de 200 referências expostas numa farmácia com 60 m² de zona pública de venda?
- **Marcas estranhas** – e produtos cujo efeito/benefício o cliente desconhece. Podem ser muito úteis e resolver efetivamente muitos problemas, mas se as marcas não são publicitadas é como se não existissem para os clientes. Será que tira proveito da sua farmácia quando, por exemplo, uma dada marca de cosméticos faz publicidade na imprensa ou em *muppies*? Só se der destaque a essa marca!

O desperdício de oportunidades não advém de muitas ações promocionais de iniciativa das marcas não acontecerem, ou serem rejeitadas, mas pelo simples facto de não serem aproveitadas no seu potencial. Se uma marca oferece um brinde, efetua um *banded pack* ou propõe uma redução de preço, por que é que é o farmacêutico não capitaliza essa oportunidade favorável para o seu cliente, com a finalidade de incrementar as suas vendas? Trata-se de um problema/falha de comunicação. A solução é simples: dar um destaque no linear através de um acréscimo do número de embalagens suficientemente impactante em termos visuais e/ou pela colocação de alguma indicação gráfica – tipo *poster* ou sinalética – que informe sobre os benefícios dessa compra.

E que tipo de ações promocionais encontramos numa farmácia? O primeiro passo na estratégia de comunicação do farmacêutico é identificar as tipologias de promoções de vendas que ocorrem por iniciativa das marcas no espaço de venda da farmácia. Sem grande dificuldade encontramos as seguintes promoções de vendas:
- redução de preço;
- brindes;
- *banded pack*;
- colecionismo;
- amostras gratuitas;
- e concurso/sorteios.

A Figura 6.11 evidencia algumas das ações que as farmácias têm no seu interior e nas montras. Os brindes *on pack*, tipo oferta de sacos e malas, são frequentes porque geralmente estão associados ao efeito quantidade indutor de "stockagem". Ou seja, para poder beneficiar da oferta do brinde tem de comprar um conjunto de embalagens agregadas e, por vezes, colocadas dentro do próprio brinde que é o saco usado para transporte.

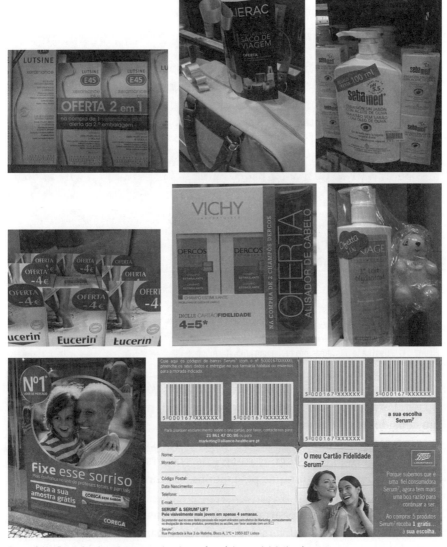

Figura 6.11 – Exemplos de ações promocionais nas farmácias por iniciativa das marcas

A Figura 6.12 mostra como é importante evidenciar as promoções de vendas com sinais, por vezes desenhados pela própria farmácia, e, inclusive, dispor de uma espécie de topo de gôndola ou expositor especial apenas com as promoções da semana. A colocação de um sinal com a palavra "oferta", "descubra as vantagens", "em promoção", por exemplo, reforça a vantagem competitiva da loja, dando visibilidade a algo que passaria despercebido pela maior parte dos visitantes. A ideia é simples: aproveite bem o que tem disponível e, já agora, convém capitalizar em seu favor.

Figura 6.12 – Destaque das ações promocionais numa farmácia

Existem farmácias que desenvolvem os seus próprios programas de fidelidade. Para serem sustentáveis e, acima de tudo, rentáveis, é necessário ter em consideração os seguintes aspetos:
- no cenário competitivo atual, mais do que conquistar novos clientes deve servir para manter os atuais e, nessa perspetiva, a sua gestão só se justifica se conseguir que, pelo menos, um terço dos clientes regulares o subscrevam;
- os prémios têm de ser atrativos e o regime de troca de pontos por prémios deve ter uma diversidade suficiente para serem alcançáveis por clientes menos frequentes, mas que consigam ter um volume de gastos interessante;

– conferir privilégios e dar pequenas, mas simpáticas, gratificações – a oferta de determinados serviços, alguns dirigidos para qualquer cliente, mas outros exclusivos para os aderentes ajuda ao reconhecimento da vantagem do cartão (estacionamento gratuito, por exemplo). E, já agora, comunique isso na sua farmácia (ver Figura 6.13).

Figura 6.13 – Comunique bem a oferta serviços aos seus clientes

– realize eventos de sua iniciativa, ou em cooperação com as marcas, para determinados segmentos de clientes, tais como: pré-mamã, terceira--idade, jovens preocupadas com a elegância (produtos de emagrecimento), experimentação de produtos cosméticos, etc.
– informe os seus clientes via *e-mail* ou sms e use as redes sociais para passar conselhos e incentivar a partilha de experiências pessoais.

A emissão de folhetos e a sua distribuição na loja e nas caixas de correio com cupões destacáveis impressos, oferecendo reduções de preço em determinados produtos, gera tráfego, servindo também eventualmente para retaliar (Figura 6.14).

Figura 6.14 – Exemplos de folhetos editados e distribuídos por duas farmácias

Convém ter sempre presente que o principal ativo diferenciador de uma farmácia é o profissionalismo e a empatia dos seus colaboradores. Assumindo essa postura, o resto é uma gestão inteligente da comunicação em que as promoções de vendas têm um papel relevante. Mesmo aproveitando passivamente as iniciativas promocionais das marcas, ou desenvolvendo as suas próprias, é fundamental medir, avaliar o seu efeito, em suma, aprender e melhorar continuamente, mas também inovar arriscando. Caso contrário, só conseguimos ser tão bons como os melhores e isso não é suficiente...

NOTAS FINAIS

[1] Lovelock, C. e Wirtz, J. (2010). *Services Marketing*. 7.ª ed.. Pearson Education.
[2] McGoldrick, P. J. (2002). *Retail Marketing*. 2.ª ed.. McGraw-Hill.
[3] Lopes, J. M. M. (2009). O Significado e Efeito das Promoções Comerciais, no Canal Horeca. Tese de Mestrado em Marketing, Faculdade de Economia da Universidade do Porto.
[4] Soares, M. A.. *Medicamentos não prescritos*. publ. ANF-2002.

Capítulo 7
Digitalização das promoções de vendas

Pretendo reservar umas férias na região da Bahia. Tal como 75% dos viajantes a nível mundial, recorri em primeiro lugar à Internet[1]. Nos EUA, só 10% dos consumidores de produtos eletrónicos é que começam o processo de aquisição numa visita à loja[2]. E mesmo estes, enquanto estão nos pontos de venda, tendem a usar os seus telemóveis para verificar os preços de outros concorrentes. Mais de 90% dos consumidores, na fase inicial do seu processo de decisão de compra, fazem uma pesquisa num motor de busca[3]. A principal razão que leva as pessoas a procurar as lojas ou *sites* na Internet são as promoções/descontos. Nos bens de luxo, 41% dos consumidores indicaram essa razão em primeiro lugar[4]. Sobre o comércio eletrónico prevê-se que em 2013 as vendas globais atinjam os 770 mil milhões de euros, mais 19,4% que em 2010[5].

Com estas evidências, a questão não é se o gestor deve investir, mas sim como deve investir na Internet. Resta-nos fazer as coisas bem feitas para resultarem...

Depois de um enquadramento sobre as promoções de vendas no contexto da Internet, analisaremos as condições práticas de funcionamento do *e-mail* marketing, *site*, publicidade *online*, marketing móvel, média sociais e as redes sociais. Por último, será abordada a operacionalização de campanhas promocionais no quadro dos vários modelos de negócio *online*, seguida de uma reflexão sobre as limitações, problemas e expectativas geradas.

7.1 – REINVENTAR AS PROMOÇÕES DE VENDAS?

7.1.1 – PSICOLOGIA SOCIAL EM CONTEXTO *ONLINE*

Neste início de década, 73% dos responsáveis pela comunicação das empresas indicaram como principal desafio a gestão da comunidade *online* no âmbito dos média sociais. Em seguida, 64% apostaram na otimização da posição do seu *site* nos motores de busca[6]. No entanto, nos EUA, que é o mercado mais amadurecido ao nível do comércio eletrónico, as estimativas para 2014 indicam, no máximo, 21% de investimento em comunicação *online* no conjunto do orçamento em comunicação (*online+offline*). Na fração do investimento *online*, o domínio – 57,5% – continua a ser dedicado ao marketing nos motores de busca (*search marketing*). A publicidade *online* representará (ainda) 30,8% e o resto – *e-mail* marketing, média social e marketing móvel – somam no total 11,7%. Este dois últimos meios apresentarão uma taxa de crescimento médio da despesa de 34% e 27%, respetivamente. Este valor é o dobro do previsto no crescimento da despesa em marketing dos motores de busca[7].

Estas intenções e expectativas revelam a irreversibilidade e, acima de tudo, o reforço de uma tendência. Se o nosso mercado-alvo for os adolescentes e os jovens seria suicidário comunicar sem o recurso à Internet e em particular às suas redes *online*[8]. Nesses grupos etários não temos alternativa.

Princípios da relação Consumidor-Internet/redes sociais
- Poder – Revela-se em diferentes formas: (a) Influenciamos os outros – pelas opiniões, comentários, pela dimensão da nossa rede e sua dinamização... (b) Denunciamos práticas e situações lesivas dos nossos interesses – criamos audiência e, acima de tudo, solidariedade. No início do lançamento das coleções do ano seguinte, o *site* de moda *Newport News* pede aos visitantes para indicarem a tendência Top, bastando selecionar "romance tórrido" ou "glamour sereno" entre outros atributos possíveis. Milhares de consumidores gostam de opinar.
- Transparência – Mais tarde ou mais cedo, acabamos por saber tudo! Se uma marca não tiver nada a esconder, em vez de vulnerável torna-se um parceiro confiável – trata-se do melhor antídoto na gestão de uma crise. Por outro lado, é fácil e rápido comparar tudo. Ao encorajar os visitantes/clientes a colocarem os seus comentários no nosso espaço mostramos essa abertura de espírito.

- **Autonomia** – Para um adolescente, ter um telemóvel significa liberdade e poder. Poder de comunicar ou "estar com" os seus amigos sempre que quiser, quando quiser e onde quiser; mas, principalmente, pode falar ou escrever tudo o que quiser sem censura; num adulto além da autonomia a Internet fixa ou móvel proporciona eficiência.
- **Controle** – Dos 30 milhões de acessos ao motor de busca thefind.com, durante as épocas festivas nos EUA, 2 milhões foram realizadas em telemóveis, presume-se que próximo ou mesmo no ponto de venda[8].
- **Participação e produção** – Os meros utilizadores da rede podem também produzir blogues, vídeos, fotos, áudio e colocá-los *online*, simples *e-mails* ou mensagens curtas, via Twitter... Podemos participar em discussões e escrever comentários, críticas e revisões. Neste último tipo de "conteúdo gerado pelo cliente", apesar do risco sobre o sentido da opinião do cliente, 88% dos comentários no Reino Unido são positivos, com uma avaliação média de 4,3 em 5 pontos possíveis. Numa experiência realizada pela eSpares, só pelo facto de os produtos no *site* estarem associados a comentários, a taxa de conversão – *click through rate* – aumentou em 14,2%, relativamente aos artigos sem comentários dos consumidores[9].
- **Responsabilidade ambiental e social** – Já deixou de ser algo excecional. Também já deixou de ser algo apenas da exclusiva intervenção das próprias empresas. Estas agora solicitam também colaboração dos clientes – ver o caso da edp.pt (Figura 7.1).
- **Partilha** – A palavra social remete para social(iz)ação. Sim, trata-se de "ação", dinâmica, resposta, dar e receber. Só no Facebook eram partilhadas 25 mil milhões de peças de conteúdo por mês (hiperligações, noticias, inserção de blogues, notas, fotos...), entre os utilizadores. Estes, em média, têm 130 amigos[10]. A generosidade e a cidadania das pessoas revelam-se, também, quando oferecem a determinadas causas o seu tempo, construindo e gerindo, por sua iniciativa, uma presença na Internet e redes sociais. O mínimo que as pessoas esperam das empresas/marcas é reciprocidade e atenção, que se traduz numa resposta afável em menos de 12 horas. A base psicológica inerente é a confiança. Partilhamos porque sentimos que a nossa oferta – uma recomendação, testemunho – é bem acolhida e pode ajudar os outros. Aceitamos as orientações, recomendações porque nos merecem credibilidade e segurança.

PROMOÇÃO DE VENDAS E COMUNICAÇÃO DE PREÇOS

a edp > Este Natal, dê o que tem a mais a quem tem a menos

Este Natal, dê o que tem a mais a quem tem a menos

Até 14 de Janeiro, dirija-se a num dos Pontos de Recolha EDP espalhados pelo país e ajude quem mais precisa.

O que para si não faz a diferença, faz toda a diferença para outros.

Dia 18 de Dezembro: Vá à bola e ajude quem mais precisa!
Ponto de recolha móvel, no Estádio da Luz, a partir das 10h30.

Conheça os
locais e horários de recolha

Com que bens pode contribuir?

> Produtos de Higiene (champô; gel de duche; escova de dentes; pasta de dentes; fraldas de criança - pacote fechado; fraldas sénior - pacote fechado; toalhetes - pacote fechado)

> Vestuário (adulto e criança)

> Brinquedos

> Livros

Entidades beneficiárias

Conheça as instituições que vão receber os bens angariados nesta campanha (aqui).

Em 2009...
> recolhemos 11 toneladas de bens
> ajudámos 53 instituições

**Este ano queremos ir mais longe, com a sua ajuda!
Participe!**

Figura 7.1 – Do seu sótão para a EDP

A finalidade última de uma marca é conseguir desenvolver uma comunidade. Não raras vezes os consumidores, clientes e fãs criam-nas e mantêm-nas independentemente da intervenção ou autorização da marca. O pilar essencial de uma comunidade *online* de uma marca é a identidade. Temos interesses e sentimentos comuns e sabemos que, para resolver eventuais problemas ou para, simplesmente, satisfazer esses interesses, temos de cooperar. Uma comunidade *online* de uma marca, acima de tudo, está sempre presente, servindo de facilitador da relação multipolar: cliente-marca e cliente-cliente. Só uma comunidade consegue agregar, de forma convergente, todos os princípios referidos em cima[11]. Por exemplo, a *NikePlus*, só num ano, conseguiu mais de meio milhão de novos membros, que promoveram milhares de eventos desportivos, a nível local e, mesmo, nacional. Mais de 200 mil sugestões de novos produtos ou de melhorias dos existentes foram efetuadas. A tendência é articular a comunidade *online* numa estratégia vertical. Ou seja, agregar outras sub-comunidades mais profissionalizantes, correspondentes a um segmento criativo, que inclua diretores artísticos, designers gráficos e de software (aplicações várias, jogos, por exemplo), ilustradores, fotógrafos... A ideia é interligar a marca com projetos específicos e livres, numa comunidade que, pela sua natureza, pode gerar *buzz*, mesmo com os riscos que a controvérsia pode gerar[12].

No Esquema 7.1 distingue-se dois termos importantes: "média social" e "redes sociais"[13].

REDES SOCIAIS
— Radica nas pessoas e nas suas relações...
— Baseia-se em duas componentes: perfis e conexões.
— O conteúdo é secundário e transitório. Serve para partilhar, entreter, informar e manter as relações.

MÉDIAS SOCIAIS
— Trata-se do conteúdo gerado pelo utilizador.
— A ênfase é dada no conteúdo produzido e distribuído e não nas pessoas.
— O pretexto para interagirem é a produção, a partilha, a divulgação e a discussão de conteúdos.
— Ferramentas disponíveis: blogues, wikis, votação, comentários, "tagging", vídeos, fotos, fóruns, áudio, *crowdsoursing*, etc.

Esquema 7.1 – Articulação entre os média sociais e as redes sociais

7.1.2 – MÉDIA E TECNOLOGIAS DIGITAIS

Tradicionalmente, a Internet tem permitido as seguintes funções na gestão das promoções de vendas:

Informar

Nos produtos de grande consumo, as embalagens têm explícito a inscrição do *site* da empresa e/ou marca. Os anúncios dos serviços reforçam a sua presença *online* para posterior consulta com mais detalhe. O próprio *site* pode desenvolver ações que visam indiretamente a compra. Por exemplo, as Fábricas Lusitana permitem fazer o *download* da sua revista, repleta de receitas, e para obter o dossier de arquivação terá de enviar várias provas de compra (ver Figura 7.2).

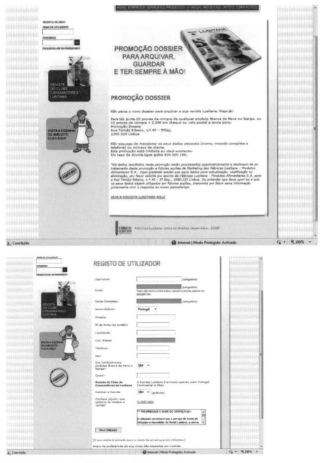

Figura 7.2 – *Site* das Fábricas *Lusitana*

Uma vez registados, especialmente os clientes que têm cartão de fidelidade do retalhista, recebem regularmente sms sobre eventuais ações a realizar no ponto de venda. A Galp envia aos aniversariantes, exatamente à meia-noite, uma mensagem de parabéns e a oferta de 100 pontos, caso se abasteçam de combustível nesse dia. Idêntica função tem a mensagem de correio eletrónico contendo *newsletter* que nos informam "em primeira mão" sobre promoções "especiais".

Distribuir
O montante do valor dos cupões impressos via coupons.com mais que duplicou de 2009 para 2010. Nesse ano, ultrapassou os 2 mil milhões de dólares. O envio via sms ou *e-mail* com os cupões, para poder beneficiar de vantagens ou assistir a eventos, torna o acesso mais imediato e facilita a adesão. A Fnac enviou aos seus clientes portadores do cartão uma sms com a seguinte mensagem: "Preços Mínimo Fnac: até 31/07, apresente este sms e desconte 10€ em compras no valor ou igual ou superior a 40€."

Participar
O envio de uma sms com o código de participação que consta no interior da embalagem permite uma resposta, de forma mais personalizada e direta, do resultado dessa participação. Isto é, se se tratar de uma ação de coleccionismo, acumula pontos. Se for um concurso, ficará logo habilitado e recebe uma senha de volta para se registar num *site* e, dessa forma, saber os resultados, e não só. O método usado pela Carlsberg consistiu em fomentar uma adesão de grupo, em versão tipo pré-redes sociais digitais, no âmbito da euforia nacional do Euro 2004. O mote era o futebol e o desafio implicava o *upload* das fotos sobre os rituais "Carlsberg – Man of the Match". A divulgação foi feita nas embalagens de seis unidades, mas a participação e seguimento prosseguiu no *site*. O efeito viral que garantia, por si, muitas visitas ao *site* foi obtido através do apelo ao maior número de votos dos amigos (ver Figura 7.3).

PROMOÇÃO DE VENDAS E COMUNICAÇÃO DE PREÇOS

Figura 7.3 – Ritual Carlsberg

Entreter
O público mais jovem – crianças e adolescentes – é especialmente motivado pela excitação induzida pela possibilidade de ganhar um prémio acedendo a jogos *online,* associados a marcas de cereais de pequeno-almoço, *fast food* ou de chocolates, que colocam as palavras passe no interior das embalagens ou escritas no recibo.

Angariar contactos

Dispor de uma base de dados – endereço de *e-mail*, número de telemóvel e contacto dos *sites* das redes sociais (ser "fã") – é o ponto de partida para iniciar uma interação continuada com o cliente.

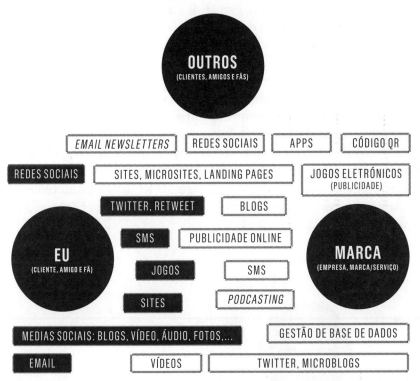

Esquema 7.2 – "Eu", a marca e os outros... na rede

O Esquema 7.2 está centrado em si (o "eu" é o Caro Leitor). Mas a identidade "eu" também assume o papel de consumidor e, eventualmente, cliente. "Eu" tenho amigos e os amigos dos meus amigos, com os quais eles estão ligados, são os outros, mas também os potenciais meus "amigos". "Eu" sou produtor de conteúdos e utilizador de ferramentas digitais disponíveis na Internet: blogues, *e-mail*s, fotos, vídeos, sms/mms, eventualmente um *site*... "Eu" uso várias plataformas onde instalo/aplico/divulgo essa minha produção: *sites* de redes sociais, *sites* de alojamento de fotos e outros de vídeos, mensagem com 140 carateres de texto... Além da minha rede social, "eu" tenho a iniciativa de interagir com as marcas visitando os seus *sites*, páginas nas redes sociais, obter *podcasts* ou acedendo aos seus anúncios/*banner*s, instalando *apps* ou aplicativos específicos nos meus terminais. Em suma, "eu" participo nos seus eventos, eventualmente divirto-me/jogo mas também envio/forneço dados pessoais sobre o meu perfil e comportamento *online*. Os ditos *sites* das marcas passarão, na medida em que "eu" permiti, a "contactar-me" e a propor soluções cada vez mais próximas dos meus interesses e preferências, a informar-me e a incentivar-me a participar e a aliciar para comprar... Finalmente, torno-me "fã" na página do Facebook da dita marca. Dependendo da imaginação nas iniciativas e sensibilidade de relacionamento, potencialmente os meus "amigos" também poderão tornar-se fãs dessa marca. E "eu", quase sem querer (mas voluntariamente, é claro), tornei-me intermediário, sim, um intermediário, de confiança nessa interligação. A rede de "influência social" da marca cresceu graças a "mim", não apenas quantitativamente, mas, principalmente, qualitativamente. De facto, eles (os meus amigos) são consumidores/clientes já qualificados, na medida em que não rejeitam/apagam/filtram e, eventualmente, prestam atenção e na melhor das hipóteses até recomendam.

Inspirado no modelo dos 4 C's da Comunidade[14] *online*, concebido por David Armano, acrescento um quinto C: C de Capacidade (ver Esquema 7.3).

Esquema 7.3 – 5 C's da Comunidade *online*

Capacidade
Também poderia ser denominada por "característica" dos terminais, pois refere-se à funcionalidade/potencialidade, mas também condicionamento, que a tecnologia permite. Os designados *tablets* PC e, em particular, o mais popular, o *iPad*, já começaram a provocar mudanças na conceção em termos de formato, de conteúdos e de navegação. Devido à sua dimensão mais reduzida, conjugado com a mobilidade, proporciona uma experiência e interação que se traduzem num consumo dos média mais baseado no entretenimento e menos

na informação. Por exemplo, consome-se mais vídeo num *tablet* do que num portátil[15,16]. A diferença é também qualitativa. Por exemplo, o tempo aceitável de visionamento é superior, logo, a narrativa tem de ser mais cuidada. Um desafio ainda maior será a evolução natural da televisão na sua integração com a Internet[17]. Quando tal interface da Internet na TV acontecer, poderemos gerir a nosso gosto as emissões (sem estarmos dependente da oferta do operador), para além de obter mais informação sobre os programas; poderemos não só interferir mas também interagir/partilhar com a nossa rede social em tempo real. Poderemos manifestar a nossa posição – adesão/rejeição – de forma imediata a um anúncio, poderemos compará-lo com outros e poderemos aproveitar de forma mais impulsiva uma ação promocional – bastando clicar e subscrever...

Conectividade

É condição necessária dispor de serviços de acesso permanente em todo o lado. De facto, 80% da utilização da rede de telecomunicações móveis é por tráfego de dados[18]. Com o desenvolvimento da quarta geração – 4G – a capacidade e a velocidade aumentaram substancialmente. Cada vez mais, a comunicação de massas corresponde mais ao passado, o que conta são as micro-interações curtas, dispersas temporalmente mas mais numerosas e de um para um[14].

Contexto

Trata-se de compreender como encontramos as pessoas, onde elas estão, no momento exatamente oportuno, de forma a proporcionar a experiência mais adequada[14]. A esse nível, quer por iniciativa dos serviços da Internet de geo-localização ou por aplicações desenvolvidas pelas próprias redes sociais, o "espaço" passou a ser a nova dimensão que podemos e devemos ter em conta. Pelo menos, é assim que pensam os mais de 5 milhões de utilizadores da Foursquare[19]. Não é difícil imaginar as vantagens destes serviços "sociais" para os retalhistas, especialmente se integrados em redes que possibilitem a interação com os segmentos-alvo certos, que por sorte até estão a circular nas proximidades da loja. Uma oportunidade excelente para oferecer um brinde, proporcionar uma experiencia gratificante... Em suma, a finalidade é gerar tráfego para a loja.

Conteúdo e Continuidade

Não basta querer lançar, construir, conceber um *site*. Convém também pensar em mantê-lo e forjar uma adaptação constante aos interesses dos visitantes/membros e manter-se atualizado no que diz respeito às tecnologias.

A esse nível, por exemplo, deve ser reformatado para ser acedido de forma cómoda e atrativa nos *smartphones*. É provável que possa ter condições para lhe dar continuidade[14], se conseguir cumprir as três preocupações na gestão do *site*:

(1) Quem produz o conteúdo? Qual a sua origem?
(2) Será que esse conteúdo terá valor irrefutável para a comunidade?
(3) Tem capacidade de gerar um fluxo de conteúdos com regularidade e qualidade?

O *crowdsourcing* é um modelo de produção, que utiliza a inteligência e os conhecimentos coletivos e voluntários espalhados pela Internet para resolver problemas, criar conteúdo e soluções ou desenvolver novas tecnologias[14]. Um projeto de *crowdsoursing* consubstancia-se quando uma quantidade apreciável de anónimos clientes/utilizadores acolhe o pedido/desafio/incentivo, lançado por uma organização/marca, para produzir um determinado conteúdo e, dessa forma, contribuir positivamente para a marca. Por exemplo, podemos lançar um concurso, no qual os melhores vídeos sobre o progresso de emagrecimento, ao longo de 12 semanas, são resultante da utilização de um produto dietético. Esta campanha do mundo real, conduziu à seleção de 5 finalistas que relatavam, num vídeo semanal, as suas experiências, angústias, alegrias e conselhos pessoais (ver Figura 7.4). Em média, cada participante perdeu 12,2kg.

Figura 7.4 – Efeito da dieta em 12 semanas

A empresa ganhou muita visibilidade, envolvimento com a marca, reforço nas vendas, tudo com um investimento mínimo. Se os vídeos fossem produzidos pela empresa e por profissionais não teriam tanto impacte nem a mesma influência (e até credibilidade). Apesar do amadorismo, a qualidade das filmagens foi surpreendente. Convém ainda assinalar que já é possível indexar o processo de busca dos *sites*, baseado no conteúdo do vídeo, melhorando substancialmente a posição desses conteúdos no *ranking* dos motores de busca[21].

Finalmente, no quadro da lógica da mecânica do instrumento promocional, que neste caso é um concurso, resta saber: qual foi o prémio/incentivo? Os participantes obtiveram a sua dieta gratuitamente, só isso, e apenas as doses necessárias para o tratamento! Mas o principal benefício foi psicológico: participar, testemunhar, partilhar e o aspeto lúdico "dar nas vistas"...

Caixa 7.1   O caso do Museu de Ciência e Indústria de Chicago[22]

No verão de 2010, o museu lançou um concurso no qual convidava alguém que convencesse um júri de que era um/a *expert* na Internet a viver no museu durante 30 dias e relatar as suas observações e estórias para o mundo. Recorrendo ao Twitter, fizeram o lançamento e deram conhecimento do concurso. Posteriormente, mais de uma dúzia de blogues espalharam a notícia. A vencedora dos $10.000 foi Kate McGroarty, 24 anos. Esta jovem também ganhou vários apetrechos digitais e o direito honorário vitalício de admissão ao museu. Durante os 30 dias em que viveu, dormiu e explorou o museu, Kate passou a partilhar as suas observações sobre as atividades quotidianas: guias, trabalho de bastidores, eventos especiais... Esse material era colocado no Youtube e no seu blogue associado ao *site* do museu. No Twitter fazia várias atualizações diárias e conversava. A sua página do Facebook atraiu mais de 15 mil amigos. No final, a notoriedade conseguida, o acréscimo de visitantes subscritores de cartões e, principalmente, o reforço de ligação afetiva à comunidade *online* e *offline* mais do que compensou o investimento inicial.

Figura 7.5

7.1.3 – REDEFINIÇÃO DOS OBJETIVOS DAS PROMOÇÕES DE VENDAS

Não apenas a Internet mas, essencialmente, os média sociais e as redes sociais, com efeito acrescido pela sua associação às tecnologias digitais móveis, impõem um repensar e redesenhar das promoções de vendas quer *offline* e quer *online*. O Esquema 7.4 sintetiza os nove fatores a ter em consideração na conceção de ações promocionais, no contexto da Internet.

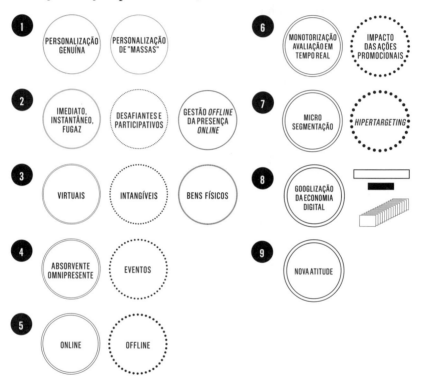

Esquema 7.4 – Enquadramento digital das promoções de vendas: fatores a considerar

As pessoas – também designados por utilizadores ou apenas consumidores – não se contentam com respostas, querem conversar com alguém do outro lado. Querem sentir que são consideradas... pessoas. Nesta ótica, como cada pessoa tem gostos próprios, em vez de, simplesmente, oferecer um

prémio/brinde único, é viável propor três ou mais possibilidades à escolha. Mas esta estandardização flexível já se fazia antes. Agora, podemos convidar o premiado num concurso ou participantes numa ação de colecionismo a participar na recriação do seu prémio. Por exemplo, desde uma simples *t-shirt*, chávena, caneca, boné, etc. com as inscrições/inserções de fotos e/ou textos concebidos pelo participante ou até uma declaração de amor num estádio de futebol durante o intervalo de um jogo (tal como aconteceu em Espanha) ou num *estandarte* dirigido à amada colocado numa avioneta durante uma tarde de verão na praia escolhida. A utilização do *e-mail*, ou a resposta no *site* da marca, aceleram e facilitam a personalização desse prémio/brinde. Também podemos "usar" as redes sociais dos premiados para votarem e/ou adaptarem um possível prémio. O efeito surpresa e o envolvimento associado à participação de um maior número de consumidores, "amigos" do premiado, gera, igualmente, o desenvolvimento de sentimentos favoráveis para com a marca e, potencialmente, um relacionamento que poderá convertê-los em clientes.

Todos sabemos que na Internet esperamos respostas super-rápidas. Somos impacientes, tudo parece volátil, reagimos com bastante impulso, estamos ansiosos pelas novidades, depressa nos aborrecemos, facilmente abandonamos o *site*, esquecemos e processamos cognitivamente, de forma mais superficial, as mensagens. Isso coloca uma grande pressão na gestão, o cliente quer a resposta em tempo real... agora, já!!. A dinâmica e a lógica *online* é diferente da *offline*. Enquanto que o texto, as imagens, a mensagem em si mesma, que consta nas embalagens, num folheto ou num *flyer*, uma vez impressa já não muda, a persuasão num *site* dedicado a uma promoção ou numa conta de uma plataforma de rede social tem de estar em constante atualização. Quando a subscrição (?)/o envio de provas de compra tem de ser feito via sms, *e-mail* ou registo num *site*, a participação é um pouco diferida no tempo. Isto implica que a motivação/incentivo terá de ser mais elevada, para entretanto não se desvanecer. Por outro lado, os participantes/clientes também exigem controlar o que se passa sobre o retorno do seu investimento em termos de tempo, energia e despesa. Mas, acima de tudo, foi criado alguma expectativa sobre quão rápido e instantâneo tudo pode acontecer. A diferença é que agora têm uma forma de interagir e de fazer cobrar a promessa. Em qualquer altura, em vários fóruns/sítios os consumidores poderão criticar, comentar ou recomendar. Com uma presença direta nas redes sociais, essas críticas têm grande repercussão na reputação da marca e, nessa mediada, devem ser analisadas, enquadradas e respondidas rapidamente e com cortesia[23].

O facto de simplesmente se participar/colaborar/intervir numa determinada atividade, "conversar" com a marca e interagir com os outros (iguais a nós) já é por si só gratificante, pelo menos para determinados segmentos-alvo. Nessa medida, não é aconselhável complicar e sobreinvestir em ofertas. Vale a pena ter imaginação e propor algo distinto e mobilizador. Se o objetivo é gerar tráfego para uma presença da marca nas redes sociais ou para o *site*/blogue faz sentido oferecer algo virtual. Em determinados segmentos etários – adolescentes e jovens – é bem mais relevante obter algo relacionado com o mundo *online* do que um objeto físico ou um serviço. A dimensão lúdica da Internet ultrapassa qualquer outro fim. Por exemplo, pode-se oferecer como brindes ou prémios (em troca de um simples registo ou confirmação de compra/subscrição de serviço): filmes, videoclips, *software* ou participação gratuita em jogos *online*, oferta de aplicações para *smartphones* ou tablets, *jingles* personalizados com nomes de pessoas selecionados pelo cliente. Em *sites* de publicações e consultoria pode-se oferecer a possibilidade de fazer *download* de um documento ou estudo (*Whitepaper*), bastando para tal subscrever uma *newsletter*.

Investir na Internet tem duas implicações:
(a) É necessário estar onde o cliente ou o potencial cliente está. E geralmente ele está em todo lado! Daí que a estratégia tenha de ser de multiplataforma e mix-de-tecnologia digital: *site, micro-site,* blogues, Twitter, redes sociais, canais de vídeos – Youtube –, *apps* (aplicações), *podcasting,* etc.... Quer a estrutura do conteúdo, navegação e, essencialmente, a configuração têm de que estar formatadas, facilmente acessíveis e visíveis nos *smartphones* e nos *tablets* tipo *iPad*. Aqui a questão da mobilidade é fundamental. O nosso cliente pode

estar no ponto de venda e ser informado de uma ação promocional numa determinada marca ou naquele ou noutro retalhista.

(b) Contrariamente a uma campanha, que geralmente é definida num quadro temporal e uma vez definido o programa este é simplesmente repetido em vários meios, desde que começa até que acaba um *site* ou a presença numa rede social tem de ser continuamente alimentada com conteúdos novos e relevantes. Trata-se de uma dinâmica imparável. Tem de haver sempre algo interessante que alterne com uma ação promocional. Ou, no limite, ações promocionais distintas que abrangem diferentes linhas de produtos de cada vez.

O investimento nos média tradicionais – *offline* – continua a ser fundamental em muitos contextos e para muitas produtos/marcas. Nessa articulação, pode resultar um acréscimo importante de tráfego – 124% de taxa *click trough* – tal como revelou uma experiência em que se comparou a situação com e sem investimento nos média *offline*[24]. Numa fase inicial de construção de base de dados de contactos – lista de *e-mails* – de ou adesão à lista de fãs da rede social de uma marca, o investimento em comunicação nos média tradicionais – publicidade na TV, rádio, imprensa, *outdoors* – ou no ponto de venda em folhetos e na embalagem é eficaz. Numa fase posterior, até pode ser dispensável grande parte desse investimento. Para marcas de grande consumo, a exceção das ações de relações públicas a não excluir serão os festivais de música dirigidas a um público jovem. Os eventos aí realizados tendem a ser muito interativos, simulando em alguns aspetos o ambiente *online* – por exemplo, ao nível dos jogos. Dessa forma, estimulam a eventual continuidade da relação via Internet ou redes sociais. Foi o caso do palco virtual do festival Optimus Alive.

Nas ações promocionais *offline* é possível estimar o eventual acréscimo das vendas em duas situações: (a) quando é feita uma encomenda para reforçar a anterior; (b) caso haja acesso a dados *scanner*, é possível obter o fluxo das unidades vendidas ao ritmo temporal desejado. Toda a interação do consumidor com a marca deve ser valorizada e não, apenas, durante as transações.

Um centro de atendimento telefónico (*call center*) permite também recolher informações sobre os problemas, o entendimento, o perfil do consumidor, tudo devidamente registado no programa CRM[25]. O tipo de informação obtida *online* pode ser sobre a transação, mas em muitos casos a venda já se concretizou *offline*. A riqueza – quantidade e diversidade – de dados é imensa no contexto da Internet. Mas, mais do que medir o efeito da mensagem (*newsletter, site,* sms, Facebook...), é possível testá-la. Desde logo, corrigi-la e reproduzir de novo. Para além de uma medição do tráfego nas várias páginas e hiperligações, temos o registo dos comentários, críticas positivas e negativas, as recomendações, o "gosto" do Facebook. Todo este manancial de dados surge em tempo real e só tem utilidade se for analisado com métodos adequados e se depois a "inteligência" que daí resultar for aplicada para melhorar a eficácia das operações. Se juntarmos a estes procedimentos de aproveitamento do fluxo (quase automático) um outro processo que advém de se acrescentar canais de diálogo com os nossos clientes (aí somos nós que induzimos e, em consequência, somos também objeto de provocação continua), a qualidade de informação obtida requer ainda mais investimento na sua análise, para poder ser utilizada em tempo real. Em suma, podemos aprender de imediato o efeito de uma ação promocional, não apenas no geral mas nos segmentos específicos. Podemos efetuar adaptações e ajustes em função dos aspetos quantitativos e qualitativos da resposta.

A não resposta, a não abertura de um *e-mail*, o abandono do *site* antes de completar a transação, o cancelamento da subscrição da *newsletter*, o ser considerado *spam*, os comentários/criticas negativas, a rejeição, a indicação de "não gosto", etc. são sintomas de problemas, exemplos de que a marca falhou em algo. É fácil ignorar-se, é fácil desistir, é fácil reagir quando se está irritado. O nosso trabalho como gestores até pode estar "perfeito", mas não é perfeito para toda a gente. O nosso objetivo também não seria, necessariamente, a obrigatoriedade de ter de agradar a toda a gente. O facto é que mais pessoas do que seria o desejável receberam a nossa proposta/contacto. Mas, pior ainda, é que muitas pessoas que deviam tê-la recebido ficaram excluídas. Não se faz marketing sem boa informação. E no caso da segmentação, a exigência de dados ainda é maior. No *webmarketing* tradicional conseguimos, via registo e posteriormente pelo acompanhamento dos cliques nas visitas, assegurar informação demográfica (se houver registo) e comportamental. e, dessa forma, proceder a uma categorização dos visitantes/cliente em grupos, baseados nas características que os tornam mais atentos a determinadas abordagens e interessados em determinadas propostas. O perfil disponível nas redes sociais contêm dados psicográficos sobre os gostos, hábitos, preferências, *hobbies*, ligações afetivas a lugares e marcas, crenças, opções...[13]. Trabalhando estes dados, podemos dirigir o nosso investimento – *e-mail* e publicidade *online*, por exemplo – apenas para os segmentos mais adequados, de forma a assegurar uma resposta – minimizando o custo por impressão e o custo por clique e maximizando a taxa de conversão. Atenção, não basta efetuar uma boa micro-segmentação! É necessário que esta seja acompanhada por um perfeito *hipertargeting*. Ou seja, depois de caracterizar com grande minúcia os segmentos, temos de identificar exatamente as pessoas reais que pertencem a cada segmento. Algo que alguns operadores das redes sociais já conseguem (Facebook e Google).

Só existimos (na Internet) se formos "apanhados" por um motor de busca. No entanto, não basta existir, é necessário ser fácil e rapidamente reconhecido. Uma das estratégias das marcas, se não a principal, é garantir a otimização do posicionamento do *site* nos motores de busca. Aqui, o termo "posicionamento" é ainda mais substancial do que no mundo *offline*, visto que inclui a dimensão qualitativa da diferença relativa, mas também, e de forma ainda mais determinante, a dimensão quantitativa da posição no *ranking* dos mais relevantes, procurados ou destacados. Como a esmagadora maioria dos internautas começa, na utilização dos recursos da Internet, por inserir uma palavra-chave num motor de busca, a probabilidade de se visitar os *sites* que surgem no Top 10 ou nas primeiras páginas é elevadíssima. Como é que se consegue chegar lá?

(1º) Dominar uma palavra-chave e associá-la ao *site* – pela sua repetição no *site*, blogues, redes sociais, etc., tudo devidamente hiperligado – essa palavra--chave deve expressar o produto, atividade e/ou um elemento diferenciador da marca. Que palavras é que as pessoas usam quando pretendem algo concreto? Se soubermos responder a isto, podemos investir nos termos que nos interessam e que estão ligados, diretamente ou indiretamente, à nossa atividade ou ao tema da ação promocional.

(2º) Conseguir direcionar o máximo de tráfego através das atividades "outbound marketing" – *e-mail*, por exemplo – ou promover a referenciação – hiperligação –, recomendação de terceiros nos seus blogues, *sites* da imprensa/notícias/ *experts*/tendências e Twitter.

(3º) Comprar visibilidade no Yahoo, Bing, Ask ou Google. Esta "googlização" traduz uma certa obsessão pela componente transação da Internet, na qual o que interessa é maximização dos *click through* e conversão.

Como ficou evidente no ponto anterior, a vantagem competitiva de uma marca desenvolve-se tanto *online* como *offline*. No contexto *online* a concorrência é direta, através das múltiplas ações de comunicação das várias marcas, que ocorrem, com ou sem articulação, com as campanhas *offline*. Mas também indiretamente pelos comentários dos outros amigos ou anónimos, *experts* e os demais influenciadores, que produzem comentários e recomendações nas suas redes sociais ou, apenas, nos média sociais. O consumidor, antes de se deslocar ao ponto de venda ou até na própria loja, poderá consultar as alternativas, comparar os preços e ser aliciado com ações promocionais por outros retalhistas concorrentes *online* e *offline*. O ponto de venda deixou de ter a exclusividade no poder de persuasão que possuía antes. A escolha ou decisão pode ser alterada antes e durante a presença no local de compra. A informação é total e omnipresente, sempre disponível e com uma qualidade (confiança) nunca previamente alcançável: são os amigos que nos ajudam a escolher... nunca estamos sozinhos! O grande desafio das marcas é que elas também têm de se tornar "amigas". Replicando esta abordagem, e para que o efeito das promoções de vendas *online* perdurem, no sentido de criarem relações com os clientes, as marcas (na sua presença *online*) devem ser transparentes, ouvir, ouvir e ouvir, e só depois falar, revelar respeito e humildade, fornecer informação útil/prática e pertinente. Mostrar cortesia e energia motivacional[25]. Ser um *solucionador* de problemas. Cada vez mais, esta estratégia de desenvolver uma reputação de "amigo" será uma condição necessária para que, em igualdade de condições, exista uma resposta favorável às ações promocionais.

No Capítulo 1, analisámos a categorização das várias técnicas de promoção de vendas. Foram explicitados seis objetivos e estabelecida a interligação com as respetivas técnicas. À exceção da animadora e dos topos de gôndola, todas as outras técnicas promocionais podem ser usadas no contexto *online*. Tal como vimos nas páginas deste subcapítulo, a realidade da Internet tem implicações na definição dos objetivos, obrigando, por um lado, a redefini-los e por outro acrescentar mais elementos. Os novos possíveis objetivos das promoções de vendas, num contexto em que a Internet deve estar cada vez mais integrada com as estratégias promocionais *offline*, são:

Em qualquer momento pode fazer maus negócios, por isso, não se precipite!

- Conquistar novos clientes – especialmente os não acessíveis via marketing tradicional. Os adolescentes e jovens são cada vez menos audiência nos média tradicionais e, igualmente, não interagem com muitos pontos de venda pois a responsabilidade das compras nos supermercados é essencialmente dos pais.
- Enquadrar as propostas promocionais, em função do estilo de vida e centros de interesse dos respetivos segmentos – por exemplo, proporcionar atividades lúdicas, entretenimento e experiências com as marcas tais como música, vídeos, jogos, passatempos, etc., bens intangíveis e virtuais que são atrativos e gratificantes, por si só, para muitos grupos de consumidores. Para quê complicar, se isso já é, na sua essência, um brinde ou prémio devidamente valorizado?
- Manter, cuidar, nutrir as relações entre a marca e a sua comunidade (clientes e potenciais clientes). Não se trata de estar constantemente a desenvolver campanhas especiais e ações de incentivo para motivar e "aquecer" a relação com a marca. É necessário, sim, ter imaginação e desafiar os consumidores a participar na construção dos conteúdos *online* em ações acessíveis e relevantes, para os vários subsegmentos de mercado. Na Internet, e em particular nas redes sociais, não pode haver interrupções no alimentar da relação com os fãs. O esforço, a atenção e a monitorização devem ser, tanto quanto possível, diários, assim como a criatividade. Só se cumprirmos este objetivo é que, com sorte, conseguimos o outro objetivo, o da lealdade à marca.
- A Internet é também uma ferramenta para ser usada no sentido de pré-testar as promoções e ajustar o "copy" para aumentar a sua eficácia. Convém realizar esse exercício junto de um grupo selecionado de clientes.

- Espaço de aprendizagem contínua. A Internet está em permanente mudança, não apenas nas propostas inovadoras dos prestadores de serviço e no desenvolvimento dos *sites* das marcas, mas também nas soluções e possibilidades que a tecnologia permite. Por exemplo, o processo de segmentaçãotem de ser baseado, inevitavelmente, nas variáveis comportamentais *online*. E estas mudam a um ritmo elevado. Isto implica a contínua observação e análise para ressegmentar e captar as tendências de forma ajustar à mudança. A outro nível, e recorrendo ao *crowdsoursing*, devemos encorajar os consumidores a ajudar-nos a melhorar os nossos produtos. As sugestões, ideias, novos modelos, identificação de problemas, novas utilizações, etc. são preciosos.
- Poupar recursos – após a fase inicial de desenvolvimento de competências consegue-se obter um bom retorno do investimento, graças a uma gestão inteligente dos média sociais e das suas redes, e com um orçamento relativamente baixo, quando comparado com os média tradicionais[10].
- Facilitar e acelerar o ciclo da venda. Como só cumprimos o propósito vendas se outros objetivos previamente forem cumpridos, o objetivo mais votado pelos gestores (52%) foi gerar tráfego para o *site*[26]. Tal como iremos exemplificar no subcapítulo seguinte, muitas das ações promocionais que se desenvolvem têm unicamente essa finalidade.
- Ser global. Os vinhos verdes são exportados para muitos países do mundo. Uma ação desenvolvida no início da década anterior consistiu em premiar o vencedor de um quebra-cabeças, qualquer pessoa não residente, para visitar e instalar-se numa quinta minhota e acompanhar as vindimas.

7.2 – ESTRATÉGIAS DIGITAIS DAS PROMOÇÕES DE VENDAS

7.2.1 – *E-MAIL* MARKETING

Nesta era das redes sociais, ainda faz sentido investir no *e-mail*?
O *e-mail* já foi (mais) sexy. Muito provavelmente, para as gerações até aos 25 anos o *e-mail* é quase o equivalente à antiga máquina de escrever. Nos países asiáticos, Magreb e na América do Sul, mais de metade da população *online* está conectada nas redes sociais. Conjugam-se dois fatores para justificar a fraca expressão do *e-mail* nestas zonas do globo: a introdução massificada da Internet

é recente e a população é maioritariamente jovem[27]. No resto do mundo, onde a influência da Internet é mais prolongada, o grupo dos jovens e de adolescentes também está dependente das redes sociais, dispensando, em grande parte, o *e-mail*. No entanto, quando iniciam a sua atividade profissional, as redes sociais continuam a ter a sua importância essencialmente na esfera privada – amigos e família – e os *e-mails* começam a assumir um papel preponderante[28, 29].

Em Portugal, de acordo com 53,9% dos 300 especialistas inquiridos, o *e-mail* marketing é uma importante ferramenta que vai ao encontro dos objetivos das empresas. No mesmo estudo, mas nos EUA, por cada dólar investido em *e-mail* marketing as empresas desencadeiam um retorno de 43 dólares[30]. Num outro estudo, igualmente realizado em 2010, o *e-mail* surgiu em 4.ª posição com 42% de intenções de investimento, o web*site* e SEO com 64% e 62%, seguido dos 53% nos média sociais[31].

O *e-mail* é um meio originalmente social e viral. Sempre foi um instrumento de interação social. Nada nos impede de reenviar uma mensagem para o maior número de contactos na nossa rede social[32]. Não se consegue fazer reencaminhamento de um *site*. Mas pode partilhar-se uma grande riqueza de conteúdos para além do simples texto. O *e-mail* marketing não só está (ainda) na moda – 73% dos consumidores referem o *e-mail* como o seu meio de comunicação preferencial[33] – como também é, particularmente, efetivo se for tratado de forma integrada com os média e as redes sociais. O *e-mail* surge, logicamente, como o ponto de partida no processo de diálogo. E, aqui, a função "diálogo" via *e-mail* é, agora, mais difícil e exigente do que na era pré-Web2.0. O desafio é implicar e envolver, de forma emocional e cognitiva, o nosso interlocutor. O diálogo pode continuar nas redes sociais e a partilha das experiências é multiplicada. Neste contexto, o *e-mail* assume um papel complementar, sim, mas também estrutural – cabe às redes sociais acelerarem, exponencialmente, o processo de disseminação e reconstrução da mensagem[34, 35, 36].

Em 38% das situações, as pessoas partilham informação/dados via *e-mail* com os amigos... É a mesma percentagem que no Facebook!!![37]

1º – (novos) Objetivos

O que é a que as promoções de vendas tem que ver com o *e-mail* marketing? Na sua essência, uma promoção de vendas serve para gerar uma resposta, desencadear uma ação. No contexto da Internet, essa resposta não implica necessariamente uma venda/transação, pelo menos no imediato. A finalidade é estabelecer um canal de comunicação, tanto quanto possível direto e pessoal, para nutrir e desenvolver uma relação de marketing com esse (potencial) cliente. A "venda" surgirá como uma consequência natural. Se a nossa estratégia for bem sucedida, o nosso interlocutor e cliente será o nosso promotor de vendas. Ou seja, se ele gostar e/ou se for estimulado encarregar-se-á de disseminar, na sua rede de contactos, a nossa proposta de valor. O Esquema 7.5 sintetiza os vários objetivos inerentes no investimento em *e-mail* marketing.

Email before Social

"If you don't have your email marketing efforts nailed, you have no business investing in social marketing"

Scott Hardigree, Indiemark.com

1º OBTER UMA BASE DE DADOS DE CONTATOS EMAIL

Publicidade — anúncios de imprensa, sacos de plástico dos jornais, distribuição de folhetos (no ponto de venda ou na rua), no multibanco, etc;
Online — banners em sites geradores de tráfego, simples subscrição passiva no site ou em microsites/landing pages e investimento em SEO;
Embalagens;

adesão implica →

– envio de um *e-mail*;
– registo no site/microsite/*landing page* com os dados pessoais;
– envio de um sms com um código de participação e posterior registo.

AÇÕES PROMOCIONAIS
(ex. oferta de brindes, cupões, concursos, colecionismo)

Alternativas: (1) Aquisição de uma BD em empresas especializadas - o nível e a profundidade da segmentação é variável.
É rápido, obtém-se à partida um grande volume de contatos e no curto prazo é mais barato. Risco de rejeição, facto que afeta a reputação da marca e compromete abordagens futuras. (2) Aquisição de serviços de recomendação sustentada nas redes sociais de voluntários que subscrevem a participação, baseada na plataforma de uma empresa que gira campanhas de incentivos. São os próprios que enviam os e-mails em seu nome de forma pró-ativa, recomendando o envolvimento do seu "amigo"[38]. É mais demorado e caro que o anterior, não se dispondo dos contactos, mas é seguro e fidedigno.

Esquema 7.5 – Objetivos do *e-mail* marketing

2º CRIAR UMA RELAÇÃO... À MEDIDA

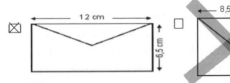

Uma newsletter tem de ser interpretada e sentida como uma **promoção de vendas**, ou seja, como uma oferta, brinde, algo desejado que confere valor.

Só dispondo de um contacto direto é que podemos começar a conhecer o nosso interlocutor, as suas preferências, motivações, comportamento, entre outros. A partir daí podemos personalizar, aproximando-nos do seus interesses.

Mas atenção, para que a "relação" funcione, o nosso cliente ou potencial cliente tem de **CONTROLAR** a qualquer momento, se quer continuar; a frequência de envio e escolher a natureza dos conteúdos.

3º PROMOVER A RELAÇÃO

A forma mais efetiva para cumprir este objetivo é conseguir que o **cliente se sinta especial**.

4º PROMOVER AS VENDAS NA RELAÇÃO

Promover a relação com a marca implica que se estabeleça um diálogo. E aqui essa iniciativa também tem de ser objeto de uma promoção (de vendas). Toda a gente gosta de se sentir expert e dar opiniões e conselhos, nem que sejam pontuações aos artigos. Esta forma de participação é por si só compensadora e estimulante, conferindo autenticidade, partilha e influenciando os outros.

Uma vez estabelecida a relação de confiança, resta animar essa relação com ofertas exclusivas e estimulantes. Agora sim, as Promoções (são de) Vendas

4º PROMOVER NOVAS RELAÇÕES

Quando gostamos da marca e da relação (online), também temos prazer em partilhar o que é bom. Se ainda por cima ganharmos com isso...
Ao abrirmos o nosso universo pessoal a uma marca, a nossa rede social passa também a poder beneficiar das vantagens (ver o exemplo da Boca Java)

Boca Java ▸ Become a VIP Gosto
Empresa
Receive exclusive discounts, coupons, promotions and newsletter.
Email: [   ] (Subscribe)

Esquema 7.5 (cont.) – Objetivos do *e-mail* marketing

O primeiro passo lógico do *e-mail* marketing é dispor dos endereços de correio eletrónico do maior número de clientes ou potenciais clientes. O facto de a pessoa aceitar fornecer esse dado pessoal já revela, à partida, motivação. O recurso a ações promocionais com esse objetivo acelera o processo, potenciando a adesão do segmento mais interessado. No entanto, este objetivo de criar/desenvolver uma base de dados deve ser constantemente recorrente. As bases de dados estão sempre em reconstrução, é um trabalho que nunca cessa, seja por limpeza (eliminação dos inativos e dos que desistiram) e a óbvia necessidade de substituir, mas, principalmente, porque queremos crescer. O envio de um *e-mail* e a subscrição/registo num *site* pode ser instrumental para os consumidores participarem. Trata-se de um meio para chegar a um fim. Se for um produto de grande consumo, a embalagem pode informar as condições de participação. De forma mais genérica, a publicidade indica um endereço de um *site*. Para os que visitam o *site* da empresa, pode existir um convite de subscrição/registo. Basta escrever o endereço de correio eletrónico ou preencher uma ficha. Mas, neste caso, a efetividade do convite aumenta exponencialmente se o visitante receber algo relevante em troca. E, aqui, temos de novo uma promoção de vendas. O objetivo de recolha de contactos de *e-mail*, raramente é, deliberada e exclusivamente, associado a esse fim específico, mas surge apenas como condição necessária para outra ação promocional. O sucesso depende muito do equilíbrio entre a natureza dos incentivos *versus* o esforço para obtê-los. No verão de 2009, a Ben&Jerry's premiava as melhores fotos, enviadas para um determinado *e-mail*, tiradas junto à Kombi (carrinha VW a imitar um pão de forma) e acompanhada de dois gelados comprados nas lojas Blockbuster. Os prémios sorteados foram bilhetes de acesso a vários festivais de música que teriam lugar durante esse verão. Entre outras finalidades, esta ação permitiu obter os contactos deste segmento específico de consumidores. No Esquema 7.6 é efetuada uma listagem de alguns dos incentivos/prémios possíveis para desencadear e compensar a participação. Especialmente em B2B, mas não só, uma boa dose de altruísmo, conjugado com interesse pessoal, resulta mais do que apenas o egoísmo. A empresa de corretagem *online* Zecco Trading oferecia aos novos subscritores um *whitepaper*, com aconselhamento financeiro e um livro eletrónico sobre finanças. Se os clientes atuais divulgassem tais ofertas na sua rede social (indicando sempre o seu endereço de *e-mail*), por cada conjunto de novos clientes a Zecco depositava na conta de uma instituição de caridade $50. Comparando com o período anterior, em que só eram oferecidos os brindes, assistiu-se a um acréscimo de 941% de novas contas[38].

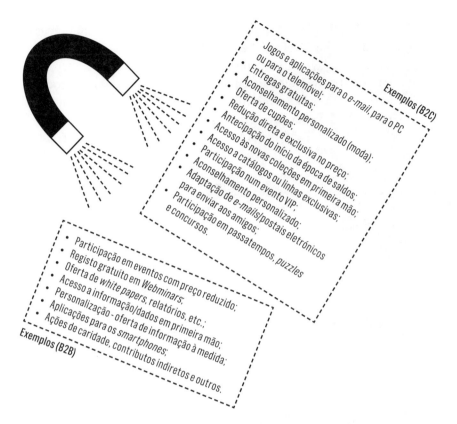

Esquema 7.6 – Incentivos/ofertas usadas no *e-mail* marketing (e instrumentos *online*)

A Boca Java é um serviço *online* de distribuição de café ao domicílio caracterizado pela diversidade de "blends" e exotismo na origem. O seu serviço procura ser flexível, possibilitando a sua personalização. Um cliente registado não só tem acesso exclusivo a determinados colheitas, a novos sabores, a catálogos de acesso restrito, mas, principalmente, a reduções de preço em determinados produtos.

Oferecer a possibilidade de assistir a um desfile de moda reservado apenas a profissionais e visitar o *backstage* é um privilégio a que as clientes da Redken podem aspirar (ver Figura 7.6)

A oferta de saldos exclusivos para membros de uma boutique de moda *online* abre o apetite a qualquer "amiga". Para tal, basta registar-se sob convite expresso, via *e-mail*, de um membro da boutique de moda. Os novos membros terão acesso a uma promoção especial – um brinde de boas vindas – e a "amiga" que fez o convite também recebe bónus extra por cada convidado que efetua compras[37].

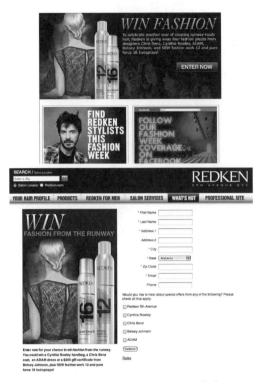

Figura 7.6 – Privilégio para os que se registam na Redken

O que se deve fazer para que o *e-mail* marketing funcione?

Esquema 7.7 – Estratégia para um efetivo *e-mail* marketing

2º – Segmentação

A segmentação é um processo. Por isso, não tem fim. À medida que vamos obtendo mais dados do subscritor do *e-mail* e cliente ou do potencial cliente, podemos ir refinando a segmentação. Isto é, quando, na sequência da interação/resposta, conhecemos e registamos o seu comportamento, preferências implícitas e explicitas (por exemplo, respostas a um questionário) podemos mudar de segmento ou criar novos. Neste processo, convém ter presente que deve haver um equilíbrio entre o tamanho dos vários segmentos e deve existir um número gerível de segmentos. A frequência, o conteúdo, o tipo de campanhas e as ações promocionais variam em função desses grupos. No limite, desenvolve-se uma mensagem personalizada. O objetivo é produzir o máximo impacte na resposta pretendida. No Esquema 7.8 descrevem-se as possíveis respostas dos recetores alvos do *e-mail* marketing.

Falhas no servidor recetor
Endereço errado
Caixa de correio cheia
Filtragem de *spam* passiva
Categorização deliberada como *spam*
E-mail eliminado de imediato
E-mail não aberto
E-mail observado no *"preview pane"* mas não aberto

E-mail aberto mas não lido
E-mail lido e apagado
E-mail lido e guardado
Efetuou click numa hiperligação - acedeu ao *site* do emissor
Acedeu a outro *site* via hiperligação no e-mail
Acedeu à rede social do emissor
Reenviou a outras pessoas
Respondeu diretamente, enviando uma mensagem ao emissor
Participou numa ação promocional anunciada no *e-mail*
Efetuou uma transação via hiperligação do *e-mail*

Esquema 7.8 – Respostas possíveis dos recetores de *e-mail*

Um dos critérios mais simples para iniciar a segmentação (e que por vezes ignoramos) é registar a sua proveniência. Consiste em codificar cada contacto em função da forma como foi obtido: por iniciativa própria subscrevendo-se no *site*, em ações promocionais (quando e que tipo), como cliente *online*, ficha de cliente *offline*, durante eventos, recolhidos pelos vendedores junto de clientes potenciais... O comportamento/resposta é diferente, e assim também deve ser a nossa abordagem.

Numa fase seguinte ao registo, o visitante/subscritor/cliente é convidado a definir, numa aplicação designada por "centro de preferências", várias opções que expressam os seus interesses e a sua situação. Tal acréscimo de dados representa mais uma oportunidade de refinar a segmentação, para servir melhor, e de forma mais personalizada, o subscritor.

Desde sempre que sabemos que nem todos os clientes são iguais, na medida em que a sua rendibilidade é distinta. Existe um grupo de clientes que não só compram como, acima de tudo, geram negócio porque recrutam novos clientes. Trata-se dos influenciadores. O programa "In Girls" da *Sephora online* é um excelente exemplo (ver Caixa 7.2).

Caixa 7.2 **O poder das "In Girls"**[38, 39]

No verão de 2006, foi enviado um *e-mail* a todos os clientes registados a convidá-los a nomear uma pessoa numa página específica do *site* para ser integrada num restrito painel de consumidoras designado por "In Girls". A nomeada recebia um *e-mail* com um *link*, que a direcionava para uma página onde teria de responder a questões sobre preferências e hábitos, mas também era convidada a redigir um pequeno ensaio sobre a sua relação com a moda e a beleza. Cada nomeador apenas podia indicar uma pessoa, mas cada nomeado não tinha limites de nomeações dirigidas a si. As mais nomeadas e elegíveis, que corresponderam a 25%, seriam selecionadas com base na análise do ensaio. As 100 vencedoras recebiam uma *t-shirt*! Durante um ano, os membros do painel tinham a oportunidade de avaliar produtos (gratuitos) e ter acesso prévio a novos lançamentos. Ao receberem os produtos, teriam de responder a questionários e efetuar comentários. Alguns deles seriam partilhados *online*.

A eficácia comparativa foi três vezes superior em taxa de resposta face à publicidade (*banners*) ou simples *links* nas *newsletters*. As mais entusiastas da marca recrutaram, cada uma, em média, mais de outras 100 amigas. O efeito viral foi enorme, com centenas de blogues e sítios das redes sociais a divulgarem os productos, para além dos muitos *e-mails*, enviados pelas entusiastas e suas amigas, que iam contagiando sempre mais gente. Cada participante gerou, em média, 2,5 impressões adicionais *online*. Os gestores aprenderam não apenas sobre o que as nomeadas contavam, mas também sobre o comportamento e redes sociais das nomeadoras.

Outro critério de segmentação, apenas possível graças à Internet[39], é construído em função dos conteúdos que os nossos visitantes/clientes/subscritores produzem sobre as nossas marcas e empresas. Por isso, convém saber, no conjunto dos nossos subscritores, "Quem" fala sobre nós, "Onde" (blogues, Twitter, murais das redes sociais, outros *sites* de recomendação...) e que tipo de comentários são feitos (campanhas, produtos, positivo, negativo...). Esse grupo merece outro tipo de atenção e de resposta.

Das 5 táticas sugeridas por 1115 gestores para melhorar a relevância do *e-mail* marketing, a primeira, com 57%, foi a segmentação da campanha baseada no comportamento. Em terceiro, posiciona-se a segmentação do programa baseado no ciclo de vendas[40].

3º – Gestão da reputação

Em média, cada retalhista americano enviou, em 2010, 152 *e-mails*. Face ao ano anterior, este número representou um crescimento de 16%. Quase metade deste grupo envia à sexta-feira, seguido das terças e quintas-feiras. O sábado surge em último lugar e o domingo está a ficar cada vez mais concorrido, porque os retalhistas querem uma resposta já na segunda-feira[41]. Em Portugal, estima-se que sejam enviados 600 milhões de mensagens virais por dia, representando apenas 0,3% do *spam* mundial![42]

Embora do "lado da oferta" o crescimento continua interessante, do "lado da procura" mingua!! A utilização do *e-mail* caiu 8% a nível mundial: 59% nos adolescentes, 18% entre o grupo com 25-34 anos e 10% entre os que têm 34-54 anos[43]. Como, em termos absolutos, o número total de utilizadores não diminuiu, estes resultados revelam não apenas a influência do peso dos países emergentes, mas, principalmente, um alerta para a (falta) de adequação do *e-mail* às novas plataformas. A tolerância deste tipo de comunicação no telemóvel é bem menor. O desafio passa por enviar menos, mas de melhor qualidade. A solução começa por criar mecanismos para contribuir para uma boa receção dos nossos *e-mails*. É esse o primeiro objetivo da gestão da reputação.

Dizem que o *e-mail* marketing é barato. Mas o custo pode ser enorme se estragarmos a reputação da marca.

A gestão da reputação começa *offline* e deve continuar *online*, passando por auditorias – o que dizem de nós na Internet e nas redes sociais. A reputação via *e-mail* não depende apenas da marca/empresa emissora, é função também das infraestruturas tecnológicas e das práticas dos ESP (E-mail Service Provider). Mas, igualmente, da resposta programada do destinatário ISP (Internet Service Provider). Nessa medida, é crucial a escolha do ESP e a gestão da relação com os principais ISP. Ou seja, a reputação da minha marca depende muito da reputação dessas infraestruturas. Só 85,5% do volume das mensagens de *e-mail* enviadas chegam à caixa de correio[44]. O resto ou é filtrado ou perde-se. Das que entram na caixa, entre 20% a 40%, em média, são abertas. Esta percentagem pode estar por defeito, porque há ISP que bloqueiam as imagens e outros que não enviam relatórios fidedignos. Além disso, dificilmente as aberturas nos telemóveis são contabilizadas[45, 46]. O ESP não só deve enviar mas também processar as entradas em tempo real: relatórios, cancelamento de subscrição, *e-mail* devolvidos (endereço errado, falhas temporárias, rejeição via *spam*, aviso de caixa cheia)[45]. O Esquema 7.9 sintetiza os procedimentos a seguir na construção e gestão da reputação *e-mail* da nossa marca.

O preenchimento e a atualização do centro de preferências permite, não apenas, implicar/comprometer, como incrementar a relevância das mensagens em função dos seus interesses.

4º – Conceção e *design* da *e-mail-newsletter*
No processo de *design* de elementos de comunicação *online* a forma e o conteúdo estão interligados. No caso dos *e-mails*, a primeira impressão resultante de um olhar fugaz de décimos de segundo, pode condenar ou contemplar a

> **Seguir as sugestões do ESPC e IAPP[47]:** Informar o cliente do início da recolha de dados, do propósito e da entidade; clarificar as garantias de segurança; assegurar o acesso aos dados; reafirmar a responsabilidade legal na proteção da privacidade.

> **PERMISSÃO [48,51]** Se parte dos custos forem suportados por outros, há um incentivo para um menor envolvimento na análise de alternativas.

> **VERIFICAR A PONTUAÇÃO DO ESP** no (senderscore.com) e-mail server Score>50. É definida em função: volume de queixas, vol. tráfego, reputação relativa do ESP, Taxa de e-mail com endereço desconhecido, taxa de rejeição (*blacklist*) e presença no "*spam traps*"[46]

> **AUTENTIFICAÇÃO [48,49]** Trata-se de uma validação do endereço IP do emissor contra uma lista oficial de DNS reconhecidos. Esta prática identifica e certifica a origem de forma automática. É necessária mas não é suficiente. Convém consultar as queixas de *spam* em *dnsstuff.com*.

> **HIGIENIZAÇÃO DA LISTA DA BASE DE DADOS [48,50]** Mais importante do que ter uma base de dados com muitos contatos, é garantir a sua qualidade. Regularmente é necessário "limpar" os que o colocaram em condição de *spam*, os que cancelaram, os que têm a caixa inacessível e os que não abrem (após tentativas de reativar). Por essas e outras razões, cerca de 30% dos contatos "desaparecem" anualmente.

Esquema 7.9 – Procedimentos para uma boa gestão da reputação do *e-mail*

Figura 7.8 – Exemplo de uma parte da página do centro de preferências da *Toys'r us*

mensagem. Nessa medida, os pequenos detalhes que funcionam são determinantes. É essa a finalidade do Esquema 7.10. Tudo deve ser testado, em particular a resposta de determinados ISP. Por exemplo, existem algoritmos de filtros de *spam* que bloqueiam o *e-mail*, caso surjam determinadas palavras

Esquema 7.10 – Detalhes que funcionam na conceção e *design* do *e-mail*[37,45,50,52,53]

no conteúdo – o uso exagerado da palavra "free" é um deles! Mas o sucesso na abertura do *e-mail* – a primeira vitória – passa, em muitos casos, não só por fazer uma promoção de vendas, mas por colocar essa mensagem específica no lado certo do *layout* do *e-mail*: na parte superior esquerda. A maior parte dos programas dispõe de um "Preview Pane" que permite, sem abrir, observar o conteúdo do *e-mail*. Acontece que, em geral, menos de 1/3 é visível e aquilo que o é corresponde sempre ao lado superior esquerdo!

5º – Integrar o *e-mail* nos média sociais e nas redes sociais

Nem todas as pessoas estão nas redes sociais online e muito menos são as que contribuem para os média sociais. Mas, poderemos afirmar, sem grande risco, que todos os que acedem à Internet têm e-mail. Mais nenhuma plataforma de comunicação online permite o acesso direto e autorizado ao ambiente privado do cliente: a sua caixa de correio. Com base nessa prerrogativa, podemos adequar a nossa mensagem aos seus interesses graças à sua colaboração ativa (centros de preferência) e pela análise do seu comportamento online. E, dessa forma, podemos ter o privilégio de dialogar. Ele/a pode solicitar uma resposta mais personalizada, que será executada numa base de um para um. Desde a existência do e-mail que os clientes podiam, caso sentissem necessidade de partilhar algo de positivo, gerar buzz50. A ideia do marketing viral surgiu originalmente associado ao e-mail. A integração do e-mail com as outras plataformas, contribui para cumprir dois objetivos:
- alcançar ainda mais pessoas, pelo efeito multiplicador das redes sociais;
- promover o envolvimento de forma mais expressiva e dialogante.

Para as atingir, a estratégia deverá ser a seguinte[54]:
a) Interligar automaticamente no *e-mail* as várias plataformas/programas – via hipertexto ou via caixa de "widgets" (ver Figura 7.9). Por vezes, para obter um cupão de desconto é necessário tornamo-nos fãs ou seguidores (ver Figura 7.10).
b) Distribuir o conteúdo total ou parcial do *e-mail* (*newsletters*) por vários programas – *site, micro-site*, blogue ou redes sociais. Se formos consistentes nas palavras-chave ao longo do tempo, este procedimento facilita a otimização dos motores de procura.
c) Fomentar a participação na produção de conteúdos para os média sociais. Os blogues têm uma natureza temática, e não só permitem o depósito dos conteúdos dos *e-mail*s como, também, promovem uma discussão mais profunda das opiniões e experiências dos clientes. O próprio blogue deve estar também interligado às redes sociais.

PROMOÇÃO DE VENDAS E COMUNICAÇÃO DE PREÇOS

Figura 7.9 – Uma ilustração de uma extensa caixa de "widgets"

Figura 7.10 – Exemplo de um *e-mail* a convidar o registo no Facebook, a pretexto do primeiro aniversário da presença do retalhista nesta rede social

d) Para funcionar, é necessário uma dinâmica imaginativa, não apenas de criação de novidades contextualizadas sobre temas pertinentes (não necessariamente comerciais), mas também ações promocionais que incentivem e nutram o envolvimento com esses meios, em torno da marca. A formação de um painel de clientes que recomendam, avaliam e votam acelera o processo. Eles próprios funcionam como influenciadores na disseminação das novidades.

e) Os microblogues como o Twitter são facilitadores para espalhar pequenos alertas com informação sobre endereços e hiperligações. Promove o contacto na mobilidade.

f) Determinadas promoções de vendas anunciadas via *e-mail*, ao premiarem a criatividade na produção de vídeos, por exemplo, prolongam e aprofundam a integração no canal Youtube. Este tem a vantagem de poder estar inserido nos outros média sociais.

g) Nos EUA, 52% dos utilizadores do telemóvel acedem à sua conta em múltiplas plataformas e 48% têm, inclusivamente, uma conta exclusivamente formatada para essa tecnologia móvel. Convém também dispor de preferências/opções específicas para telemóvel.

6º – Gestão da relação: "Stay cool"
O motivo principal (58%) do cancelamento da subscrição ou, simplesmente, da paragem da leitura dos *e-mails* tinha que ver com aspetos relacionadas com a falta de relevância dos assuntos. Na segunda causa (44%) surge a quantidade elevada de *e-mails* recebidos da mesma fonte, associado à falta de tempo para lhes dedicar atenção[52]. Paralelamente à reação dos recetores dos *e-mails*, os ISP estão continuamente a refinar os seus métodos para se protegerem do *spam* e, principalmente, das tentativas perigosas (vírus) e fraudulentas (*phishing*). Este cenário ainda é mais exigente e estrito para os fornecedores de serviços de *e-mail* gratuitos. Em média, um recetor com mais de 27 anos recebe 15,5 *e-mails* por dia[53]. Muito provavelmente 2/3 poderão ser classificados como *spam* e filtrados.

Por alguma razão, o acesso ao nosso *e-mail* é privado, requerendo uma "palabra-chave" secreta que protege da intrusão. Por isso, uma vez ultrapassada a primeira barreira e construída a relação de confiança inicial, em que o recetor permitiu a entrada do *e-mail* "estranho" na sequência de uma determinada campanha, é de toda a conveniência continuar essa relação. Já que conseguimos que o recetor dedicasse algum tempo e energia, a fase seguinte seria fazer com que ele partilhasse o seu capital social. Esta segunda etapa poderá surgir independentemente de haver ou não transação. De facto, existe uma grande competição para conquistar o tempo e atenção dos supersaturados consumidores: recebem solicitações em mais plataformas (sms, redes sociais, *e-mails*...) e com mais frequência. Por isso, têm menos tempo para o *e-mail* e também menos paciência para o abrir e ler[48].

O primeiro desafio é não desperdiçar os "touch points" cruciais:
1 – Mensagem de boas vindas.
2 – Confirmação.
A maior probabilidade de ocorrer uma desistência/desinteresse verifica-se nos primeiros 30 dias após a subscrição[54]. Para além de as mensagens iniciais terem as reconfirmações e convites para visitar o centro de preferências, é fundamental destacar de forma bem clara quais as vantagens em receber a *newsletter*[55].
3 – Abandono da transação *online*.
Trata-se do facto de terminar a sessão *online* antes de confirmar a compra. Neste caso, o carrinho de compras virtual é abandonado antes de ser efetuado o pagamento. Esta situação ocorre com 65% dos compradores *online*[56]. A reação aconselhada seria enviar um primeiro *e-mail* personalizado, no máximo, 24h depois, e recordar que "Deixou artigos no seu cesto de compras" ou

"Já viu o que perdeu?". Nessa altura, mostra-se os artigos (fotos de *merchandising* e outras mais contextualizadas em condições de utilização), associadas a testemunhos/comentários de outros clientes. Passados dois a três dias deve seguir o segundo *e-mail*, caso não haja resposta ao primeiro. Dependendo do momento em que o cliente abandonou a sessão, pode oferecer-se um *banded pack* (combinando um ou mais produtos a preços mais reduzidos), uma amostra gratuita de alguns produtos à escolha, um vale de desconto ou a eliminação dos portes de correio. Todas estas soluções deverão ser testadas previamente.

4 – Emissão do comprovativo de compra ou nota de encomenda.

5 – Agradecimento personalizado.

A taxa de abertura das mensagens transacionais é elevadíssima: 75%[57]. A mensagem transacional é uma obrigação legal em que se detalha os artigos, quantidades, montantes a pagar, preços unitários, eventuais descontos, número de ordem de encomenda local de entrega, etc., mas é, também, uma oportunidade comercial para: (a) agradecer a preferência, (b) informar o contacto do serviço de apoio ao cliente, e (c) fazer venda cruzada[56]. Nesta última ação podemos seguir o exemplo da Amazon – "os clientes que compraram este produto também compraram este e aquele…" – ou "caso acumule X€ de compras, oferecemos um cupão de desconto, no valor de Y€, para usar na próxima compra".

6 – Interação no pós-venda

Conhecer e respeitar o período intercompra é importante para escalonar o envio das *newsletters* e a sua frequência no momento suscetível de produzir o máximo impacte. Isto é, se as pessoas demoram em média 90 dias a consumir ou só compram um mês antes da nova estação, não vale a pena enviar antes dessa altura e enviar após será tarde demais. Além disso, o período intercompra também varia com os segmentos de mercado. O recurso a campanhas automatizadas facilita a gestão de tanta diversidade de abordagens[56].

7 – Divulgar os resultados das ações promocionais via *e-mail*

Se indicarmos explicitamente que os resultados da atribuição de um prémio, na sequência da realização de um concurso, serão divulgados via *e-mail*, os interessados estarão atentos e seguramente abrem e leem as mensagens enviadas[60].

8 – Resolver problemas

Podemos antecipar e resolver atempadamente alguns problemas, através do envio de questionários de satisfação – por exemplo, com hiperligação a *sites* especializados. Também devemos monitorar o ambiente *online* nas várias plataformas, para detetar o que se "diz" sobre a nossa marca. Existem queixas sobre os produtos comprados e sobre os serviços prestados. Por vezes, somos nós próprios que cometemos erros. Os procedimentos devem ser sempre os mesmos[58]: participar (justificando e/ou assumindo as responsabilidades) "dando a cara", nas várias plataformas digitais, (em especial nas redes sociais e média sociais), atuar rápido, pedir desculpa e ressarcir os eventuais lesados. Uma gestão de crise profissionalmente bem resolvida não só recupera os queixosos, como pode ser uma oportunidade para atrair atenção de outros potenciais clientes.

Nem todos os recetores de *e-mail* são clientes ativos. A frequência de envio deverá ter em consideração fatores como a sazonalidade, a realização de eventos especiais (celebração de dias comemorativos) e épocas festivas. O lançamento de novos produtos é igualmente um bom pretexto.

A construção do conteúdo deverá seguir determinados princípios[37, 48, 53, 54, 55, 59, 60, 61, 62]:

1 – A linguagem deve ser simples, tanto quanto possível coloquial, mas breve e sucinta. O estilo e composição devem manter um equilíbrio entre trato humano e amigável (informal q.b.), com o caráter profissional de uma abordagem editorial.

2 – Relativamente à dimensão mais humana, sugere-se: dirigir-se usando sempre o nome do interlocutor, do lado do emissor criar uma personagem que assine sempre os *e-mails* enviados, manter uma linguagem em tom de conversa, pedir ajuda (mostrar humildade) para dar opiniões ou avaliar produtos, partilhar testemunhos (ver Caixa 7.3)... Não esquecer que o diálogo implica ouvirmos e respondermos na base de um-para-um com o nosso cliente. A tecnologia disponível que gere as bases de dados permite enviar de forma automática um *e-mail* de aniversário em que se oferece um presente. Se estiver associado a um programa de fidelização, o presente poderá ser um extramilhas ou pontos ... caso faça alguma compra nesse dia (ou não).

3 – Na parte editorial, temos de pensar que os recetores do *e-mail* são a nossa audiência. Os vários segmentos de mercado correspondem a audiências com, eventualmente, estilos de vida e interesses diferentes. É sempre cativante elaborar-se uma narrativa, especialmente se tiver sentido de humor e com citações divertidas. O efeito *spotlight* ajuda a quebrar a rotina. Trata-se de elaborar uma reportagem sobre um convidado especial (até pode ser um cliente subscritor) ou uma entrevista com um *expert*. A articulação com o canal Youtube poderia representar uma mais-valia de autenticidade. A divulgação dos resultados de uma pesquisa ou de um estudo é uma alternativa útil para determinados públicos. Existem temas transversais, inerentes a vários estilos de vida: saúde, bem-estar, viagens, educação, beleza, moda, novidades tecnológicas. Resta saber o que é pertinente para não distrair a audiência.

4 – No espírito do referido acima, deve evitar-se quer um estilo de notícia de imprensa, mas também um enfoque demasiado comercial, com o intuito de deliberadamente vender. Se queremos manter uma "boa relação", as vendas surgem natural e logicamente. Antes de receber temos de dar. Por exemplo, partilhar os nossos contactos úteis para resolver problemas e oferecer conselhos práticos. Levantar e apoiar causas humanitárias, caridade, altruísmo – desastres naturais, dramas pessoais, famílias pobres, pessoas idosas, crianças desfavorecidas... Patrocinar projetos de beneficência e implicar também os recetores nessas causas: quer na sua divulgação, quer no contributo indireto (ao efetuarem uma transação a marca contribui). Não esquecer depois de mostrar os resultados do esforço de ajuda coletivo!

5 – Como geralmente os programas de *e-mail* marketing não têm fim à vista, convém manter uma certa dinâmica. Mudanças formais e de conteúdo, pedir a opinião/sugestões para melhorar, ativar explicitamente a hiperligação para o centro de preferências, permitindo pequenas afinações ao nível da frequência, canal sms, RSS, interesses, novo contacto de *e-mail*... Por último, fazer surpresas é sempre uma boa ideia. Criar expectativas e ser capaz de manter o ritmo dessas boas surpresas é ainda mais importante.

6 – Recompensar as solicitações efetuadas funciona sempre. Aliás, é essa a essência das promoções de vendas. Os exemplos seguintes ilustram essa prática:

a) "Oferta de um brinde especial para ti e um cupão para os teus amigos – mas só podes beneficiar se 10 amigos se registarem ou se tornarem fãs na nossa conta no Facebook";

b) "Oferta especial para ti (*voucher* com desconto) na compra até ao dia x de um artigo da nova coleção e também do valor y para uma entidade de assistência humanitária à tua escolha";

c) Dar opinião ou testemunho é merecedor de um acréscimo de pontos, após a próxima compra no programa de fidelização;

d) Atualizar os dados no centro de preferências também pode ser premiado com pontos/milhas a acumular no cartão de fidelização.

7 – Estratégias *win-back*. Como recuperar os subscritores inativos? Mais uma vez, as promoções de vendas devem atuar. O *resort* de férias de montanha Railey Mountain Lake enviou um *e-mail* com um assunto sugestivo: "I'm not quite dead yet". No seu interior o conteúdo era apelativo (ver Figura 7.11). No segmento dos inativos, a taxa de abertura deste *e-mail* foi de 35%, a taxa de clique com ligação ao *site* atingiu os 60% e geraram $50.000 de retorno. A limpeza da base de dados, e a subsequente maior efetividade e menor desperdício de tempo e recursos no envio das n*ewsletters*, permitiu uma poupança de $160 por mês[62].

Figura 7.11 – Tentativa bem sucedida na recuperação de contacto inativos

Caixa 7.3   **O impacte das revisões/testemunhos dos clientes**[9,38]

90% dos consumidores confiam nas recomendações dos familiares e amigos. Se forem desconhecidos/anónimos esse percentagem é de 70%. Um estudo efetuado no Reino Unido revelou que 88% das votações *online* indicavam uma avaliação positiva dos produtos, com uma média 4.3 em 5. Escrever um comentário requer alguma disponibilidade, vontade e habilidade. Em suma, não é uma tarefa fácil e espontânea. A Argos, uma marca britânica de produtos eletrónicos, solicitou via *e-mail*, junto dos clientes que efetuaram compras nos últimos 6 meses, o envio de uma opinião do produto comprado. Obtiveram cerca de 70.000 num só dia! O *e-spares*, outro retalhista *online*, introduziu nos *e-mails* um botão "read reviews". Este botão conseguiu quatro vezes mais cliques do que o "buy now". Mas a conversão em transações nessas condições foi duas vezes superiores ao normal. Os anúncios (*online banners*) com comentários de clientes desencadeiam o dobro de cliques comparando com os que não têm comentários. Em termos operacionais, o contributo das opiniões dos clientes foram vários:
constituição de um sortido mais ajustado aos gostos dos clientes;
– redução das devoluções das compras *online*;
– nos fornecedores assistiu-se a uma melhoria na gestão dos *stocks*;
– melhoria contínua na qualidade dos serviços, com uma resposta mais rápida aos problemas e responsabilização.

7.2.2 – PLATAFORMAS DIGITAIS: DOS *WEBDISPLAYS* TRADICIONAIS ÀS SOLUÇÕES *RICH MEDIA*

A publicidade, à semelhança das promoções de vendas, é uma ferramenta de comunicação. Não é um fim em si mesmo, mas apenas um meio. A publicidade *online*, em geral, ou os *webdisplays*, são um meio tipo *push* (isto é, não solicitado pelo utilizador), que cumpre três objetivos[63]: notoriedade, atração ao *site* e facilitador de transação. Quando a mensagem na publicidade *online* invoca uma ação promocional de uma marca é possível concretizar, com eficácia, os três objetivos e acrescentar um quarto: fomentar a relação com a marca (numa perspetiva de longo prazo). O conteúdo da mensagem deverá assumir a forma de um incentivo direto tipo "call-to-action", em que o internauta perceba de imediato aquilo que pode ganhar se clicar no *webdisplay*. Podemos encontrar as seguintes modalidades sobre a publicidade *online*, na sua relação com as promoções de vendas:
 – Informa sobre a ocorrência de uma promoção de vendas *offline* (trata-se geralmente de uma marca de grande consumo ou de um retalhista) – o prémio é obtido na sequência de uma compra *offline*.
 – Informa sobre a ocorrência de uma promoção de vendas *online* – na concretização de uma compra no *site*, o prémio/incentivo pode ser um cupão, um vale de desconto imediato ou diferido, a expedição grátis da mercadoria, a participação num concurso ou a acumulação de pontos no cartão.
 – Para beneficiar de um prémio virtual e imediato – *podcast*, vídeo, relatório, livro, aplicações para um *smartphone*... – terá de se registar fornecendo os seus dados pessoais (*e-mail* ou telemóvel).

A publicidade *online* (incluindo a móvel), tem vindo a crescer a ritmos superiores à publicidade *offline*[64]. Esta prospetiva contrasta com uma taxa de conversão – percentagem de cliques por visionamento – raramente acima de 1%[65]. A evolução dos *webdisplays* tem sido notável[66, 67]. Em substituição dos irritantes *pop-ups*, surgiram os *banners*, menos intrusivos, com formatos *standard* de tamanho e forma variáveis. Novas soluções como os "wallpaper ads", *banners* flutuantes e expansíveis, tornaram os *webdisplays* mais difíceis de ignorar e mais interessantes. Para além da possibilidade de se combinar vários formatos na mesma página, os "slide-up" não só acompanham sempre a parte visível da página, localizando-se nos lados ou no fundo, como também podem permitir o acesso a elementos do *site* sem sair da página original.

> A única regra permanente é que nunca se consegue jogar da mesma forma duas vezes. Todas as outras regras até podem ser alteradas, anuladas ou corrigidas pelos jogadores.
> (Bill Watterson, *in* "Calvin and Hobbes")

A integração com *micro-sites* (*sites* exclusivamente construídos com o conteúdo e grafismo adaptado para a campanha em causa) ou com as redes/média sociais, simplificam a interação e o enfoque dos utilizadores com a marca. A criatividade terá de surpreender sempre o utilizador e, só nessa medida, é que a taxa de conversão (cliques) ultrapassa os níveis normais. O "pushdown *banner*" e a colocação de *banners* que interagem entre si, como, por exemplo, num *banner* animado, colocado na parte superior da página, no qual uma menina deitada tenta alcançar o produto colocado noutro *banner* posicionado mais em baixo[69]. Por último, a intervenção das opções inerentes aos *rich media* – animação multimédia, som, vídeos, jogos, 3D... – permitem não só captar a atenção, como envolver cognitivamente o utilizador durante mais tempo. Com a expansão dos portáteis *tablet* o impacte dos *rich media* ainda é mais notório. O sucesso dos *sites* de compra em grupo mostra que os *banners* funcionam, se forem geograficamente específicos e se o seu conteúdo for relevante[68]. No essencial, trata-se de comunicação de ações promocionais atrativas para um mercado local que as pode aproveitar em tempo real.

A Ikea lançou uma campanha sob o tema: "Seis semanas de Natal não são demais". No âmbito dessa campanha, designada Ikea Fest, foram efetuadas reduções de preços em 50% nos serviços de montagem e transporte. O *site* da marca passou a ter uma nova função: esconderijo de cupões e ofertas especiais. Para descobrir bastava navegar...

O planeamento de uma campanha promocional, suportada pela publicidade *online,* implica a consideração de diversos fatores que são sintetizados no Esquema 7.11.

A evidência científica mostra que, independentemente de clicar ou não, a probabilidade de o utilizador reparar no *banner* é elevada. Testes biométricos que seguem os movimentos dos olhos e medem o ritmo cardíaco constataram que 96% dos participantes tomam atenção aos *banners.* Cerca de 90% notaram a sua presença nos primeiros 10 segundos. Em média, foi preciso menos de 1 segundo, durante o carregamento, para terem olhado para lá. 67% do número dos participantes olham duas vezes para o *banner.* Quem visionou o *banner* mais uma vez, depois dos 10 segundos iniciais, expressa (fisiologicamente) uma resposta emocionalmente favorável[70].

1º ESCOLHA DO SITE PARA ALOJAMENTO DO WEBDISPLAY
Sites com grande tráfego de utilizadores pertencente ao segmento de mercado-alvo.

2º LOCALIZAÇÃO
Deve ser ponderada em função dos conteúdos, layout do site e outros banners concorrentes (tipo, posição e dinâmica e marca). Os banners centrais, misturados com o conteúdo principal e não muito diferenciados do design do texto editorial, são os mais bem sucedidos.

3º FORMATOS
Existem vários formatos e dimensões standard (300x250, 336x280, 468x60, 234x60, 728x90 e 120x600). Tudo conta, mas, em igualdade de condições, quando maior melhor.

4º NÚMERO DE IMPRESSÕES E DURAÇÃO
Como pode haver rotatividade no aparecimento do banner, o número de visualizações potenciais e a duração da campanha influenciam o seu sucesso.

5º DESIGN DO BANNER
A construção da mensagem (e do "call-to-action"), grafismo (cor, tipo e dimensão das letras, imagens), a incorporação de soluções "Rich Media", tem por finalidade captar atenção e convidar à interação.

6º INTERLIGAÇÃO COM O MICROSITE
É necessário criar a sensação de continuidade gráfica e da mensagem no microsite, mas com um conteúdo mais detalhado.

7º PARTICIPAÇÃO/ENVOLVIMENTO DO CLIENTE

Esquema 7.11 – Fatores de sucesso da publicidade *online* [63, 65]

A primeira impressão também é determinante na confirmação do interesse em relação à mensagem veiculada pelo *banner*. A probabilidade de conversão (clicar) de um *banner*, no primeiro visionamento, é 30% superior ao que ocorrerá nas repetições posteriores[71]. Este resultado reforça a importância do primeiro impacte e, em consequência, a exigida criatividade para que esse primeiro impacte funcione e impressione. Neste cenário, compreende-se o papel das soluções de publicidade *online rich media*. Em geral, os *webdisplays*, concebidos com essas opções, produzem um incremento na intenção de compra quatro vezes superior aos *banners* tradicionais. O índice de notoriedade é cinco vezes superior e a preferência pela marca é quinze vezes maior[72]. Na publicidade *online* de aplicações financeiras, a proporção de cliques passou de 0,04%, num *banner* simples estático, para 0,16% num *banner* com vídeo incorporado[73].

Nas tecnologias inerentes ao *rich media*, com implicações para a otimização da publicidade *online*, dispomos de três possibilidades: jogos (*online, apps* e sociais), Realidade Aumentada e Vídeo.

1) Jogos[74, 75, 76]

Sob o ponto de vista demográfico, o consumo de televisão está ameaçado. O grupo dos 18 aos 34 anos prefere gastar grande parte do seu tempo a jogar *online*. O tempo médio que os jogadores gastam na sua consola é de 9,5 horas/semana, o que totaliza 174 milhões de minutos por mês! Tal facto reflete-se numa taxa de crescimento da indústria de jogos de dois dígitos. Mas o mais relevante ainda é a enorme tolerância dos jogadores para a publicidade não intrusiva: 4 em cada 5 jogadores consideram igualmente agradável os jogos com ou sem publicidade. 70% do total avalia as marcas que aparecem como mais avançadas. Quando apreendida neste contexto, a taxa de recordação da marca é geralmente elevada. De facto, mais do que publicidade explícita, trata-se de "product placement", perfeitamente inserida no contexto, conferindo realismo ao cenário do jogo. Os jogadores estão emersos num ambiente de fantasia, cognitiva e emocionalmente envolvidos na personagem que assumiram e, nessa medida, absorvem toda a informação, incluindo a comercial. O que torna atrativo e popular um jogo *online* é a competição. A adrenalina sobe na expectativa de ganharmos, e se for aos amigos melhor ainda. A dimensão social de jogar juntos potencia o caráter viral de muitas mensagens.

2) Realidade Aumentada[77]

Tecnicamente, a Realidade Aumentada mistura elementos virtuais com o ambiente real, de forma interativa, processada em tempo real e concebida em três dimensões. As aplicações nos *tablets* e nos *smartphones* potenciam a sua utilização, no contexto em que muitas vezes as decisões de compra ou visita ocorrem na rua. Basta ter uma câmara e uma aplicação instalada para se poder descobrir mais, e de forma mais realista, sobre uma marca, um retalhista um anúncio e uma proposta promocional.

3) Vídeos – capacidade viral[78, 79, 80, 81, 82]

Em todo o mundo há 2 mil milhões de pessoas a ver vídeos no principal *site*, o Youtube. Em cada minuto, são canalizados para esse *site* 35 horas de vídeo. 58% da quota da audiência distrai-se noutras atividades, enquanto vê os anúncios na TV, contra 26% na publicidade *online* integrada nos vídeos. Trata-se de um investimento com um custo relativamente aceitável face ao retorno. Este instrumento *rich media* entretém, conferindo ao utilizador flexibilidade e controlo sobre quando, como e com que frequência se dá o visionamento. Aliás, uma das razões para 60% dos utilizadores visionarem um vídeo *online* é porque podem aceder quando quiserem. A qualidade técnica e de conteúdo tem vindo a aumentar. É possível incorporar mais conteúdo informativo, facilitando a aprendizagem de elementos sobre a marca. A sua efetividade mede-se pelo seu caráter viral – isto é, quantas pessoas visionam o vídeo que é, por sua vez, função da disseminação da hiperligação pelas redes sociais (*e-mail* incluído). Tal sucesso depende de vários fatores: do equilíbrio entre o lúdico e o valor informativo (comercial ou educativo), ser atrativo (engraçado, humorístico), captar atenção, com boa (e lógica) articulação com a marca, capacidade de gerar *buzz* (especialmente nos *mass media offline* ou *online*, mas também nos média sociais), se tiver uma celebridade no elenco potencia sempre o seu efeito e, por último, a originalidade do guião confere distinção em relação aos outros vídeos. Cada vez mais, assistimos a marcas com vídeos demonstrativos, inclusivamente a explicarem a mecânica de ações promocionais inseridos nos seus *sites* (cerca de 44% dos visionamentos são realizados em blogues e nos *sites*).

A Adidas proporcionou uma experiência única em que transformava a sapatilha num *joystick* manobrável em frente de um monitor (portátil ou *smartphone*) com uma câmara (ver Figura 7.12). Graças ao código da realidade aumentada desenhado na orelha da sapatilha (e que também podia ser descarregado gratuitamente no *site*), o cliente Adidas divertia-se com o efeito exponencial 3D gerado por essa tecnologia. Esta estratégia transformou Adidas na marca de moda com maior número de fãs no Facebook. Na época (princípios de 2010), eram mais de 3 milhões!

Figura 7.12 – Experiência de Realidade Aumentada proporcionada pela Adidas (vídeo com as instruções e foto)

Mobile Marketing
Apesar de representarem a nível mundial pouco mais de 20%, os donos de *smartphones* dominam em mais de 50% a consulta de *sites* e 66% do visionamento de vídeo no telemóvel é obtido graças a eles[83, 84].

Estima-se que em 2015 a taxa de penetração dessa tecnologia na Europa atinja os 35% e o investimento em publicidade móvel seja 10 vezes superior ao verificado em 2010[83]. A potencialidade dos telemóveis (em geral) nas atividades comerciais revela-se enorme. Para melhor entendermos o seu impacte na comunicação da marca, e em que medida poderemos aproveitar nas promoções de vendas, vale a pena analisarmos os seguintes aspetos:
1. Significado psicológico do telemóvel e tipos de utilização;
2. Tecnologias e plataformas disponíveis;
3. Adequação à especificidade do telemóvel ao nível do *design* e funcionalidades;
4. Estratégias para tirar partido (publicidade, sms, *apps, QR-codes* e micro-pagamentos)

1. Significado psicológico do telemóvel e tipos de utilização
O nosso telemóvel viaja sempre connosco. Vive e está sempre ao nosso lado. Para aceder, usamos a nossa palavra-chave secreta, tem muitos dados pessoais e muita informação a que só nós temos ou queremos ter acesso. Dá-nos liberdade para comunicar sempre que quisermos e onde quisermos. E transmite a sensação de **imediaticidade**[85]. Ou seja, permanente conectividade direta bidirecional. Devido à sua pequena dimensão, cabe no bolso e, em consequência, é de fácil e cómoda transportabilidade. Para os adolescentes, ter um telemóvel significa poder. Cria um espaço privado e sem supervisão/controlo (parental), interage com os amigos nas condições que quer. Nesta perspetiva, a primeira característica do telemóvel é a **intimidade**. É tão pessoal como a nossa carteira. Logo, é personalizável: as aplicações são as de que gostamos e as que deixamos de gostar apagamos, tem os nossos álbuns de fotos, os contactos, músicas, a agenda... Acima de tudo, é um objeto utilitário sem deixar de ser lúdico: dispomos de jogos e podemos divertirmo-nos descarregando, vendo, enviando e recebendo multimédia.

O telemóvel será cada vez mais um *localizador* automático. As marcas promovem no momento e local mais oportuno... e eficaz.

Graças ao telemóvel (em geral, incluindo *smartphones*), não interessa apenas o que as pessoas são e o que fazem mas, essencialmente, onde estão. Isto é, o **contexto**. Agora, não significa apenas "tempo real" mas, cada vez mais, "In-Real-Life". O lugar onde estou a circular deu uma oportunidade às marcas para serem oportunas a comunicar e, principalmente, a persuadir, no momento e no local onde o consumidor poderá decidir a favor delas.

Mais à frente neste subcapítulo será descrito como as aplicações (*apps*), em conjugação com determinados serviços (*foursquare*) de localização, via GPS, permitem dar um novo sentido de oportunidade às promoções de vendas.

Os consumidores em compras – isto é, no ponto de venda – utilizam o telemóvel para as seguintes atividades: comparar preços (56%), comparar produtos (46%), procurar especificações de produtos (35%) e ler os comentários/ testemunhos dos outros clientes (27%). Neste grupo, 46% também acedeu ao *site* dos concorrentes da loja/produto onde estavam naquele momento[86].

2. Tecnologias e plataformas disponíveis

As redes móveis possibilitam o contacto da marca com a audiência através de texto, voz e, no caso dos *smartphones,* também com o recurso a outros serviços. O Esquema 7.12 sintetiza as diferentes modalidades de comunicação disponíveis. A estratégia multicanal, no quadro das comunicações móveis, faz sentido, porque o consumidor atribui diferentes funções e expectativas aos diferentes canais.

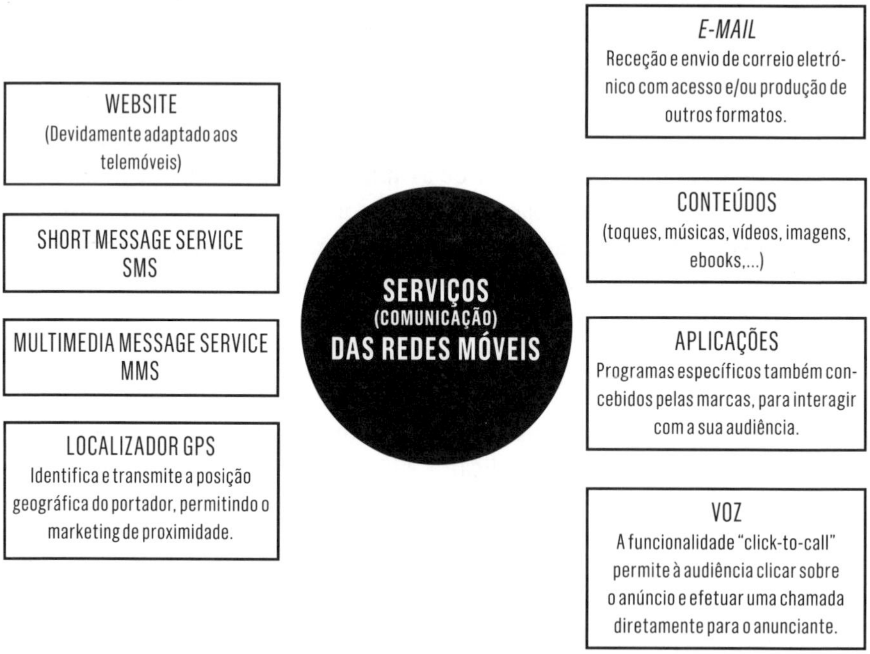

WEBSITE
(Devidamente adaptado aos telemóveis)

SHORT MESSAGE SERVICE SMS

MULTIMEDIA MESSAGE SERVICE MMS

LOCALIZADOR GPS
Identifica e transmite a posição geográfica do portador, permitindo o marketing de proximidade.

SERVIÇOS (COMUNICAÇÃO) DAS REDES MÓVEIS

E-MAIL
Receção e envio de correio eletrónico com acesso e/ou produção de outros formatos.

CONTEÚDOS
(toques, músicas, vídeos, imagens, ebooks,...)

APLICAÇÕES
Programas específicos também concebidos pelas marcas, para interagir com a sua audiência.

VOZ
A funcionalidade "click-to-call" permite à audiência clicar sobre o anúncio e efetuar uma chamada diretamente para o anunciante.

Esquema 7.12 – Opções de comunicação disponíveis nas redes móveis[87]

Por exemplo, as alertas promocionais ou o envio do cupão são naturalmente acolhidos via sms, enquanto a comparação de preços recorre ao *site* e a consulta e a utilização ou remissão de pontos/milhas do programa de fidelização é realizada utilizando as aplicações (*apps*) específicas da marca[88]. Ou, no limite, o consumidor escolhe o canal apropriado para receber informações sobre a campanha, como no caso da cadeia de retalhista Target e da sua Top 10 – lista de dez produtos com vantagens especiais.

Para conseguir uma cobertura de pelo menos 80% do mercado, o ideal é considerar os três sistemas de operações mais usados: RIM (Blackberry), OS (Apple) e Android (Google)[89]. Embora com uma expressão ainda residual, os *tablets* apresentam características únicas muito atrativas: tamanho do ecrã maior do que o de um *smartphone*, médium táctil, que confere propriedades de interação mais dinâmicas e imediatas, e mobilidade. O resultado é uma experiência de consumo de multimédia mais envolvente, tornando o consumo de publicidade (em vídeo, por exemplo) mais tolerada e agradável de ser visionada[84].

3. Adequação à especificidade do telemóvel ao nível do *design* e funcionalidades

A nível mundial, 30% dos utilizadores de telemóvel já acedem à Internet no seu telemóvel[90]. No caso dos EUA, 20% visitam pelo menos uma vez por dia[91]. Apesar da sua importância crescente, nem sempre as páginas são concebidas a pensar nas especificidades técnicas do telemóvel e, também, no contexto da sua utilização (muitas vezes em circulação): tamanho do ecrã mais pequeno, dimensão relativa da letra, densidade de texto, aplicações em *flash*, velocidade de acesso (carregamento de imagens), hiperligações (número e pertinência)...

Em termos gerais, para um *website* proporcionar uma experiencia satisfatória no telemóvel deve ter em consideração os seguintes aspetos[87, 92]:

a) Perceber porque é visitam o *site* no telemóvel – na generalidade dos casos temos: procura do local mais próximo, encontrar informação sobre a empresa e o produto, aproveitar descontos e cupões.
b) Compatibilidade com o *browser* dos sistemas operativos – redirecionar os visitantes da rede móvel que acedem ao *site* principal para o *site* móvel.
c) Inclusão da função táctil de expansão/retração, *zoom* da imagem sem perda de propiedades.
d) Simplicidade. Limitação de gráficos e texto no essencial – introduzir apenas o indispensável, isto é, aquilo que as pessoas procuram (preços, descrição do produto, ofertas...).

e) FFF (*fat finger friendly*) – os botões devem ser maiores para facilitar a navegação.
f) Organização na vertical (em detrimento da horizontal) – aproveitar bem os espaços em "branco". Menos conteúdo, mas mais visível.
g) Consistência visual entre os vários formatos: *site, micro-sites,* mobile *sites,* aplicações... Os logótipos, gráficos e cores devem seguir o mesmo padrão, para criar uma identidade visual única.
h) A caixa de procura de informação revela-se mais útil do que uma listagem das opções com hiperligações.
i) Rever, testar e otimizar – não esquecer que as aplicações em *flash* são incompatíveis com muitos *browsers*.

4. Estratégias para tirar partido (publicidade, *sms, apps, QR-codes* e micro-pagamentos)

Publicidade nas redes móveis

A eficácia do telemóvel advém da oportunidade de comunicar algo relevante a nível local, precisamente onde o portador do telemóvel está geograficamente presente. Talvez por isso, a publicidade no telemóvel seja bem tolerada em comparação com a que passa noutros meios – no computador, por exemplo. Para além da questão da informação localmente relevante, os consumidores preferem anúncios integrados nas aplicações que estão a usar, isto é, que não sejam forçados a sair/clicar, se for uma contrapartida para ter acesso gratuito a conteúdos e se o formato for vídeo[94]. A atitude favorável à publicidade móvel aumenta no contexto da utilização dos *tablets,* particularmente se for bem embebida num jogo. A vantagem da publicidade móvel, em comparação com a *online,* é particularmente expressiva: a recordação do anúncio é 2,5 vezes superior, a associação mensagem-marca é 4,3 vezes superior e a intenção de compra, resultante do anúncio, passa de 2% no *online* para 12% no móvel[94].

Caixa 7.4   **O que fazemos com o telemóvel**[91]

Quando as limitações relacionadas com a velocidade de acesso, o tamanho do ecrã do telemóvel e, principalmente, a adequabilidade dos *websites* à plataforma móvel estiverem mais ultrapassadas, o perfil de utilização dos EUA (2011), como país pioneiro, será provavelmente difundido para outros países. O gráfico seguinte mostra as atividades dos utilizadores da rede móvel. Apenas 37% não usam as funções descritas. Os restantes 63% executam, pelo menos, uma das nove atividades:

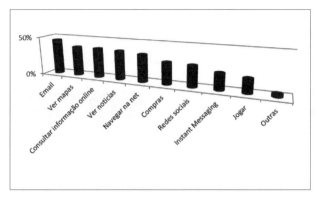

Gráfico 7.1 – Atividades realizadas com telemóvel

SMS

SMS é a tecnologia móvel digital com uso mais generalizado. Em grande parte, porque está acessível em (praticamente) todos os terminais de telemóvel e, em consequência, (quase) toda a gente está familiarizada, especialmente para fins de comunicação interpessoal. Além de possibilitar a comunicação nos dois sentidos, o conteúdo recebido/enviado – com 160 carateres – pode ficar guardado no terminal, para eventual consulta futura. O sentimento de urgência que atribuímos à comunicação via móvel e o facto de a prática de *spam* ser, ainda, pouco expressiva – menos de 10% das mensagens nos EUA, por exemplo[95] – mantém o hábito de visualizarmos todas as mensagens sms recebidas.

Tal como o Esquema 7.13 descreve, a primeira tarefa dos gestores da marca é conseguir obter uma base de dados de contacto de telemóvel dos consumidores e dos clientes. Em muitas situações, esse processo pode implicar uma promoção de vendas. Uma vez obtido o contacto, e após permissão, pode começar a ser implementada uma estratégia de marketing móvel com o recurso ao sms. No entanto, é necessário, previamente, cumprir alguns requisitos técnicos e definir algumas práticas[95] para aceder a esse serviço:

– Obter o designado "short code". Trata-se de um número de telefone especial e concebido para estes fins, com apenas 4 ou 5 algarismos (noutros países pode ter mais). O facto de este código ser curto – e eventualmente poder ser escolhido – facilita a memorização e a marcação. Determinados operadores de serviços de telecomunicações exigem ter conhecimento do programa de comunicação a efetuar com esse código. Existem diferentes pacotes de serviços, mas a empresa pode estar apenas interessada numa utilização temporária desse número.

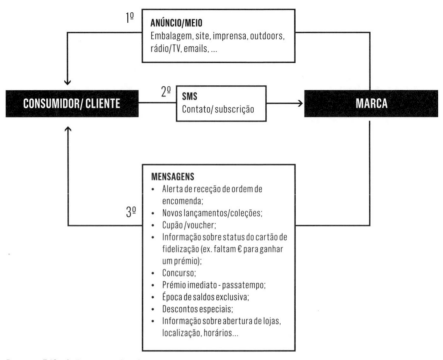

Esquema 7.13 – Ações promocionais com o recurso a sms

- É possível fazer uma segmentação do mercado a dois níveis: (1º) através de códigos diferenciados consoante as zonas do pais e (2º) através da palavra-chave de resposta sugerida em função, por exemplo, dos meios usados para disseminar a mensagem – embalagens, anúncios publicitários na imprensa, *outdoors*, rádio/TV, *e-mails*...
- Convém estabelecer no plano de comunicação, via sms, os seguintes aspetos: número total de contactos, frequência de contacto (nunca exceder os dois por mês), o objetivo da mensagem (isto é, se implica resposta ou não) e se é necessário o registo/acompanhamento do conteúdo da resposta.
- Testar o sms (momento de receção e visibilidade do conteúdo) em diferentes terminais e, com o tempo, experimentar a eficácia de diferentes operadores.

No concurso da Sumol (ver Figura 7.13), o envio de um sms ("short code" 68919) segundo as instruções, e com os dados referidos no contrarrótulo e na carica, não é o único meio para poder participar (também pode ser pela Internet). Aliás, quanto mais códigos enviar maior é a probabilidade de ganhar uma *Surftrip* ao Hawai para duas pessoas. A conveniência do uso do telemóvel tem de ser contrabalançada pelo custo do sms(0.30€).

No concurso da Coca-Cola Light, o participante pode habilitar-se a "milhares de prémios", mas o principal prémio final, no qual todos podem potencialmente ganhar, surge destacado: "1 decoração total para a tua casa" (Figura 7.14). Nesta promoção, "o incentivo para ação" dá vantagem ao uso do sms, uma vez que se pode saber logo de imediato o resultado.

Figura 7.13 – No concurso da Sumol tudo pode começar com um sms

Figura 7.14 – Coca-Cola Light, não há tempo a perder!

PROMOÇÃO DE VENDAS E COMUNICAÇÃO DE PREÇOS

A GANT envia aos clientes registados, duas vezes por ano, informação sobre o início do período exclusivo de saldos. Em 2011, também incentivou a visita dos clientes nas vésperas do Dia do Pai e do Dia da Mãe com uma oferta de um brinde surpresa (Figura 7.15).

Caso não se tenha aproveitado o incentivo de inscrição enviado via sms, no final do ano o Health Club GPremier insiste numa outra abordagem logo no início do ano seguinte (Figura 7.16).

Figura 7.15 – Alerta da GANT para o Dia do Pai

Figura 7.16 – Alerta do Health Club GPremier

Caixa 7.5   **Seduzir via sms**[96]

"Gift Time"
Em determinadas datas e lojas a Estée Lauder oferece um presente/brinde (*kit* de amostras numa mala ou uma pequena + maleta de cosméticos), na sequência de uma visita e de uma compra nesse dia especial. O aviso será feito por *sms* apenas para as clientes que se registem. Dois dias antes, receberão uma mensagem com o código "Gift Time".

Figura 7.17 – Exemplo do *site* da Estée Lauder e da versão móvel do *site* da Vitcória's Secret

Victoria's Secret
A propósito da abertura de uma nova loja em Chicago, foi colocada nos vários anúncios (*outdoors*, *muppies* e *online*) a seguinte mensagem: "Go to vschicago.com to vote for Chicago's sexiest people and places (and get a free panty when you get a bra). Text CHICAGO to ANGEL (26435) for exclusive mobile offers and alerts".
A pretexto da abertura da loja, foi divulgado um *site*, especialmente concebido para telemóveis, cuja finalidade era estimular a compra *online*, mas no próprio telemóvel. Nessa medida, as ações promocionais (cupões, brindes e oferta das portes de correio) eram dirigidas para o público utilizador das redes móveis em circulação. Alternativamente à compra *online*, a indicação da loja mais próxima do local onde o cliente estava naquele momento passou a ser instrumental para gerar tráfego para a loja.
Convém destacar que são referidas as condições e as vantagens da subscrição voluntária (Don't miss:...) e o número de mensagens por mês que passariam a receber.

7.2.3 – PLATAFORMAS DIGITAIS: *APPS* (APLICAÇÕES PARA OS TELEMÓVEIS)

Trata-se de programas de computador concebidos para utilizações específicas e com ativação imediata que integram várias funções (multimédia), documentos, base de dados com acesso *online* ou só *offline*. Originalmente, com um âmbito muito genérico nos computadores pessoais, atingiram uma extraordinária popularidade graças aos *smartphones*. Embora o nível de satisfação e o tempo usado em navegar num *site* ou experimentar uma *app* seja considerado igual, a verdade é que dois terços dos americanos preferem fazer compras via rede móvel, numa *app* em especial, quando se trata de jogos, música, informação/notícias e mapas[97]. No Esquema 7.14 confrontam-se os benefícios disponíveis nas duas modalidades[98].

	APP	INTERNET MÓVEL
Localizador/GPS	OK	OK
Câmara	OK	X
Acelerómetro/ Giroscópio	OK	Limitado a 2 posições
Audio/vídeo	OK	OK
Utilização offline	OK	Limitado (HTML5)
Notificações "Push"	OK	X
Instalação (custos)	$99 (em média)	$0
Reconhecimento/ Autorização prévia	OK	X
Pagamento	via *iTunes*	Cartão de crédito

Esquema 7.14 – Virtualidades do *browser vs apps*

Os *sites* construídos para as redes móveis são cada vez mais agradáveis; no entanto, contrariamente às *apps*, não estão permanentemente visitáveis e acessíveis no ecrã. Ou seja, a marca não anda no bolso do utilizador. Logo, a probabilidade de acesso é menor, há dependência de conexão à rede e, acima de tudo, não existe sentido de pertença do consumidor. Isto é, o consumidor teve o trabalho de selecionar, descarregar e em muitos casos comprar essa *app*. Nessa medida, sente-se obrigado a usar e se gostar a partilhá-la com os amigos.

Os 125 milhões de *apps* disponíveis no *iTunes* não se explicam apenas pelo mix de gratuidade de *apps* e baixo custo comparativamente às restantes, mas também por uma forma supersimples e intuitiva de pagamento (*check-out* virtual). Convém lembrar que essa loja estimula os programadores, mas reserva-se o direito de impor restrições à publicidade nas próprias *apps*[98]. Apesar da sua atratividade, a oferta está muito aquém das potencialidades. De facto, à exceção da meteorologia, desporto, notícias e jogos, a dinâmica de descarregar, experimentar e, depois, apagar grande parte do que se vê é enorme. Tal não significa que as campanhas baseadas em *apps* não continuem a crescer. Convém basear a decisão menos na tecnologia e mais na estratégia[99]. De facto, o investimento no desenvolvimento ainda é significativo pelos seguintes motivos[98]:

- Não basta apenas desenvolver, é necessário testar e depois comunicar tal como se fosse um produto.
- Como as plataformas não são universais tem de se desenvolver para, pelo menos, mais outra: OS e Android, eventualmente RIM e Windows Phone 7.
- A diferença entre as plataformas não é, apenas, ao nível das interfaces. As funcionalidades também diferem.
- A rapidez e a eficiência na ativação de todas as funcionalidades tem de ser permanente, não pode variar ao longo tempo. Frequentemente, aparecem *bugs* que afetam o desempenho em algumas versões das diferentes plataformas.
- Mesmo que funcione perfeitamente numa plataforma, nem sempre resulta em todos os modelos de terminais de telemóvel.
- É necessário desenvolver periodicamente novas versões. O seu objetivo é duplo: resolver *bugs* antigos e inesperados e atualizar introduzindo novas funcionalidades, de forma a manter atenção/interesse do cliente pela *app*.

A fácil exposição no próprio *site* da loja *online* dos testemunhos e críticas com a respetiva avaliação, numa escala de 1 a 5, coloca as *apps* sob escrutínio de (alguns) utilizadores que, por vezes de uma forma muito crua, podem ser potencialmente dissuasores.

No que diz respeito à atividade de promoções de vendas, a médio prazo, a potencialidade do marketing nas redes móveis e, em particular, das *apps* depende da forma como se articulam os seguintes quatro (ou cinco) fatores explícitos no Esquema 7.15.

Um estudo[100] efetuado junto dos principais retalhistas norte-americanos indicou que mais de metade já tinha cumprido pelo menos dois objetivos no desenvolvimento de *apps* orientados para o consumidor ao nível da integração, com os média/redes sociais e informação sobre o produto. A curto prazo (menos de um ano), pretendiam investir na colocação de informação sobre recomendação dos produtos pelos clientes, indicador automático da loja mais próxima, base de dados com informação em tempo real do nível de *stocks*, geo-localizador em parceria com *foursquare* ou outro operador. Em menor percentagem, surge também a intenção de efetuar a comparação de preços com os concorrentes.

Esquema 7.15 – Fatores potenciadores das atividades promocionais nas redes móveis

Reconhecida a importância da geo-localização no lado da oferta (retalhistas), o Gráfico 7.2[100] mostra para que é que as pessoas, em cinco países – EUA, Reino Unido, Alemanha, Canada e Japão – usam esses recursos. Convém destacar as atividades promocionais que motivam a utilização dos geo-localizadores. No Japão, atinge 58% dos consumidores, enquanto que no Canadá somente 19%. No Reino Unido e na Alemanha atingem os 32% e 24%, respetivamente.

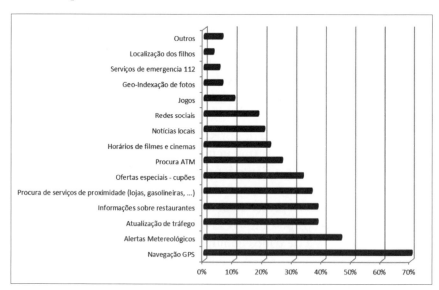

Gráfico 7.2 – Atividades que motivam o recursos a geo-localizadores

A mecânica de um aplicativo que tem por base a geo-localização e que, de forma instrumental, utiliza as promoções de vendas para atrair tráfego e manter a relação – isto é, fidelizar os utilizadores – funciona da seguinte forma[101]:

- **Geograficamente delimitado** – apenas resulta se tiver uma boa implantação nos locais onde os utilizadores circulam regularmente.
- **Qualidade da oferta (multiutilidade)** – trata-se do tipo e da diversidade de produtos/marcas mas, especialmente, da sua adequabilidade ao interesse naquele momento, naquele sítio.
- **Redes sociais** – servem para partilhar a sensação, para influenciar a escolha, para viabilizar a oportunidade (quando são exigidos um mínimo de participantes). A rede aqui é mais alargada do que a dos "amigos" e inclui as recomendações, sugestões, ajudas de desconhecidos.
- **Âmbito de oferta** – cada vez há mais *apps* que abrangem domínios da restauração, entretenimento (cinema, teatro, TV...), moda e transportes públicos.
- **Dinâmica** – a notificação "push" é determinante para alertar a proximidade de serviços/produtos com potenciais ofertas promocionais.
- *Opt-in* – se permitirmos que os utilizadores definam o seu perfil, preferências e condições/atividades em que pretendem ser notificados, o seu impacte aumenta.
- *Check-in* – pelo simples facto de estar presente no local ou de ter consumido no local indicado pela *app*, ou de ter comprado, ou de ter comentado e utilizado/assistido a um evento/serviço, o utilizador ganha pontos/créditos. Os prémios variam quantitativamente e qualitativamente em função dos créditos acumulados. Podem ser entradas grátis para espetáculos ou cupões de desconto de montante variável. *Footfeed* é uma *app* que agrega e conecta, em simultâneo, para todos os *check-ins* dos principais aplicativos existentes.
- **Meio de pagamento móvel**[102] – apenas alguns países asiáticos (Japão e Coreia do Sul, por exemplo) conseguiram convergir os interesses dos bancos, emissores de cartões de crédito, operadoras de rede móvel, fabricantes de terminais (telemóveis) e os retalhistas *online* globais. O resultado é que, desde a última década, é possível pagar pequenos montantes com o recurso ao telemóvel graças a um único *standard* técnico designado por NFC – *Near Field Communications*. Basta passar o telemóvel a poucos milímetros de distância da máquina de venda automática de refrigerantes, do parquímetro, do quiosque dos jornais ou do acesso ao metropolitano para aceitar a transferência de pagamento. Atendendo a que atualmente os telemóveis, em particular

os *smartphones*, já são usados para consultar produtos, comparar preços entre concorrentes, obter cupões e vales de desconto, os micro pagamentos potenciariam a sua utilidade como porta-moedas (crédito) associado a processador de transações (débito). A acrescentar a isso, os programas de fidelização podem ser diretamente convertíveis em crédito de forma diferenciada (na oferta de determinados produtos/serviços) e segmentada para clientes com um determinado perfil. Talvez antecipando a ameaça, a Visa Internacional efetuou uma parceria com a cadeia de moda Gap. Neste caso, os utilizadores do cartão de crédito que obedeciam a determinados critérios (previamente subscreveram o programa, usaram na zona definida, gastaram um montante mínimo, compraram um determinado tipo de produtos e num conjunto de retalhistas selecionado), recebiam, via sms e sem necessidade de *check-in*, a oferta de um cupão que podia ser descontado na Gap, mediante a apresentação dessa mensagem[103]. Outro exemplo de pagamento que funciona é realizado através de *apps*, mas com o recurso ao código de barras do cartão de cliente da Starbucks que se encontra integrado nessa aplicação. No entanto, previamente terá de obter e transferir, via cartão de crédito, os montantes desejados. Depois, basta passar o visor junto de um leitor ótico e seguir a sua conta-corrente.

Podemos enumerar três **estratégias** possíveis nas quais as valências de geo-localização, em articulação com as promoções de vendas, são concretizadas através das *apps*:
- **Aquisição/recrutamento de clientes.** As primeiras soluções vocacionadas para a geo-localização foram proporcionadas pela Foursquare e a Yelp. Atualmente, existem pelo menos uma dúzia destes serviços. Paralelamente, outras soluções vocacionadas para ofertas promocionais, na qual a Groupon foi das pioneiras, têm surgido por todo o lado, inclusive em Portugal. Finalmente, num âmbito geográfico mais restrito – um quarteirão ou uma avenida –, a colocação de geo-recetores (em inglês *geo-fences*) nas proximidades das áreas comerciais permitem a comunicação via alertas dos *apps* geo-localizadores das marcas e de outros serviços, mas também *via* sms. Em 2010, o operador britânico de redes móveis O2 desenvolveu um programa promocional com a Starbucks e a L'Oreal que envolveu mais de milhão de subscritores que previamente definiram as suas preferências. Quando os clientes se aproximavam, a cerca de 800 metros da loja recebiam um sms com um vale de desconto para a Starbucks ou o convite para beneficiar de

uma ação do género "leve dois pague um" ou amostras gratuitas. Mais de metade das pessoas entraram e mesmo as que não o fizeram de imediato voltaram mais tarde[104].

- **Retenção dos clientes** – trata-se dos programas de fidelização. Supõe-se um conhecimento mais detalhado do comportamento de compra desses clientes e as ações promocionais são dirigidas de acordo com as suas preferências e nos produtos que são mais do seu agrado, especialmente no lançamento de novidades e de eventos especiais. Alem disso, a informação sobre o estado da sua conta-corrente de bónus/créditos/pontos/milhas é dado a conhecer, bem como as formas de poder beneficiar da sua eventual troca.
- *Merchandising* – Já foram efetuadas algumas experiências com a colocação de geo-recetores à entrada da loja ou do armazém, com a finalidade de informar/estimular os clientes a dirigirem-se a determinadas espaços que são palco de eventos ou com marcas sujeitas a ações promocionais especiais. Outra modalidade consiste em recorrer à tecnologia NCF e, junto de sinais específicos, a passagem do telemóvel na sua superfície gera de imediato o envio de um sms ou ativa uma *app* que informa sobre os benefícios desse produto/marca ou ainda descarrega um vale de desconto[103].
- **Código QR** – Na contracapa deste livro encontrará um quadrado branco com um conjunto disforme de pontuações a preto e branco. Se tiver uma *app* concebida para o efeito, depois de ativá-lo e focar os 4 pontos, automaticamente terá acesso a um programa no seu telemóvel – neste caso a um vídeo. Experimente! O formato ou programa é variável. Também poderá ser uma imagem, um texto (conteúdo de um cupão/*voucher*/vale de desconto), uma aplicação em realidade aumentada, um jogo, um som/música ou uma outra *app*. A potencialidade desta tecnologia é a sua fácil difusão analógica[105]. Isto é, pode ser impresso em qualquer meio – sacos de plástico, rótulos de garrafas, embalagens, anúncios de imprensa, anúncios em *outdoor* e *muppies*, cartazes, num *e-mail*, *direct-mail*, cartões, prateleiras... Cria-se uma interatividade entre a marca e o consumidor, que proativamente procura e interessa-se por mais informação. Tem expectativa face ao que poderá obter, à surpresa que daí resulta. Por isso, convém que a marca cumpra a expectativa. Se assim for, provavelmente divulgará. Cada caso de sucesso aumenta a probabilidade de difusão viral. Quem descarrega e passa a usar essa aplicação pertence ao segmento dos que estão realmente motivados e que possuem uma atitude favorável para com a marca, podendo inclusive

vir a ser clientes. Uma parceria entre a Lady Gaga e qualquer outra marca dá sempre que falar e ouvir... O objetivo da Starbucks era tornar a marca Frappuccino mais visível e irreverentemente interessante. Tudo começa com um jogo quebra-cabeças carregado no *smartphone*, depois de captado o código QR que se encontrava espalhado nas paredes e *posters* dos cafés. Uma vez iniciado, os participantes teriam de visitar blogues, descodificar mensagens aplicando os conhecimentos em matemática, lógica e cultura pop. A ideia é que a participação seja em grupo. Ao longo de 7 sessões, que começaram no lançamento do terceiro álbum da cantora, os premiados recebem prémios relacionados com a Lady Gaga e a Starbucks. Numa página especial alojado no yahoo.com, e só acessível no interior dos cafés, os clientes poderão descarregar gratuitamente e ouvir as músicas da cantora pop.

As **condições** de maior sucesso de uma estratégia de geo-marketing móvel são as seguintes, em termos de massa crítica:
- na dimensão de mercado, proporção significativa de consumidores com interesse no produto (ver os 4 Q's);
- na quantidade importante de clientes fiéis;
- no número elevado de pontos de venda geograficamente distribuídos pelo território;
- na diversidade e quantidade de marcas/produtos de grande consumo com distribuição nacional;
- na quantidade e diversidade de pequenas e médias empresas disponíveis a propor parcerias para ações promocionais;
- no grau de penetração da tecnologia: *smartphones*, wi-fi, acesso à Internet...

A taxa de resposta (proporção de compradores no total do alvo dos alertas) da atividade promocional, no contexto da geo-localização, é relativamente elevada. Cerca de 20% são induzidos a comprar de imediato[101]. Os restantes irão fazê-lo uma horas depois. O impacte não é apenas *offline*. Alguns visitam o *site* da loja. Independentemente da compra, o consumidor memoriza e codifica a informação, tornando-a mais acessível no futuro, aumentando a notoriedade da marca e a probabilidade de preferência.

No caso concreto das promoções de vendas, a oportunidade é tudo. Primeiro, as ações circunscrevem-se durante um período limitado de tempo. O sentimento de urgência em agir para beneficiar a oferta promocional é estimulado. Em segundo, o local onde se pode tirar partido da vantagem temporária é decisivo. Não adianta ter um cupão se não o posso descontar numa distância aceitável de onde vivo. O cálculo do custo *versus* o benefício é sempre efetuado. Quanto tempo/combustível/quilómetros tenho de percorrer para beneficiar da ação promocional? É fácil antecipar que a possibilidade de nos localizarem é determinante no envio/alerta de informação/*voucher* para uma dada ação promocional, que ocorre numa loja perto de nós. Só assim é que pode funcionar.

Em termos de promoções de vendas, qual a utilidade das *apps*?
1) Simplesmente caça e oferta de cupões
Existiam na loja da Apple, no segundo trimestre de 2011, 381 *apps* na categoria de cupões. Destes, 42% eram gratuitos. O GNC é apenas um exemplo possível da sua funcionalidade. Deteta e atualiza a oferta existente numa determinada área geográfica em função da distância ao cliente ou por loja. Caso queira, descarrega um cupão automaticamente e no final mostra o somatório das poupanças (Figura 7.18).

Figura 7.18 – Exemplo de uma *app* de acesso a cupões

2) Cartões de fidelização

O telemóvel, para além de ser um natural reservatório de cartões de fidelização de muitas marcas que pretendam desenvolver *apps* específicas, também pode facilitar a gestão em tempo real do balanço entre os pontos/créditos e os benefícios a obter em troca. A Tesco, uma cadeia de supermercados no Reino Unido, conseguiu isso e muito mais:

- **Tesco Finder app** – nos produtos previamente escolhidos e inseridos na lista de compras permite, uma vez na loja, encontrá-los nas secções e prateleiras. Através da leitura do código de barras dos produtos pela câmara do *smartphone*, pode-se gerir a lista de compras de forma mais expedita.
- **Tesco Visual Search app** – com o recurso à câmara, e após um simples registo do rótulo, obtêm-se de imediato informações sobre o vinho e, de seguida, podemos comprá-lo. Se não, obtemos, pelo menos, informação adicional que poderá ajudar a impressionar a/o parceira/o durante o jantar!

O resultado foi um milhão de carregamentos do Tesco Finder app em pouco meses (ver Figura 7.19).

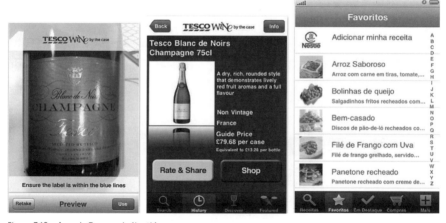

Figura 7.19 – *Apps* da Tesco e da Nestlé

A Card Mobili é uma empresa Portuguesa com presença internacional, que permite guardar e gerir numa *app* mais de 1600 cartões. Depois é só usar, consultar e armazenar os pontos. Também é possível localizar os pontos de venda mais próximos. É gratuito para os utilizadores e para retalhistas, entidades e serviços aderentes e ajuda a desmaterializar reduzindo tendencialmente os custos.

3) Estímulo ao consumo
Dispor de uma *app* que nos propõe centenas de receitas brasileiras apetitosas e que, caso faltem ingredientes da marca Nestlé, nos permite referenciar diretamente na lista de compras é uma vantagem. Regularmente, obtemos atualizações e podemos, também, partilhar, via *e-mail*, essas receitas, truques e recomendações. Para ficar completa, bastava ter a notificação automática de ações promocionais nos produtos da extensa gama Nestlé (ver Figura 7.19).

Nem só de B2C se fazem as *apps*. Com CIN color spy, a partir de uma foto de uma divisão da casa é possível identificar as cores, sugerindo uma paleta harmonizada, com base na cor original. Uma vez escolhidas e armazenadas as cores preferidas nos "favoritos", é indicada a loja CIN mais próxima.

Nestas duas situações, é bem provável que as marcas compradas sejam a Nestlé e a CIN.

4) Alerta de eventos e geração de tráfego
As *apps* também competem entre si. Facilmente, ultrapassamos a centena no nosso *smartphone*. Nessa medida, terão de ser as próprias *apps* a chamarem a nossa atenção!

A junção da geo-localização com notificação "push" de mensagens, no exato momento em que nos encontramos próximos de um ponto de venda, tem um enorme poder de influência. De facto, somos alertados para uma oportunidade promocional. Para além da conveniência – já que estamos perto, porque não verificar e avaliar! – temos o potencial benefício da oportunidade temporária – se vale a pena, porque não aproveitar!

7.2.4 – PLATAFORMAS DIGITAIS: MÉDIAS E REDES SOCIAIS

As pessoas conversam, independentemente de gostarem ou não. Mesmo os comentários negativos não podem ser evitados. Os *marketeers* perderam o controlo sob as marcas no mundo *online*![112]

O principal benefício que resultará para um negócio do investimento em marketing, nos média sociais, é a enorme exposição que gera para a marca. Para 88% dos gestores americanos, esta foi a resposta mais imediata. Com 72% e 62% dos benefícios temos o acréscimo de tráfego e a melhoria da posição no *ranking* nos motores de busca respetivamente[106]. Num outro estudo, realizado pela McKinsey, 63% dos gestores assumia que a utilização dos média sociais aumentava a efetividade do seu marketing. Em segundo lugar, temos o acréscimo da satisfação dos clientes (50%), seguido da redução dos custos de marketing (45% das respostas)[107].

Os média sociais, por definição, não são uma prática ou rotina de profissionais, mas resultam do exercício criativo de indivíduos, que resolvem tornar acessível e aberto a um público (eventualmente) selecionado conteúdos que expressam algo de pessoal[108]. O Esquema 7.16 resume as principais características dos vários instrumentos dos média e das redes sociais[13,109,110]. O Esquema 7.17 realça as condições necessárias para que esses instrumentos funcionem. A sinergia entre as diferentes ferramentas digitais é expressa pelo facto de os *sites* interligados com blogues receberem, em média, 55% a mais de visitantes[111].

No subcapítulo 7.1.2 já foram referidos alguns objetivos associados ao recurso ao ambiente *online* no quadro de uma estratégia de promoção de vendas. Podemos assumir as seguintes cinco grandes linhas condutoras, que as marcas procuram aproveitar com esses investimentos:

CINCO GRANDES ESTRATÉGIAS NO INVESTIMENTO *ONLINE* EM PROMOÇÕES DE VENDAS

(1) Produção de conteúdo gerado pelos clientes/utilizadores/consumidor para ser aproveitado em benefício da marca.
(2) Incentivar a adesão às redes sociais das marcas.
(3) Melhorar a otimização no acesso ao site ou à presença online da marca.
(4) Facilitar o reconhecimento/descoberta de um lançamento e da sua divulgação.
(5) Gerar o acréscimo de vendas pelo efeito de sinergia online/offline, via dinâmica associada à das redes sociais.

O valor atribuído ao Facebook, que conduziu à maior adesão (85%) dos *marketeers* do mundo inteiro, foi o "aumento da fidelização dos clientes" ao mesmo nível da "fonte potencial de informação"[113]. Do lado das consumidoras americanas, a segunda atividade mais útil no Facebook (75%) é "terem conhecimento de ofertas especiais e de promoções de vendas das marcas favoritas"[114]. No entanto, o método preferido pelos consumidores para obterem essas informações promocionais é o *e-mail* (64%). Os média e redes sociais surgem em quinto lugar com 8% das preferências. Um outro estudo, este sobre os hábitos de consumo digital, revelou que 65% dos participantes apenas seguiriam uma marca se ela lhes oferecesse cupões. Em segunda posição, para sustentar a disponibilidade de ser fã de uma marca, referia-se a prestação de serviços de melhor qualidade... mas apenas com 42%[115].

INTRUMENTO	FUNCIONAMENTO	APROVEITAMENTO PARA A MARCA	MONITORIZAÇÃO
REDES SOCIAIS - FACEBOOK, TUMBLR.	Desde o perfil - expressão da identidade individual (gostos e preferências) - até à partilha com a rede de amigos, tudo gera conversa. A gestão desta plataforma está concebida para fomentar a interação o mais personalizada possível. A produção de conteúdos só fazem sentido se forem partilháveis e incluem texto, fotos e audiovisual. Existe a possibilidade de integração com outras plataformas: blogues, *e-mails* e Internet messenger.	Nunca foi tão fácil fazer hipermarketing. Se a marca conseguir converter os clientes em fãs, muitos dos amigos dos fãs podem converter-se em fãs também. Quando são os amigos a introduzirem a marca na sua rede social, a persuasão é muito mais efetiva e a mensagem passa mais facilmente.	O "gosto" é apenas uma avaliação que expressa no mínimo "sim, estou atento". A quantidade de fãs, e principalmente o sentido dos comentários, são indicadores das atitudes, do significado e da intensidade da relação com a marca.
MICROBLOGGING - TWITTER	Os 140 carateres de conversa estão imediatamente disponíveis e em fluxo continuo a quem quiser conversar ou simplesmente seguir. Muitos clientes querem uma resposta igualmente imediata ao seu problema. Nessa altura, convém que a marca tenha a iniciativa.	Não vale tanto pelo que a marca disser, mas pelo que os outros podem expor sobre a marca. Conseguir a interação/retweet entre seguidores e despertar curiosidade, tem um efeito instantâneo garantido com potencialidade de redirecionar tráfego ou, pelos menos, gerar notoriedade positiva ou negativa.	Apresenta uma enorme dinâmica de produzir *buzz* não só para a marca, mas também para os concorrentes. É menos importante quem diz e mais o que diz e o efeito/reações que tem na comunidade. A intensidade, valência e frequência é quase tão importante como o conteúdo.
SOCIAL NEWS - DIGG, STUMBLEUPON, REDDIT	Os membros podem descobrir, partilhar conteúdo e interligações de páginas e outros recursos interessantes *online*. A iniciativa de destaque é promovida pelos membros.	Tudo depende da forma indireta como os membros consideram útil divulgar aspetos dessas marcas. Iniciativas de explicita propaganda são indesejáveis. A presença em alguns casos pode ser realizada via publicidade paga. Se for criativo, inovador, desafiante ou surpreendente, é provável que seja citado e assim gerar tráfego para o *site* da marca.	Resulta mais pelo significado do aparecimento de uma referência à marca do que pelos comentários. Somos notícia de uma outra notícia e isso pode ter um efeito multiplicador.
YOUTUBE	A interligação com um potente motor de busca permite aceder a qualquer tema pelos milhões de utilizadores. Qualquer pessoa pode colocar a sua produção e obter comentários. O sucesso é avaliado através do número de visionamentos (*ranking*) ou classificação direta.	As empresas podem reservar um canal Youtube em exclusivo e geri-lo. Os vídeos podem estar incorporados no *site* ou noutra plataforma embora alojados no Youtube. O poder do audiovisual para transmitir a mensagem vem associado à sua dimensão de entretenimento, tornando-o num atrativo meio de comunicação.	Há cada vez mais clientes que tomam a iniciativa de registar/filmar in-loco através dos seus telemóveis, situações caricatas de falhas de serviço e que disponibilizam esse material de seguida no Youtube. O efeito viral em interligação com as suas redes sociais tem consequências imprevisíveis.

Esquema 7.16 – Instrumentos dos média e redes sociais

INTRUMENTO	FUNCIONAMENTO	APROVEITAMENTO PARA A MARCA	MONITORIZAÇÃO
BLOGUE	Originalmente tratava-se de um "espaço media" pessoal. Esse autor é também editor, na medida em que executa a gestão quotidiana dos conteúdos que poderão assumir diferentes formatos para além do texto.	O objetivo é a partilha, mas só faz sentido se os outros participarem e se gerar um debate aberto e espontâneo em torno de temas. O sucesso pode resultar de três maneiras: (1) liberdade de expressão e riqueza de conteúdo numa comunidade de clientes interessados em partilhar as suas experiencias e comentar a dos outros; (2) interligação com o site, *micro-sites* e redes sociais favorece a criação de tráfego e a dispersão de conteúdos; (3) dada a necessidade de otimização da presença online da marca na gestão do tráfego via motores de busca, o domínio concertado de palavras-chave estratégicas confere vantagem competitiva num mundo cada vez mais saturado.	No caso do turismo, este tipo de média social tem uma enorme influência na decisão de compra. Existem blogues independentes e outros articulados com agências de viagens, operadores intermediários *online*, editoras de revistas, etc., em línguas locais ou com expressão internacional, que alojam milhares de comentários, críticas, queixas, diários de bordo, roteiros, testemunhos, entre outros.
WEBSITES	São intermediários em transações de reserva de alojamento, restauração, entretenimento ou de retalho/serviços em geral com ou sem oferta de descontos. A fonte de receita são as comissões, embora em muitos casos não exclusivamente (publicidade).	Representam mais um canal alternativo, complementar ou concorrente da marca fornecedora de serviços. Dependendo da estratégia de presença e distribuição da sua oferta pelos operadores, poderá beneficiar do acréscimo de clientes em períodos de menor procura. A exposição da marca em confronto com outros concorrentes facilita as comparações de preços.	Associado a cada marca/ponto de venda ou prestação do serviço existe uma página onde os clientes podem partilhar as suas impressões e experiências com os potenciais clientes. Sendo a gestão independente da marca diretamente fornecedora de serviços, podemos encontrar, sem censura, todo o tipo de comentários.

Esquema 7.16 (cont.) – Instrumentos dos média e redes sociais

Nos casos que iremos apresentar de seguida para ilustrar estes objetivos e sem prejuízo das reais intenções dessas empresas (que não são reveladas ou ficam parcialmente implícitas) ficará claro que o normal é recorrer a uma combinação de objetivos e orientar o desenvolvimento dessas iniciativas.

A prática do *crowdsoursing* foi já caracterizada no subcapítulo 7.1.2. A compensação pelo contributo na produção de conteúdos – texto/estórias, vídeo, fotos, som/música, jogos... – sob a forma de um prémio pode e deve assumir o formato de uma promoção de vendas. A novidade em relação ao contexto

1 - SABER O QUE QUER OBTER

OBJETIVOS — Aprender, assistir os clientes, construir uma comunidade em torno da marca... Pensar no médio/longo prazo.
PLANEAR — Conhecer a audiência (interesses, geografia) e escolher as aplicações tecnológicas para os média sociais.
RECURSOS — Humanos (competências) e materiais para evoluir.

2 - OUVIR E COMPREENDER

ANTES DE COMEÇAR — o que dizem, como dizem, quem diz e com que frequência?
TIPOLOGIAS DE TEMAS — em particular, captar problemas, rumores, informação incorreta, persistência de erros mal intencionados...
PERCEBER O QUE VALORIZAM E O QUE OS PREOCUPA — quer nos aspetos utilitários (soluções para os problemas), quer nos hedónicos (entretêm, dá prazer).

3 - INTEGRADOR

NÃO ESQUECER OUTROS INSTRUMENTOS — o offline deve estar articulado com o online.
MULTIPLATAFORMAS — quanto mais diversificado mais alcance terá, mas é importante adaptar-se à especificidade de cada meio.
TRABALHAR COM OS INFLUENCIADORES — bloguistas, tweeters, jornalistas, celebridades...
APROVEITAR OS EVENTOS/ACONTECIMENTOS — associar e contextualizar com algo de relevante para com a marca.

4 - SER PROACTIVO

PERSISTIR, ALIMENTANDO O DEBATE — é continuamente necessário lançar ideias frescas e atuais; provocar a reação, ser imaginativo.
ESTIMULAR A RELAÇÃO — produzir conteúdos e distribui-los de forma a manter o ritmo de interação; conferir poder (dar oportunidade para votar, avaliar, testar emitir opiniões sobre os novos produtos).
ENVOLVER/COMPROMETER

5 - ACEITAR AS CONSEQUÊNCIAS

SER HUMILDE — saber que ao expor-se, está sujeito a todo o tipo de críticas; ouvir e dar atenção; mostrar que também temos que aprender.
TRANSPARÊNCIA — tudo se descobre mais tarde ou mais cedo, por isso, mais vale antecipar; mesmo a identidade dos críticos também acaba por se revelar.
RESPONDER EM TEMPO ÚTIL — a pressão para uma solução é grande, nem que seja para agradecer ou pedir desculpa.

6 - VOZ HUMANA

AUTENTICIDADE/GENUINIDADE — quem dá a cara é alguém como nós, um consumidor; evitar estilos muito profissionais que possam ser vistos como falsos e artificiais;
SER EMOCIONAL — afinal também erramos, enganamo-nos, erramos e pedimos desculpa e reconhecemos a responsabilidade;
CONVERSAR — com naturalidade, responder e contar estórias, anedotas ou simplesmente encorajar, saudar, estimular; falar de si como consumidor, das suas preferências e estabelecer afinidades.

Esquema 7.17 – 6 condições para o marketing nos média sociais funcionarem

offline é que aqueles que elegem e, de certa forma, decidem não são os gestores, mas a comunidade. Nesse processo, os "amigos" dos concorrentes estão também a participar, a envolver-se, a aprender algo sobre a marca e, em muitos casos, a permitir o acesso à sua rede.

Apresentam-se seguidamente alguns dos exemplos de ações promocionais que ilustram as cinco grandes estratégias referidas na página 300 e que justificam os investimentos *online* (o número correspondente da estratégia descrita é indicado entre-parêntesis):

Wortem em nós (2)
"A 0,25€ por cada novo amigo, supondo que criar uma conta no Facebook e aderir à Worten demora 1 minuto, podemos arrecadar 15€ à hora. Vamos juntar um grupinho para fazer isso?" Em poucos meses, 194.600 pessoas gostaram disto! Para este resultado, também contribuiu outra campanha: "Portou-se bem este ano? Então mostre a todo o país! Grave um vídeo onde partilha a sua melhor ação do ano. Habilite-se a ganhar um de três *iPad* Apple!". Basta ser fã e votar...

Pedigree e Whiskas – os animais também são nossos "amigos" (2) (4)
Quem ganha com as redes sociais? Na campanha "um novo fã no Facebook, uma nova refeição para o cão/gato abandonado", gerou 100 mil novos fãs em cinco meses. O resultado foi um número equivalente de refeições para os amigos abandonados.

Quer ser a próxima cara da Activia? (1) (2) (4)
Então "faça o *upload* de um vídeo ou foto que mostre por que é fã da nova receita de Activia". O pretexto é a nova receita dessa marca da Danone. O convite é lançado com a ajuda da atriz Fernanda Serrano, que nos anúncios surge a entrevistar consumidoras nos centros comerciais. Para participar, bastava colocar na página do Facebook da marca as fotos e vídeos a invocar os benefícios desse iogurte, justificando por que se tornou fã ao provar. Quando maior o número de votantes, maior a probabilidade de ser a cara da Activia na publicidade. Em primeiro lugar, quer a concorrente quer os amigos terão de se tornar fãs do Facebook da Activia...

***Casting* Programa Barriga Lisa (1) (2) (5)**
Milhares de embalagens de cereais de pequeno-almoço Nestlé Fitness, através da apresentadora de TV Vanessa Oliveira, perguntavam: "Queres fazer equipa comigo?" Pelo menos, um critério para a escolha da parceira estava explícito no nome da campanha. Quarenta candidatas foram submetidas a uma sessão de *casting* nos desfiles nas passarelas, realizados em dois centros comerciais do Porto e de Lisboa. As fotos das pré-selecionadas ficaram acessíveis na página do Facebook da marca. As candidatas teriam todo o interesse em divulgar a *landing page* da campanha e, através dele, a presença nas redes

sociais para conseguir o maior número de votos. A votação era efetuada pelo preenchimento de um *e-mail* e cada votante só podia votar numa candidata por dia. A popularidade seria um dos indicadores da decisão do júri. De acordo com regulamento, a premiada fará equipa com a Vanessa Oliveira na dinamização do projeto "Cereais Fitness Programa Barriga Lisa 2011". Tal inclui: em conjunto com a Vanessa Oliveira, a participação em ações de verão da marca Fitness, a publicação das fotos nas embalagens de cereais Fitness; 1 *voucher* "Experiência Star for a day" de A Vida é Bela, um contrato publicitário no valor de 1.500€ e o pagamento de todas as despesas de deslocações, alojamento e alimentação que seja necessário efetuar no âmbito das ações de marketing que se venham a realizar durante o ano de 2011. No verão, a premiada já surgia ao lado da apresentadora de TV, na *landing page* de uma nova campanha, associada a mais ações promocionais relacionadas com a atividade física e *fitness*. Sempre em ligação com o benefício da marca de cereais de pequeno-almoço da marca Nestlé, as barrigas lisas mostram-se, agora, nos vídeos das candidatas que seguem a coreografia de dança proposta pela marca.

Figura 7.20 – Da embalagem à dinamização da causa *fitness*

Avon Romance (2) (3)

A ligação entre a marca de cosméticos e a publicação de romances não é imediata. Onde há leitoras, também tem de haver escritoras. Tratou-se de dar uma oportunidade aos autores de romances para submeterem a sua obra, bastando para tal preencher uma ficha *online* sobre alguns aspetos mais técnicos do conteúdo literário. A proposta é sujeita à apreciação editorial e, depois de aceite, o contrato prevê a produção gráfica digital do livro. Os vários livros são debatidos e comprados numa página específica do Facebook que contava, no início de 2011, com quase 11 mil fãs. Inclusivamente as mais bem sucedidas obras de ficção inspiram jogos de entretenimento. Os direitos de autor começarão por 25%, podendo atingir os 50%, em função do número de cópias vendidas em formato eletrónico. A Avon proporciona mais um canal de vendas, reforçando a ligação da marca de beleza e bem-estar a um público que também aprecia conteúdos culturais.

Grande jogo AXA *online* (3) (4)
Após a descrição do seu projeto de vida ganha logo 10 pontos. A partir daí, poderá adicionar mais pontos por duas vias: (a) jogando a encontrar o logótipo da Axa em cinco páginas diferentes, cada uma representando uma etapa da vida; (b) convidando os amigos a jogar, bastando fornecer o *e-mail*. Os prémios eram, entre outros, uma viagem, um *iPhone*, uma apólice de PPR e um plasma. No final, dos 100 participantes com mais pontos foram selecionados cinco que revelaram um projeto de vida mais interessante.

Descontos de 50%... apenas para fãs (2)
A cadeia de Hotéis Tivoli através da sua campanha "Happy Monday", que decorreu no dia 17 de janeiro 2011, oferecia exclusivamente aos fãs no Facebook e seguidores no Twitter um desconto de 50% em todas as reservas para esse ano.

Jogo Purina Pet Resort (2) (4)
Inserido na página do Facebook desta marca pertencente à Nestlé, o jogo Purina Pet Resort foi customizado de forma a entreter e, indiretamente, informar/educar os amantes dos animais de estimação. A ligação à marca é intensificada incentivando o número de visitas ao *site* e à partilha com os amigos.

Cooking Mama friends (4) (5)
Trata-se de um jogo social concebido para a Ragu, no âmbito da campanha "Feed our kids well", divulgado quer no *site* quer nas embalagens. Os vencedores, nas várias etapas, recebem como prémios produtos da marca – massas e molhos – bem como receitas "secretas" por usarem os produtos Ragu.

Passatempo Mac&Jinx da Kraft Foods (2) (4) (5)
Foi uma brincadeira de crianças, mas continua a ser divertido. Sempre que duas pessoas, em simultâneo, individualmente e independentemente uma da outra, escreverem a frase "mac&cheese" no Twitter, cada uma recebe automaticamente uma interligação para a página com o mesmo nome. Depois de

preencher alguns dados, receberão cinco caixas de Kraft's mac&cheese e uma *t-shirt* o que, por sua vez, estimula a compra de outros produtos da Krafts para acompanhar o mac&cheese.

Oferta de 10.000 *jeans* Gap (2) (5)
No lançamento da parceria Facebook Places e a Gap, os primeiros visitantes da loja que fizessem "check-in" na página da Gap no momento de visita à loja recebiam grátis o seu par de calças de ganga. Apesar de quase não haver publicidade no ponto de venda sobre esta ação promocional, em poucos minutos após a abertura das lojas as longas filas desvaneceram-se, coincidindo com o acréscimo de pelo menos 10.000 fãs... e de outras compras por arrasto.

Country Crock da Unilever – promoções bloqueadas (2) (5)
As promoções de vendas disponibilizadas por esta marca de margarina, apenas, estão disponíveis aos visitantes que clicam em "gosto/like". Logo na página de boas-vindas da marca é esclarecido ao novo visitante os benefícios resultantes de "gostar" da marca no Facebook. O negócio é simples: troca-se "gosto" por cupões. Mesmo quem deixa a página sem clicar no "gosto" continuará a ser convidado a fazê-lo pelos *banners* do Facebook. Finalmente, para que o visitante possa imprimir os cupões tem de obter uma aplicação específica, que segue e regula o utilizador, evitando a partilha e a multiplicação não autorizada.

Marriott Rewards – pôr a trabalhar (e a ganhar) os clientes leais à marca (1) (2)
O objetivo era espalhar a palavra via Facebook e Twitter com a possibilidade de ganhar estadias gratuitas na cadeia da Marriott Spring-Hill Suites. Era válido apenas para os portadores do cartão de fidelidade da marca. A condição de participação era enviavam mensagens positivas para os seguidores no sentido de se tornarem fãs.

20 dias de ofertas decentes (1) (2) (5)
A Moosejaw comercializa equipamentos e produtos para atividades ar livre, em particular montanhismo. Com presença muito ativa nas redes sociais – Facebook e Twitter – a marca desenvolve uma abordagem particularmente ativa e bem-humorada junto dos segmentos sub-30 anos. Esta campanha sorteava entre 1 a 10 por dia produtos apelativos para a nova estação, num total de 35. Para participar, bastava efetuar um comentário no Facebook ou enviar uma mensagem (*retweet*) a anunciar a promoção... Os participantes dispunham de apenas 30 a 45 minutos por dia para o fazer. O resultado do

vencedor também surgia quase de imediato, através de uma seleção aleatória. Paralelamente, também sorteavam um prémio maior de $1000 em compras, para quem preenchesse uma ficha com os seus dados e fornecesse os contactos de 5 amigos.

Os participantes que efetuavam múltiplos (demasiados) *retweets*, com a intenção de aumentar a probabilidade de ganhar, geraram queixas de outros participantes, o que levou os gestores a impor regras. Os "chicos-espertos" foram avisados para parar e os queixosos notificados.

Os resultados foram expressivos[116]:
- um acréscimo de 31% de fãs, totalizando 20.000;
- um acréscimo de 45% de seguidores no Twitter, totalizando 5.600;
- as vendas dos produtos que eram sorteados aumentaram entre 10% a 15%;
- a natureza dos comentários – com substância e simpatia para com a marca.

Figura 7.21 – Premiar os *retweets* da Moosejaw

SuperBock SuperBlogs awards (2) (3)
Na 2.ª edição deste concurso participaram mais de 1.600 blogues. Durante três meses, os autores dos blogues tentavam aliciar os seus leitores a votarem neles no *site* da marca. Mas apenas 80 foram finalistas em 16 categorias e sujeitos à apreciação de um júri, que os classificou com base nos seguintes critérios: *design*, tecnologia, comunidade, atualização e conteúdo. Os vencedores por categoria ganharam um vale de oferta no valor de 75€. A dois blogues foram atribuídas menções honrosas para o melhor d*esign* e blogues revelação, com um prémio de 150€. O autor do blogue "Reflexões de Um Cão Com Pulgas" recebeu um prémio no valor de 1.500€. Pedro Aniceto, numa entrevista ao *site* oficial do concurso, testemunhou o seguinte: "Convencer os leitores a iniciar e a concluir um processo de registo, com os procedimentos por vós requeridos para esta edição, não é propriamente uma tarefa fácil e acredito que haja pessoas que se possam 'assustar' com o volume de informação recolhida. Mas a Super Bock é uma entidade credível e muitos dos meus leitores

confirmaram-me de viva voz que, tendo efetuado anteriormente registo para outras iniciativas, nunca se viram alvos de marketing não solicitado. Isso ajuda o votante a ganhar confiança. Durante o prazo de votação, promovi algumas iniciativas de apelo ao voto que também tiveram o seu contributo. Mas estou certo de que a maioria dos votos proveio de leitores fiéis e dedicados, a quem não necessitaria de apelar para que votassem no blogue."[117] O *buzz* justificou o investimento. Mais tráfego, melhor otimização nos *ranking* dos motores de pesquisa, mais e novas oportunidades de relacionamento com os votantes, que se registaram no *site* da SuperBock... mas, acima de tudo, mais e melhor reconhecimento da marca, facto que aumenta a probabilidade de num bar pedir essa cerveja ou no supermercado escolher aquela embalagem.

Figura 7.22 – Concurso de blogues da SuperBock

Sumol Snowtrip (1) (2) (5)
Desde 2005 que a marca atraiu a Andorra cerca de 15 mil jovens. Na edição de 2011, foram 3 mil finalistas do ensino secundário a participar nas atividades. Mas, antes de lançar a campanha, a Sumol convidou-os para serem a "cara" presente nos *muppies*, Internet e imprensa. Os protagonistas foram escolhidos entre os fãs da sua rede social, que se candidataram para o *casting*. Dos 650 inscritos, 9 apareceram pelas ruas do País associados à marca[118].

O melhor emprego do mundo (1) (2) (4) (5)
Em 2009, a autoridade de promoção do turismo de Queensland, na Austrália, lançou um concurso em que o premiado teria, durante 6 meses, de viver na ilha de Hamilton e ganhar 75 mil euros. Em troca, teria de publicar fotos, vídeos e texto num blogue diário que relatava a sua vivência e sensações ao viajar e experimentar as atividades nas ilhas da Grande Barreira de Coral.

Os gestores do programa esperavam, no máximo, 10 mil concorrentes. Para convencer o júri era necessário enviar um vídeo pessoal de 60 segundos. Durante pouco mais de um mês receberam 34.684 inscrições/vídeos de todo o mundo. De Portugal, foram 510! A lista inicialmente selecionada contendo 50 nomes ficou reduzida a 15 candidatos, escolhidos pela entidade oficial, mais um indicado por voto popular. No final, a sorte caiu sobre Ben. O custo da campanha foi de 1.7 milhões de dólares australianos. O retorno em publicidade gratuita, nos vários média, ultrapassou os 80 milhões de dólares. A Austrália como destino tropical era um atributo ainda algo negligenciado pelos potenciais turistas. O objetivo, que consistia em comunicar essa mensagem, foi facilitado pelos 4 milhões de visitantes ao *site*[119]... sem contar com o enorme *buzz online* e *offline*, em particular nas televisões e jornais de todo o mundo. O acréscimo na procura hoteleira já reflete essa notoriedade.

Figura 7.23 – Ben teve, por seis meses, o melhor emprego do mundo

Ruffles, tu decides (versão PT) (4) (5)
No primeiro trimestre de 2010, a Matutano começou a comercializar dois novos sabores de batatas fritas: chouriço e york'eso. Como só poderia permanecer um no mercado, o desafio colocado foi transferir para os clientes a responsabilidade da decisão. A votação poderia ser efetuada via sms ou no *site*. Os concorrentes seriam agraciados com vários prémios, sendo o prémio mais significativo 10 viagens duplas. No final de março, 56% dos cerca de 70 mil votos deram preferência ao chouriço.

Ruffles, você decide (versão BR) (1) (2) (4) (5)
A ideia da PepsiCo Brasil foi semelhante. Dar o poder de decisão aos clientes e fãs no Facebook da marca. Agora, em vez de escolher terão que inventar tantos sabores quantos quiserem. O mote comunicado no ponto de venda

TV e embalagens foi: "Ruffles: faça-me o sabor". Para participar, não bastava registar-se no Facebook e ser criativo na proposta de sabor, era ainda necessário enviar uma foto da inspiração do sabor. Os prémios também foram criativos. 1º lugar: 1 Certificado de Ouro, no valor de R$ 20.000,00; 1 Certificado de Ouro adicional, no valor de R$ 30.000,00; 1 Certificado de Ouro, no valor de 1% do resultado líquido de vendas do produto criado, no período compreendido entre o lançamento do produto, ou seja, de 1 de julho de 2011 a 31 de dezembro de 2011, que se estima em R$ 50.000,00. 2º e 3º lugar: 1 Certificado de Ouro, no valor unitário de R$ 20.000,00. Os premiados foram escolhidos a partir de sugestões enviadas pelos próprios consumidores. Os três sabores finalistas ficaram nas gôndolas, de julho a setembro 2011, e o campeão permanecerá no mercado durante, pelo menos, mais três meses. A escolha do vencedor caberá ao consumidor, levando-se em conta o desempenho de vendas (60% do peso da seleção final) e votação dos fãs da marca pelo *site* (40% do peso da seleção final). A fotografia 7.24 mostra os três finalistas.

Figura 7.24 – Sabor vencedor

Staples – Causa Nostra (2) (4)
O Projeto Banco Escolar valeu à Staples o destaque de honra e projeção mundial no Facebook Studio. O objetivo era contribuir para as crianças necessitadas com um conjunto de material escolar, essencial no seu regresso às aulas. O desafio foi lançado aos seus fãs, via Facebook, entre 23 de agosto

e 14 de setembro de 2010. O resto foi o poder do passa-palavra. Em cada nova adesão à sua página na rede social, a Staples oferecia 0,50€ para o Banco Escolar. Responderam 13.750 novos fãs, dando origem a 275 *kits* escolares. A Staples arredondou esse número e fez 600 crianças felizes, em 35 instituições selecionadas.

Figura 7.25 – Banco Escolar da Staples

Axe instinto – a força de um rugido (1) (2) (4)

A proposta da Axe era a produzir do maior rugido de sempre e exibi-lo no Youtube. Para tal, os concorrentes tinham de se inscrever na página da marca, indicar o tema e o *link* no Youtube. Por cada *link* validado, obtinham 1 ponto e os 5 vídeos mais votados ganhavam 5 pontos extra. Quando atingiam os 150 pontos ganhavam um *iPhone*, com 80 pontos uns *headphones*, com 50 pontos um vale de compras de 50€, 30 pontos correspondia a uma bola oficial do Mundial 2010 e 25 pontos a uma *t-shirt* Axe.

Palhais – quem não gosta da cabra (1) (2)

Como triplicar em seis meses o número de fãs? (ver Gráfico 7.3). A marca Palhais é um exemplo de como ações promocionais, articuladas e consistentes com o Facebook, produzem resultados. Com o passatempo "A Vida é Bela", os novos fãs eram premiados semanalmente... sob a condição de se atingir um determinado número de fãs. Para tal, teriam de convidar os amigos. Ao todo foram sorteadas, entre janeiro e fevereiro de 2011, quatro Experiências Surpresa SPA. De 4 de março a 4 de abril, vigorou o desafio Chef Palhais: "Solta a Bimby que há em ti e faz a festa com a Palhais!" A participação consistia no envio, por *e-mail*, de uma imagem ou de um vídeo que incluísse três conceitos: Bimby, Cabra Palhais e Amigos. Para validar, era necessário o próprio participante converter-se em fã da marca no Facebook e levar mais 35 amigos a fazer o mesmo. Os critérios da escolha do vencedor foram, para além do número de "gosto" e comentários positivos, a avaliação de aspetos tais como: criatividade, originalidade, empenho e dedicação. O primeiro premiado ganhava uma Bimby, um cabaz de queijos e uma garrafa de Grão Vasco Alentejo. Os 10 primeiros classificados recebiam um cabaz de queijos Palhais, acompanhado de uma garrafa de vinho Grão Vasco Alentejo. De julho a agosto, quem enviasse uma imagem original e divertida, com o maior número de pessoas possível e devidamente legendada, habilitava-se a um novo concurso designado por "Nas nuvens com a cabrita". O prémio para a melhor proposta foi de dois voos, de aproximadamente 45 minutos, num ultraleve sobre a Lezíria do Tejo, de Benavente até à Ponte Amélia e regresso, em Valadas do Tejo. Os dois participantes mais criativos e com o maior número de amigos foram os vencedores.

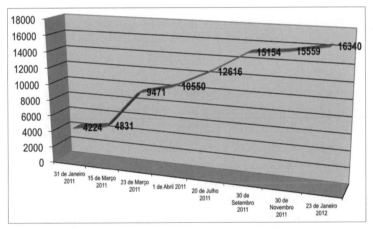

Gráfico 7.3 – Evolução dos fãs nas várias ações promocionais da Palhais[120]

Honda – protagonistas num documentário (1) (2) (4)

O pretexto era o lançamento do Honda CR-Z na Europa. O objetivo era a produção de um documentário. Os protagonistas foram os vencedores que aceitaram contar/relatar/filmar as suas estórias e aventuras, na sequência do registo e colocação de vídeos no *landing page*: liveeverylitre.com. Essas produções seriam objeto de votação dos amigos, que teriam que se registar também. Dos 100 melhor classificados saíram 13 protagonistas dos documentários que, durante 38 dias percorreram 10.000 km e 18 cidades europeias. A ideia era explorar as potencialidades do carro destinado a um público cosmopolita e jovem.

7.2.5 – DESCONTOS SOCIAIS

A ideia é tão simples que custa a crer que só em 2008 tenha aparecido. Um operador *online* coloca cupões válidos apenas num tempo muito restrito e para que seja possível usufruir-se deles um número mínimo de pessoas tem de subscrever. O poder viral, entre outros fatores, resulta do montante relativamente elevado do abatimento do preço. O modelo é simples de replicar. Só em Portugal existem mais de meia dúzia. Nos EUA, onde esta forma de intermediação com articulação às redes sociais começou, prevê-se que a faturação em 2015 triplique face ao registado em 2011[121].

Prós e contras[122]
Do lado dos consumidores o ganho é óbvio: pagar metade ou ainda menos do preço que normalmente é aplicado. Além disso, temos a poupança e a excitação de conseguir uma boa oportunidade de poupança aliada à presença e convívio com os amigos. Mas nem tudo é perfeito: filas de espera, horários menos convenientes, serviço mais demorado, escolhas mais restritas e condicionadas, etc. podem ser algumas das desvantagens que eventualmente terá de suportar.

Do lado do operador de distribuição de cupões em grupo, os fatores de sucesso são:
- **Formato dos descontos** – Percentagem de desconto oferecido, valor facial, relação com o preço normal de mercado. O relativamente elevado valor transferido torna a proposta muito atrativa.
- **Escala e dimensão** – O negócio é tanto mais rentável quanto maior o número de cupões vendidos. O elevado número de consumidores registados por um lado e a diversidade e intensidade de propostas sectoriais por outro, gera um volume de vendas significativo.
- **Conveniência** – Focaliza na localidade onde os consumidores podem usufruir dessas vantagens. Os eventos ou os produtos sujeitos a descontos ocorrem na cidade onde habita, nos locais, retalhistas, restaurantes, prestadores de serviços que conhece ou de que já ouviu falar. Tal contexto facilita e torna mais viável a adesão.
- **Interligação com as redes sociais** – O facto de a ativação da proposta de desconto exigir, em muitas situações, um número mínimo de aderentes encoraja a participação alargada do grupo para uma compra em grupo. Tal facto permite multiplicar a clientela.
- **Dinâmica** – O ritmo de ofertas, prazos curtos de subscrição, número limitado de cupões, oferta diária de novidades, envio/alerta personalizado introduzem um certo sentido de urgência que mobiliza e acelera a adesão.

Para oferecer propostas é necessário arranjar retalhistas e outros prestadores de serviços que estejam dispostos a oferecê-las. Em localidades mais pequenas, tal ritmo é complicado. Por outro lado, é fundamental a publicidade *online*. Quanto mais se faz, mais se tem de anunciar. Sendo um mercado aberto, isto é, sem barreiras à entrada, começam a aparecer outros operadores que concorrem não só pelo tempo disponível dos consumidores, como também pelas potenciais ofertas dos retalhistas. Ambas são limitadas também.

Do lado do retalhista/prestador de serviço. Os operadores de desconto em grupo são umas potentes máquinas de distribuição de cupões *online*. Têm um alcance e uma eficiência que nenhum retalhista ou prestador de serviço dificilmente conseguirá. Proporciona uma grande exposição mediática, contribuindo para a melhoria da notoriedade da marca. O risco é mínimo. Pode-se especificar o número de cupões, a duração, a quantidade de consumidores necessária para ativar e o nível de desconto. O pagamento é feito antecipadamente ao ato do consumo.

Os retalhistas aderem livremente; no entanto, 32% dos parceiros indicam que perdem dinheiro. No caso da restauração, são 42% os que invocam prejuízo. De facto, com uma percentagem relativamente elevada de desconto (digamos 50%) acrescida da comissão para o operador, o proveito final facilmente fica aquém dos custos... variáveis.

Na decisão de embarcar nesta parceria aconselha-se a pensar estrategicamente... Apesar de ser um mero desconto, as consequências podem continuar para além do curto prazo. Nessa perspetiva, deve-se ter em consideração os seguintes aspetos:
- Definir os objetivos. Por exemplo, vender excesso de *stock*, despachar mercadoria em fim de prazo de validade e no final da coleção (restos), gerar tráfego, contribuir para a notoriedade da marca/dar a conhecer um serviço...
- Ser específico e focalizar no que interessa. Se o problema for aumentar a taxa de ocupação em horas mortas, deve cingir exclusivamente para esse período de menor procura. Se a penetração numa parte do país está abaixo das expectativas, oferecer apenas expedição gratuita para aquela zona. Se pretender atrair determinado grupo etário, oferecer uma proposta interessante apenas para aquele segmento. Se um concorrente abriu portas mesmo ao lado, propor a oferta limitada para um grupo de determinada dimensão, com uma oferta concreta que equilibre dentro do aceitável e a um custo controlado. Se dispuser de produtos descontinuados difíceis de vender, concentrar a oferta numa espécie de *banded pack* do tipo "leve dois pague um".

PROMOÇÃO DE VENDAS E COMUNICAÇÃO DE PREÇOS

- Efetuar uma emissão de cupões em quantidade adequada à capacidade da organização, sem afetar a rendibilidade.
- Manter sempre a qualidade de serviço e atendimento. Dessa forma, aumenta a probabilidade de voltarem e recomendarem.

O retorno desejável seria:
- incrementar o consumo de artigos não sujeitos a desconto;
- conduzir a boas recomendações (testemunhos positivos);
- atrair novos clientes;
- incentivar a repetição da visita, de forma a torna-los clientes fiéis.

Em oposição, deve evitar-se que a frequência de ações desta natureza crie a impressão de menos-valia no posicionamento do serviço/marca. Caso a qualidade do serviço seja inferior às expectativas, a reputação da marca é prejudicada pelo passa-palavra negativo, com um efeito viral *online*. Outro contexto menos interessante seria a atração de um público apenas suscetível ao desconto e que apenas persegue as oportunidades.

Figura 7.26 – Alguns operadores de "desconto social" no mercado nacional

7.3 – NOVO PARADIGMA: *BELOW THE LINE, BUT ABOVE THE NET*

7.3.1 – NOVO PARADIGMA E SEUS ACÓLITOS

No primeiro capítulo deste livro explicitámos a natureza das promoções de vendas como algo de caráter transacional. Ou seja, a marca/retalhista oferece x em troca de uma resposta tipo y do cliente. Essa resposta seria, mais tarde ou mais cedo, a compra do produto. Tal como se discutiu no início deste capítulo, a realidade *online* contribuiu para reinventar as promoções de venda. Na sua essência, existe também um elemento de gratificação que nem sempre é material e que cada vez é mais virtual. Este novo contexto, resultante da progressiva digitalização das nossas vidas, também tem consequências nos instrumentos do mix-de-comunicação, em particular nas promoções de vendas. O Esquema 7.18 sintetiza as diferentes componentes daquilo que se designa por elemento de gratificação. A dimensão psicológica que se traduz no bem--estar, prazer, autorrealização e expressividade do ego não deve ser descurada. Só por si, já gratifica e é algo de imaterial que, se for bem concebido, reforça e confere significado na relação com a marca. O consumidor está consciente de quem é que proporcionou essa gratificação e a mensagem processada será emocionalmente positiva. Em termos práticos, mesmo que essa gratificação não esteja condicionada à transação imediata surge uma preferência. Em igualdade de condições, compramos o que nos causou boa impressão. Neste caso, é uma espécie de brinde/prémio por antecipação. A vantagem é que os custos são relativamente controlados. O custo mantém-se inalterado, quer seja realizado um carregamento de uma só *app* ou um de milhão! Outro efeito secundário é o *buzz* que pode gerar uma experiencia virtual bem sucedida.

Esquema 7.18 – Elementos de gratificação[123]

> No essencial, uma promoção de vendas é uma gratificação. Assumindo isto, podemos promover a relação cliente – marca.

O simples acesso, via código secreto oferecido por uma marca, para se poder registar e jogar num jogo *online* inserido numa rede social ou numa app do *smartphone* é algo bastante estimulante para milhares de pessoas. Com o patrocínio da marca omnipresente, os jogadores podem jogar com outros adversários reais, em qualquer sítio (mobilidade), podem usufruir e gerir os prémios e dinheiro virtual, suscetível de ser convertido em aquisições reais ou virtuais. A introdução de amigos no universo de jogadores e fãs da marca, também é convertível em pontos. Quando se verifica 3,5 milhões de carregamentos da Audi A4 Driving Challenge ou 10 milhões da Barclaycard Waterslide Extreme, obtemos no mínimo 200.000 horas de envolvimento com essas marcas. Qual a utilidade de um Zippo's Lighter app? Embora não permita acender um cigarro, para mais de 6 milhões de utilizadores é mais seguro, não queima e pode ser usado durante os momentos mais românticos, nomeadamente em concertos. Para que serve um papel de parede animado instalado no *smartphone* a invocar um enviado especial da Coca-Cola – o Pai Natal? Apenas porque é divertido e representa uma extensão (emocional) da publicidade nos outros média.

Os postais eletrónicos têm sido muito populares quase desde que existe *e-mail*, especialmente em aniversários e no Natal. O nível de sofisticação desses programas e as possibilidades de personalização têm aumentado. As marcas patrocinam a personalização de produções gráficas, que permitem a inclusão de avatares de personagens populares de séries televisivas de banda desenhada, como, por exemplo, os Simpsons. Para além da imagem, podem ser vídeo-clips com demos de música e suportados num formato base, que pode ser adaptado pelo utilizador. Por exemplo, o canal de cabo Discovery, através do Facebook connect, desenvolveu uma ferramenta interativa na qual qualquer um podia ser protagonista de um clip em que seria a vítima num ataque de um tubarão. Porque é que 416 milhões de pessoas personalizarão uma ferramenta chamada Elf Yourself? A pretexto do sentimento natalício associados aos felizes duendes/gnomos, a marca OfficeMax foi veiculando as suas ações promocionais e novidades. Usando a *webcam* do computador a cara ou caras de quem se quiser é inserida no corpo de um simpático duende, que dança todo divertido num dos cenários natalícios escolhidos. O seu poder viral é acelerado devido à integração com plataformas de redes sociais.

O PowerMat é um multicarregador sem fios para telemóveis que, por cada *check-in* (envio de uma confirmação via geo-localização da presença do consumidor num determinado ponto de venda para um servidor, neste caso, pertencente a uma empresa de suporte) na visita a um retalhista, permite ao consumidor participar num sorteio de $5.000, após a consulta da informação existente numa embalagem e a escolha da resposta certa. No final, houve 15 milhões de interações e o acesso à página da marca cresceu 18 vezes.

A campanha Moo Vision da Ben&Jerry permitia, através de uma aplicação para o *smartphone*, visualizar uma pequena quinta em 3D quando se orientava a câmara para a embalagem. A experiência 3D variava de acordo com os quatro sabores, de forma ilustrar a forma de produção dos ingredientes que estavam na sua origem.

Uma aplicação da Lego para *smartphones* permite, ao captar uma foto, convertê-la em formato lego. A "legueficação" de um objeto não é estática. O utilizador pode testar um número infindável de combinações de cores e guardar as diferentes imagens, para partilhar com os amigos e imprimir. Se pretender ir mais longe, é possível adquirir as peças de lego necessárias para montar o conjunto, bastando visitar uma loja Lego e escolher as cores e a quantidade certa para reproduzir a imagem. O impacte desta ação (promocional, porque não) avalia-se *a posteriori*. Quantos clientes estimulados por esta *app*, são necessários para compensar o investimento? Duvido que tenha sido este o tipo de cálculo que tenha motivado os gestores da marca a lançarem tal aplicação. O mais provável é que o incremento da relação hedonista com a marca, a partilha e a difusão entre amigos tenham sido os objetivos. Mas é também muito provável que o efeito meramente financeiro, traduzido num acréscimo de vendas, também já tenha sido alcançado!

Figura 7.27 – Legolização da vida...

Caixa 7.7   **Comportamentos e intenções**[124]

Domínio das promoções de vendas
A principal razão para as pessoas seguirem uma marca nas redes sociais é "beneficiar das promoções" (44,3% dos americanos). Para a geração Y, essa é também a primeira razão no uso dos média sociais (38% da população mundial feminina e 28% na masculina). A probabilidade de as mães americanas partilharem com as amigas aumenta para 66% quando uma marca oferece um determinado incentivo. Neste mesmo grupo, as características da publicidade móvel que consideram mais atrativas são os cupões (55%), seguida, em segundo lugar, de informação sobre promoções. Para as mães dos 18 aos 44 anos a 4.ª principal tarefa executada com os *smartphones* (27% das inquiridas) é o carregamento de cupões.
Sem vontade de pagar
A proporção de americanos com disponibilidade de não pagar informação (imprensa) tem vindo a aumentar (80%).
A disponibilidade para recomendar produtos via *online* não tem vindo a aumentar (de 2009 para 2011 caiu de 75% para 57%).
A Internet influencia... as compras *offline*
A primeira fonte de influência na compra de roupa pelos adolescentes reside nos amigos, seguido da Internet. Mas só 11% compram *online*.
O **grupo demográfico** com maior taxa relativa de penetração mundial: adultos com mais de 50 anos.
Plataformas usadas para comunicar: com os amigos, os americanos usam as redes sociais (92%), seguida do *e-mail* (89%) e blogues (85%); com a família domina o *e-mail* (86%), seguida pelas redes sociais (77%); com os colegas usam mais *e-mail* e com o público anónimo é através de *sites* e fóruns de discussão.

7.3.2 – MODELOS DE CAMPANHAS PROMOCIONAIS

Na melhor das hipóteses, em meados desta década o peso da comunicação *online* representará 24% do investimento total no contexto dos EUA[125]. Esta projeção pode refletir dois pressupostos: (a) o *offline* ainda irá dominar por mais tempo; (b) aparentemente, o custo do *online* é relativamente menor ou mais efetivo para o mesmo custo que o *offline*. Quer queiramos quer não, o marketing *online* deixou de ser uma opção e passou a ser uma inevitabilidade natural. Para começar, a nossa marca está nos média e redes sociais independentemente da nossa vontade. Nesse sentido, mais vale ser humilde e proativo porque as más notícias ainda correm mais depressa e os riscos de atividades ilícitas envolvendo a nossa marca, tais como violações de direitos de autor e fugas de informação confidencial, acontecerão fora do nosso controlo. Mesmo sabendo que as respostas da empresa às solicitações terão de ocorrer em tempo real e de forma profissional, a monitorização tem de ser imediata e permanente. Por fim, quando o retorno do investimento é incerto e difícil de estimar, não resta outra solução se não investir e aprender... com os erros[10]. Resta também neste cenário adotar um modelo de presença *online* assumidamente definido de forma estratégica. Temos de ter consciência que esse investimento deve ser pensado numa perspetiva de longo prazo. No quadro 7.1 sintetizam-se alguns dos modelos vigentes no referente à presença de uma empresa/marca na Internet no contexto de gestão e organização de ações promocionais.

Site da empresa	São ativadas páginas específicas para cada campanha ou evento pontual, integradas na estrutura da página oficial da empresa.
Site principal + *micro-sites* + *landing* pages	Cada marca tem o seu *micro-site* (com um URL igual à designação da marca) e cada campanha promocional com um determinado tema gera uma *landing page* com um URL exatamente igual ao seu *slogan*. A interligação entre estes diferentes componentes contribui para a otimização nos *rankings* dos motores de busca.
Site principal + Redes Sociais	Os eventos promocionais ficam acantonados nos operadores de redes sociais associados às várias marcas. Cada nova campanha promocional é acrescentada e atualizada nesse *site*.
Apenas RS	Não dispõe de *site* oficial. A presença *online* das marcas resume-se à página no Facebook, por exemplo.
Hub promocional	Conceptualmente, trata-se de um mega *landing page*, mas com caráter permanente. Todas as campanhas promocionais são integradas e geridas nesse *site*. Dada a continuidade temporal do formato de alguns desses acontecimentos promocionais, quer na sua mecânica, quer nos prémios, quer no segmento-alvo, essas campanhas são reativadas segundo uma determinada periodicidade. Outras ações são introduzidas e outras descontinuadas. Um dos exemplos internacionais desta estratégia é a Coca-Cola. Em Portugal, temos como possíveis exemplos as duas cervejeiras: Unicer e Central de Cervejas.

Quadro 7.1 – Tipologias de modelos de campanhas promocionais na Internet

PROMOÇÃO DE VENDAS E COMUNICAÇÃO DE PREÇOS

Parcerias	Funcionais – Quer a Dove e a MaxFactor têm "lojas" no Facebook; no entanto, a execução da transação é efetuada via Amazon. Outro exemplo, é a Foursquare (*app* com geolocalização) e cadeias de retalhistas no exercício de *check-in*, durante visita dos consumidores às lojas. Copromoções – É o caso dos descontos cruzados Galp e Continente. Fornecedores de prémios – Outras marcas de produtos ou serviços que servem de prémio no quadro de ações promocionais.
Gestão de relações	Servem de plataforma no âmbito dos programas de fidelização materializados nos respetivos cartões. O *site*, ou mesmo as *apps*, facilitam de forma mais personalizada a gestão das recompensas. É o caso de vários retalhistas, tais como o Continente, Tesco ClubCard e Sainsbury Loyalty Card.
Compras em grupo com desconto	Existem outros agentes que podem proporcionar descontos em compras em grupo para além dos operadores referidos no subcapítulo 7.2: Google offers, ASDA Big Rollback, Wallmart Crowdsaver, Carrefour Promolibre e Facebook Deals.

Quadro 7.1 (cont.) – Tipologias de modelos de campanhas promocionais na Internet

Consideremos uma companhia plurimarca de produtos de grande consumo. O Esquema 7.19 reproduz um possível cenário de modelo de organização de campanhas promocionais *online*[126].

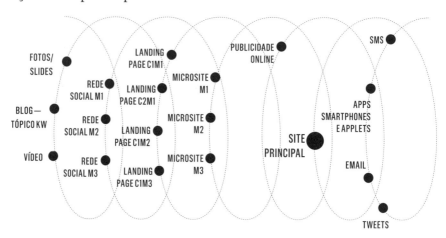

Esquema 7.19 – Um protótipo de modelo de organização de campanhas promocionais *online*

Um *site* representa a base estrutural da existência da empresa *online*. Contém informações de caráter institucional e divulga notícias aos seus vários públicos. Em articulação permanente surgem os seus satélites: os *micro-sites* das várias marcas. A sua dinâmica, mas também a sua autonomia no marketing da empresa, justificam a sua presença, em interdependência em relação à empresa/marca proprietária. As múltiplas campanhas promocionais ou eventos esporádicos serão mais facilmente acedidos *online* se forem integrados, no seu conjunto, numa estrutura com URL próprio É essa a função das *landing pages*. A articulação com as redes sociais é determinante para fomentar a aproximação dos clientes/fãs e dos seus amigos, na descoberta das novidades, com a consequente participação nos eventos promocionais. O blogue só faz sentido se for uma construção com um caráter de responsabilidade social de suporte à comunidade *online* de consumidores. Isto é, no quadro da missão da empresa, ela produz bens, com efeito direto ou indireto, no bem-estar, qualidade de vida, ou invoca valores universais, tais como cuidados de saúde, ecologia, poupança de energia... Alguns desses temas consubstanciam-se na ajuda prática e na partilha de ideias e conselhos, nos quais muitos dos temas estão também alicerçados na própria comunicação das marcas. A interatividade, participação em debates e votações mantém a dinâmica e o ritmo. A ênfase dada a determinadas palavras-chave é instrumental na gestão da otimização dos motores de busca, a favor da marca em causa. A produção de conteúdos em vídeo e imagens pode ser partilhada em *sites* especializados ou embebida nas componentes *online* atrás descritas. A sua função de atração, animação e *buzz* é crucial na relação e na adesão de novos clientes. O *e-mail* permite uma melhor personalização com os clientes na comunicação de eventos e na divulgação de *newsletters* direcionadas ao seus interesses. O poder do Twitter advém de informar sobre o acesso, em regime de exclusividade de ofertas e vantagens promocionais especiais. O seu *retweet* favorece a disseminação da mensagem. Os sms são excelentes para propagar cupões com descontos e afetos a produtos no quadro das preferências. No plano de fidelização previamente traçado, contribuem para relembrar os pontos/milhas que poderá redimir, bem como os prazos para poder beneficiar. As *apps* podem assumir formatos de entretenimento e de relação lúdica com a marca[127]. Finalmente, quanto à publicidade *online*, se a sua colocação for adequadamente selecionada nos *sites* e nos blogues apropriados, conseguimos um acesso privilegiado a novos segmentos, mas também a produtores de conteúdos influentes que também nos poderão dar destaque.

Ao navegar na página de um jornal *online*, verifica que os anúncios coincidem exatamente com os produtos que na noite anterior esteve a examinar num *site* de comércio eletrónico especializado. Esta modalidade designa-se de "sistema de reconfiguração personalizada de publicidade *online*". Se o leitor da publicação *online* clicar nesse *banner*, é direcionado para o catálogo do mesmo *site* que visitou anteriormente, mas onde, por qualquer razão, não concretizou a transação. Sucede que a probabilidade de clicar aumenta se esse produto estiver agora associado a uma promoção de vendas do tipo: expedição gratuita, se adquirir no prazo de 12 horas... [127]

NOTAS FINAIS

Como grande parte das referências de apoio provém de um número restrito de *sites* é colocado o código desse *site* em cada nota seguida do titulo de artigo.

Códigos dos *sites* usados:
[1] imediaconnection.com
[2] Hubspot.com – Newsletter
[3] MarketingSherpa.com
[4] Internetretailer.com
[5] Vocus White paper – vocus-com
[6] truste.com
[7] jive.com
[8] marketingexperiments.com
[9] go.infor.com
[10] radian6.com
[11] aprimo.com
[12] bazaarvoice.com
[13] Larry Chase's web digest for marketers – newsletters
[14] strongmail.com
[15] returnpath.com
[16] netatlantic.com
[17] eloqua.com
[18] lyris.com
[19] sylverpop.com
[20] unica.com
[21] thinkbda
[22] bronto.com
[23] emarketer.com
[24] forrester.com
[25] neustar.com
[26] mashable.com
[27] gigaom.com
[28] yume.com
[29] socialmediaexaminer.com
[30] gomez.com

[1] Comunicação do TravelPort – Conferência da Ordem dos Economistas – Maio 2010, Funchal.
[2] Where consumers begin their shopping process – http://www.searchandise.net/comscore-study-search-engines-and-retail-sites-07-27-10/ (comScore Inc Study)
[3] [2] – Six reasons social media helps grow business
[4] [4] – Discounts lure luxury goods shoppers online
[5] [4] – Global e-commerce sales head for $1 trillion mark
[6] [5] – Social Media comes of age: the vocus 2011 planning survey
[7] [11] – Interactive Business-to-Consumer marketing
[8] *Financial Times* 18/05/2010 – "Codes open new front in retail wars"
[9] [12] – How top UK brands win with social commerce
[10] [6] – The pros and cons of social media marketing
[11] [7] – Building online communities
[12] [1] – How to navigate a niche social community
[13] Shih, C. (2010). *The Facebook era: Tapping online social networks to market, sell, and innovate*. 2.ª ed.. Prentice Hall.
[14] The 4C' of community – http://darmano.typepad.com/logic_emotion/2008/11/the-4-cs-of-community.html
[15] *Financial Times* 8/01/2011 – "Tablets grab the attention of media owner"
[16] [1] – How to campaign across all platforms
[17] *Financial Times* 8/01/2011 – "TV makers seek to retune 3D revolution"
[18] *Jornal de Negócios* 27/12/2010 – "Boom" da Internet de 2000 chegou antes o tempo. Agora é que é o momento"
[19] [1] – 10 social media trends in 2011
[20] pt.wikipedia.org
[21] [1]- Myths about the future of crowdsoursing
[22] [2] – 11 examples of online marketing sucess
[23] [1] – The 5 components of a complete social media program
[24] [8] – Top lessons from 2010
[25] [9] – Continous customer dialogues
[26] [3] – B2B and B2C lead generation; [10] – Social media, sales and how they work
[27] *Financial Times* 11/10-/2010 – "Social networks dominate emerging online markets"
[28] [8] – Social media marketing... or is it e-mail marketing?: the new facebook messages
[29] [13] – The future of e-mail marketing
[30] *Diário Económico* 14/6/2010 – "Portuguese reinventam forma de fazer *e-mail* marketing"
[31] [3] – Top Investments 2011 (chart)
[32] [13] – How my e-mail newsletter makes money
[33] [14] – E-mail breakthrough report –October 2010
[34] [15] – Research study: *e-mail* efficiency
[35] [1] – 7 e-mail you should never send
[36] [3] – e-mail plus facebook marketing: fresh ideas from freshpair
[37] [1] – 7 tricks e-mail can steal from social media
[38] [14] – E-mail in the age of social media
[39] [1] – *Diário Económico* 29/09/2010 – "One to one lança service de marketing *online*"
[40] [3] – Tactics used by organizations to improve relevancy
[41] [4] – Top online retailers send 16% more markting *e-mail* in 2010
[42] *Diário Económico* 18/12/2010 – "Portugal envia 600 milhões de mensagens virais por dia"
[43] [1] – Are consumers becoming immune to your e-mail?
[44] [1] – How to improve e-mail relevancy and deliverability
[45] [16] – 15 trade secrets of e-mail service providers
[46] [17] – A quick tutorial: e-mail sender reputation

[47] [17] – e-mail deliverability Q&A
[48] [15] – Deliverability and reputation handbook
[49] [1] – How to guarantee 80% success with an e-mail campaign; [3] – Dirty dozen: *e-mail* newsletter mistakes nearly everyone makes
[50] [18] 25 e-mail essentials for exceptional e-mail campaigns
[51] [18] – 10 golden rules to boost e-mail deliverability and online reputation
[52] [11] – Ten steps to effective e-mail marketing
[53] [14] – The new rules of e-mail deliverability: 2011 and beyond: [13] Creating compelling content for e-mail newletters
[54] [18] Social media marketing: how-to guide; [19] – 5 expert tips and tactics for e-mail deliverability marketing success in 2011; [20] – three mobile e-mail marketing challenges – and what you can do about it
[55] [21] – 16 e-mail marketing tips
[56] [1] – e-mail 3 initiatives that kick-start consumer engagement
[57] [22] – Put the "act" in transact
[58] [19] – minimizing fallout from e-mail mistakes
[59] [1] How to make your customers feel important
[60] [14] – The ultimate e-mail marketing guidebook: increasing subscriber engagement
[61] [21] – The new e-mail marketing – talking to customers individually
[62] [3] – E-mail awards 2011
[63] Dionisio, P., Rodrigues, J. V., Faria, H., Canhoto, R. e Nunes, R. C. (2009). *b-Mercator: Blended marketing*, Dom Quixote.
[64] [4] – Online adverting set to grow 14% in 2011
[65] [6] – How to optimize your banner ad performance while complying with new privacy regulations
[66] [1] – New opportunities in display advertising
[67] [8] – Homepage optimization: creating the best design to quickly meet multiple visitors' needs; [26] – 7 things you didn't know display ads could do
[68] [1] – How to extend the life of the banner ad
[69] [1] – Three ways to increase your ad's visibility
[70] [1] Display ads: demystifying the "banner blindness" conundrum
[71] [1] – You never get a second chance to make a first ad impression
[72] [1] – Display engine marketing: how smart and sexy are your display ads?
[73] [23] – How financial services advertisers can get the most from online display campaigns
[74] [1] – The future of social gaming
[75] [1] Tips for successful in game advertising
[76] [1] 5 rules for integrating ads into social games
[77] fastcompany.com 15/03/11 – "Augmented reality may be the *iPad* 2's secret killer app"
[78] [1] – The next big things in video marketing
[79] [1] – How to shift more TV budget online
[80] [1] – 9 rules for youtube marketing
[81] [1] – How to drive and measure video sharing
[82] [28] Online video and TV viewing attitudes and behaviors
[83] [23] – Mobile web users in Western Europe to durable by 2015
[84] [1] – 7 game-changing mobile trends for 2011
[85] [24] – Mobile adds new appeal to your brand experience
[86] [4] – 33% of web shoppers engage in m-commerce, 11% buy, ForSee results finds
[87] [2] – Top 5 mobile marketing case studies&how-tos
[88] [30] – What users want from the mobile web experience;[1] – 7 factors to determine your app strategy
[89] [1] – How to make the right mobile decision for your brand
[90] *Diário Económico* 21/04/2011 – "Portugal resiste aos anúncios no telemóvel"

[91] [23] – Mobile web experience frustrates heaviest users
[92] [1] Which came first: the mobile *site* or mobile customer?; [1] How to design and develop for mobile *site*s; [1] The road to a fantastic mobile web*site*; [4] Poor site performance could cost retailers sales
[93] bbc.co.uk 20/02/2011 – "Mobile mad men: advertisers want to dominate your phone"; [23] Mobile consumers see value in advertising
[94] [1] 6 mobile campaigns that put traditional *site*s to shame; [1] 8 things every marketer should know about the iAd
[95] [18] – Mobile marketing how-to-guide; [13] – Mobile drives e-mail list growth: how to use sms and relevant content to add opt-ins
[96] [25] – Guide to smart sms marketing
[97] [4] – Mobile shoppers prefer m-commerce sites over apps, study finds
[98] [26] – Are cross-platform mobile app frameworks right for your business?
[99] [24] – 2011US mobile marketing predictions
[100] [23] – Are location-based shopping apps catching on?
[101] [1] – Missed opportunities in location-based marketing; [1] Location based apps: what works, what doesn't
[102] [1] – The battle for mobile payments
[103] Fastcompany.com 25/04/2011 – "How NFC shopping will save your money while you wave your phone like a loon"; readwriteweb.com 21/04/2011 – "Visa launches real-time, location-based discounts for Gap customers"
[104] [27] O2 turns on geo-fencing for Starbucks, L'Oreal in UK
[105] [1] Emerging technologies to help your direct mail
[106] [29] – 2011 Social media marketing industry report
[107] [2] – 100 awesome marketing stats, charts&graphs
[108] Kaplan, A. M. e Haenlein, M. (2010). "Users of the worlds, unite! The challenges and opportunities of social media". *Business Horizons*, 53, pp. 59-68.
[109] [17] – The Grande Guide of the social CMO
[110] [2] – How to monitor your social media presence in 10 minutes a day
[111] [2] – From prospect to evangelist-optimizing relationships with social media
[112] Wired-UK 08/11 – Your are being Gamed
[113] [23] – What brand marketers expect from social media followers
[114] [23] – Are consumers interested in finding deals on social sites
[115] [26] – How to get the most out of facebook and twitter promotions
[116] [2] – Top 5 facebook case studies from 2010
[117] http://superblogawards.blogs.sapo.pt/
[118] *Diário Económico* 1/03/2011 – "Consumidores são as caras da nova campanha da Sumol Snowtrip"
[119] *Diário Económico* 7/03/2009 – "O melhor marketing do mundo"
[120] http://pt-br.facebook.com/acabrapalhais
[121] [23] – A bright future for daily deal *site*s
[122] *Expresso* 30/12/2010 – "Ir às compras em grupo sem sair de casa"
[123] [1] An overlooked route to viral success; [23] 9 branded apps that people love; [26] – Innovative mobile marketing campaigns; [1] Mobile augmented reality is on the move
[124] [23] Incentives motivate moms to refer brands to friends; [23] – Why do affluent consumers connect with brands on social networks?; [23] – How moms of all ages use smartphones for shopping?; [23] – Most Internet users still not willing to pay for online news; [23] – Product recommendations remain low on social networks; [23] – Teens slowly increase online shopping; [23] – How bay boomers are embracing digital media; [23] – What marketers can learn from consumers' sharing habits; Freitas S. (2010) Cupões eletrónicos: oportunidades em Portugal, Dissertação de Mestrado em Gestão Comercial. Faculdade de Economia da Universidade do Porto.

[125] [23] – Online lures ad dollars; [1] – How to ruin your brand's online reputation in 6 easy steps; [1] Mobile is dead: 5 marketing trends; [1] – 5 reasons social media is a waste of marketing dollars; [1] – 8 reasons marketers can't trust facebook; tech.fortune.cnn.com 6/04/2011 – Facebook where marketing efforts go to die?

[126] [1] – The secrets behind successful landing pages; [2] – *Site* optimizations for maximum lead flow; [26] – How fashion retailers are redefining e-commerce with social media; [26] 10 online strategies for next product launch; [4] – Ad firms serves consumers online banners promoting products they have viewed

127 – Em Portugal, na mais otimista das estimativas a taxa de penetração dos *smartphones* ronda os 25% (http://www.publico.pt/Tecnologia/procura-de-smartphones-em-portugal-nao-evita-queda-do-sector-das-telecomunicacoes-1526516). Talvez por isso as potencialidades do marketing móvel, em particular das suas aplicações – *apps* – não sejam ainda tão imediatas como as tendências revelam.

Capítulo 8
Decisão, implementação e medição

8.1 – CATEGORIZAÇÃO DAS VÁRIAS TÉCNICAS DE PROMOÇÕES DE VENDAS E ALGUNS PRINCÍPIOS PRÁTICOS

Após a descrição de cada técnica de promoções de vendas resta construir um quadro síntese que proporcione uma visão de conjunto das circunstâncias e dos objetivos sob os quais cada técnica de promoção de vendas é utilizada.

O Quadro 8.1 funciona como um guia de apoio na seleção de técnicas de promoção de vendas a utilizar. Esta categorização é o resultado do estudo das perceções dos gestores de unidades de negócio sob as várias técnicas de promoção de vendas[1]. Nesse estudo ficou provada a especificidade de cada técnica de promoção de vendas para cumprir com melhor desempenho determinados objetivos. No entanto, também é evidente a sobreposição entre funções. Isto é, a mesma técnica pode ser bem sucedida para atingir diferentes objetivos. É o caso da animadora. A sua presença no ponto de venda pode facilitar a substituição entre marcas, da mesma maneira que contribui para a notoriedade e o incentivo da experimentação da própria marca. De igual modo, o mesmo objetivo pode ser satisfeito por mais do que uma ferramenta promocional. A substituição entre marcas é suscetível de ser acelerada por quatro técnicas de promoção de vendas distintas: pela oferta de produto grátis (gramagem extra), pelo *banded pack*, pela oferta de brindes e pela animadora no ponto de venda. **Qual destas técnicas é a preferível?** Tudo depende do contexto, da forma como é aplicada e concebida, da reação dos consumidores, das ações das marcas e categorias concorrentes, etc. A contingência e a indefinição associadas ao impacte de cada técnica leva a que, geralmente, se execute, não uma técnica isoladamente, mas sim uma combinação de técnicas, para explorar sinergias. Assim, provavelmente, em igualdade de condições, uma promoção de vendas do género animadora + topo de gôndola + oferta de brinde conduz a melhores resultados do que cada uma das ações isoladamente. Relativamente à função retaliação/reação, considerou-se que a capacidade de uma dada técnica em atingir este objetivo depende da rapidez, desde a sua decisão até à sua concretização no ponto de venda, e da intensidade na capacidade mobilizadora dos consumidores em comprar a marca. Por exemplo, uma ação tipo "leve dois, pague um" faz disparar as vendas da marca e demora poucos dias a ser implementada.

	TOPOS DE GÔNDOLA	ANIMADORA	BRINDE	BANDED PACK	VALE DE DESCONTO	FOLHETO	ACRÉSCIMO DE PRODUTO GRÁTIS	AMOSTRA GRÁTIS	REDUÇÃO DE PREÇO	CONCURSO	COLECIONISMO
Substituição entre marcas	••	•••	•••	•••	•••	•	•••	••	•••	••	••
Experimentação	••	•••	•	••	•		•	••••	•		
Repetição compra (fidelização)		••	••	•		••	•		••	••••	
Influência na imagem/notoriedade	••	•••	•	••		•		••	•	••••	••
Retaliar e reagir a ataques de concorrentes	•	•••	•	••	••••		•	••	••••	•	•
Melhoria das condições e na relação com a distribuição	••••	•••		•		••••		•		•	•
Rapidez de implementação	3ª-4ª	1ª	3ª	2ª	1ª	3ª	3ª	3ª	2ª	5ª	4ª

Nota: O grau de importância/influência para cada técnica de promoções de vendas de cada um dos seis objetivos é assinalado pelo número de pontos '•'. Os valores de 1 até 5 representam a ordem temporal segundo a qual cada técnica é executada logo após a decisão (1.ª é mais rápida e 5.ª mais lenta).

Quadro 8.1 – Categorização das técnicas de promoções de vendas

8.2 – DOZE PRINCÍPIOS PARA FAZER FUNCIONAR AS PROMOÇÕES DE VENDAS

1. As promoções de vendas também são comunicação

No essencial, as promoções de vendas servem para induzir ação, estimular a participação e requerer o envolvimento do consumidor com a marca. Aqui, o consumidor tem de comprometer o seu tempo e a sua energia para responder à solicitação. Preencher um vale, juntar provas de compra, enviar pelo correio o cupão do concurso, experimentar uma amostra de uma nova marca, responder a um pequeno questionário, parar e observar as embalagens existentes num topo de gôndola são exemplos da contrapartida do consumidor face ao convite feito pela marca em promoção.

No entanto, o essencial da comunicação é a mensagem. Em particular o seu conteúdo. Todas as consumidoras à saída das lojas Pingo Doce no domingo 5 de maio de 1997 eram de imediato abordadas por uma animadora. Esta oferecia-lhes uma rosa e desejava-lhes um feliz Dia da Mãe. No mesmo fim de semana, junto ao linear, uma promotora oferecia uma embalagem individual (200 ml) de leite Mimosa especial e um pé de gerbera por cada *pack* de seis embalagens de litro de leite UHT. A acompanhar a flor, um cartão contendo a imagem alegre de duas crianças tinha escrito o seguinte: "Hoje é Dia de Mimar a Mãe", "Mimosa – O leite que nos toca." Afinal, onde está a mensagem nestas promoções de venda? Ao expressar afeto com um gesto atencioso para com as mães, o Pingo Doce posiciona-se em melhores condições para ser retribuído. Porque amor com amor se paga. Neste caso, provavelmente as mães voltaram a frequentar o Pingo Doce ainda com mais gosto. No caso da Mimosa, o brinde – a flor – ganha sentido com a explicação vinda no cartão. Tudo comunica, mesmo a designação da *landing page*. Repare-se no exemplo de uma campanha da gelatina Royal que era sugestiva do sentimento de boa-disposição: sorrisosroyal.com. Os *outdoors* espalhados pelo país com os resultados do sucesso da campanha da Coca-Cola são um exemplo histórico de boa comunicação. A mensagem tinha dois efeitos: (a) mostrar que a promoção era acessível porque muita gente já tinha ganho, logo, tinha sido um sucesso; (b) induzir a aceleração da adesão para não perder a oportunidade (Figura 8.1).

Figura 8.1 – Mensagem da Coca-Cola sobre a evolução da participação na campanha

2. Para cada objetivo, o seu instrumento promocional

Quando a Triunfo procedeu à sua extensão de linha, lançando um nova variedade de bolachas, para dar a conhecer as Chipmix – "uma deliciosa combinação da melhor bolacha com o melhor chocolate" – não bastava despertar o apetite, recorrendo aos anúncios na televisão. Era fundamental permitir que o consumidor julgasse por si, isto é, experimentasse. Sem riscos, nem esforço, os descontraídos transeuntes que passeavam na marginal da Foz do Douro, no Porto, puderam saborear as ditas bolachas oferecidas pelas promotoras. A acompanhar as pequenas embalagens era entregue um folheto que descrevia a composição e as variedades existentes. O objetivo de uma amostra gratuita é acelerar a taxa de adoção de uma nova marca/produto.

Um dado instrumento promocional pode cumprir mais do que um objetivo, da mesma maneira que cada objetivo pode ser satisfeito por mais do que um instrumento. No entanto, existem técnicas promocionais mais específicas do que outras para atingir um dado objetivo.

3. Promoções não são só baixar o preço

O preço na etiqueta passou de 44€ para 39€. Associada à quebra de 11% houve a mudança do primeiro dígito e o efeito psicológico da terminação em 9. Mas trata-se de um desconto e não de uma promoção de vendas. Afinal, onde está a diferença? Num desconto damos ênfase ao preço, enquanto numa promoção de vendas privilegiamos a comunicação. Assim, no caso acima indicado teria de aparecer indicada na embalagem de forma bem visível a seguinte mensagem: "–5€". Teríamos, então, uma promoção de vendas designada redução de preço. A importância desta distinção é simples. Numa redução de preço, a motivação é a de retaliar, ou reagir a ataques de concorrentes, mas sem esquecer o cliente, pois o gestor procura realçar esta transferência de valor a favor do cliente. Num desconto, esta segunda preocupação é irrelevante, só a primeira é que conta. Geralmente, o impacte de uma redução de preços é superior ao de um desconto.

Para além das reduções de preço existem outras técnicas de promoção de vendas que lidam com a variação de preços. No Natal de 1996, uma animadora oferecia por cada conjunto de 4 garrafas de 1,5 L de Coca Cola um vale de 100$00. Até aí, nada de especial. O Natal é uma época de grande consumo, convinha que parte do orçamento doméstico destinado a refrigerantes fosse canalizado para a compra da referida marca. Daí a promoção. O que tornou esta ação diferente foi o cuidado no *design* do próprio vale de desconto. Este tinha o formato único da conhecida e patenteada garrafa da Coca Cola e continha um desenho do simpático Pai Natal. Desta maneira, esta empresa conseguiu conferir um caráter de distinção a uma simples e banal promoção de preço e, ao mesmo tempo, comunicou a sua mensagem: "Enquanto houver Natal, haverá sempre Coca Cola."

4. Dar um tema e criar um acontecimento
A criação de um tema/mote a associar a uma ação promocional permite um certo enquadramento mediático e confere um sentido de "legitimidade" ao acontecimento de *marketing*. Os consumidores têm uma necessidade absoluta de arranjar uma justificação/explicação/causa para tudo. Se não somos nós a dar uma razão eles inventam uma... que nem sempre nos é favorável!

5. Explorar sinergias
Os gestores da marca Organics estavam convencidos do conceito vencedor deste champô. Assim, procuraram um domínio total (para o seu segmento) na televisão, chegando a apresentar três anúncios no mesmo bloco, procuraram o apoio das revistas *Elle* e *Máxima*, garantiram publicidade nos sacos de plástico do *Público*, no multibanco, em *muppies* e em *outdoors*, e colocaram duas telas enormes a cobrir as fachadas de dois edifícios em Lisboa. Em termos de promoção de vendas, foram realizadas várias ações de oferta de amostras, quer através da imprensa, quer nas caixas de correio, quer no ponto de venda, e ainda o investimento em topos de gôndola especiais com presença de animadoras que sorteavam o número de uma caixa registadora. De seguida, uma promotora com patins dirigia-se a essa caixa e interpelava o primeiro cliente que tivesse comprado Organics. Esse cliente era convidado a escolher um cheque cujo valor variava entre 50€ e 75€. Ao fim de um ano esta marca conquistou cerca de 10% do mercado de champôs.

O mesmo nível de investimento em comunicação disperso temporalmente em vários momentos e em diversos meios produz menores resultados do que uma política de concentração de esforços no mesmo período e em diferentes meios. Não é mais do que a aplicação da lei da diluição. Uma presença imaginativa com publicidade na televisão, *outdoors*, imprensa e carrinhos de supermercados, com promoção de vendas e relações públicas, multiplica a probabilidade de contacto dos consumidores com a marca, bem como a assimilação da sua mensagem. Além disso, não dá tréguas aos concorrentes. No linear, a ocorrência em simultâneo de uma redução de preços e de um topo de gôndola gera mais vendas do que a ocorrência de qualquer uma das duas ações separadamente. Este tipo de interação entre instrumentos contribuiu para potenciar os efeitos das ações.

6. Seleção dos prémios e dos brindes

Até ao final dos anos 90, a Matutano realizou mais de 40 promoções de vendas envolvendo brindes colocados no interior das embalagens dos seus aperitivos. A mecânica destas promoções revelava profissionalismo, pois obedecia a dois princípios. Primeiro, os brindes eram originais na forma, nos materiais e no conceito. Em segundo, o seu lançamento foi gerido tal como se se tratasse de um produto. Isto é, previamente à sua colocação no mercado, foram realizados estudos que incluíam testes – entrevistas e reuniões em grupo – junto do mercado-alvo para avaliar a sua perceção sobre o significado e o interesse dos vários brindes alternativos. A própria mensagem a ser comunicada também foi testada.

No evento "Chovem estrelas Whiskas & Pedigree Pal" existiam três prémios possíveis: uma estampa para *t-shirt* da foto do cão ou do gato enviada, uma mantinha digna de uma estrela de 4 patas e um retrato desenhado a carvão baseado na fotografia que era enviada do gato ou cão. A seleção de um prémio ou brinde deve cumprir os seguintes objetivos:

- Ser suficientemente atrativa para o consumidor aderir à ação promocional, mas não demasiado atrativa para o consumidor preterir a marca a favor da promoção.
- Ser compatível com o mercado-alvo. Na compra de dois conjuntos de iogurtes de aromas Nestlé, uma animadora junto ao linear dava ao cliente a possibilidade de escolher entre dois possíveis brindes: um cato ou uma base individual de plástico, com um desenho divertido. O segmento-alvo desta variedade de iogurtes são as crianças, mas os compradores são as mães. A opção da Nestlé foi procurar agradar a ambos.
- O seu valor monetário ou simbólico deve enaltecer a marca ou a empresa. O valor simbólico de um telemóvel há 5 anos era suficiente para o incluir numa lista de prémios de um sorteio, atualmente só como prémio certo ou brinde é aceitável.
- Um prémio ou brinde deve comunicar os valores da marca e expressar os benefícios que delimitam o seu posicionamento. "Whiskas, o preferido pelos gatos e por quem lhes quer bem" e "Com Pedigree Pal, em cada cão, um campeão" são os *claims* que procuram exprimir o posicionamento das respetivas marcas. É fundamental que o cliente perceba que dentro de uma lata de Whiskas e de Pedigree Pal está um produto que foi, e é, objeto de uma permanente investigação. Pretende-se transmitir uma imagem de produtos desenvolvidos por especialistas – veterinários – e recomendados pelos criadores. Os prémios atrás mencionados

estão relacionados com o produto e com a marca, visto que refletem o contributo da Whiskas e da Pedigree Pal no afeto dos donos para com os seus animais de estimação.

7. Promoções cruzadas e cooperação entre marcas

As promoções cruzadas enquadram-se numa estratégia de penetração em segmentos de mercado ainda deficientemente explorados ou de expansão desejada pelas marcas envolvidas. Além disso, verifica-se uma partilha de custos entre as firmas envolvidas.

Mas a cooperação de marcas pode ir além das promoções cruzadas. Ao sortear um dado prémio e ao anunciá-lo em centenas de milhares de embalagens, estamos a efetuar publicidade gráfica de outras marcas. É conveniente tirar partido desta situação através de eventuais vantagens na aquisição desses prémios.

8. Uma boa ideia promocional não chega

A forma mais rápida de matar uma nova marca é fazer uma promoção de um produto inadequada para o mercado-alvo em questão. A promoção de vendas vai acelerar o reconhecimento da má qualidade ou da má-fé na divulgação de benefícios ausentes. Não podemos responsabilizar as promoções de vendas por uma estratégia de *marketing* falhada.

Uma ação promocional bem sucedida é o resultado do esforço e do engenho de uma equipa. Essa equipa pode incluir a participação da agência de publicidade, visto que as suas propostas integram vários meios e instrumentos, dos fornecedores de brindes/prémios e, também, dos retalhistas. A necessidade do envolvimento da distribuição poderá conduzir à realização de promoções cruzadas, mas isso fará parte de um processo negocial mais vasto.

9. Alimentar a relação... *online*

Por vezes é preciso um incentivo para começar. A Montebelo Hoteís e Resort ofereciam 10% de promoção sobre a tarifa *online* para quem se tornasse previamente fã no Facebook.

É um desperdício não continuar a relação com os clientes via *e-mail*, sms e nas redes sociais. Começa logo pelo registo em algumas ações promocionais – concursos/passatempos, colecionismo, cupões, oferta de brindes, por exemplo – poder ser efetuado *online*. E a partir desse momento, desde que se respeite as normas de privacidade, foi estabelecido um canal de comunicação direto marca-cliente. Muitas das ações promocionais são comunicadas *offline* – na embalagem ou publicidade – mas acontecem *online* e com prémios eventualmente virtuais. Mais importante ainda é o envolvimento e participação dos clientes na coprodução e desenvolvimento dessas ações através do recurso aos média sociais – vídeos, texto, fotos, intervenção de *design*, música, etc. Essas iniciativas catapultam e atraem outros potenciais clientes que passam a conhecer, a participar sob convite dos amigos, a poder relacionar-se com a marca e a comprar (ver Capítulo 7). Mas a realidade *online* não é só facilidades. Existe uma dinâmica contínua a manter, se não os fãs/amigos deixam de se interessar. Também existem riscos. A sua dimensão viral alastra até ao infinito iniciativas imaginativas mas igualmente erros que mancham a reputação.

10. Não esquecer as vendas quando se faz uma promoção!
O tema da medição das ações promocionais será desenvolvido no subcapítulo 8.3. No entanto, investir sem averiguar se valeu a pena é sinal de uma má gestão. No final do dia, tem de haver resultados e estes não devem ser apenas sob a forma de acréscimo de vendas, também se devem refletir na rendibilidade. E aí é que é complicado... No caso dos retalhistas, algumas promoções tipo redução de preços servem de chamariz incrementando por arrasto as compras noutros produtos não sujeitos a promoção. E, dessa forma, pode haver um efeito na rendibilidade do negócio global. Em muitos contextos, o que se pretende é simplesmente não perder quota, pois se não fizermos nada em resposta à concorrência perdemos no volume e na faturação. Mas, mesmo neste cenário, ao reagir não temos de necessariamente copiar a tática do vizinho. Se formos mais criativos com uma só, ou com uma combinação de promoção de vendas, conseguimos cumprir mais facilmente os objetivos. Por exemplo, se um concorrente resolve fazer uma agressiva redução de preços, talvez fosse melhor fazer uma *banded pack*, tipo leve 3 pague 2, para uns artigos e para outros artigos ir mais longe com um L2P1. A diferença neste caso também está na forma como se comunica.

Uma segunda grande vantagem em medir e refletir nos resultados e nas condições em que foi implementada a promoção de vendas advém da aprendizagem, humildemente persistente, que evita cometer os mesmos erros. Desta forma, estaremos sempre a aperfeiçoar, pelo menos operacionalmente.

11. As promoções de vendas também podem ser estratégicas
Como vimos neste livro, ser estratégico é produzir um efeito que se prolongue para além do curto prazo (trata-se de uma "quase-definição" simples mas que realça uma característica essencial). Ou seja, um efeito que não seja imediato ou efémero. Se as vendas passarem para um patamar superior do registado

anteriormente de forma sustentável, independentemente da quota de mercado variar, significa que algo de estratégico aconteceu. Existem promoções de vendas particularmente eficazes em reforçar a ligação dos clientes à marca. É o caso do colecionismo e dos programas de fidelização. Um concurso bem concebido, no qual o prémio comunica de forma congruente os valores/atributos diferenciadores da marca, permitindo uma aprendizagem do seu posicionamento pelo cliente, terá um efeito na psicologia e no comportamento do consumidor que perdurará. O mesmo também pode suceder com um brinde. No fundo quase todas os instrumentos de promoções de vendas podem ter uma dimensão estratégica. A sua capacidade em cumprir esse objetivo depende mais da imaginação/criatividade do que do montante investido.

12. Ser ético compensa
O simples facto de justificar uma promoção de vendas com toda a transparência confere mais credibilidade no consumidor. Caso contrário, ao encontrar algo suspeito, como, por exemplo, uma redução de preço num produto em fim de validade, esse facto pode gerar desconfiança no retalhista e na marca por parte do consumidor. Embora com algum atraso em relação ao resto da Europa, já é frequente encontrar-se essa informação adicional em muitas embalagens de algumas cadeias. Na figura 8.2 temos um exemplo observado num pequeno retalhista – o supermercado biológico Mercatu.

Figura 8.2 – Uma promoção com justificação

Em síntese:
- A capacidade de um dado instrumento em cumprir eficientemente um dado objetivo depende de muitos fatores e condições. Não basta fazer um concurso ou uma ação de colecionismo para garantirmos bons resultados. Se o acréscimo nas vendas durante o período de duração da promoção é algo facilmente antecipável, antecipar a capacidade desse investimento em manter no futuro parte desse fluxo extraordinário de clientes é mais complicado. Tal depende da forma como foi concebida e planeada essa ação promocional. Isto é, do nível de conhecimento que os gestores têm do comportamento do consumidor e da resposta desejada, das reações previsíveis dos concorrentes, da definição da natureza do prémio, dos mecanismo da promoção, da comunicação do evento...
- Qualquer que seja a técnica usada, a dimensão extrínseca da oferta promocional em relação à marca constitui algo sempre constante. Uma boa prática seria aproveitar a promoção para enaltecer a marca, para salientar os atributos competitivos da marca. Ou seja, uma ação promocional bem feita deve transmitir ao cliente os valores da marca. A oferta promocional não é, nem deve ser, um valor em si, mas, sim, um veículo que melhore o conhecimento do consumidor sobre os benefícios da marca. Neste âmbito, deixa de fazer sentido a separação entre publicidade, marketing direto, força de vendas ou promoção de vendas. Todas elas atuam em complementaridade para cumprir o mesmo objetivo. O impacte de uma ação promocional é função da forma e extensão como esta é anunciada ao mercado-alvo.
- O Gráfico 8.1 representa o mapa percetual que descreve o posicionamento das várias técnicas de promoção de vendas. Como seria natural, o conhecimento dos fabricantes e da distribuição sobre o funcionamento das promoções de vendas não é totalmente coincidente. Ou seja, existe não um mapa percetual mas, sim, várias representações possíveis. Para simplificar, mostramos apenas uma versão. O eixo designado por "marca" procura expressar o contributo do instrumento promocional para a notoriedade e/ou para a lealdade à marca. O eixo designado por "comportamento do consumidor" refere-se ao efeito direto da promoção sobre o comportamento de compra ao nível da experimentação da marca e/ou da sua substituição. Por último, o eixo "competição" pretende significar o caráter ou a ênfase mais retaliatória e/ou de ataque de um dado instrumento promocional.

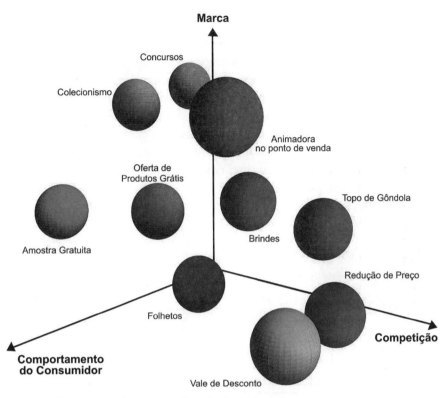

Gráfico 8.1 – Mapa percetual das promoções de vendas dos fabricantes

8.3 – PROCESSO DE DECISÃO

A decisão relativa à execução de um conjunto de ações promocionais surge como um subproduto de um processo mais complexo, que é precedido pela definição dos objetivos e da estratégia da empresa para o ano seguinte. Qualquer que seja o nível de decisão, os objetivos devem ser apresentados de forma priorizada, quantificada na magnitude e no tempo de concretização, realista e consistente. À estratégia cabe a função de indicar como concretizar as metas estabelecidas[2]. No Esquema 8.1 é apresentada a descrição das fases do processo de decisão das promoções de vendas a executar pela empresa. Desde o estabelecimento dos objetivos até ao planeamento, quer a forma quer o conteúdo são moldados e condicionados pelas crenças, pelos pressupostos e pelos valores que comandam o comportamento e o pensamento das pessoas da empresa.

A cultura organizacional é uma matriz subjacente a qualquer postura da empresa. Vejamos o exemplo I (Esquema 8.1). Nos objetivos e nas estratégias destes gestores está implícita a crença da complementaridade entre a publicidade e as promoções de vendas, na capacidade de influenciar não só o comportamento, mas também as atitudes do consumidor relativamente à marca. No exemplo II já é explícita a função essencialmente tática atribuída às promoções de vendas. A ênfase é dada à cobertura geográfica dos pontos de venda, e as promoções de vendas, para além de facilitarem essa tarefa, servem para defender e atacar eventuais incursões dos concorrentes.

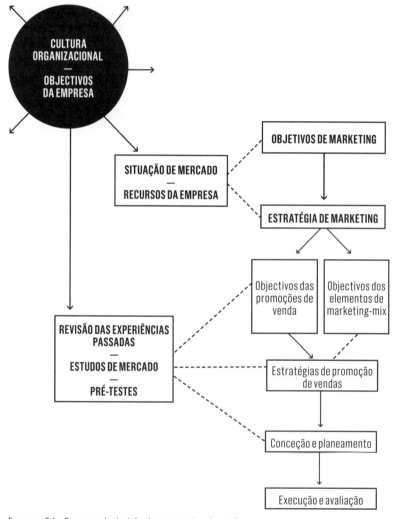

Esquema 8.1 – Processo de decisão das promoções de vendas

Fases	I	II	III
Objetivo de marketing	– Aumentar as vendas em 3%. – Relançar a categoria.	– Reforçar a liderança de 33% para 35% de quota de mercado.	– Alcançar pelo menos 7% de quota de mercado no 1.º ano do lançamento. Obter uma notoriedade/ reconhecimento em 50% do mercado-alvo.
Estratégias de marketing	– Publicidade para anunciar o rejuvenescimento da imagem da marca. – Promoções de vendas para incrementar o envolvimento dos clientes habituais. – Incrementar os fãs nas redes sociais.	– Controlar as despesas de marketing. – Repartir mais e melhor os investimentos pelas diferentes ferramentas de comunicação em função da sua eficiência.	– Preço competitivo (inferior em 5% ao do líder). – Anunciar massivamente o posicionamento. – Conquistar a preferência nos dois segmentos-alvo prioritários.
Objetivos das promoções de vendas	– Aumentar a taxa de utilização (consumo) de 1 kg/mês para 1,05 kg/mês. – Reforçar a lealdade dos consumidores.	– Passar a taxa de cobertura dos pontos de venda de 80% para 85% e melhorar a presença no linear. – Retaliar os ataques ou eventuais tentativas dos concorrentes.	– Acesso às cadeias de hipermercados, se possível sem retirar da linha outra marca da mesma empresa. – Fomentar a experimentação.
Estratégias das promoções de vendas	– Concurso de receitas por votação dos fãs nas melhores propostas dos concorrentes que colocaram fotos e descrição no Facebook. – Colecionismo. – Ações no ponto de venda (oferta de brindes + animadora + topos de gôndola + folheto).	– Canalizar recursos das promoções ao consumo para as promoções comerciais. – Efetuar *banded packs*, vales de desconto e reduções de preço sempre que surjam ameaças de concorrentes. – Manter o calendário de topos de gôndola do ano anterior.	– Amostras gratuitas em revistas e no ponto de venda. – *Banded packs* com as marcas locomotivas da empresa. – Topos de gôndola + animadora + oferta de brindes. – Promoções comerciais para destaque de linear.

Quadro 8. 2 – Exemplos das fases do processo de decisão

Outro aspeto relevante neste processo diz respeito à análise prévia da situação do mercado. Foi a constatação da quebra no desempenho comercial, quer da marca, quer da categoria, na sequência do estudo do comportamento dos consumidores que levou os gestores a ter de relançar a marca no exemplo I. Para os gestores da marca ilustrada no exemplo II é a observação dos movimentos dos concorrentes a principal preocupação. No exemplo III, a revisão de experiências passadas do lançamento de novas marcas, ou extensões de linha, revelou o papel fundamental da experimentação no processo de adoção da marca. Assim se explica a atenção que é dada ao nível da escolha das técnicas de promoções de vendas mais adequadas para cumprir tal objetivo.

8.4 – PLANEAMENTO DAS AÇÕES

O termo "planeamento" sugere um certo formalismo nos procedimentos a desenvolver. No entanto, neste livro o termo apenas pretende significar uma fase prévia de execução da estratégia, que consiste no estabelecimento das condições para que essa ação seja bem sucedida (ver Caixa 8.1).

Caixa 8.1 **Problemas operacionais legais e éticos**

Os casos de insucesso nas promoções de vendas para uma dada marca não são de todo invulgares. Um impacte inferior às expectativas, um erro de cálculo ou de conceção e de planeamento ou até o próprio produto. Simplesmente, as promoções de vendas ou as marcas mal sucedidas são esquecidas. Aqui relembramos quatro situações que, pelo seu interesse pedagógico, vale a pena analisar.

1. Não basta ser original
A ação de colecionismo consistia no envio de comprovativos de compra de um produto da marca Dodot, mais um conjunto de dados pessoais. O prémio era um livro de histórias cujos nomes das personagens, as idades e as localidades eram substituídos conforme os dados pessoais da criança que participava. O problema surgiu na falta de cuidado na tradução do castelhano para o português. Entre outras falhas, os nomes perderam os acentos e as frases estavam mal construídas. A "história" passaria despercebida se não fossem as reclamações de alguns pais fazerem eco no *Diário de Notícias* de 26/08/96.

Tratava-se de um prémio personalizado e prestigiante para a marca, uma oportunidade de fidelizar os clientes e conquistar novos. Mas descuidos deste tipo provavelmente afetaram o alcance previsto da ação promocional.

2. Só as promoções de vendas não chegam para fazer "milagres"

Marcilla é uma marca de café expresso de consumo no lar e comercializado em Espanha pela Douwe Egberts. A firma holandesa decidiu introduzir este produto no mercado português. A campanha de lançamento consistiu em ações promocionais que privilegiaram o ponto de venda. Durante quase dois meses fizeram-se topos de gôndola com a presença de promotoras a oferecer uma embalagem dentro de uma lata decorada com figuras alusivas à marca. Os primeiros *sell-out* dos lotes provenientes de Espanha foram "enormes". Passados oito meses foi executada uma segunda ação promocional, mas os resultados foram dececionantes. Quatro meses depois a Marcilla foi retirada do mercado português. O problema não se encontrava na marca, no produto e muito menos nas promoções de vendas. O erro foi não terem realizado em Portugal um estudo para avaliar a aceitação em termos gustativos/organoléticos e de aroma do produto apreciado em Espanha. Se os consumidores não apreciarem o produto, o marketing e as promoções de vendas não fazem "milagres".

3. Vítimas do êxito

No Reino Unido, no primeiro trimestre de 1993 a marca Hoover oferecia "gratuitamente" duas viagens para o EUA desde que os consumidores adquirissem mais de £100 em produtos daquela marca. Se o valor despendido fosse superior a £300 o prémio era acrescido de alojamento e aluguer de automóvel. A ideia era aproveitar os saldos da época baixa oferecidos pelas companhias de transporte aéreo nos horários de voos regulares, menos procurados. Tudo teria corrido bem se o número de participantes neste superbrinde fosse igual ou inferior ao número de lugares de voo disponíveis naquelas condições. O problema surgiu quando os mais de 200 mil aderentes reclamaram o seu prémio e protestavam pela demora na sua devolução. O tal limite de lugares a bom preço já há muito tinha sido ultrapassado. Para evitar mais transtornos, para além da publicidade negativa e da insatisfação dos clientes, os responsáveis da Hoover tiveram de afetar a este programa mais de 20 milhões de libras. Aos gestores que planearam este programa promocional foi oferecida uma viagem para o fim do mundo, mas sem retorno!... para premiar tal nível de ingenuidade.

4. A culpa foi toda da impressora gráfica

Nas Filipinas, um sorteio do género da Tampomania previa um número dourado no valor de 1 milhão de pesos (cerca de 40 mil dólares americanos). Acontece que em vez de uma carica com o número 349 apareceram dezenas, centenas... cerca de 800.000. A Pepsico tentou convencer os premiados a compensá-los com um prémio mais modesto, mas qualquer que fosse a decisão a imagem da Pepsi sairia irremediavelmente afetada. E de facto foi! Mais de 22.000 pessoas processaram a PFI por danos e 5.200 apresentaram queixas por fraude. A revolta manifestou-se também por ataques e destruição dos camiões distribuidores. Os responsáveis locais foram confrontados com atos violentos. Do orçamento original de 2 milhões de dólares, a campanha local já tinha ultrapassado os 10 milhões de dólares em prémios e multas. Um preço demasiado alto para um acréscimo nas vendas de 40% como resultado desta Tampomania. Este fiasco mostra que a produção de promoções de vendas é um processo que deve ser sempre muito bem controlado em todas as suas fases.

8.4.1. – CONCEÇÃO DOS EVENTOS

O impacte de uma ação melhora substancialmente quando se cria um tema, um mote que enquadre e "legitime" a ação promocional (e de marketing). O aniversário do lançamento de uma nova marca é sempre um pretexto interessante para oferecer um bónus aos clientes.

Numa dada fase as cadeias de hipermercados aproveitavam a ocasião da abertura da loja para programar concursos. Os dias comemorativos, épocas festivas e acontecimentos desportivos podem, e devem, ser aproveitados para dar sentido e lógica a uma ação de marketing (promoção de vendas e publicidade).

A eficiência de uma ação promocional depende não só da técnica utilizada, mas essencialmente do número e da combinação de técnicas de promoção de vendas consideradas. Verifica-se que a interação entre técnicas de promoção de vendas conduz, na generalidade das situações, a sinergias[3]. Isto é, um brinde *on pack* isoladamente não gera um acréscimo significativo (sob o ponto de vista estatístico) das vendas, mas se coincidir temporalmente com a ocorrência, por exemplo, de publicidade (na televisão ou na imprensa) ou da emissão de um folheto do hipermercado, os efeitos nas vendas já são importantes. Situação idêntica sucede com os descontos. Quando o retalhista, ou o fabricante, fazem descer o preço na etiqueta junto à prateleira para valores iguais ou superiores a 10% do preço inicial, ou quando o primeiro algarismo do preço registado é reduzido uma unidade – por exemplo, passar de 418€ para 395€ –, os resultados nas vendas são quase sempre nulos. Mas quando simultaneamente a esse desconto ocorre um topo de gôndola, publicidade ou oferta de brindes, a resposta nas vendas já é notória.

8.4.2. – GERAÇÃO DE IDEIAS, ANÁLISE E SELEÇÃO DE ALTERNATIVAS

À semelhança de um novo produto, a conceção de um evento de marketing com base em promoções de vendas depende das ideias... das boas ideias. Primeiro, em função do objetivo em vista, convém escolher as várias técnicas que são suscetíveis de o cumprirem; para tal, basta escolher as várias possibilidades expressas, por exemplo, no Quadro 8.1, que melhor se coadunam com os objetivos mais consentâneos para cada técnica.

A geração de ideias pode ser obtida recorrendo a várias fontes[4]:
- A força de vendas está em contacto frequente com clientes e/ou retalhistas podendo obter desse modo muita informação e novidades sobre as práticas dos concorrentes e as reações dos consumidores.
- Firmas de consultoria ou agências de publicidade. Quando a experiência dos gestores da empresa na área das promoções de vendas ainda é restrita, uma possível solução passa por recorrer à experiência e à sabedoria de terceiros.
- Estudos e pesquisas. Grupos de discussão e entrevistas profundas com consumidores, com a força de vendas e até com retalhistas são procedimentos de investigação usados. Um dos métodos que funcionam para obter ideias criativas sobre prémios, brindes e concursos é o *brainstorming*.
- Firmas fornecedoras de brindes. Quando existe uma relação de marketing com as firmas fornecedoras de brindes, isto é, baseada em confiança e interesse recíprocos e orientada para o longo prazo, são essas próprias firmas que sugerem ideias e propõem novas soluções.

Depois de estabelecidos pelo menos dois programas alternativos, segue-se a sua análise[5]. O principal critério de escolha é o julgamento pessoal do gestor ao confrontar o nível de consistência entre cada programa de ação com a estratégia e o cumprimento dos objetivos promocionais. Esse julgamento, por definição subjetivo, fundamenta-se na avaliação de ações já ocorridas no passado. Outros critérios que permitem proceder à seleção são proporcionados por testes e pesquisas prévias e pelos modelos de decisão. As reuniões em grupo, envolvendo consumidores com um perfil adequado constituem uma das vias mais usadas nas empresas que efetuam testes às promoções de vendas. Os testes de mercado que envolvem uma experimentação de alcance restrito efetuada no mercado são ainda uma opção rara no nosso país. Os modelos estatísticos que podem incorporar variáveis que refletem as opções subjetivas do gestor e permitem determinar a efetividade das várias alternativas serão vistos mais tarde.

8.4.3. – ORÇAMENTAÇÃO E CALENDARIZAÇÃO

O montante total que uma marca pode dispor num dado ano fiscal é negociado internamente entre os gestores com vários níveis de responsabilidade vertical. Os métodos para a definição do orçamento são geralmente os seguintes[6]:

- **Percentagem das vendas.** Esta modalidade indexa as despesas em promoção de vendas ao desempenho histórico da marca ou linha de produtos. Este método é fácil de determinar e de comunicar, sendo particularmente interessante para as marcas que não necessitam de ser "reanimadas" e a seguir a anos com bons resultados. Caso contrário, já não funciona tão bem.
- **Paridade competitiva.** Em vez de se reportar aos valores que a própria marca despendeu no passado, baseia-se nas despesas dos concorrentes para as mesmas rubricas. Esta opção *me-too* funciona apenas quando não só a posição da marca no mercado mas também as características internas das empresas se aproximam.
- **Variação anual.** Consoante as determinantes ambientais do negócio – custos dos fatores (e dos suportes de publicidade, por exemplo), intensidade competitiva, legislação e inflação –, assim é fixado o acréscimo, ou decréscimo, da despesa em relação ao ano anterior.
- **Priorizam-se** os programas e as ações, calculam-se os custos e adicionam-se cumulativamente em função da sua importância para atingir os objetivos. O orçamento determinado desta forma é negociado internamente excluindo, ou incluindo, novas ações.

Nenhum destes métodos é o ideal nem esta lista pretende ser exaustiva. Na prática, o importante é existir uma boa articulação de esforços e de ações no domínio do marketing. Uma vez definido o que se pode gastar, é necessário determinar-se como e onde se vão consumir esses fundos. Um resumo das atividades necessárias para concretizar o plano promocional permite indiretamente formar uma ideia das rubricas que constituem a folha de custos a ter em consideração. As atividades envolvidas no plano de um concurso, de colecionismo e de um brinde são apresentadas nos Esquemas 8.2 a 8.4.

Os investimentos no ponto de venda e as ações de cooperação com a distribuição constituem uma rubrica não negligenciável do orçamento dos fabricantes. Tais investimentos incluem os topos de gôndola, a animadora, a participação em folhetos e concursos das cadeias de hipermercados. Da mesma forma, as reduções de preço, os descontos e os vales também devem ser

- Escolha dos prémios: tipo, quantidade, montante – determinam o número de premiados e distribuição por cada tipo de prémio.
- Definir o método ou a regra de seleção dos premiados. Se for probabilístico, ter em atenção que o processo de extração e distribuição pode influenciar o número de prémios.
- Envolvimento de patrocinadores. Negociar a participação dos fornecedores dos prémios.
- Condições de elegibilidade. Por prova de compra, respostas criativas ou de conhecimento.

- Conceção do tema do concurso e do conteúdo da mensagem para divulgar o acontecimento.
- Determinar o momento da realização e sua duração.
- Incluir ou não prémios/brindes imediatos, para motivar e acelerar a participação dos consumidores.
- Redigir o regulamento do sorteio.
- Planear a realização do sorteio com as autoridades – Governo Civíl.
- Anunciar/publicitar os premiados.
- Enviar uma mensagem a todos os participantes e, em muitos casos, pode justificar-se a oferta de uma gratificação virtual, sob a forma de acesso a sites de informação, de um jogo, vídeo, etc.
- Construir uma base com os dados dos participantes.
- Se possível, disponibilizar uma linha telefónica específica de atendimento (verde ou azul) ao cliente para a promoção.

Esquema 8.2 – Resumo das atividades envolvidas no planeamento de concursos e de brindes

- Definir à partida os segmentos-alvo desta ação promocional.
- Escolher os fornecedores e os prémios. Se os brindes forem fabricados à base de plástico, têm de ser certificados, especialmente se se destinam a produtos alimentares ou em contato com eles.
- Negociar com os fornecedores dos prémios uma cooperação, por exemplo, oferecer como contrapartida publicidade gráfica nas embalagens.
- Proceder a testes para aferir do grau de aceitação e do impacte previsível dos prémios em reuniões de grupo com elementos do(s) segmento(s)-alvo.
- Estabelecer a quantidade e a forma da prova de compra. Cromos com figuras desenhadas (para um "público" mais jovem) ou simplesmente o recorte do código de barras. No primeiro caso é necessário estudar as combinações e a sua probabilidade. Se for exigida uma grande quantidade de provas de compra ou forem colocadas várias alternativas na opção por diferentes prémios, a solução passa por facilitar uma caderneta ou impressos para colar as provas de compra. Assegurar e controlar os *stocks*.

- Escolher o suporte ou suportes de divulgação desta promoção de vendas. Publicidade gráfica na embalagem e/ou folhetos, imprensa.
- Optar pela oferta ou pela autoliquidação. No último caso, terá de se calcular um valor aceitável, que será um compromisso entre o custo e a perceção do consumidor do valor do "prémio", mas também das alternativas que ele dispõe para obter objetos equiparáveis no mercado. A probabilidade de êxito aumenta se forem objetos exclusivos e atrativos com um custo de reembolso aceitável. Mesmo nos prémios gratuitos, é prática pedir a participação nas despesas de envio.
- Local ou modalidade de entrega do prémio. O local para levantar o prémio é igualmente uma oportunidade de cooperação com outra empresa interessada em captar tráfego para o seu negócio. Para a nossa empresa promotora, tal cooperação permite-lhe reduzir os custos, especialmente se não forem prémios autoliquidáveis.
- Determinar o período de duração do evento e os prazos de envio.
- Redigir o regulamento (considerar a hipótese de seguro).
- Definir uma estratégia para reduzir a taxa de frustração e encontrar uma forma de compensar os participantes retardatários sem condições de receber os prémios porque o número previsto foi ultrapassado.
- Construir uma base com os dados dos participantes.
- Se possível, disponibilizar uma linha telefónica de atendimento ao cliente específica para a promoção.

Esquema 8.3 – Resumo das atividades envolvidas no planeamento de colecionismo

- Prospeção de fornecedores e escolha do brinde. À semelhança dos prémios do colecionismo, os brindes devem ter marca UE como garantia de certificação para a União Europeia. Além disso, devem cumprir a legislação nacional referente às normas de utilização (traduzidas para português) e à idade recomendada.
- Oferta de um ou vários brindes diferentes. A escolha tem de obedecer aos critérios já anteriormente revistos.
- Efetuar testes junto dos segmentos visados, para avaliar o impacte de diferentes alternativas de brindes.
- Design — adaptação ou alteração — da embalagem que funciona como suporte comunicacional desta ação promocional.
- Divulgar a ação promocional. Além da embalagem, a publicidade é outro meio para anunciar a oferta de brindes pela marca.

- Programar e controlar as operações de aprovisionamento de matérias-primas e produção, para corresponder sem ruturas, a eventuais aumentos de encomendas.
- Ter a garantia e dispor de um adequado *stock* de brindes, para cumprir com as expectativas formadas e satisfazer o acréscimo da procura da marca. Geralmente, a duração desta promoção de vendas é determinada pelo nível de *stocks* de brinde disponível.
- A entrega do brinde pode ser feita no ponto de venda: brindes dentro e fora da embalagem ou oferecidos pela promotora, por vezes sob condição da compra de uma certa quantidade ou combinação de embalagens da mesma ou de diferentes marcas mas pertencentes ao mesmo fornecedor. O brinde também pode ser enviado pelo correio, desde que o pedido seja acompanhado por uma prova de compra.
- À semelhança do colecionismo, é necessário avisar previamente os responsáveis do espaço de venda e informá-los do tipo de brinde e da duração aproximada da oferta.
- Tal como pode suceder com os concursos e o colecionismo, a participação de agências ou de consultores a nível da conceção criativa no cumprimento de algumas destas atividades terá de ser contabilizada.

Esquema 8.4 – Resumo das atividades envolvidas no planeamento da oferta de um brinde

contabilizados, pois são valores que deixam de se receber. Não esquecer também a realização de eventos promocionais associados ao cartão de fidelização do distribuidor em que, dependendo do tipo de ação, os prémios são canalizados para o cartão podendo posteriormente ser descontados no momento das transações futuras.

A última fase do planeamento consiste na repartição das ações promocionais ao longo do ano. Trata-se de organizar e de coordenar no tempo as ações entre as várias marcas, de acordo com as épocas do ano que determinam eventuais variações na procura. Nas negociações com a distribuição a empresa já tem de levar um calendário de ações em conjugação com o montante a investir. No entanto, qualquer que seja o calendário predefinido, existe sempre alguma margem de manobra para o alterar ou adaptar. Por exemplo, algumas cadeias, a pedido do fabricante, permitem substituir as marcas previstas para os topos de gôndola. Efetuar mais topos de gôndola também é possível, desde que os haja disponíveis. Deve-se referir que este tipo de investimentos no ponto de venda é visto, essencialmente, como uma obrigação contratual. De acordo com os fabricantes e representantes das marcas é muito discutível que o seu retorno seja compensador. A colocação de animadora no ponto de venda pode ser feita com pré-aviso, com a condição de não estar prevista uma ação semelhante de outra marca concorrente.

Tal como em qualquer investimento, o gestor espera um retorno, isto é, um benefício. As dimensões que o benefício resultante de um investimento de marketing em promoções de vendas pode assumir são as seguintes:

- O acréscimo de vendas foi suficiente para compensar a redução de margem derivada da dedução dos custos unitários implicados na ação promocional, obtendo-se um resultado líquido positivo.
- Contributo para melhorar o reconhecimento e a notoriedade da marca, produzindo um efeito positivo na formação de uma atitude favorável do consumidor em relação à marca. Terá efeitos a prazo como antídoto à persuasão de outras marcas, contribuindo para resistir a ataques.
- Obstáculo à expansão das marcas concorrentes, possibilitando a defesa da sua posição no mercado. Evita-se eventuais "estragos" ou prejuízos mais graves.
- Quando as sucessivas ações dos concorrentes geram um acumular de *stocks* de produto final. Uma ação tipo LxPy cumpre não só a função de resolver rapidamente o problema da ocupação dos armazéns na fábrica como também serve para retaliar.

Em resumo, os "benefícios" podem fazer-se sentir no curto prazo, manifestar-se no longo prazo, ou ambas as situações. Não é necessariamente uma obtenção favorável de resultados (em termos financeiros) a principal razão de um investimento de marketing em promoções de vendas. Em muitas ações de marketing a rendibilidade nem é sequer equacionada no momento da decisão, porque é difícil antever o alcance no longo prazo e/ou porque a ação tem de ser feita motivada por pressões da concorrência ou da distribuição, ou ainda, do "calendário", independentemente de ser, ou não, rendível.

O Esquema 8.5 resume os determinantes da rendibilidade de uma ação de marketing em promoções de vendas numa ótica financeira.

Convém referir o significado dos custos de disfuncionamento. Se o distribuidor não informa o fabricante do momento no qual a encomenda em que vigorava uma redução de preços foi completamente vendida, ou se o fabricante está menos atento, as encomendas seguintes continuam a ser vendidas a preços abaixo do normal. As notas de débito deixam de estar atualizadas, com prejuízo para o fabricante.

CUSTOS	BENEFÍCIOS
1. DESPESAS DAS ATIVIDADES ENVOLVIDAS – concursos – colecionismo – brindes 2. VALOR DOS PRÉMIOS, BRINDES E PRODUTOS/MARCAS OFERECIDOS 3. DEDUÇÃO NA MARGEM – redução de preços – desconto – vales de desconto 4. DESPESAS DAS AÇÕES NO PONTO DE VENDA E COMO DISTRIBUIÇÃO – promotora – topos de gôndola – destaques de linear – folhetos 5. REFERENCIAMENTO DE NOVAS MARCAS 6. CONTRAPARTIDAS CONTRATUAIS EXIGIDAS PELA DISTRIBUIÇÃO SOB A FORMA DE AÇÕES PROMOCIONAIS	MARGEM X QUANTIDADE VENDIDA (ACRÉSCIMO NO VOLUME DE FATURAÇÃO)
	RENTABILIDADE $$\frac{\text{BENEFÍCIOS}}{\text{CUSTOS}} \geq 1$$

Esquema 8.5 – Fatores da rendibilidade de um investimento de marketing em promoções de vendas

8.4.4. – EXECUÇÃO E AVALIAÇÃO

O Esquema 8.5 mostra-nos o efeito das promoções de vendas num contexto estático, tal como é possível obter numa ótica de análise financeira. Numa perspetiva dinâmica, interessa observar o comportamento-padrão de uma marca antes, durante e depois de uma promoção de vendas. A evolução do volume de vendas (quantidade vendida) compreende quatro fases ou, eventualmente, cinco (ver Gráfico 8.2).

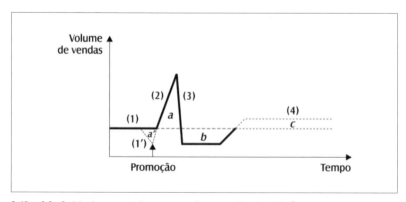

Gráfico 8.2 – Padrão de resposta de uma marca às promoções de vendas[7]

(1) Linha de base. O volume de vendas normal, isto é, as vendas sem a ocorrência de ações de marketing, é calculado através do recurso a métodos estatísticos que permitem isolar o impacte das ações promocionais dos efeitos "naturais" da sazonalidade e da variação estável da procura (fase de crescimento do ciclo de vida, por exemplo). A aplicação de tais metodologias baseia-se na consideração prévia de suposições e de hipóteses sobre o comportamento das vendas[8].

(1') Esta curta quebra de vendas, a anteceder o momento da ação promocional, ocorre apenas quando os consumidores anteveem o aparecimento desta promoção de vendas. Por isso, protelam o momento de compra para o fazer coincidir com o período promocional. Tal cenário, embora possível, é atualmente pouco frequente.

(2) *Boom* de vendas influenciado pela promoção de vendas.

(3) Verifica-se uma quebra nas vendas no pós-promoção. A duração deste período depende da taxa de consumo e da extensão dos *stocks* nos consumidores.

(4) Recuperação ou normalização das vendas. Aqui, o nível pode ser igual, ou superior, à linha de base. Na última hipótese, o impacte da ação promocional prolonga-se no tempo.

De acordo com este padrão de resposta às promoções de vendas o resultado desta ação de marketing pode ser calculado graficamente com base nas áreas:

$$\text{Resultado} = (a \times m + c \times m') - (b + a') \times m'$$

em que:

m' = margem normal (preço efetivo – custos unitários).

m = margem em promoção de vendas.

(Custos unitários adicionados pelas despesas de promoção por unidade de produto vendido durante a promoção de vendas.)

a, a', b e c são as áreas das figuras geométricas cujos limites são as linhas representadas (o limite de c pode ser definido pelo período de extensão igual ao de b).

Embora útil e pedagógico, este modelo é uma simplificação da realidade (aliás, como todos os modelos), visto que ilustra apenas uma marca. A modelização, num cenário real, do impacte das ações de marketing na quota de vendas de uma marca revelou que os mecanismos não são tão lineares[3]. Tratou-se da análise da interação de 15 marcas, pertencentes a uma categoria alimentar, competindo pelo mesmo segmento de mercado. A análise realizou-se a partir de dados *scanner* de uma loja pertencente a uma cadeia de hipermercados. A quota de vendas da marca *i* (QVi) é o quociente entre o volume de vendas dessa marca pelo volume total das vendas da categoria, ambos no mesmo espaço comercial.

O Quadro 8.3 sintetiza as diferentes situações em termos da variação da quota de vendas da marca *i* na sequência de uma dada ação de marketing (promoções de vendas e publicidade) quer da marca *i* quer das concorrentes.

	QVi	Comentários
Ações de marketing da própria marca	⇧	a) A quota de vendas da marca i aumenta. Ou seja, as vendas da marca crescem mais do que proporcionalmente que as vendas da categoria.
	≈	b) A quota de vendas da marca i não sofre alterações. As vendas da marca cresceram na mesma proporção que as vendas da categoria.
	⇩	c) Assiste-se a uma expansão nas vendas do conjunto das marcas da categoria num nível superior ao da marca i.
Ações de marketing das marcas concorrentes	≈ ⇩	d) Situação esperada. Uma promoção de vendas na marca concorrente afeta as vendas da marca i.
	⇧	e) As vendas da marca i crescem também como resultado de uma ação de marketing de uma marca concorrente.

Quadro 8.3 – Efeitos possíveis das ações de marketing na quota de vendas de uma marca

A situação *a*) foi a dominante. Em 2/3 das ações as vendas da própria marca cresceram mais do que as vendas das marcas concorrentes todas juntas. Apesar de a situação *d*) ser a mais esperada, só em aproximadamente 1/4 das ações dos concorrentes é que se verificou tal comportamento nas vendas. Isto é, curiosamente, as ações promocionais e de publicidade dos concorrentes também favorecem a marca *i*. As explicações para estas situações foram as seguintes:
- O ciclo de vida desta categoria de produtos corresponde à fase de crescimento. Assim, uma dada ação de marketing que contribua para o destaque de uma marca expõe indiretamente a categoria inteira. Um topo de gôndola, um folheto de hipermercado ou a publicidade executados em marcas concorrentes não só promovem o "apetite" do mercado pela marca visada, como, involuntariamente, favorecem outras marcas concorrentes.

- O escalonamento e o sequenciamento das ações são outro fator determinante do desempenho das marcas[9]. Se no dia x a marca i efetuar uma promoção de vendas, e no dia $x + y$ outra marca efetuar outra promoção de vendas, o impacte da ação promocional sob esta última é de certeza inferior ao impacte da segunda ação realizada pela primeira. Durante o intervalo de y dias, os clientes que compraram a marca i, se não aumentarem a dose diária de consumo, ainda dispõem de *stock* dessa marca, por isso, por mais aliciantes que sejam as promoções de vendas da marca concorrente, os clientes já "stockados" com a marca i não estão suscetíveis ao incentivo à compra. Em determinadas épocas do ano observam-se, na mesma categoria, mais de uma dúzia de ações de marketing por mês entre as várias marcas. Tal **concentração e intensidade** de investimento promocional limitam e diluem os eventuais efeitos.
- A **natureza das promoções de vendas** influencia o sentido da variação da quota de vendas (QVi). Para a mesma marca a oferta de um brinde gera respostas diferentes. Tal comportamento deriva não só da natureza do brinde (uns são mais atrativos do que outros) mas também da conjuntura competitiva. Por outro lado, verifica-se que, pelo facto de uma dada promoção de vendas afetar as vendas de uma marca concorrente, a utilização dessa técnica, agora na marca concorrente atingida antes, pode não ter qualquer efeito na primeira. Um topo de gôndola na marca i afeta as vendas da marca j. Mas um topo de gôndola realizado pela marca j pode não produzir efeitos sobre as vendas da sua concorrente marca i. A isto designa-se assimetria competitiva[10]. Temos assim que a capacidade de uma técnica de promoções de vendas em produzir resultados na própria marca, ou em afetar a marca concorrente, depende não apenas dessa técnica em si mas também da **"natureza" da marca** em causa. Isto é, a sua quota de mercado, momento e ordem de introdução e posicionamento.
- Os acontecimentos de marketing de iniciativa do retalhista condicionam os efeitos das promoções de vendas de cada marca. Por um lado, a **concorrência entre lojas** faz com que o desempenho de uma marca dependa também da capacidade da loja em atrair mais, ou menos, tráfego. Descontos especiais nas chamadas marcas chamariz arrastam consigo uma procura excecional de outras categorias, independentemente, muitas vezes, de serem, ou não, objeto de promoções de vendas durante esse período. Por outro lado, as marcas cujas promoções de vendas coincidem temporalmente ou se associam a festas, sorteios e eventos das lojas dos hipermercados acabam por beneficiar de forma acrescida desses acontecimentos.

- Por último, não existe concorrência apenas entre marcas, quer sejam produtos ou lojas. Também existe **concorrência entre categorias**. No nosso pequeno-almoço podemos consumir tanto cereais, café ou chocolate no leite, como podemos, em vez do leite, optar pelo iogurte ou pelo sumo. A canibalização intercategoria não é de negligenciar[11].

Tudo isto ocorre a nível de uma loja. Porém, o resultado final para o desempenho da marca é o somatório dos efeitos, num dado momento, em todos os pontos de venda onde se encontra a marca.

Nada melhor do que um exemplo concreto e real para ilustrar, pelo menos em alguns aspetos, a complexidade das interações. O quadro e os gráficos seguintes representam a evolução mensal das quantidades vendidas num hipermercado da totalidade das marcas pertencentes a uma categoria de produtos alimentares. Trata-se de uma categoria em fase de maturidade, de bens de compra não obrigatória e com uma taxa mínima de fidelidade à marca, que exibe alguma sazonalidade com acréscimos na procura em particular nas épocas festivas. Durante o período em análise não se verificou investimento em publicidade, alteração no *design* das embalagens ou qualquer outro tipo de comunicação institucional. As quatro marcas presentes no espaço de venda durante os dezasseis meses efetuaram vinte e uma ações promocionais – nove descontos, quatro *banded packs*, três folhetos e topos de gôndola e um destaque de linear. A análise da evolução das vendas revela-nos os seguintes aspetos:
- As promoções de vendas representam um forte estímulo à procura desta categoria, realçando o caráter algo impulsivo da decisão "instantânea" do comportamento de compra. Em média, o volume total de unidades vendidas duplica em relação ao período sem promoções de vendas. As promoções de vendas atuam ao nível do incremento do consumo, especialmente durante as épocas festivas e pela aceleração da compra. Este último mecanismo inclui a antecipação do momento de compra e a aquisição de um volume superior ao normal. Se a taxa de consumo não sofrer alterações, o cliente armazena a mercadoria em casa e no período seguinte não compra, ou compra menos. Tal facto reflete-se na evolução irregular das vendas da categoria expressas no Gráfico 8.3 pelas subidas e pelas quebras de mês para mês na sequência das ações promocionais.
- A substituição de marcas é incentivada pelas promoções de vendas. A marca 1 é líder nas vendas da loja durante seis momentos, seguida da marca 2, que é líder em cinco dos dezasseis meses. Mas, a marca 3

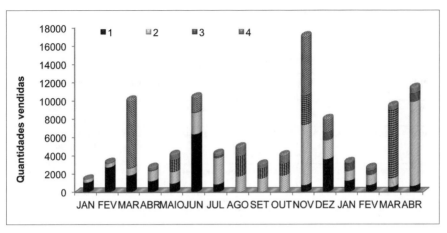

Gráfico 8.3 – Evolução das vendas da categoria

consegue conquistar a liderança por três vezes na sequência de dois *banded packs* e um destaque de linear. A marca 4 rouba a posição de líder às restantes durante dois momentos. No primeiro, consegue atingir 74% na quota de vendas da loja graças a um *banded pack* e no segundo alcança uma pequena vantagem de 0,4 pontos percentuais sobre a marca 2 (ver Quadro 8.5). O Gráfico 8.4 apresenta a evolução da repartição percentual diária das vendas durante um mês. É evidente a proporção do volume total das vendas da categoria que a marca 3 conseguiu obter, logo a partir do dia 9, quando uma promoção de vendas foi executada. Em contrapartida, logo que essa ação promocional terminou – depois do dia 19 – a sua influência nas vendas da categoria quase desapareceu.

- O desconto, tal como seria de esperar, foi a técnica mais frequentemente utilizada. Mas, aparentemente, não foi a mais efetiva, pois, quando em simultâneo, outras marcas recorriam a um destaque de linear, a topos de gôndola ou a *banded pack* os seus resultados em vendas eram bem superiores.
- O impacte das promoções de vendas é bem visível através dos sucessivos picos que as várias linhas, por vezes, exibem no Gráfico 8.5. As vendas da marca 4 cresceram e foram multiplicadas por trinta e cinco graças a um *banded pack* tipo "leve 2, pague 1". A marca 3 cresceu no ponto de venda nove vezes em maio, e treze vezes em março do ano seguinte, em relação às vendas do mês anterior, também por efeito da mesma técnica de promoção de vendas. Outras variações "espetaculares" atribuídas às restantes técnicas de promoções de vendas podem ser constatadas no Quadro 8.4 e visualizadas no Gráfico 8.6.

PROMOÇÃO DE VENDAS E COMUNICAÇÃO DE PREÇOS

Mês	Quota de vendas % marca 1	% marca 2	% marca 3	% marca 4	Total	Variação relativa ao mês anterior Var. 1	Var. 2	Var. 3	Var. 4	Acções Promocionais
Jan.	67,6	21,5	0,4	10,5	100%					
Fev.	80,5	12,2	1,0	6,2	100%	160,3	24,7	483,3	28,2	(1) Desconto de 10%
Mar.	18,1	7,4	0,8	73,6	100%	-32,0	83,6	140,0	3500,5	(4) *Banded pack* – leve 2 pague 1
Abr.	41,9	38,5	4,5	15,1	100%	-35,5	44,5	52,4	-94,3	(1) Topo de gôndola; (2) Desconto de 15%
Maio	21,9	29,6	31,6	17,0	100%	-22,2	14,6	949,2	67,3	(2) Desconto de 15%; (3) *Banded pack* – leve 2 pague 1
Jun.	60,0	21,9	1,2	16,9	100%	580,9	83,9	-90,8	146,6	(1) *Banded pack* – leve 2 pague 1; (2) Desconto de 15%
Jul.	19,0	65,8	5,5	9,6	100%	-86,9	24,2	95,1	-76,3	
Ago.	0,0	33,7	44,2	22,1	100%	-100,0	-40,6	832,1	165,3	(3) Destaque de linear; (4) Desconto de 10%
Set.	0,0	46,1	35,7	18,3	100%	—	-14,0	-49,2	-47,9	
Out.	0,0	42,6	31,4	26,0	100%	—	21,9	16,2	87,5	
Nov.	4,4	38,0	19,3	38,4	100%	—	265,7	150,9	505,5	Feira – 20% de desconto; (2) Topo + Folheto; (4) Desconto adicional de 15% + Folheto
Dez.	44,1	25,2	11,3	19,4	100%	377,0	-68,7	-72,2	-76,1	(1) Folheto
Jan.	35,5	30,2	26,2	8,2	100%	-66,1	-49,5	-2,5	-82,2	
Fev.	26,5	39,0	18,5	16,0	100%	-38,8	5,6	-42,1	59,8	
Mar.	5,7	9,5	78,6	6,2	100%	-26,7	-16,5	1352,0	32,7	(3) *Banded pack* – leve 2 pague 1
Abr.	5,6	79,9	8,2	6,4	100%	18,5	910,5	-87,4	23,3	(2) Topo de gôndola
Média	41,4	34,1	20,3	23,7						

Quadro 8.4 – As promoções de vendas e a variação no volume de vendas

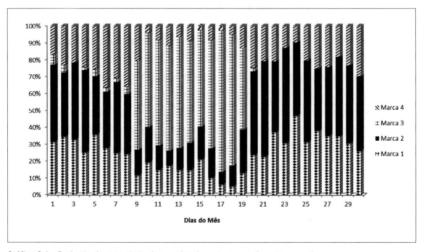

Gráfico 8.4 – Evolução da repartição das vendas de cada marca durante um mês

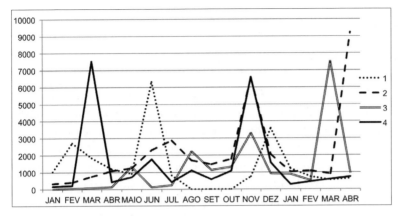
Gráfico 8.5 – Evolução das vendas por marca

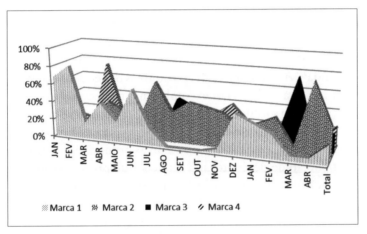
Gráfico 8.6 – Evolução das vendas de cada marca

- Um fenómeno atrás assinalado é igualmente observável neste exemplo. Durante o mês de março da primeira série, a marca 4 foi objeto de uma promoção de vendas do tipo "leve 2, pague 1". As vendas da categoria triplicaram em relação ao que foi registado no mês anterior, tendo a marca 4 contribuído com mais de 74% para esse valor. No entanto, no mês seguinte assistiu-se a uma quebra importante, quer no volume de vendas da categoria – cerca de quatro vezes menos –, quer na posição da marca 4. Apesar da quebra nas vendas da categoria, as marcas 2 e 3 registaram um crescimento. Mas o topo de gôndola da marca 1 não foi suficiente para evitar uma redução nas suas vendas, conseguindo, porém, a melhor quota durante aquele mês.

8.5 - APLICAÇÃO NO AMBIENTE DO RETALHISTA

8.5.1 - FATORES QUE AFETAM A APRECIAÇÃO SUBJETIVA DO PREÇO

No Capítulo 2 analisou-se a influência da forma de apresentação/comunicação do preço na construção do preço subjetivo e, em consequência, na atratividade da proposta. O tipo e reputação do retalhista onde as promoções acontecem também influenciam o seu efeito. No sector da moda, para além das ações de desconto de cariz sazonal permitidas por lei, usualmente designadas por "saldos", também são realizadas com cada vez mais assiduidade campanhas designadas apenas por "promoções". No retalho de produtos de eletrónica e nas livrarias não encontramos este padrão. Em igualdade de condições, as ações promocionais desenvolvidas nos retalhistas do ramos alimentar e produtos para o lar – supermercados/hipermercados – com maior ocorrência de descontos, promoções ou mesmo com a reputação de preços baixos (*discount*) são menos valorizadas e produzem, proporcionalmente, menos efeito do que nos outros pontos de venda[12]. A inferência sobre os motivos da redução do preço também faz variar a sua atratividade. Por exemplo, em fim de coleção de uma estação, ou liquidação de um sortido, espera-se maiores abatimentos no preço. A expectativa é igual quando o produto está no final do prazo. Outro fator a ter em conta é o grau de incidência no linear de marcas próprias e de primeiro preço. Idêntica proporção de descontos, ou reduções de preço, nas marcas próprias em comparação com as marcas de fabricante são consideradas menos apelativas nas primeiras do que nas segundas. A presença de marcas próprias numa categoria funciona como elemento de pressão na utilização do linear. Uma das consequências naturais será o acréscimo de investimento no ponto de venda sob a forma de animadoras, folhetos, participação em ações que envolvam o cartão do distribuidor, topos de gôndola e/ou outros destaques de linear.

8.5.2 - EQUILÍBRIOS E COMPROMISSOS: RENDIBILIDADE *VERSUS* VOLUME DE VENDAS

Se assumirmos custos e lucros constantes e definirmos uma determinada margem de comercialização é possível estimar qual deverá ser o acréscimo de volume de vendas (em quantidade) necessário para cada redução de preço.
Por exemplo:
Para uma margem de comercialização de 20%, se reduzirmos o preço em 2%, precisamos de um acréscimo de vendas de pelo menos de 11% para não afetar o lucro. Mas se quisermos reduzir o preço (ou algo contabilisticamente

equivalente) em 10%, mantendo a margem e o lucro, temos de fazer crescer as vendas em 100%! À medida que a margem de comercialização aumenta, é possível acomodar um acréscimo de vendas menor para garantir o mesmo lucro. Ou seja, se passarmos a margem para 25%, os mesmos 10% de redução de preço implicam um acréscimo de vendas de 67%. Em suma, quanto menores forem os custos (e em consequência a margem de comercialização mais elevada), maior capacidade teremos de induzir um acréscimo de vendas, graças a um abatimento no preço, sem prejudicar o lucro.

$$\Delta Q/Q\% = \frac{\Delta P}{(\Delta Mc - \Delta P)} \times 100\%$$

ΔQ/Q% — variação do volume de vendas (em quantidade)
ΔP — variação do preço (redução)
ΔMc — margem de comercialização

Esquema 8.6 – Fórmula de estimação da variação do volume de vendas necessário para compensar uma redução de preço

8.5.3 – MÉTRICAS

Gerir implica medir. Gerir com profissionalismo pressupõe fazer um diagnóstico, avaliar o investimento efetuado e estimar o impacte. Só assim se consegue gerir mais eficientemente. Só depois de aprender o que correu mal e de determinar/explicar as causas do sucesso e/ou do menor sucesso é possível evitar os mesmos erros, afinar a estratégia e aperfeiçoar as operações. Com essa finalidade temos de planear e executar três tarefas:
- **Dados internos de gestão** – o funcionamento do negócio gera muitos dados sobre as atividades operacionais e de marketing associadas a cada marca. São exemplos: o volume de vendas (em quantidade e valor), as margens e estrutura de custos, os montantes de investimento em comunicação e distribuição, a variação dos *stocks*, etc.. A presença da marca na Internet no âmbito das ações promocionais *online* produz uma enorme quantidade de dados, não apenas sobre a utilização e sobre o utilizador, mas essencialmente sobre o conteúdo da relação marca-utilizador.
- **Dados externos secundários** – podem ser adquiridos ou obtidos em regime de permuta. Interessa conhecer a evolução das marcas concorrentes e, neste caso, não há limites na curiosidade. É, também, importante recolher todos os elementos circunstanciais que podem afetar o desempenho

do nosso investimento. Por exemplo, a ocorrência de ações de comunicação (publicidade, por exemplo) da concorrência ou de outras marcas da mesma categoria antes, durante e depois, e elementos de conjuntura – greves, final do mês, início de estação, férias escolares... – que podem afetar o "normal" e expectável efeito do investimento promocional.
- **Dados primários** – resultam de pesquisas efetuadas deliberadamente para o efeito. Podem ser *online* ou *offline*, qualitativas ou quantitativas. Os estudos qualitativos são particularmente úteis para testar o nível de interesse e o significado dos brindes e prémios. Os dois tipos de dados anteriores não nos permitem conhecer com mais detalhe quem são (perfil demográfico e geográfico) os consumidores que compraram, mas que eram já clientes, e os que compraram pela primeira vez. Também interessa saber qual o perfil (psicográfico) dos que recompram e como avaliam o produto. Este tipo de impacte só é possível aplicando estudos quantitativos.

A segunda etapa passa por construir indicadores, ou métricas, com base nos dados recolhidos. Podemos construir uma infinidade de rácios com os dados disponíveis, mas só terão utilidade se sintetizarem um comportamento que possa ajudar a avaliar e orientar a estratégia futura. Nessa lógica, sugerimos os seguintes objetivos subjacentes à construção das métricas[13]:
- **Poder de mercado** – o mais corrente são as quotas de mercado, penetração em segmentos de mercado, insígnia, loja e território, notoriedade, intenção de compra, hábitos de compra (volume, frequência, repetição...), recomendação, atitude, distribuição numérica, número de *facings*, inventário no ponto de venda, taxa de incidência de *out-of-stock*, taxa de canibalização intralinha de produtos, etc.
- **Desempenho da marca** – crescimento ou evolução das várias métricas, *markdown*, custos, margem comercial, rendibilidade (por categoria, por canal...), sustentabilidade do acréscimo das vendas na pós-promoção, etc.
- **Efetividade do instrumento** – proporção de adesão (vales de desconto, cupões, entradas em concurso, contacto com as animadoras, brindes recolhidos, sms enviados, número de registos efetuados nas *landing pages*...) em relação ao total de unidades distribuídas, em relação ao total de unidades vendidas ou em relação aos sms enviados ou às embalagens compradas num determinado período. Se o investimento envolver publicidade, tal como acontece em muitos concursos, o número de impressões, GRP e CPM são de estimar. As métricas dos *sites* mais usuais são as *pageviews, click through rate,* custo por clique, número de visitantes, taxa de abandono, tempo de permanência, número de páginas

visitadas por visitante, *ranking* nos motores de busca, etc. Nos média sociais – blogues e vídeos – temos o número de *posts*, a taxa de conversação, o número de subscritores, o número de hiperligações efetuadas, o número de visionamentos, etc... Mas também interessa cada vez mais perceber a qualidade do tráfego. A esse nível, uma análise de conteúdo acompanhada por uma categorização dos tópicos expressos (número de citações da marca e da ação promocional, por exemplo) e a sua classificação de acordo com o sentimento (positivo, negativo ou neutro) expresso é cada vez mais pertinente. Para além das métricas usuais[14] (ver Esquema 8.7), as redes sociais têm um estatuto especial no que se refere a esse aspeto qualitativo. Trata-se de identificar e capitalizar os influenciadores.

LISTAGEM DE MÉTRICAS A APLICAR NAS REDES SOCI

- Numero de fãs e seguidores;
- Novos fãs e seguidores por semana;
- Taxas de crescimento de fãs e seguidores
- Visitas da pagina do Facebook e Google+;
- Número e forma de referencia ás marcas (positiva e negativa);
- Partilha de *hiperlink* e *click-through*;
- Citações e retweets;
- Numero de posts de fãs, "gosto" e comentários;
- Rácio de novos fãs em relação aos fãs que abandonaram;
- Rácio de novos seguidores em relação aos que abandonaram;
- Rácio da atividade de fãs em relação à atividade da rede social da marca;
- Rácio da atividade do fã em relação ao numero de fãs;
- Proporção dos fãs que aderem à ação promocional.

Esquema 8.7 – Listagem de métricas a aplicar nas redes sociais

Paralelamente a estas medições, é fundamental efetuar uma monitorização permanente do *buzz* associado às ações de comunicação da marca. Convêm identificar quem e onde são feitos os comentários e a sua natureza. Só dessa é forma é possível resolver em tempo útil e gerir eventuais crises. Em muitas das ações promocionais, o seu impacte resulta, em primeiro lugar, no eco na imprensa e nos média sociais. Tal sucede particularmente quando é algo criativo, imaginativo ou, no outro extremo, quando causa polémica por lesar interesses e provocar danos. Mas, por vezes, também há protestos individuais com um efeito viral. Por exemplo, se a os gestores da marca não responderem, ou responderem de forma menos cortês, às solicitações/dúvidas dos participantes pode haver uma reação de protesto mais ruidosa e com consequências nada favoráveis para a marca.

Por último, temos a análise dessas métricas. Neste caso, por vezes é importante também encontrar os fatores explicativos do que se passou, havendo por isso a necessidade de combinar diferentes variáveis (métricas) em simultâneo. Em geral, o âmbito de análise deverá incorporar os seguintes aspetos:
- **Fator temporal** – medir o impacte implica comparar o valor das métricas antes, durante e depois do evento. É importante integrar os fatores que potencialmente poderão afetar esses resultados.
- **Fator espacial** – estimar as métricas por insígnia, por loja, por geografia (cidade, localidade e região).
- **Fator multivariado** – trata-se de combinar num modelo econométrico todos as variáveis (métricas) com a finalidade de explicar o efeito dessas varáveis independentes no comportamento de uma variável que se pretende explicar. Concretamente, pode-se identificar quais, e em que sentido (positivo ou negativo), as promoções de vendas, as medidas efetuadas no ponto de venda (linear e *merchandising*) e as outras ações de comunicação (publicidade e redes sociais, por exemplo) afetaram a quota de vendas de uma marca em análise. Existem empresas especializadas que fornecem programas já aferidos com esse objetivo.

Caixa 8.2   **Campanha de Natal Civilização Editora 2010**[15]

▸ **Eixos de comunicação e mensagem:**
Quem oferece livros, oferece mais do que letras impressas em folhas de papel; oferece emoção, oferece cultura e, acima de tudo, oferece diversão. E, se um livro oferece isto tudo, imagine os livros da Civilização, a Editora que oferece todos os tipos de autores, todos os géneros de livros!
Se oferecer um livro é um bom *programa*, oferecer um livro da Civilização é um *programa para toda a família*. Ou seja, comprar um livro da Civilização é como ir ao Circo, à Disneyland ou a um evento cultural para todos.
Associado à campanha de Natal, a Civilização promoveu um passatempo em que, ao comprar um livro, o participante poderia ganhar outro totalmente grátis e ter, simultaneamente, a oportunidade de doar um livro a uma instituição de solidariedade social (Cruz Vermelha Portuguesa). Os livros de oferta eram escolhidos pelos vencedores do passatempo.

▸ **Slogan:** Natal Civilização – Livros que são um espectáculo

▸ **Meios a utilizar:** Promoção de Vendas e *Merchandising*

- **Segmento de mercado-alvo:** Compradores de livros e apreciadores do livro e da leitura

- **Objetivos:**

Promoção de Vendas:
Repetição na compra dos livros da marca Civilização;
Influência na imagem e conhecimento da marca;
Substituição entre marcas.

Merchandising:
Provocar o interesse do consumidor.
Favorecer o ato de compra, coordenando e comunicando a estratégia global do sortido aos clientes.
Reforçar o posicionamento da Civilização e do seu ambiente competitivo – a criação de um ambiente de loja favorável à marca Civilização, conduz à diferenciação da sua imagem na loja.

As **técnicas** de *merchandising* associadas a esta campanha foram o **autocolante** aplicado na capa dos livros, os *displays* (cartaz de chão, pendurante e expositor de chão) e o **forra paletes**.

- **Meios complementares da campanha:**

Publicidade: Catálogo, *flyer*, publicidade em revista, vídeo promocional, *banners* para colocação no site da Civilização e *newsletter*.
Micro-site da campanha: Desenvolvimento de um *micro-site* exclusivo para esta campanha (www.natalcivilizacao.com).

- **Mecânica do passatempo**

Com recurso à tecnologia de realidade aumentada, foram criados dois passatempos, um que se dirigia aos compradores de livros e outro aos apreciadores do livro e da leitura.
No primeiro, desafiava-se todos aqueles que tivessem adquirido um livro da marca, entre 15 de outubro e 24 de dezembro de 2010, a entrarem na *landing page* da campanha, a registarem-se e a activarem a animação interativa de realidade aumentada, colocando o autocolante da campanha, colado nas capas dos livros, em frente à sua *webcam*.

Eram premiadas as participações múltiplas de 10 (limitadas a uma participação por título) e o participante sabia se tinha sido um dos premiados através da própria animação de realidade aumentada. Por fim, e sendo vencedor, o participante deveria escolher o seu prémio/livro (limitado ao *stock* existente) e o livro a oferecer, pela Civilização Editora, à Cruz Vermelha Portuguesa.

Notas:
- Aqueles que não dispusessem de *webcam* poderiam escolher participar via opção *sem câmara* – visualizariam uma animação sem interatividade e sem recurso ao autocolante.
- No caso de ser premiado, o participante deveria fazer prova de compra, aquando da reclamação do prémio.
- As participações poderiam ser efetuadas até dia 31 de dezembro de 2010.
- O resultado foi divulgado no *site* da Civilização Editora (www.civilizacao.pt e em www.natalcivilizacao.com) no dia 26 de janeiro de 2011.
- O prazo de reclamação do prémio era de 15 dias, a contar da data de divulgação dos resultados.
- Não houve lugar a recurso do resultado apresentado.
- Não foi permitida a participação dos colaboradores da Civilização Editora e respetivos familiares.

No passatempo dirigido aos amantes do livro e da leitura, as regras do passatempo eram um pouco distintas. Este dirigia-se a todos os leitores que recebessem, via Internet, informação sobre esta campanha, nomeadamente, através de *newsletter* ou convites dirigidos no Facebook ou Twitter. Para participarem, os interessados deveriam igualmente registar-se no *micro-site* da campanha até 24 de dezembro de 2010 e escolher uma, de duas, vias possíveis de participação – com câmara ou sem câmara. Na primeira opção o participante deveria imprimir uma imagem numa folha A4 branca e em seguida colocá-la em frente à câmara do seu computador, visualizando a animação que comunicaria se era vencedor. A segunda opção funcionava tal como no passatempo dirigido a compradores de livros. Eram vencedoras as participações múltiplas de 20 (limitadas a uma participação por pessoa e morada).

Resultados
Os objetivos de **Promoção de Vendas** inerentes:

- Repetição na compra dos livros da marca Civilização.

- 11% dos participantes repetiram a sua participação no passatempo dirigido a compradores.

- Influência na imagem e conhecimento da marca.

- Registaram-se 3.872 visitas ao *landing page* da campanha e 9.189 páginas visualizadas.

- A inserção do endereço do *landing page* da campanha (www.natalcivilizacao.com) recolheu 36% das palavras-chave introduzidas na procura, sendo estas seguidas do *slogan* da campanha (Natal Civilização: Livros que são um Espectáculo) digitado com espaços e acentos (24%) e sem acentos (10%) (*Google Analytics*).

- Substituição entre marcas.

- A Civilização Editora terminou o ano com uma quota de mercado, em valor, de 6,2%, conseguindo um crescimento anual de 0,3%, ficando classificada, enquanto marca, em 2.º lugar no mercado (GFK, 2011).
- Considerando o Top 10 das Editoras do total do mercado, entre julho e dezembro de 2010, a Civilização Editora ocupou o 2º lugar em valor, com 6,04% e o terceiro lugar em unidades, com 6,38% do volume do mercado (GFK, 2011).

Quota de mercado (em valor)/Ano

Editora	2009	2010
Porto Editora	6,80	7,40
Civilização	5,90	6,20
Presença	5,40	5,80
Asa	4,50	4,70

Fonte: GFK (2011)

Os objetivos de *Merchandising*:
- Provocar o interesse do consumidor.
- Registaram-se 3.872 visitas ao *landing page* da campanha e 9.189 páginas visualizadas.
- 82,50% das visitas ao *landing page* foram visitas novas, apenas 17,5% foram visitas repetidas.

- Favorecer o ato de compra, coordenando e comunicando a estratégia global do sortido aos clientes.
- Favorecer o ato de compra: 11% dos participantes repetiram a sua participação no passatempo dirigido a compradores.
- Coordenar e comunicar a estratégia global do sortido aos clientes: Registaram-se 3.872 visitas ao *landing page* da campanha e 9.189 páginas visualizadas; 82,50% das visitas ao *landing page* foram visitas novas, apenas 17,5% foram vistas repetidas.

- Reforçar o posicionamento da Civilização e do seu ambiente competitivo.

PROMOÇÃO DE VENDAS E COMUNICAÇÃO DE PREÇOS

▸ **Peças de comunicação**

Autocolante para aplicação na capa dos livros

Cartaz de chão

Pendurante

Flyer

Publicidade em revista

Vídeo promocional

Banner no *site* da Civilização

Landing page da campanha

► **Exemplos dos pontos de venda:**

Eleclerc Foz   Jumbo Coimbra   Eleclerc de Braga

Caixa 8.3   **Premiar os seguidores dos geo-localizadores de cidra Irlandesa nos bares do Reino Unido[16]**

Magners é uma bebida de cidra popular no Reino Unido. Com o objetivo de estimular as vendas e aproximar o consumidor da marca, nada melhor do que transportar permanentemente no bolso, ou na mala, um ícone digital da marca.
Mesmo aqueles que já apreciam a cidra Pear Magners, à base de pêra, precisavam de saber qual o *pub* mais perto onde podiam bebê-la com os amigos. A solução foi o lançamento de uma app accionado a um geo-localizador que procurava, numa dada rua das principais cidades do Reino Unido, onde e qual o mais próximo *pub* que servia Pear Magners. No final de 7 segundos obtinha a informação sobre a localização num raio de 3 milhas e satisfazia a curiosidade.
A surpresa era que alguns *pubs* ofereciam provas do novo sabor Pear Magners gratuitamente. A única forma de saber era clicar na app e verificar quem e aonde.

Uma campanha junto das 4 principais redes de telecomunicações durante 7 semanas. No canal *online* de música Planet Three a taxa de *click through* foi de 34,2%, a mais elevada de sempre numa campanha de marketing móvel. Cerca de 42 mil consumidores procuraram os *pubs* e as vendas cresceram 220%, acima do objetivo fixado.

NOTAS FINAIS

[1] Brito, P. Q. e Hammond, K. (2007). "Strategic versus tactical nature of sales promotions". *Journal of Marketing Communications*, 13, June, pp. 2, 1–18.

[2] Kotler, P., Armstrong, G., Wong, V. e Saunders, J. (2008). *Principles of Marketing*. 5.ª ed.. Pearson Education.

[3] Brito, P. Quelhas (1996). *As Promoções de Vendas e a Competição entre Marcas*, Dissertação de Mestrado em Economia, Faculdade de Economia da Universidade do Porto.

[4] Urban. G. L. e Hauser, J. R. (1993). *Design and Marketing of New Products*. Prentice-Hall.

[5] Blattberg, R. e Neslin, S. (1990). *Sales Promotion, Concepts, Methods, and Strategies*. Prentice-Hall.

[6] Block, T. B. e Block, M. (1994). "Budgeting for Promotion". In *The Dartnell Sales Promotion Handbook*. pp. 34.

[7] Adaptado de Rao, R. V. e Thomas, J. (1973). "Dynamic Models of Sales Promotion Policies". *Operational Research Quartly*, 24 (2).

[8] Totten, J. e Block, M. (1994). "Analising sales promotion". In *Handbook of Sales Promotion*. ed. T. B. Block e W. A. Robinson. cap. 4. Dartnell.

[9] Neslin, S. A., Henderson, C. e Quelch, J. (1985). "Consumer Promotions and the Acceleration of Product Purchases", *Marketing Science*, 4 (2) (Spring); e Kumar, V. e Pereira, A. (1995). "Explaining the Variation in short-term Sales Response to Retail Price Promotions". *Journal of the Academy of Marketing Science*, 23 (3).

[10] Carpentar, G. S. e Nakamoto, K. (1989). "Consumer Preference Formation and Pioneering Advantage". *Journal of Marketing Research*, XXVI, (August); e Parker, P. e Gatignon, H.(1994). "Specifying Competitive Effects in Diffusion Models: An Empirical Analysis". *International Journal of Research in Marketing*, 11.

[11] Walters, R. G. (1991). "Assessing the impact of Retail Price Promotions on Product substitution, Complementary Purchase, and Interstore Sales Displacement". *Journal of Marketing*, 55.

[12] Krishma, A. (2009) "Behavioral pricing". In Rao, R. V. (ed.) *Handbook of Pricing Research in Marketing*. Edward Elgar Publishing Limited. pp. 76-90.

[13] Farris, P. W., Bendle, N. T., Pfeifer, P. E. e Reibstein, D. J. (2006). *Marketing Metrics: 50+ metrics executive should master*. Warton School Publishing

[14] Shih, C. (2010). *The Facebook era: Tapping online social networks to market, sell, and innovate*. 2.ª ed.. Prentice Hall.

[15] Estudo de caso elaborado pela Mestre Paula Almeida docente da EGP-UPBS na Pós-graduação em Comunicação Empresarial.

[16] Estudo de caso gentilmente cedido pela Havas Digital.

Em síntese...

Existem sempre Ideias-chave ou mensagens mais relevantes que o autor desta obra gostaria que ficassem claras na cabeça do profissional ou do futuro profissional. Vejamos algumas:

- Quase todos os instrumentos de promoções de vendas podem ser concebidos e executados por não "especialistas". Isto é, estão ao alcance da gestão de vendas, da mesma forma que do pessoal do marketing. Também são acessíveis aos pequenos negócios.

- Como tudo na vida, só se aprende fazendo. Mas depois de se fazer só se interioriza se de forma deliberada quisermos pensar e refletir sobre os resultados e processos. É legítimo errarmos. Tanto mais que não controlamos muitas das condições e, acima de tudo, das reações. Mas é estupidez repetir os mesmos erros! A melhor maneira será medir. Isto é, recolher dados e desenvolver indicadores de desempenho. Eles só nos servem se os usarmos com sentido crítico e compararmos com os objetivos e com os eventos passados.

- O poder destas ferramentas de comunicação é potenciado quando misturamos várias técnicas de promoção de vendas. E, se conjugarmos de forma articulada com a publicidade, *merchandising*, relações públicas (eventos), etc., o seu efeito (e, em parte, os custos) é multiplicado.

- Nunca esquecer que o marketing é "relação". E dispomos de técnicas de promoção de vendas que servem, desde que bem aplicadas, para "promover" a fidelização à marca. Mas cada vez mais nada se consegue se não alimentarmos consistentemente e de forma criativa a participação e o envolvimento dos nossos clientes. É para isso que servem as redes sociais, o *e-mail* marketing, os meios dos média sociais. Num mundo cada vez mais absorvente da atenção, o ativo mais raro do nosso consumidor – o tempo – só é dedicado à nossa marca se ela valer a pena...

- Está tudo em evolução. Muitas das receitas antigas têm de ser reinventadas. No entanto, muitas das técnicas promocionais funcionam da mesma maneira há muito tempo. O importante é conhecer e respeitar as regras e os procedimentos. O que varia são os incentivos, os tempos de implementação e de reação e os meios para transmitir (*online*) a mensagem.

- O novo paradigma das promoções de vendas não é fácil de digerir. Mas não fui eu – o autor deste livro – que o inventei. A minha função foi interpretá-lo e descrevê-lo. Ninguém controla a Internet. Por mais poderosa que seja, a marca está humildemente exposta. Nessa medida, só resta aprender a conviver, influenciando subtilmente os visitantes, amigos, fãs, participantes, etc. Como? Dando antes algo e de seguida pedir/desafiar para colaborarem com a promessa de continuar a dar depois. E só depois é que eventualmente teremos o retorno. Retorno esse que também é em vendas...

- Estamos cada vez mais saturados de ter/possuir. O que nos dá prazer é viver experiências. Experiências únicas, sensações, fugir da rotina... E se essas experiências puderem ser partilhadas com outros (familiares, amigos, outros fãs ou aficionados) melhor ainda. O mundo *online* é particularmente adequado para isso.

- Para o consumidor, algo permanece imutável: a sua noção de valor. Poupar, ter mais por menos, ganhar uma mais-valia... Como as promoções de vendas são comunicação, convém comunicar estas vantagens. Isto é óbvio. Sim, é. Mas muitos profissionais esquecem-se de aplicar o óbvio!

- Não esquecer também que o preço é "sagrado". Quem leu o Capítulo 2 entende porque uso esta palavra tão profunda. O maravilhoso mundo das promoções de vendas dá-lhe esse poder a si. O de deixar intocável o preço (mesmo que a distribuição defina outro preço, pelo menos o dono da marca deve abster-se de mudar o seu valor com frequência). E, já agora, é tão fundamental defini-lo como comunicá-lo. Os seres humanos têm uma forma estranha de processar números com cifrões. É tudo mais psicologia do que matemática.

- A imaginação é o ativo mais inteligente, raro e competitivo a usar neste processo de criar eventos promocionais *off/online*. Para isso é necessário saber previamente como funcionam. E depois arriscar, aprender e inovar.

ÍNDICE

PREÂMBULO 5

Capítulo 1 – PARA QUE SERVEM AS PROMOÇÕES DE VENDAS? 9
1.1 Quem é que não quer promoções? 9
1.2 Conceito e lógica das promoções de vendas 15
    1.2.1 Sobre o conceito de promoções de vendas 15
    1.2.2 Sobre a lógica das promoções de vendas 19
1.3 O marketing, a função comercial e as promoções de vendas 22
    1.3.1 Comunicação Integrada de Marketing 22
    1.3.2 Porquê fazer promoções de vendas? 25
    1.3.3 Então, afinal, porquê fazer promoções de vendas? 31
1.4 Tipologia das técnicas de promoção de vendas 36
    1.4.1 As promoções de vendas e a relação indústria-distribuição 38
1.5 Novo paradigma das promoções de vendas 41

Capítulo 2 – GESTÃO DA COMUNICAÇÃO DO PREÇO 47
2.1 Natureza e efeito intrínseco do preço 50
    2.1.1 Começar pelo princípio: comunicar o valor 51
    2.1.2 Decisão do preço 54
2.2 Dinâmica de preços *versus* guerra de preços 61
    2.2.1 Causas e consequências da guerra de preços 61
    2.2.2 Evitar ou "inevitar" uma guerra de preços 63
2.3 Psicologia do preço 66
    2.3.1 Decisão *versus* escolha 66
    2.3.2 Preço de referência e conhecimento do preço 68
    2.3.3 *Sinalizantes* do preço 74

2.4 Promoções de venda associadas ao preço 79
    2.4.1 Redução do preço 79
    2.4.2 Vales de desconto 83
    2.4.3 Cupões 87

Capítulo 3 – EVENTOS PROMOCIONAIS 93
3.1 Concursos 93
    3.1.1 Poder da mensagem 94
    3.1.2 Parceria entre marcas 97
    3.1.3 Pensar no cliente-alvo 99
    3.1.4 Que prémio? 103
    3.1.5 Induzir outras respostas 106
    3.1.6 Todos os eventos devem ter um tema 109
    3.1.7 Estimular o envolvimento do cliente 111
    3.1.8 Pormenores da mecânica promocional 115
3.2 Animadoras no ponto de venda 118
3.3 Folhetos 125
3.4 Topos de gôndola 130

Capítulo 4 – É GRATUITO! 137
4.1 *Banded packs* e acréscimo de produto grátis 140
4.2 Amostras gratuitas 146
    4.2.1 Caracterização 146
    4.2.2 Formas de distribuição das amostras gratuitas ... 148
    4.2.3 Amostras gratuitas de produtos 151
    4.2.4 Amostas nos serviços 155
4.3 Brindes 156
    4.3.1 Caracterização 156
    4.3.2 Princípios de funcionamento 159
    4.3.3 Brindes em bens duráveis 163

Capítulo 5 – PROGRAMAS DE FIDELIZAÇÃO DO CLIENTE ... 167
5.1 Quem quer ser fiel? 167
5.2 Dos cartões de fidelização aos clubes de clientes ... 169
    5.2.1 Mitos e realidades 171
    5.2.2 Condições necessárias para que funcionem ... 173
    5.2.3 Criação de cartões clientes e dinâmica de funcionamento dos clubes ... 176
        5.2.3.1 Mecânica do cartão cliente 179

	5.2.3.2 Segmentação e valor acrescentado	183
	5.2.3.3 Do cartão ao clube	185
5.3	Ações de colecionismo	188

Capítulo 6 – APLICAÇÕES DAS PROMOÇÕES DE VENDAS NOUTRAS ÁREAS: SERVIÇOS, PEQUENOS RETALHISTAS, FARMÁCIAS E COMERCIAIS — 197

6.1	Promoções de vendas nos serviços	197
	6.1.1 Produtos que "promovem" serviços	198
	6.1.2 Estratégias promocionais nos serviços	201
6.2	As promoções de vendas e o pequeno comércio	213
	6.2.1 Modernizar-se	213
	6.2.2 Soluções fáceis de executar	215
	6.2.3. Promoções de vendas à medida do pequeno comércio	217
6.3	Promoções comerciais	222
6.4	Promoções de vendas nas farmácias	225

Capítulo 7 – DIGITALIZAÇÃO DAS PROMOÇÕES DE VENDAS — 235

7.1	Reinventar as promoções de vendas?	236
	7.1.1 Psicologia social em contexto *online*	236
	7.1.2 Média e tecnologias digitais	240
	7.1.3 Redefinição dos objetivos das promoções de vendas	248
7.2	Estratégias digitais das promoções de vendas	256
	7.2.1 E-mail marketing	256
	7.2.2 Plataformas digitais: dos *webdisplays* tradicionais às soluções *rich media*	276
	7.2.3 Plataformas digitais: apps (aplicações para os telemóveis)	290
	7.2.4 Plataformas digitais: médias e redes sociais	299
	7.2.5 Descontos sociais	314
7.3	Novo paradigma: *below the line, but above the net*	317
	7.3.1 Novo paradigma e seus acólitos	317
	7.3.2 Modelos de campanhas promocionais	320

Capítulo 8 – DECISÃO, IMPLEMENTAÇÃO E MEDIÇÃO — 329

8.1	Categorização das várias técnicas de promoções de vendas e alguns princípios práticos	329
8.2	Doze princípios para fazer funcionar as promoções de vendas	330
8.3	Processo de decisão	339
8.4	Planeamento das ações	342

8.4.1. Conceção dos eventos	344
8.4.2. Geração de ideias, análise e seleção de alternativas	345
8.4.3. Orçamentação e calendarização	346
8.4.4. Execução e avaliação	350
8.5 Aplicação no ambiente do retalhista	358
8.5.1 Fatores que afetam a apreciação subjetiva do preço	358
8.5.2 Equilíbrios e compromissos: rendibilidade *versus* volume de vendas	358
8.5.3 Métricas	359
EM SÍNTESE...	369